VIDAS IMPRESSAS

CIP-BRASIL. CATALOGAÇÃO NA PUBLICAÇÃO
SINDICATO NACIONAL DOS EDITORES DE LIVROS, RJ

V692

Vidas impressas : intelectuais negras e negros na escravidão e na liberdade / organização Flávio Gomes, Iamara Viana. - 1. ed. - São Paulo : Selo Negro, 2024.
280 p. ; 24 cm.

Inclui bibliografia
ISBN 978-85-8455-016-6

1. Intelectuais negros - Brasil - História. 2. Intelectuais negras - Brasil - História. 3. Brasil - Relações raciais. 4. Racismo - Brasil - História. 5. Intelectuais negros - Biografia. 6. Intelectuais negras - Biografia. I. Gomes, Flávio. II. Viana, Iamara.

24-94071 CDD: 305.896081
CDU: 316.347(092)(81)

Meri Gleice Rodrigues de Souza - Bibliotecária - CRB-7/6439

VIDAS IMPRESSAS

Intelectuais negras e negros na escravidão e na liberdade

Flávio Gomes e Iamara Viana
(orgs.)

VIDAS IMPRESSAS
Intelectuais negras e negros
na escravidão e na liberdade

Editora executiva: **Soraia Bini Cury**
Preparação: **César Carvalho e Samara dos Santos Reis**
Revisão: **Michelle Campos**
Capa: **Delfin [Studio DelRey]**
Projeto gráfico: **Crayon Editorial**
Diagramação: **Pablo Moronta**

Selo Negro Edições
Departamento editorial
Rua Itapicuru, 613 – 7º andar
05006-000 – São Paulo – SP
Fone: (11) 3872-3322
http://www.selonegro.com.br
e-mail: selonegro@ selonegro.com.br

Atendimento ao consumidor
Summus Editorial
Fone: (11) 3865-9890

Vendas por atacado
Fone: (11) 3873-8638
e-mail: vendas@summus.com.br

Impresso no Brasil

SUMÁRIO

Apresentação — Das pessoas invisíveis entre trajetos ausentes 7
Iamara Viana e Flávio Gomes

1 Padre Vitor: o paradoxo de um santo escravizado no Brasil................. 15
Marcus Vinicius Fonseca

2 Joaquim Candido Soares de Meirelles: um médico negro na corte imperial.... 37
Silvio Cezar de Souza Lima

3 De escravizado a professor: o letramento e a pedagogia de Luiz Gama 55
Bruno Rodrigues de Lima

4 Otaviano Hudson: cor, gênero e instrução (Rio de Janeiro, 1870-1885)........ 73
Bárbara Canedo Ruiz Martins

5 A árvore genealógica de Maria Firmina dos Reis: escravidão, gênero e maternidade... 91
Maria Helena P. T. Machado

6 João Baptista Gomes de Sá: a trajetória de uma liderança negra no pós-abolição curitibano.. 115
Noemi Santos da Silva

7 José Rebouças: um inspetor nos trilhos e nas correntezas do café paulistano .. 129
Antonio Carlos Higino da Silva

8 Maria Odília Teixeira: gênero e medicina na Bahia 141
Mayara Santos

9 Educadores negros na corte imperial: as trajetórias de Pretextato dos Passos e Silva e Israel Antônio Soares 157
Higor Ferreira

10 Dois poetas negros: Pedro Cumba Junior e Lino Guedes 179
Mário Medeiros

11 José de Farias e Manoel Etelcides: jornalistas no Rio Grande do Sul 201
Aline Sônego e Helen da Silva Silveira

12 Pensadores da capoeira: Bimba, Pastinha e Besouro Mangangá 217
Antonio Liberac Cardoso Simões Pires

13 Nascimento Moraes e João do Rio: literatura e trajetórias 231
Darville Lizis

14 Antonio Amaro Ferreira: enfermagem e saúde no Mato Grosso 243
Valdeci Silva Mendes

15 Biografias invisíveis e prosopografias possíveis: trajetórias negras 257
Iamara Viana e Flávio Gomes

DAS PESSOAS INVISÍVEIS ENTRE TRAJETOS AUSENTES

IAMARA VIANA E FLÁVIO GOMES

O desafio desta coletânea é oferecer narrativas sobre invisibilidades biográficas com nitidez personalizada, sob sombras de prosopografias e com diversos ângulos e silhuetas. Tudo alinhando roteiros intelectuais negras e negros no século XIX até as primeiras décadas da pós-abolição. Porém, nada de heróis e donos de certezas ou vítimas inertes. Muito menos se propõe aqui um acerto de contas com a história da escravidão, passado, aliás — enquanto *temporalidade reinscrita* —, que ainda não acabou para a população negra no Brasil contemporâneo. Localizam-se, de diferentes perspectivas, vivências, frustrações e desejos atravessados pelo apagamento das memórias dos descendentes de africanas e africanos escravizados, que compulsoriamente atravessaram a *Kalunga*, juntando margens de Áfricas e Américas / Brasil.

Vislumbram-se repertórios de um pensamento social silenciado. No conjunto e limite, são produzidos outros símbolos, signos e mitos da chamada "memória nacional" da segunda metade do século XIX no então Império, indo até as modernidades alardeadas por sinfonias republicanas — via de regra, roucas, quando não desafinadas. Nunca é demais lembrar que, na invenção de um Brasil, coube ao Instituto Histórico e Geográfico Brasileiro, IHGB (1838), demarcar cronologias, estabelecer roteiros temáticos e definir eixos de uma biografia da *nação*. Foi um projeto idealizado por uma elite letrada, masculina e branca, executado com a aposta na exclusão e na racialização. Uma dada "memória nacional" era instaurada, ignorando várias expectativas do seu tempo, entre experiências de outros setores pós-coloniais, tratando-se da era oitocentista.

Nesta coletânea, vários autores — diversas gerações acadêmicas — procuram não só novos personagens, mas também postos de observação em ambiências letradas ou não, informais e artísticas, sempre passando longe de uma pretensa hegemonia. Existe um pensamento social diverso, produzido, idealizado e com circulação da (e para a) população negra? A resposta é sim, sem desconsiderar que deve ser acompanhada de reflexões vigorosas sobre atores e projetos envolventes. Aqui vão aparecer corpos, corações e mentes negros e negras da herança colonial até um pós-colonial republicano desenhado sob a naturalização da desigualdade.

Nenhum personagem será santificado neste volume, que apresenta literatos, políticos, religiosos, médicos, professores, artistas, enfermeiros, jornalistas e engenheiros negros e negras — muitos ex-escravizados e outros tantos filhos das primeiras gerações recém-saídas da escravidão.

Esta edição começa recebendo bênçãos e descobrindo milagres. Marcus Vinicius Fonseca aponta para os confins de Minas Gerais para de lá acompanharmos Francisco de Paula Vitor, vigário, professor e diretor de escolas. A carreira desse personagem se transformou em devoção e peregrinação. Depois de sua morte, em 1905, surgiu um culto fervoroso à sua imagem, alcançando o sul de Minas e atravessando o século XXI. Com um processo de canonização registrado em 1989 no Vaticano e sua beatificação concluída em 2015 — tendo milagre já reconhecido —, o Padre Vitor poderá ser "o primeiro ex-escravizado a se tornar santo no Brasil". O autor segue rastros — memorialistas, hagiografias incompletas e outras fontes textuais — da vida desse padre e localiza ruínas da exclusão oitocentista. Assim chegamos a Campanha, interior mineiro, entrando em igrejas, sacristias e batistérios, surpreendendo a formação eclesiástica e a atuação religiosa católica de um homem negro numa sociedade escravista.

Porém, se a cura podia vir da reza, também chegaria por meio das prescrições médicas de Joaquim Candido Soares de Meirelles, conhecido por Candido Meireles, médico na corte imperial. Silvio Cezar de Souza Lima investiga esse homem negro, nascido no final do século XVIII, neto e bisneto de cirurgiões formados em Coimbra e Porto, Portugal, e sobrinho de um padre professor. Embora saibamos pouco sobre suas origens maternas, provavelmente Meireles era filho de uma mulher negra, descendente de escravizados. Em 1817, residindo no Rio de Janeiro, ele ingressou na Academia Médico-Cirúrgica e depois passou a atuar como médico no Exército, servindo em hospitais militares. Nos anos de 1820, viajou para a Europa, especificamente para Paris.

Citado como médico do Imperador, Candido Meireles foi escritor e político importante na primeira metade do século XIX. Na sua rota são recuperadas turbulências, que o alcançam na década de 1830 — em meio aos debates sobre a Abdicação —, e sua atuação na Sociedade Defensora da Liberdade e Independência Nacional. Meireles se viu diante de ataques raciais, acusado de fazer parte de "sociedades secretas" e de propagar "haitianismo" — como era estigmatizada a mobilização política negra no Primeiro Reinado, supostamente com letrados incitando conspirações. Mais tarde, apostou na carreira parlamentar, sendo eleito deputado provincial do Rio de Janeiro e, posteriormente, deputado geral por Minas Gerais, atuando entre 1845 e 1848. A partir da década de 1850, retoma a carreira na medicina, tanto como cirurgião-mor da Armada como no Corpo de Saúde da Armada e na Junta Central de Higiene Pública. Com vida pública intensa, não faltaram episódios de difamação diante de sua posição social como homem negro.

Para não dizer que não falamos de flores, trouxemos Luiz Gama, certamente o personagem oitocentista mais icônico, dados sua atuação abolicionista e seu legado para as memórias negras. Bruno Rodrigues de Lima — um dos mais importantes especialistas, junto com Ligia Ferreira, na obra de Gama — apresenta original caminho, abordando a transformação de Gama de escravizado em professor, incluindo a formação, o letramento e a sua missão pedagógica em termos políticos. As várias rotas — Salvador, terra natal, e depois Santos e a cidade de São Paulo — informam sobre sua inserção em espaços da diáspora. Gama refez laços étnicos, construiu solidariedades e ajudou a moldar ações abolicionistas, com agendas de educação e letramento.

Completamente invisível é a vida de Otaviano Hudson. Quem nos apresenta sua história é Bárbara Canedo Ruiz Martins, ao mergulhar nos universos da "instrução" carioca entre 1870 e 1885. Lá está um poeta, professor, jornalista, abolicionista e militante socialista praticamente desconhecido. Signatário do famoso Manifesto Republicano de 1870, Hudson foi grande incentivador da instrução, participando, em fins do século XIX, dos debates sobre as reformas educacionais. A autora destaca sua militância em favor da educação das mulheres. A conexão com personagens femininas e republicanas da sua época indica suas expectativas intelectuais, ora participando de jornais, ora se vinculando a diversas instituições, como Asilo dos Meninos Desvalidos, Loja Maçônica Grande Oriente do Brasil, Sociedade de Geografia do Rio de Janeiro, Sociedade Amante da Instrução, Colégio Progresso, Curso Profissional da Beneficência Portuguesa e Exposição Pedagógica.

Revisitamos a "árvore genealógica" de Maria Firmina dos Reis, ícone oitocentista, no capítulo de Maria Helena P. T. Machado, que desembarca nas origens dessa escritora abolicionista, indo aos poucos registros sobre sua mãe, Felipa Leonora, e sua avó Engrácia. Do interior à capital do Maranhão, a autora perscruta Firmina — infância, formação, parentesco, atuação como professora —, recuperando fragmentos memorialistas e recordações sobre ela. São relidos poemas, petições e registros eclesiásticos para encontrar origens femininas escravizadas — quem sabe mulheres africanas — e alocar silêncios e conferir dúvidas. Sobram subtextos para reler suas "duras críticas à violência do patriarcalismo", acompanhadas de paixões acanhadas. Conhecemos, assim, mais sobre vivências e motivações literárias da mais importante abolicionista negra.

Navegamos do norte ao sul e, com Noemi Santos da Silva, chegamos à capital da província do Paraná. É o lugar de João Baptista Gomes de Sá, único líder negro na pós-abolição em Curitiba. Mais uma vez estamos diante de pessoas invisíveis, mais até do que silenciadas. Essa foi a senha para a autora considerar as mobilizações dos derradeiros anos oitocentistas, através do conhecido "João da Fausta", apelido recebido por ser filho da escravizada Fausta Maria da Conceição, que articulou a fundação de entidades negras, religiosas, mutualistas e operárias como Sociedade 13 de Maio, Sociedade Protetora dos Operários, Irmandades do Rosário e São Benedito e Irmandade Bom Jesus dos Perdões. Itinerários que desvelam os caminhos do letramento, fossem abertos ou fechados, considerando alvos e interesses tanto dos promovidos como dos promotores. Sem perder o vínculo com a luta abolicionista, João da Fausta vai frequentar escolas noturnas e, depois, atuar em associações operárias que se transformaram em "importantes canais da reivindicação por direitos dos grupos negros na pós-abolição".

A vida de inúmeros homens e mulheres negros precisou de engenharia afetiva, familiar e material. É esse o caminho escolhido por Antonio Carlos Higino da Silva ao reconstituir os passos de José Rebouças. Vale destacar como os estudos a respeito de André Rebouças e sobre seu pai, Antônio Pereira Rebouças, silenciaram sobre seus outros irmãos, especialmente Antônio e José, respectivamente engenheiro e funcionário público. Higino oferece um relato único sobre o engenheiro José Pereira Rebouças, "irmão mais novo dos célebres André e Antônio Rebouças", que viveu muitos anos — entre 1856 e 1921 —, embora saibamos pouco a seu respeito. Teve formação educacional idêntica à dos irmãos, tornando-se engenheiro militar sem maiores "alardes" e cumprindo importante papel "no cenário do desenvolvimento nacional", sobretudo na construção de ferrovias.

No cenário atual de ações afirmativas nas universidades públicas, promovido pela legislação federal, é importante analisar os processos de gênese e reprodução da exclusão, posto haver cada vez menos homens e mulheres negras e negros fazendo, por exemplo, os cursos de Engenharia, Direito e Medicina. É paradoxal, pois, do século XIX à metade do XX, já existia, embora fosse rara, a formação de engenheiros, advogados e, sobretudo, médicos e médicas descendentes de africanos. Mayara Santos vai além de régua e compasso para retratar Maria Odília Teixeira, que em 1909 se formou na Faculdade de Medicina da Bahia, tornando-se a primeira médica negra do Brasil. Ela relata as dificuldades, os anseios, os obstáculos e a resiliência de uma menina ao adentrar espaços acadêmicos e profissionais cercados de privilégios de pertencimento familiar. Oriunda de família inter-racial num Brasil da pós-abolição, Maria Odília viu seus irmãos se tornarem também médicos e engenheiros. Mais cedo do que nunca, ela foi obrigada a pular os obstáculos da exclusão racial.

Nos capítulos seguintes, uma comparação entre o trajeto de jornalistas, poetas, artistas e professores ilumina invisibilidades diante de semelhanças opacas, das origens ao silenciamento. Passeamos por Campinas, Rio de Janeiro, Salvador, São Luís, Porto Alegre e outras paragens, surpreendidos por roteiros originais. Na corte imperial, Higor Ferreira cerca Pretextato Silva e Israel Soares. Ambos foram referência ao fundar escolas, embalando os sonhos de famílias negras que desejavam ver seus filhos nelas. Enfim, educadores que lutaram contra a escravidão e driblaram estigmas. Pretextato pensou a escolarização como um "projeto de liberdade", e assim convenceu a Inspetoria da Instrução Pública da Corte da importância de ser nomeado professor, dispensando "os exames profissionais que dali em diante seriam exigidos dos professores que desejassem permanecer no magistério". Israel Soares — filho de uma africana islamizada — também sonhou com as letras. Ainda bem jovem, lia "jornais velhos no canto da cozinha". Com o apoio do farmacêutico Marcelino Rosa, a quem tratava como "amigo e mestre", passou de leitor a professor, estabelecendo uma escola de curso noturno "no mesmo endereço que a mãe havia estabelecido uma casa de quitandeira". Nas décadas de 1870 e 1880, Israel multiplicou alunos, entre crianças e adultos que queriam se alfabetizar. O replicar de instrução para as pessoas negras se transformava em realidade.

Outras formações — entre literatura e poesia — viriam do interior e da capital paulista. Mário Medeiros tanto nos aguarda em Campinas como nos leva a São Paulo, no amanhecer da pós-emancipação, apresentando dois poetas: Pedro Cumba Júnior e Lino Guedes. Funcionário público, Cumba Júnior vai contribuir com livros e poemas publicados em vários jornais e revistas da imprensa paulista. Diante de seus textos da era pré-modernista de 1922, Mário o identifica como "um antepassado esquecido de escritores negros". Bem mais jovem, destaca-se o conhecido escritor Lino Guedes, que fez parte de uma importante geração negra. Autor de inúmeros livros — nunca reeditados —, em geral publicados com recursos próprios ou por pequenas gráficas e pequenas editoras, Guedes foi interlocutor da imprensa na década de 1920, atravessando a Frente Negra Brasileira nos anos 1930.

Na elaboração e circulação de projetos intelectuais nas primeiras décadas do século 20, os periódicos sempre foram importantes condutores de comunicação. Desembarcamos no Rio Grande do Sul para conhecer os jornalistas José de Farias e Manoel

Etelcides. As pesquisadoras Aline Sônego e Helen Silveira nos guiam até as comunidades dos municípios de Cachoeira e Rio Pardo, apresentando-nos faces de um "protagonismo negro" articulado ao "associativismo operário" também nas suas formas esportivas e de lazer.

Apropriações são ainda mais ampliadas na abordagem que Antônio Liberac Cardoso Simões Pires faz de capoeiristas enquanto pensadores, na perspectiva de inventarem práticas, cosmogonias corporais e sentidos filosóficos culturais. Estamos agora na Bahia, entre o final do século XIX e as primeiras décadas do XX, para conhecer Manoel Henrique Pereira, o Besouro Mangangá; Manoel dos Reis Machado, o Mestre Bimba; e o não menos importante Vicente Ferreira Pastinha, o Mestre Pastinha. Mais do que depositários de uma inexorável cultura ancestral africana, eles foram também produtores de formas culturais diversas, que se organizaram entre a prática e o ensino da capoeira. Dimensões lúdicas, musicais, religiosas e rituais seriam recriadas, inventando tradições de capoeira. Como "intelectuais orgânicos", testaram ações e pensamentos — em formas não necessariamente letradas — de projetos negros? Sim, e tradições orais e traduções corporais seriam permanentemente elaboradas nas ambiências da capoeiragem baiana.

Itinerários sugerem também conexões extraordinárias entre a fabulação de encontros diante da atmosfera literária das primeiras décadas do século XX. Assim, juntamos Maranhão e Rio de Janeiro, procurando permanências e transformações diante de modernidades sem mudanças. Assim, Darville Lizis nos oferece a degustação da escrita de Nascimento Moraes e João do Rio. Mergulhamos nos meandros semânticos desses dois autores, enxergando temas como raça, escravidão, pós-emancipação, literatura e cotidiano. As distantes ruas de São Luís e do Rio de Janeiro se transformam em paralelas entrecruzadas, onde personagens gritam, exalam odores, desafiam certezas e interrogam dúvidas, entre cenários urbanos que se montam e desmontam.

Sigamos com os leitores até Mato Grosso. Em Cuiabá, encontraremos pedaços da vida de Antonio Amaro Ferreira. Nascido em 1897, ele dedicou a vida toda às práticas de enfermagem em hospitais e clínicas da região. Como demonstra Valdeci Silva Mendes, Ferreira articula conhecimento médico, práticas de cura, manuseio de ervas e aplicação de remédios numa área em que fauna, flora, modernidade, tradição, floresta, cidade, médico, pajé, curandeiro, venenos, vacinas e rezas marcavam encontros e desencontros. Ele foi um verdadeiro tradutor de assistência à saúde e saberes científicos no campo da enfermagem.

Esta coletânea chega ao fim com um ensaio dos organizadores — Iamara Viana e Flávio Gomes — que reflete sobre as nuanças, os limites, as armadilhas e os obstáculos de abordagens biográficas, assim como sobre prosopografias de personagens negros e negras, marcados por apagamentos, silenciados e tornados ausentes diante da própria presença.

Ao considerarmos indivíduos, personagens, sujeitos e agentes do ponto de vista de ausências, transparências e exclusão, fazemos emergir legados sob escombros, podendo nos transformar em escafandristas diante de memórias submersas. Não adianta denunciar quanto foram marginalizados, visto que invisíveis para os relatos da dominação colonial e pós-colonial — violenta, racializada e hierarquizante — traduzidos em ideário nacional. É necessário conhecer essas pessoas. Ler sobre o que escreveram, entender o que fizeram e identificar saberes, projetos e desejos sob intenções e gestos. Nunca para comover os pósteros, e sempre sabendo que não haverá atalhos para percorrer encruzilhadas e descaminhos dessas vidas e memórias negras, que sempre importam.

1 PADRE VITOR: O PARADOXO DE UM SANTO ESCRAVIZADO NO BRASIL

MARCUS VINICIUS FONSECA

Este artigo, cuja primeira versão foi publicada na *Revista Brasileira de História da Educação*, v. 20, com o título "Padre Vitor — Um educador negro entre a escravidão e a santidade", aborda aspectos da trajetória de Padre Vitor, um homem negro que nasceu em 1827 na vila de Campanha, em Minas Gerais (MG). Nessa vila ele foi escolarizado e, em seguida, rumou para Mariana (MG), onde se formou padre no Seminário de Nossa Senhora da Boa Morte. Tornou-se vigário na vila de Três Pontas (MG), onde também atuou como diretor de uma escola particular e professor de francês e latim em instituições públicas.

Nosso biografado foi por mais de 50 anos vigário e professor em Três Pontas. Sua fama de ser devoto e humilde o levou a ser reconhecido como santo. Sua morte, em 1905, deu origem a um culto fervoroso à sua imagem, movimento que, ao longo dos séculos XX e XXI, alcançou grande intensidade no sul de Minas.

A ideia da santidade de Padre Vitor gerou um processo em favor de sua canonização, que foi formalmente registrado no Vaticano em 1989. Em 2015, ele obteve o reconhecimento de um milagre e foi declarado beato pela Igreja Católica.[1] Hoje, o processo de canonização aguarda o reconhecimento de mais um milagre para que Padre Vitor atinja em definitivo o *status* de santo. De acordo com o processo que tramita no Vaticano, ele será o primeiro ex-escravizado a se tornar santo no Brasil.

O culto a Padre Vitor se desenvolveu no início do século XX, e junto com ele se firmou a ideia de sua santidade e sua escravidão. A condição de escravizado passou a ser afirmada como elemento que certificaria o caráter excepcional de sua existência — visto que a escravidão era a condição social mais baixa de um indivíduo no Brasil do século XIX, ou seja, aquela em que uma pessoa era reduzida à condição de *objeto*. Além disso, sustenta-se que sua vida como padre e sua dedicação aos pobres deveriam elevá-lo à condição de santo.

Isso pode ser visto em um dos principais registros sobre sua trajetória, elaborado em 1973 pelo memorialista monsenhor Victor Rodrigues de Assis:

> O fato de Padre Victor [*sic*] ser preto e feio; nascido no tempo da mais horripilante escravatura; ter estudado e ser padre; tornar-se pai dos pobres e sofredores; enfrentar, com humildade, penitência e oração, todas as espécies de preconceitos e vencer, com brilhante galhardia; tudo isso, porventura, será lenda??? Não tem isto um grande sabor de milagre???!!! (Assis, 1973, p. 47)

Ao apresentar o biografado como um "homem preto e feio", Assis reafirma os preconceitos enfrentados por Padre Vitor ao longo de toda a sua vida. Por outro lado, ressalta a humildade e resignação com que enfrentou o preconceito, elevando-se milagrosamente à condição de santo.

O que mais se destaca na forma como os memorialistas tratam Padre Vitor é a maneira passiva como reagia ao preconceito, e a qualificação disso como exemplo de humildade. Esses elementos estão contidos no processo de construção de sua memória, operando um movimento que ao mesmo tempo o rebaixa e o eleva.

O rebaixamento está vinculado ao seu *status* de escravizado, de ser humano *coisificado*, tratado como instrumento de trabalho. Por outro lado, ele é elevado a um parâmetro que lhe atribui elementos que o definem como *santo*, uma dimensão *divina* do humano.

Na verdade, o movimento que envolve o ex-escravizado e futuro santo representa importantes transformações na forma como os negros são retratados no imaginário social brasileiro, do século XIX até os dias atuais. Elas residem na possibilidade do estabelecimento de um santo negro e em tudo que isso representa no panorama atual das relações raciais no Brasil. Hoje, vivemos um período em que a população negra atingiu um protagonismo social que lhe permite reelaborar a forma como os membros desse grupo são vistos em nossa sociedade.

As formas negativas de racialização dos negros vêm sendo fortemente contestadas, impactando, inclusive, as políticas públicas — que, de alguma forma, passaram a valorizar positivamente a condição de ser negro. Isso pode ser constatado por meio das políticas de ações afirmativas, que, entre outras coisas, têm possibilitado um deslocamento nas representações tradicionalmente construídas sobre a população negra no Brasil.

Nesse contexto, um santo que fora escravo seria a manifestação dessa reelaboração na dimensão da religiosidade, uma vez que representaria o reconhecimento desse personagem como objeto de veneração e culto.

Porém, se esse movimento representa transformações no imaginário social brasileiro, nele também podemos encontrar permanências que reeditam o universo de significados herdados do escravismo. Tais permanências estão vinculadas a um padrão de entendimento que construiu uma forte associação entre ser negro e ser escravo.

Existe, no Brasil, um imaginário que entende negros e escravos como sinônimos. Tal ideia reduz os negros à escravidão, desconsiderando aqueles que, a partir da experiência de liberdade, exerceram importante protagonismo em nossa sociedade, sobretudo no século XIX.

Esse é o caso de Padre Vitor. Não existem registros documentais que indiquem que ele tenha sido escravizado. Na verdade, sua condição de escravo é uma ficção que exprime a força do imaginário social que reduziu os negros à escravidão e necessita ser desconstruído.

A canonização de Padre Vitor é um tema amplo, complexo e árduo. Ela comporta elementos relacionados com o exercício da fé e com os processos sociais que envolvem a questão racial no Brasil. Não pretendemos, aqui, oferecer respostas sobre o significado do processo de canonização de Padre Vitor. Contudo, procuramos elaborar uma análise histórica que nos possibilite interpretar o significado mítico de sua santidade. Para isso, buscamos situar alguns elementos da escravidão em Minas Gerais, relacionando-os a aspectos da vida de Padre Vitor e da memória que vem sendo produzida para o processo de canonização que tramita no Vaticano.

Nesse sentido, entender a transformação de um ex-escravizado em santo ajuda-nos a compreender o próprio ordenamento racial brasileiro e o desenvolvimento de suas configurações entre o século XIX, quando nasceu Padre Vitor, e o século XXI, que provavelmente confirmará o mito de sua santidade.

Francisco: entre a mãe e a madrinha

Na primeira metade do século XIX, Campanha era uma das mais importantes cidades de Minas Gerais. Estava situada na Comarca do Rio das Mortes e se originou de um pequeno povoado surgido em 1737, conhecido como Arraial de São Cipriano, mas que logo começou a ser chamado de Campanha da Princesa, nome com o qual se consagrou vila no ano de 1798. Em 1833, a Comarca do Rio das Mortes foi desmembrada, dando origem à Comarca do Rio Sapucaí, da qual Campanha se tornou sede. Seu processo de afirmação e desenvolvimento como *berço do sul de Minas* (Andrade, 2008) se firmou em 1842, quando foi promovida à condição de cidade.[2]

Entre os séculos XVIII e XIX, o sul de Minas se transformou em uma região de forte desenvolvimento, e Campanha tornou-se sua cidade mais importante. Nela encontramos um dos maiores contingentes populacionais de Minas, inclusive no que se refere à concentração de negros e de escravizados. De acordo com o censo populacional de 1831 feito em Minas, a vila de Campanha contava com uma população de 5.500 indivíduos, dos quais 62% foram classificados como negros e 38% como brancos. Em relação à condição, 1.875 indivíduos foram classificados como escravizados, ou seja, 34% — mais de um terço de sua população total.

Foi nessa vila que, em 1827, nasceu Padre Vitor, ou melhor, Francisco, nome que consta em seu registro de batismo.[3] Ele morava com a mãe, Lourença, e o irmão mais novo, Emidio. A mãe do pequeno Francisco ocupava uma posição social frágil na vila de Campanha, onde era agregada no domicílio chefiado pelo alfaiate Camilo Rodrigues da Fonceca e sua esposa, como consta no censo provincial de 1831:

Quadro 1 — Domicílio chefiado por Camilo Rodrigues — 1831

Habitantes	Qualidade	Condição	Idade	Estado	Ocupação
Camilo Rodrigues da Fonceca	Pardo	—	31	Casado	Alfaiate
Cacimira Moreira	Pardo	—	29	Casada	Costureira
Francisco	Pardo	—	5	Solteiro	—
Emidio	Pardo	—	1	Solteiro	—
Lourença	Pardo	—	40	Solteira	Fiadeira

Fonte: Arquivo Público Mineiro (1831).

Para conferir algum destaque a Lourença e seus filhos, devemos analisar o domicílio de forma inversa, ou seja, de baixo para cima. Assim, constatamos que Lourença foi registrada como parda, tinha 40 anos e vivia como agregada em uma residência chefiada por um alfaiate.[4] Junto dela encontramos Francisco, que tinha 5 anos de idade e também foi classificado como pardo, situação que se repete com seu irmão, Emidio, que tinha apenas 1 ano de idade.

A designação "pardo" unifica todos os membros do domicílio em um único padrão racial. Provavelmente era uma forma de classificar os negros livres, pois, do ponto de vista do fenótipo, não encontramos qualquer registro que descreva Padre Vitor como mestiço, nem como negro de pele mais clara. Todos que o conheceram sempre o descreveram como um negro de pele bastante escura.

Todos os membros do domicílio foram registrados como livres. O registro da condição foi deixado em branco. Esse procedimento afirmava a liberdade dos indivíduos, pois, caso contrário, a condição de escravo ou liberto seria prontamente assinalada.

Portanto, a documentação censitária indica uma situação diferente da memória que vem sendo produzida em relação a Padre Vitor, que atribui a ele e à mãe a condição de escravizados. Essa situação também pode ser verificada em seu registro de batismo, que está no Arquivo da Cúria de Campanha, no qual não há qualquer menção à sua condição de escravo, tampouco à de sua mãe:

Aos vinte de Abril de mil oitocentos e vinte sete o Pe. Manoel Antonio de licença baptisou solenemente a Francisco filho natural de Lourença Maria de Jesus; forão padrinhos Felicianno Antonio de Castro por Procuração que apresentou seu Irmão José Antonio de Castro, e D. Marianna [*sic*] de Santa Barbara Ferreira.

No Brasil, no século XIX, o registro de batismo cumpria função importante, mas era elaborado a partir de informações muito simples (Gudeman e Schwartz, 1988). É nessa ordem de simplicidade que se revela o registro de Francisco. O documento traz poucas informações sobre os indivíduos envolvidos no rito; contudo, não apresenta Francisco como escravizado, tampouco registra sua mãe como cativa.

O registro batismal apresenta o nome da mãe de forma mais completa do que na documentação censitária: Lourença Maria de Jesus. Não há registro do pai, e as informações mais detalhadas são relativas a Felicianno Antonio de Castro, que se fez representado pelo irmão; encontramos também informações sobre Mariana de Santa Barbara Ferreira, que tinha nome e sobrenome e recebeu a distinção de ter o acréscimo do termo "Dona" ao seu nome.

Os indivíduos apresentados no registro de batismo tomaram parte dos ritos que introduziram Francisco no ordenamento religioso. Mas talvez o seu significado mais profundo tenha se manifestado do ponto de vista civil, no qual encontramos uma estratégia orquestrada pela mãe do menino para construir uma rede de proteção capaz de favorecê-lo. Essa estratégia vem sendo assinalada pela historiografia como compadrio, e por vezes é indicada como algo que tem efeito decisivo nas relações entre os envolvidos.

O compadrio estabeleceu uma relação forte entre Francisco e sua madrinha, pois ela teve papel decisivo na trajetória do afilhado. Encontramos diferentes registros dessa relação, o que configura um elemento recorrente nas narrativas dos memorialistas que apresentam aspectos da trajetória de Padre Vitor.

É impossível avaliar a relação entre a mãe e a madrinha de Francisco, mas não há dúvida de que o batismo como mecanismo de proteção obteve êxito. É o que encontramos no relato de Francisco de Paula Ferreira de Rezende[5], que foi colega de Francisco na escola elementar, em Campanha, na década de 1840:

Filho natural de uma mulher que nada possuía, teve a felicidade de achar uma madrinha, que ainda tomava um pouco a sério esse parentesco espiritual; e que por isso, embora não fosse rica, o levou para a sua casa e lhe deu toda a educação que na Campanha se podia dar a um menino que não se destinava aos ofícios mecânicos. Ele pôde, desta sorte, aprender as primeiras letras, o latim; e finalmente a música, da qual, se não chegou a saber muito, soube pelo menos o quanto era bastante para que ele pudesse cantar nas igrejas com sua voz de baixo profundo. (Rezende, 1987, p. 182)

Segundo Gudeman e Schwartz (1988), o compadrio tinha uma dimensão espiritual e secular, o que fazia dele um instrumento importante na construção de alianças entre grupos com alguma assimetria social. Para os autores, o compadrio vinculava mais diretamente indivíduos específicos, ou seja, escravizados serviam de padrinhos para escravizados; escravizados não serviam de padrinhos para livres; livres serviam de padrinhos para escravizados; livres serviam de padrinhos para os nascidos livres.

Portanto, o compadrio podia ser acionado para reforçar a relação de pessoas que se encontravam em posição de igualdade ou ser mobilizado como possibilidade de proteção entre grupos sociais em um contexto de desigualdade social.

É possível constatar essa relação de desigualdade entre Lourença e D. Mariana, pois, embora fossem duas mulheres livres, ocupavam lugares sociais bem distintos.

A primeira evidência disso aparece na certidão de batismo de Francisco, na qual encontramos o acréscimo de "Dona" ao nome de Mariana de Santa Barbara Ferreira — procedimento típico de tratamento das mulheres brancas. A documentação censitária relativa a Minas Gerais, no século XIX, indica que apenas as brancas recebiam essa distinção. Em outros casos, era utilizado como forma de diferenciar mulheres negras que, por algum motivo, eram tratadas como brancas.

Parece que esse era o caso de D. Mariana de Santa Barbara Ferreira. É o que constatamos ao considerar a forma como ela aparece no censo provincial de 1831:

Quadro 2 — Domicílio chefiado por Liberato José Tiburcio — 1831

Habitantes	Qualidade	Condição	Idade	Estado	Ocupação
Liberato José Tiburcio	Pardo	—	31	Casado	Carreiro
Mariana Barbara Ferreira	Parda	—	30	Casada	—
Antonio	Pardo	—	11	Solteiro	Na escola
Francisco	Crioulo	Escravo	26	Solteiro	Sapateiro
Rozária	Crioula	—	31	Solteira	Cozinheira
Margarida Criolla	Crioula	Escrava	12	Solteira	Costureira

Fonte: Arquivo Público Mineiro (1831).

D. Mariana recebe aqui um nome relativamente distinto daquele com o qual apareceu no registro de batismo, ou seja, sem o "de Santa". Foi assinalada como mulher parda, livre, reconhecida em situação de matrimônio legítimo com Liberato José Tiburcio, também pardo. Com ele teve um filho chamado Antonio, que tinha 11 anos de idade e frequentava a escola de primeiras letras. A legitimidade do casamento e a frequência do filho à escola eram elementos que indicavam o *status* dessa família negra.[6] A isso podemos acrescentar ainda a posse de três escravizados que também aparecem no domicílio.

É preciso destacar que livres e escravizados foram assinalados de forma distinta em relação à "qualidade", ou seja, os livres que habitavam o domicílio aparecem como pardos, e os escravizados, como crioulos. Como vimos, isso não tem relação com o fenótipo, mas com a afirmação de um lugar social no qual os negros poderiam se encontrar em diferentes condições. Nesse sentido, em certos contextos os termos de classificação racial estão fortemente vinculados ao lugar social. A separação dos negros por meio dos termos "pardo" e "crioulo" era uma forma de hierarquizar as relações no interior do domicílio, indicando nitidamente o lugar dos livres e dos escravizados nesse espaço.

Todos esses elementos apontam que D. Mariana ocupava um lugar social de prestígio. Em 1839, foi feito um novo censo da população da província de Minas Gerais, e nele voltamos a encontrar o domicílio de D. Mariana na lista nominativa de Campanha. Nele, há um padrão de estabilidade no registro das informações e uma reafirmação da sua condição racial:

Quadro 3 — Domicílio chefiado por Liberato José Tiburcio — 1839

Habitantes	Qualidade	Condição	Idade	Estado	Nacionalidade	Ocupação
Liberato José Tiburcio	Pardo	—	37	Casado	—	Agência
Mariana Barbara	Parda	—	32	Casada	—	Costureira
Antonio José	Pardo	—	17	Solteiro	—	Estudante
Francisco	Crioulo	Escravo	25	Solteiro	Brasileiro	Sapateiro
Margarida	Crioula	Escrava	18	Solteira	Brasileira	Cozinheira
Teresa	Crioula	Escrava	9	Solteira	Brasileira	—
Francisco	Crioulo	Livre	10	Solteiro	—	Na escola

Fonte: Arquivo Público Mineiro (1839).

O domicílio de D. Mariana comporta poucas variações entre o registro de 1831 e o de 1839. O documento conta com o acréscimo do campo "nacionalidade", além de mudanças em relação aos nomes e às idades. Apresenta também outras pessoas escravizados, mas estas se mantêm em três indivíduos. A existência de um agregado de 10 anos que frequentava a escola reafirma a relação do domicílio com os processos de escolarização, pois o filho de Mariana foi novamente registrado em situação de vínculo com o espaço escolar, aos 17 anos, na condição de estudante.

O que mais importa na análise que estamos construindo é a reafirmação da condição racial de D. Mariana e seus familiares: eles foram novamente registrados como pardos.

Nesse sentido, podemos dizer que a posição social ocupada por D. Mariana pode ser entendida como elemento decisivo para que ela fosse escolhida como madrinha do filho de Lourença. Essas duas mulheres ocupavam um lugar de proximidade e distanciamento no universo das relações sociais de Campanha na primeira metade do século XIX.

Na verdade, D. Mariana era um perfeito contraponto do lugar social ocupado pela mãe de Francisco. Lourença era negra, sem registro de relação conjugal legítima, mãe de duas crianças que não tinham referência de paternidade; seu espaço de moradia era um domicílio no qual vivia como agregada. D. Mariana, por sua vez, era o contrário de tudo isso: era casada, vivia na companhia do marido, do filho que estava na escola, e possuía três escravizados.

Como disse Rezende (1987), a madrinha de Francisco *não era rica*, mas podemos constatar, pelos dados fornecidos nos registros de seu domicílio, que se tratava de uma mulher negra com algumas posses e em situação de estabilidade familiar e social. O fato de Lourença convidar D. Mariana para ser madrinha de Francisco representava uma aliança com um grupo com o qual guardava proximidade e distância: D. Mariana era negra como Lourença — ambas foram registradas como pardas —, mas tinha mais *status* social do que sua comadre.

A relação de compadrio foi um elemento decisivo na trajetória do filho de Lourença, sobretudo no que se refere ao seu processo de escolarização. Todas as referências nesse âmbito são sempre atribuídas a D. Mariana. Já Lourença pouco aparece nas narrativas que registram a trajetória de seu filho. Quando aparece, é sempre retratada como uma mulher negra da qual não se sabe a natureza de sua condição, ou seja, se era livre ou escravizada.

A ação de D. Mariana na trajetória de Francisco foi tão decisiva que chegou a colocar em xeque a relação entre madrinha e afilhado. É o que relata João de Abreu Salgado, que foi aluno de Padre Vitor na Escola Normal de Três Pontas e em 1946 publicou a primeira biografia sobre seu antigo mestre. Ele chegou a insinuar que, além de ser madrinha de Francisco, D. Mariana era também sua proprietária, ou seja, o compadrio seria na verdade parte de uma relação entre a senhora e seu pequeno escravo.

Salgado (1946, p. 8) cogita que foi por ser proprietária e protetora de Francisco que D. Mariana pôde decidir o curso da vida de seu afilhado/escravo: "Não se sabe se Francisco de Paula Vítor nasceu escravo. Sua protetora, *talvez sua senhora*, cuidou da sua educação, alfabetizando-o; e, como mostrasse ele facilidade de aprender, destinou-o à carreira sacerdotal, quiçá em cumprimento de um voto" (grifo nosso).

Ao descrever as características do compadrio, Gudeman e Schwartz (1988) assinalam uma incompatibilidade entre essa instituição e a escravidão, ou seja, uma visava à proteção espiritual, e a outra, à dominação. O senhor que apadrinhava um escravizado estabelecia com ele uma relação espiritual que minava a relação de dominação necessária ao exercício da escravidão. Gudeman e Schwartz (1988) apontam a dificuldade de encontrar registros que assinalem a relação de compadrio envolvendo senhores e escravizados.

Tal incompatibilidade é um elemento que nos leva a desconfiar da suspeita levantada por Salgado (1946) quanto ao fato de que D. Mariana fosse senhora de Francisco. Por outro lado, não encontramos nenhum registro que efetivamente apontasse a condição de escravizado de Francisco, tampouco de sua mãe; ao contrário, os documentos analisados indicam que se tratava de pessoas livres.

Na verdade, isso remonta à expressão de um imaginário que reduz os negros à escravidão a partir de um entendimento que afirma que, no passado brasileiro, todo negro era escravo (Chalhoub e Silva, 2009).

A trajetória de Padre Vitor é retratada em várias obras de caráter hagiográfico.[7] A construção de sua santidade é sustentada por essas obras. Em todas elas, sua madrinha é retratada como uma mulher branca. Já sua mãe — que era uma mulher negra livre — é frequentemente devolvida ao cativeiro, sendo representada como escrava.

A posição social de D. Mariana determinou que os memorialistas de Padre Vitor a retratassem como uma mulher branca, generosa e destemida no enfrentamento dos preconceitos do seu tempo. Ela foi apresentada dessa forma no livro de Gaetano Passarelli (2013), *Francisco de Paula Victor — Apóstolo da caridade*, uma versão romanceada da vida de Padre Vitor.

Nessa narrativa, D. Mariana aparece como uma descendente direta dos portugueses que se casou com um indígena[8] e com ele teve um filho mestiço. Para Passarelli (2013, p. 30), ela

> não tinha preconceitos racistas como grande parte dos imigrantes portugueses. Ela teve muitos pretendentes de Campanha e também da alta sociedade da época, mais afortunados que ela, mas, em 1811, aos 16 anos de idade, dona Mariana Barbara Ferreira decidiu que o homem de sua vida era o índio Liberato José Tiburcio, cinco anos mais velho, tendo sido inúteis os argumentos e ameaças que lhes foram feitas [...].

Passarelli (2013, p. 13) descreve ainda uma situação na qual D. Mariana se posicionou fortemente contra o preconceito racial de um professor que apresentava restrições para alfabetizar Francisco, por ele ser negro. Diante de tal fato, D. Mariana descreve da seguinte forma o seu grupo familiar para o professor preconceituoso: "Nesta casa o patrão é um índio, a patroa é branca, o filho é mestiço... somos todos criaturas de Deus! Ou não?"

No Brasil, o mecanismo mais eficaz de desqualificar os negros nas narrativas históricas é reduzi-los à condição de escravos, seres tidos como incapazes de agir e pensar o mundo a partir de significados que lhes sejam próprios. Essa foi uma fórmula eficaz de reificação dos negros na construção de um imaginário social que opera a partir da associação entre ser negro e ser escravo (Chalhoub e Silva, 2009).

Por outro lado, quando os indivíduos negros não se adaptam perfeitamente a essa operação, tendem a ser suprimidos das narrativas. Isso ocorreu com Lourença, que é absolutamente marginalizada nos relatos sobre seu filho. Já D. Mariana foi transformada em uma *descendente direta dos portugueses* que se casou com um indígena[9] e foi protetora de um negro que por ela foi destinado à fé e ao sacerdócio.

Os elementos que sustentam a narrativa de Passarelli (2013) operam uma transmutação dos personagens a fim de demonstrar a grandiosidade da trajetória percorrida por Padre Vitor na construção de sua santidade. Com isso, podemos inscrever essa narrativa de Passarelli (2013) em um quadro de reedição mística do mito das três raças: *uma metáfora na qual brancos e indígenas apadrinham a raça negra em um pacto secular e espiritual de redenção através da santidade.*

D. Mariana e Lourença tinham lugares diferenciados do ponto de vista social, mas o caráter assimétrico da relação pode ser pensado como parte de uma aliança entre mulheres negras no enfrentamento do preconceito racial na cidade de Campanha. No entanto, quando a condição dessas mulheres é modificada — uma tratada como escrava, e a outra transformada em branca —, não mais se observam os laços de solidariedade entre elas. O que resta são as assimetrias sociais e o caráter paternalista das relações que tradicionalmente alimentam e inspiram o imaginário social brasileiro no que se refere aos negros. O significado político do compadrio que reuniu duas mulheres negras é prontamente anulado, e em seu lugar emerge a ação generosa de uma mulher branca que, em nome da bondade e da fé, protegeu uma criança negra.

Dessa forma, os negros não são reconhecidos como sujeitos, e as mulheres negras são, com maior intensidade, destituídas por completo de sua subjetividade. No entanto, quando olhamos essas mulheres a partir do lugar social que ocuparam na hierarquia racial que vigorava em Campanha, é possível entender a relação entre elas como parte de um movimento de resposta à discriminação racial que vivenciavam, pois, embora ocupassem lugares sociais distintos, ambas experimentavam o preconceito.

D. Mariana havia conquistado uma posição que lhe conferia algum prestígio social, mas isso não a isentava de enfrentar a discriminação. É o que revela o depoimento de Rezende (1987, p. 189) sobre as relações raciais em Campanha:

> Assim, conheci na Campanha algumas famílias de pardos, muito respeitáveis e que pela sua posição e fortuna reuniam todas as condições para pertencerem à classe superior. E, com efeito, essas famílias eram muitas vezes convidadas para o baile dos brancos. Mas se eram convidadas e se quase nunca deixavam de aceitar o convite, isto não quer de modo algum dizer que lá fossem para dançar ou tomar parte no baile; porque na realidade o que se dava é que elas apareciam nesses bailes unicamente para ali figurarem como simples espectadores, ou para lá irem, como vulgarmente se diz, fazer o papel de simples placas apagadas.

Rezende (1987) foi contemporâneo de D. Mariana, em Campanha, entre os anos 1830 e 1840. Ela se encaixa perfeitamente no perfil que ele traça dos chamados *pardos muito respeitáveis de posição e fortuna, que reuniam as condições para pertencerem à classe superior*. Contudo, o autor aponta com clareza a distância social entre os chamados pardos e os brancos, assinalando a força da discriminação racial e sua capacidade de se manifestar nas atividades mais elementares da sociedade campanhense.

Diante disso, é possível pensar que mulheres como D. Mariana e Lourença produziram estratégias para enfrentar essa situação. Nesse universo, o processo de formação de Padre Vitor pode ser contabilizado como algo que caminhava rumo a um movimento de enfrentamento e resistência à ordem sociorracial estabelecida, ou seja, mulheres que se recusavam a ser *simples placas apagadas* e se associaram para conduzir a trajetória de um negro livre.

Francisco de Paula Vitor e o caminho para o sacerdócio

Como vimos, D. Mariana foi responsável pela escolarização de Padre Vitor e, consequentemente, por seus estudos como seminarista. Nos anos de 1840, ele foi aluno da escola de instrução elementar, na qual partilhou os bancos escolares com Francisco Rezende (1987, p. 181), que o destaca entre seus companheiros de escola:

> Eu, porém, não posso deixar de com eles mencionar um (aluno) que pouco antes havia saído da escola; e que foi ainda o primeiro amigo que tive, e que felizmente ainda conservo... Ora, este amigo de quem falo chama-se Francisco de Paula Vitor e é hoje vigário colado na cidade de Três Pontas.

Para Rezende (1987, p. 181), já na escola Francisco apresentava características que o aproximavam da conduta de um religioso. Sua humildade e generosidade eram valores que se destacavam em meio aos demais estudantes, indicando sua vocação para o sacerdócio:

> Naturalmente feito para o bem e para a paz, não havia na escola um só menino que o não estimasse e não lhe quisesse muito; e, como não era inimigo de ninguém, ele não queria também que os seus amigos fossem inimigos uns dos outros. Por isso, apenas aparecia uma dessas brigas ou uma dessas inimizades, que são tão comuns entre os meninos, já se sabia que ele aí vinha e que se haviam de fazer as pazes... Verdade é que uma tal casuística parece tão fácil e tão acomodatícia que se bem poderia dizer que seu autor havia nascido para ser um grande jesuíta.

Esse relato pode ser caracterizado por aquilo que Bourdieu (1995) apresenta como traço fundamental do que chamou de *ilusão biográfica*, ou seja, organizar uma vida a partir de um ponto de convergência que procure dar sentido às experiências do sujeito.

Ao abordar a narrativa biográfica como um desafio, Dosse (2009) destaca que o principal aspecto dessa caracterização feita por Bourdieu (1995) é, na verdade, a possibilidade de compreender a relação entre o narrador e aquele que é objeto da narrativa. Assim, entendemos que as narrativas de Rezende (1987) e dos demais autores que trataram da trajetória de Padre Vitor o retratam como alguém que já se comportava como sacerdote desde a juventude, como se isso fosse inato à sua personalidade. Em meio a essas descrições, emergem alguns traços fundamentais, como a humildade e a capacidade de resignar-se diante do preconceito e da discriminação.

Para além da ideia de uma vocação, ou de uma capacidade de elaboração da experiência de fé no nível mais profundo, entendemos que o direcionamento de Francisco para o sacerdócio foi parte de sua escolha dentro das possibilidades inscritas na sociedade em que viveu. Nesse sentido, essa opção pode ser entendida como parte do projeto de vida de um jovem negro que viu a possibilidade de mobilizar a sua fé em direção a um movimento de ascensão e reconhecimento social. Para um negro que vivia no Brasil na primeira metade do século XIX, essa era uma escolha possível, porém pouco provável na hierarquia racial existente no período.

Contudo, nesse movimento surgiu o desejo de Francisco de seguir o caminho do sacerdócio. Ele obteve o apoio decisivo da madrinha, que utilizou sua posição social para promover uma aliança com membros do clero que poderiam auxiliar seu afilhado. Foi o que ocorreu em 1848, quando Dom Viçoso, bispo de Mariana, visitou a cidade de Campanha.

Nessa ocasião, Dom Viçoso foi interpelado por Francisco de Paula Vitor e sua madrinha, que apresentaram ao bispo o desejo do jovem de se tornar padre. Essa solicitação foi prontamente acolhida por Viçoso, e logo em seguida o jovem tornou-se aluno do seminário de Mariana.

O apoio do bispo ao desejo de Francisco de se tornar padre deve ser entendido em um projeto amplo de disciplinar o clero e as práticas religiosas em Minas Gerais. Para Dom Viçoso, era necessário formar padres que de fato demonstrassem o desejo de atuar em acordo com os preceitos da Igreja. Para o bispo, era recorrente entre os padres mineiros uma conduta incompatível com as determinações estabelecidas pela Igreja. Não raro se encontravam padres engajados em atividades políticas, amasiados, que empunhavam a batina em mesas de jogos, nas bebedeiras... Enfim, que mantinham uma conduta contrária à que era tradicionalmente exigida aos membros do clero.

Para Dom Viçoso, isso era consequência da formação de indivíduos que, na verdade, não tinham nenhuma vocação para o exercício do sacerdócio. Assim, o religioso demonstrava o desejo de moralizar o clero adotando práticas compatíveis com os preceitos emitidos por Roma.[10]

Também é preciso considerar o desejo de Dom Viçoso de aproximar a Igreja da população mineira. Essa foi uma das iniciativas executadas por ele, sobretudo a partir da realização de várias viagens pela província. Ele foi o primeiro bispo a visitar pessoalmente as diferentes localidades que compunham sua diocese.

Pode ser que suas peregrinações por Minas tenham lhe revelado uma das características marcantes da província: o elevado números de negros em sua estrutura demográfica.[11] Nesse sentido, a incorporação dos negros aos quadros da Igreja poderia ser um elemento de aproximação com o povo e a sinalização da efetiva ligação entre a Igreja e o os mineiros, sobretudo os negros.[12]

Nessa perspectiva, o desejo de Francisco de Paula Vitor pode ser tomado como um elemento que se ajustava ao projeto de romanização preconizado por Dom Viçoso — que, entre outras coisas, foi colocado em curso durante a remodelação pela qual passou o Seminário Nossa Senhora da Boa Morte, em Mariana, a partir de 1845.

Para chegar a esse seminário em 1849, Francisco de Paula Vitor foi capaz de mobilizar uma rede de apoio em torno do seu desejo de se tornar padre. Obteve o apoio de Dom Viçoso, de sua madrinha e de algumas pessoas de Campanha que, segundo Rezende (1987), arrecadaram fundos que permitiram a ida do jovem negro para o seminário.

Para Salgado (1946, p. 9), quando Francisco ingressou no seminário, despertou a ira e o descontentamento dos colegas, que se recusavam a conviver com um negro em situação de igualdade. Eles o tratavam como escravo. Foi por meio da resignação diante dessa situação que ele se impôs, aceitando com perfeita submissão os desmandos dos estudantes do seminário:

> — Francisco, traze água, ordenava um estudante.
> — De boa vontade, respondia. E trazia água.
> — Francisco, escova as minhas botinas, mandava outro.
> — Sim, senhor. É para isso mesmo que eu vim aqui, respondia. E escovava as botinas.
> — Francisco, estende a minha cama.
> O estudante preto, sem nenhuma relutância, dava execução às recomendações recebidas. Essa docilidade valeu-lhe logo o afeto de todos os seminaristas, que passaram a considerá-lo. Já ninguém se envergonhava de sua companhia, e todos com ele ombreavam fraternalmente.

Tudo indica que Francisco de Paula Vitor não foi um jovem contestador; contudo, a descrição de Salgado (1946) reproduz uma mentalidade que atribui a ele um comportamento absolutamente servil.

Por certo não foi fácil a convivência de Francisco com estudantes e professores do seminário, pois este era predominantemente frequentado por pessoas brancas que esperavam de um negro um comportamento que correspondesse ao que poderíamos chamar de *preto de alma branca*. Aliás, essa foi a descrição que Dom Viçoso fez de Padre Vitor ao apresentá-lo ao chefe político da cidade onde se tornou vigário.

Quando Francisco se formou padre, em 1852, Dom Viçoso o indicou para uma vaga de sacerdote em Três Pontas, que ficava no sul de Minas Gerais. Na época, fez duras críticas aos *vigários que Deus não chama* e teceu comentários muito elogiosos a seu indicado, descrevendo-o como alguém que tinha *um exterior escuro que encobria uma alma pura*:

> Estou muito antecipado e de cautela contra ordinandos e Vigários que Deus não chama. Aí vai pois um que não é pretendente... Vamos ao caso. O Pe. Francisco Ferreira de Paulo Victor [*sic*], com o seu exterior escuro encobre uma alma pura. Quero que, com suas boas palavras, V. Mercê faça qualquer reparo que essa boa gente faça nas côres dele... (*apud* Silva Neto, 1965, p. 201)

Essa carta foi encaminhada por Dom Viçoso a Antônio Rabelo e Campo, político influente em Três Pontas. Como se tratava de uma figura com poder e prestígio na região, o religioso recorreu a ele para que intercedesse junto aos habitantes da cidade, que certamente teriam resistência em receber um padre negro. Dom Viçoso foi decisivo na condução de Padre Vitor a vigário de Três Pontas. Utilizou sua autoridade e influência política para criar uma rede de proteção capaz de quebrar o preconceito e a resistência da comunidade em relação ao pertencimento racial do novo vigário.

A chegada de Padre Vitor a Três Pontas remonta a um período em que ainda vigorava a escravidão. Era um momento em que, no Brasil, estavam sendo encaminhadas as primeiras medidas para desmantelar o trabalho escravo, entre elas o fim do tráfico de africanos, em 1850. Isso indica que havia uma relativa estabilidade da escravidão, o que ia de encontro às preocupações de Dom Viçoso quanto ao preconceito racial como algo que dificultaria o estabelecimento do novo vigário.

Quando consideramos a composição racial do sul de Minas e o lugar que cada grupo ocupava em sua estrutura social, compreendemos amplamente as dificuldades enfrentadas por Padre Vitor para assumir a vigaria de Três Pontas. Rezende (1987, p. 184) apresenta considerações específicas ao descrever, na cidade de Campanha, as relações entre diferentes grupos raciais, ou classes — como disse ele —, com suas respectivas manifestações religiosas:

> Assim, eu não direi simplesmente que não havia naquele tempo uma verdadeira igualdade perante a religião; porque essa igualdade foi coisa que nunca existiu e que ainda hoje não se observa; mas direi que naquele tempo a desigualdade ou que a distinção das classes (raças) era de tal natureza que não só cada uma das classes procurava ter sempre a sua igreja própria; mas que ainda os próprios santos pareciam não pertencer a todos.

Campanha e Três Pontas eram cidades do sul de Minas que estavam próximas do ponto de vista espacial e sociocultural. Com isso, podemos dizer que a descrição feita por Rezende (1987) da primeira contempla a realidade racial e religiosa da segunda. Assim, se os diferentes grupos raciais frequentavam igrejas distintas, podemos imaginar a situação gerada por um padre negro à frente da principal igreja da cidade. Isso fica claro no depoimento registrado por Salgado (1946, p. 24):

> Era natural o retraimento dos trespontanos ao receberem o Padre Francisco de Paula Vítor como vigário de sua paróquia. Existia ainda na cidade o sentimento de casta. O escol se compunha de descendentes imediatos de portugueses, com a preocupação de não se confundirem com a gente de cor.

Tudo isso revela também a amplitude da conquista produzida por Padre Vitor no universo social do século XIX. É evidente que não foi fácil para um negro trilhar o caminho que possibilitou sua inserção nos quadros da Igreja, assumindo a condição de sacerdote em uma localidade onde havia rígida estrutura hierárquica entre os grupos raciais.

Padre Vitor trilhou esse caminho, assumiu a paróquia de Três Pontas e se consolidou como sacerdote. Em 1874, foi publicado o *Almanach Sul-Mineiro* (Viegas, 1874), que trazia dados sobre as diferentes localidades que compunham o sul de Minas. Uma dessas localidades é Três Pontas, na qual encontramos Padre Vitor plenamente integrado à sua dinâmica social: foi registrado como vigário, presidente da Sociedade Protetora da Infância Desvalida, presidente da Sociedade Musical São Sebastião e diretor do colégio particular Sacra Família.

Não podemos esquecer que o sacerdócio de Padre Vitor ocorreu em um momento conturbado do século XIX, no qual ocorriam os debates sobre a abolição. De outro lado, também é preciso lembrar que, nesse período, o sul de Minas era uma zona de expansão da economia cafeeira e um polo em defesa da escravidão. A condição racial de Padre Vitor e sua autoridade religiosa tendiam a ser vistas como elementos em conflito. É o que aponta o depoimento de Teodósio Bandeira, que foi seu aluno e deixou o seguinte registro no jornal *Voz Diocesana* (Centro de Memória, 1956):

> A recém-criada Vila de Três Pontas, o que ocorrera em 1842, andava entusiasmada e cheia de progresso. Qual não foi a surpresa geral da população ao receber, em substituição ao fidalgo e alinhado cônego Bernado, um novo vigário — preto, beiçudo e tardo no expressar-se... Além disso, era, essa nomeação de Padre Vitor, um motivo para insubordinação da massa de escravos — que se sentiriam estimulados à indisciplina, vendo na chefia da paróquia um membro de sua raça desprezível.

Não encontramos registros que indicassem a postura de Padre Vitor em relação à escravidão. A única referência que encontramos foi narrada na obra de Salgado (1946), que registrou sua participação em uma tentativa do Fundo de Emancipação de libertar dois escravizados que pertenciam a um fazendeiro de Três Pontas.[13] Os representantes do Fundo apuraram a quantia necessária para libertar dois escravizados e indenizar seu proprietário. O proprietário não concordou com essa atitude e resolveu reaver, à força, os cativos que eram de sua propriedade. Para isso, reuniu um grupo de aliados que se dirigiu à cidade para atacar os membros do Fundo.

Segundo Salgado (1946, p. 28), quando Padre Vitor ficou sabendo da intenção do fazendeiro, colocou-se na entrada da cidade para impedir a ação:

> Ali Padre Vitor posta-se e espera. No momento oportuno, apresenta-se e brada: Entrem!... Entrem!... mas passem por cima do cadáver do Vigário. O bando estaca ante a espessa muralha moral, que inopinadamente se erguia para poupar a cidade de uma cena vandá-

lica... Os organizadores do assalto baldado, gente assaz digna, naturalmente, depois de calmas e bem refletir, se edificaram no grandioso lance de Padre Vitor, que lhes barrou um caminho errado.

O relato de Salgado (1946) indica que, no máximo, podemos classificar Padre Vitor como um abolicionista comedido, ou seja, que procurou enfrentar a escravidão dentro dos marcos legais. Detectamos seu protagonismo apenas no que se refere ao cumprimento de um dos aspectos mais tímidos da legislação abolicionista: o que procurava libertar os escravizados indenizando os proprietários.

Portanto, a atitude de se manter dentro dos marcos da lei, sem manifestar qualquer postura mais firme perante a escravidão, contribuiu para a perfeita harmonia entre Padre Vitor e a comunidade trespontana. Fosse ele um abolicionista declarado e um defensor de medidas mais contundentes pelo fim da escravidão, sua postura não encontraria amparo em meio à elite escravista. Com isso, dificilmente representaria a figura do homem caridoso, conciliador e humilde que ganhou prestígio e fama em todo o sul de Minas Gerais, no qual morreu, em 1905, com fama de santo.

Conclusão: o santo escravizado

A atuação de Padre Vitor como padre e professor foi elemento decisivo para sua afirmação como santo. Também foi fundamental seu comportamento no *status quo* de uma sociedade cujo ordenamento social aceitava a escravidão. Esses elementos contribuíram para que seu prestígio extrapolasse a região de Três Pontas, dando origem a um culto que foi difundido por todo o sul de Minas Gerais.

Acompanhou e sustentou esse culto um movimento permanente de peregrinação à cidade onde ele exerceu o sacerdócio. O dia da sua morte, 23 de setembro, tornou-se uma data de peregrinação à cidade de Três Pontas, ocasião em que os devotos vão agradecer e pedir por milagres.

Mas, à medida que esse culto cresceu, nele se fixou a imagem da escravidão de Padre Vitor. A condição de escravizado é exibida como um monumento e, nos dias atuais, está materializada na casa onde ele teria sido criado, em Campanha. Em recente visita a essa cidade, encontrei a seguinte inscrição em uma placa fixada nessa residência: "Nos séculos XVIII e XIX e início do século XX Campanha era a principal cidade do sul de Minas. Nas últimas décadas foram derrubadas quase todas as suas casas originais. Nesta, uma das poucas que restaram, foi criado o *ex-escravo* Padre Victor [*sic*], possível primeiro santo nascido no Brasil".

Não encontramos nenhum documento que de fato registre que Padre Vitor tenha nascido escravo. Ao contrário, os registros o apresentam como um homem negro, de condição livre, que foi amparado por mulheres negras que promoveram diferentes formas de aliança para pavimentar seu caminho. A partir daí, ele trilhou um percurso muito particular no contexto das Minas Gerais.

Há um conjunto variado de elementos implicado no processo de canonização de Padre Vitor. Entre eles, é preciso destacar o fato de que isso pode ser entendido como uma tentativa de reação da Igreja Católica diante da acentuada perda de fiéis que vem sofrendo nas últimas décadas. Nesse sentido, a construção de "santos nacionais" seria uma forma de criar novos canais de conexão entre a Igreja e o povo. Vale dizer, ainda, que a canonização de Padre Vitor é apenas um dos vários processos de reconhecimento de santos brasileiros que atualmente tramitam no Vaticano.

Assim, um santo negro levaria para o plano da experiência religiosa o processo de reconfiguração das relações raciais que vêm ocorrendo no Brasil, no qual tem se destacado um crescente protagonismo da população negra na reelaboração de sua identidade como grupo social.

Porém, é preciso também assinalar que esse processo de reconfiguração da questão racial no interior da religiosidade católica surge da negação dos negros como sujeitos. Afinal, na forma como vem sendo elaborada a produção de uma memória sobre Padre Vitor, encontramos um duplo movimento de negação da sua *humanidade*.

Isso porque a santidade é uma condição ao mesmo tempo próxima e distante do ser humano, pois sua finalidade é projetar a vida de um indivíduo para *além* do humano (Gaeta, 1999). Se a santidade representa a negação do humano a partir da sua "superação", a ideia de que Padre Vitor foi escravo representa a negação do humano a partir de seu "rebaixamento" à condição de objeto, colocando-o *aquém* da dimensão humana.

Não resta dúvida de que Padre Vitor teve uma trajetória singular. Porém, não foi por estar nem *aquém* nem *além* do humano que ele se impôs no universo representado pelas relações sociorraciais estabelecidas no sul de Minas. O que sustentou sua trajetória foi a sua condição de homem negro livre, que vivenciou percursos estruturados pela ação de diferentes sujeitos que lhe possibilitaram a formação necessária para que pudesse enfrentar e transpor os padrões impostos aos negros brasileiros na época.

O respeito àqueles que veneram Padre Vitor aponta para a necessidade de desconstruir e ressignificar a memória que foi produzida sobre ele, transpondo, assim, os limites do imaginário que herdamos do escravismo. Para isso, é preciso entendê-lo como o que ele efetivamente foi: *um homem negro livre*!

Tal reconhecimento é necessário para que sua santidade seja reverenciada de forma plena por aqueles que a cultuam. E também para que essa memória ganhe sentido na luta política e social travada pelos negros brasileiros do passado e do presente — que, ainda hoje, necessitam proclamar e defender que santo *é o significado mais profundo que podemos atribuir à experiência da liberdade!*

Referências

Andrade, Marcos Ferreira de. *Elites regionais e a formação do Estado Imperial brasileiro — Minas Gerais-Campanha da Princesa (1799-1850)*. Rio de Janeiro: Arquivo Nacional, 2008.

Ariès, Philippe. *História social da criança e da família*. Rio de Janeiro: Zahar, 1978.

Assis, Victor Rodrigues de. *Vida e vitórias de monsenhor Francisco de Paula Victor — O patriota e milagroso padre Victor de Três Pontas*. São José do Rio Preto: Tipografia Giovinazzo, 1973.

Bourdieu, Pierre. "A ilusão biográfica". In: Ferreira, Marieta de M.; Amado, Janaína (org.). *Usos e abusos da história oral*. Rio de Janeiro: FGV, 1995, p. 183-191.

Chalhoub, Sidney; Silva, Fernando T. "Sujeitos no imaginário acadêmico: escravos e trabalhadores na historiografia brasileira desde os anos de 1980". *Cadernos AEL*, v. 14, n. 26, p. 13-45, 2009.

Dosse, François. *O desafio biográficos — Escrever uma vida*. São Paulo: Edusp, 2009.

Fonseca, Marcus V. *A educação dos negros — Uma nova face do processo de abolição do trabalho escravo no Brasil*. Bragança Paulista: USF, 2002.

Gaeta, Maria Aparecida J. V. "'Santos' que não são santos — Estudos sobre a religiosidade popular brasileira". *Mimesis*, v. 20, n. 1, p. 57-76, 1999.

Gudeman, Stephen; Schwartz, Stuart. B. "Purgando o pecado original — Compadrio e batismo de escravos na Bahia no século XVIII". In: Reis, João José (org.). *Escravidão e invenção da liberdade — Estudos sobre o negro no Brasil*. São Paulo: Brasiliense/CNPq, 1988, p. 33-59.

Passarelli, Gaetano. *Francisco de Paula Victor — O apostolo da caridade*. São Paulo: Paulinas, 2013.

Rezende, Francisco de Paula Ferreira. *Minhas recordações*. Belo Horizonte: Imprensa Oficial, 1987.

Salgado, João de Abreu. *Magnus Sacerdos — Cônego Francisco de Paula Vitor*. Três Pontas: [s. n.], 1946.

Silva Neto, Dom Belchior da. *Dom Viçoso — Apóstolo de Minas*. Belo Horizonte: [s. n.], 1965.

Veiga, Bernardo Saturnino da. *Almanach Sul-Mineiro*. Campanha, Thyp. Monitor Sul-Mineiro, 1874.

Fontes documentais

ARQUIVO DA CÚRIA DE CAMPANHA. *Livro de Registro de Batismo.* Livro 09 (LB-10), folha 62v, 1827.

ARQUIVO PÚBLICO MINEIRO (APM). *Lista Nominativa dos Habitantes de Campanha.* Coleção Mapas de População, Cx. 10, Doc. 19, Quarteirão 02, Fogo 35, 1831.

ARQUIVO PÚBLICO MINEIRO (APM). *Lista Nominativa dos Habitantes de Campanha.* Coleção Mapas de População, Cx. 10, Pasta, 20, Doc. 08, Quarteirão 03, fogo 46, 1839.

CENTRO DE MEMÓRIA MONSENHOR LEFORT. *Voz Diocesana*, n. 227. Campanha, 1956.

Notas

1 A beatificação precede o processo de canonização. Esse *status* é atingido quando a Igreja reconhece formalmente a realização de um milagre. O milagre atribuído a Padre Vitor se refere a uma mulher da cidade de Três Pontas que não conseguia engravidar, mas, segundo ela, superou essa condição graças à sua intervenção divina.

2 A importância de Campanha também pode ser constatada em um movimento que, ao longo de toda a segunda metade do século XIX, tentou transformar o sul de Minas em uma província. Campanha foi uma das sedes desse movimento, que por três vezes tramitou como projeto na Assembleia Legislativa do Império.

3 Segundo Ariès (1978), nas sociedades pré-modernas, os nomes ainda não eram parte de uma identidade civil; assim, poderiam variar ao longo da vida. É o caso de nosso personagem, que nasceu *Francisco*; na escola o encontramos com o nome de *Francisco de Paula Vitor*; por fim, morreu como *Padre Vitor*, revelando forte associação entre seu ofício e a forma como era chamado.

4 Não há relação de parentesco entre Lourença e o casal que chefiava o domicílio. Sua posição na lista de membros da moradia, último lugar, aponta sua condição de agregada. O ofício de fiadeira tem compatibilidade com o ofício do chefe, indicando o trabalho como elemento que justificava sua presença no domicílio.

5 Francisco de Paula Ferreira de Rezende é autor do livro *Minhas recordações*, obra publicada no final do século XIX que registra suas memórias relativas à trajetória que percorreu na sociedade mineira. Ele nasceu em Campanha, em 1832, formou-se em Direito em São Paulo e ocupou o cargo de juiz em algumas cidades mineiras. Foi fazendeiro na cidade de Leopoldina (MG) e teve destacada atuação política, ocupando os cargos de deputado na Assembleia Provincial (1864-1865), vice-governador de Minas (1890) e ministro do Supremo Tribunal Federal (1892-1893).

6 Utilizamos o termo "negro" para agregar as diferentes formas de designar a população de origem africana, pois os diferentes termos utilizados para classificá-la — inclusive "pardo" — não estavam necessariamente ligados ao fenótipo dos indivíduos, mas a seu lugar social.

7 Obras que tratam da vida de santos. As que foram produzidas a partir de aspectos relativos à trajetória de Padre Vitor têm ampla circulação no sul de Minas, mas não contam com os recursos de qualquer pesquisa documental minimamente confiável.

8 Foi empregado o termo "indígena" para referências no termo presente. Ao remeter a documentos passados, foi empregado o termo "índio". [N. E.]

9 Na lista nominativa, Liberato José Tiburcio foi designado na mesma condição racial de sua esposa, ou seja, pardo. Não encontramos qualquer referência à sua condição de indígena. Aliás, não encontramos nenhum indígena entre os 5.500 indivíduos que aparecem no censo de Campanha.

10 Dom Viçoso (1787-1875) nasceu em Portugal e chegou ao Brasil em 1819. Foi um dos expoentes do movimento ultramontano, ou de romanização, que queria a autonomia da Igreja nos assuntos internos e sua submissão apenas às diretrizes do Papa. Este deveria ser a única pessoa capaz de definir as ações do clero e de estruturar o culto religioso.

11 No século XIX, Minas Gerais se destacava por ter o maior plantel de escravizados do país, e por ter uma população negra, composta por livres e escravizados, como base de sua estrutura demográfica.

12 Dom Viçoso foi um dos poucos membros do clero que, na primeira metade do século XIX, se posicionou publicamente como abolicionista. Ele inclusive publicou uma obra em defesa da Abolição.

13 O Fundo de Emancipação foi uma das iniciativas criadas a partir da Lei do Ventre Livre, de 1871, que destinava seus recursos para libertar escravizados pagando indenizações aos senhores (Fonseca, 2002).

2 JOAQUIM CANDIDO SOARES DE MEIRELLES: UM MÉDICO NEGRO NA CORTE IMPERIAL

SILVIO CEZAR DE SOUZA LIMA

Quando estudamos a produção historiográfica, muitas vezes a ausência tem muito mais a nos dizer do que a presença. Desta feita, saltam aos nossos olhos a ausência de intelectuais negros na historiografia brasileira. Essa lacuna não está relacionada à inexistência de homens e mulheres negros em atividades intelectuais. Ela está muito mais atrelada a um desejo de branqueamento da sociedade — ou, ainda, ao lugar social do negro no imaginário nacional, incluindo a própria comunidade científica. Assim, foram invisibilizados médicos, engenheiros, filósofos, naturalistas e uma multiplicidade de intelectuais esquecidos na tessitura da história brasileira (Gomes e Domingues, 2018). Assim, cabe a nós um esforço de pesquisa coletivo para reparar as "injustiças de Clio" (Moura, 1990) e trazer novamente ao centro do palco atores sociais esquecidos.

É inegável que durante a escravidão, em pleno século XIX, existiu um relevante número de intelectuais negros no Império brasileiro. Os mais conhecidos exemplos são os irmãos engenheiros Antônio e André Rebouças, o poeta Cruz e Sousa, o escritor Machado de Assis, o jornalista José do Patrocínio e o advogado Luiz Gama, entre outros influentes intelectuais negros no Brasil oitocentista. Se compararmos o número de bacharéis "de cor" das primeiras décadas da República (Carvalho, 2008) com o período imperial, é interessante como, mesmo num país escravocrata, muitos negros ocuparam posições de destaque e tiveram voz e influência na corte. Apesar dessa constatação, também é igualmente surpreendente que a cor desses intelectuais tenha sido esquecida (ou escondida) com o passar do tempo.

Um bom ponto de partida é um melhor entendimento da relação entre negros e ciência, em especial a ciência brasileira. Apesar de considerar a importante contribuição africana para a tecnologia agrícola e siderúrgica e reconhecer os avanços relacionados aos saberes tradicionais de cura, precisamos avançar mais: o negro brasileiro também estava inserido no campo científico a partir dos saberes ocidentais, dos saberes considerados científicos, e nos espaços formais de ciência em posição de destaque. Trazer à tona toda a importância da trajetória do dr. Joaquim Candido Soares de Meirelles é discutir a importância do negro na implementação da medicina ocidental moderna no Brasil Império.

Por outro lado, é importante problematizar o papel do estudo biográfico, além de estabelecer os problemas teóricos e metodológicos da biografia para uma pesquisa que se propõe a compreender as articulações entre a trajetória de um médico negro e o mundo sociocultural no qual ele estava inserido.

As investigações e reflexões em torno da trajetória desse médico e político negro nos ajudarão a pensar nas formas pelas quais ele buscou inserção social, ainda que sob as estruturas sociais escravistas e excludentes do período imperial. Até que ponto é possível enxergar na agência desse sujeito histórico um movimento capaz de interferir nessas estruturas? Por outro lado, o que pode nos revelar sua carreira acadêmica, profissional e política, suas experiências de intelectual negro em um mundo de valores brancos e senhoriais? Pensar a trajetória pessoal e profissional do dr. Meirelles, no contexto imperial, ajuda-nos a compreender as trajetórias de outras negras e negros no contexto brasileiro (Gomes e Domingues, 2018).

A trajetória profissional e pessoal é influenciada por uma série de fatores: contexto histórico, visão de mundo, marcadores sociais e grupos sociais dos quais participamos. No caso de Meirelles, podemos perceber quanto sua condição de "homem de cor" no Império brasileiro, cuja dinâmica socioeconômica estava marcada pela escravidão atlântica, é um fator relevante para pensar sua vida. Não é possível construir a trajetória desse importante médico da primeira metade do século XIX — e um dos principais personagens no processo de institucionalização da medicina no Império — sem observar sua percepção de si como "mulato" e a da sociedade e das instituições das quais fez parte.

Os anos de formação acadêmica e profissional

Joaquim Candido Soares de Meirelles nasceu em Santa Luzia do Sabará, na província de Minas Gerais (MG), em 5 de novembro de 1797. Era filho de Manoel Soares de Meirelles e de Anna Joaquina de São José Meirelles. O ofício de cirurgião foi passado de pai para filho por gerações. Seu pai era cirurgião em Santa Luzia, seu avô teria se formado em Coimbra e seu bisavô, Luiz de Meirelles, foi médico na cidade do Porto. Apesar de ser conhecida na região, sua família tinha uma posição social modesta.

Quando teve idade para iniciar os estudos secundários, foi enviado para o Rio de Janeiro sob os cuidados de seu tio, o padre João Baptista Soares de Meirelles, latinista e professor do Seminário de São José. Graças ao tio, Meirelles estudou humanidades nesse seminário. Após os estudos, fez os exames e, em 1817, ingressou na Academia

Médico-Cirúrgica do Rio de Janeiro. Com base em seu histórico familiar, notamos que a educação foi uma das estratégias de ascensão social da família de Meirelles. E em seu campo de possibilidades estava a formação de cirurgião — profissão de seu pai e de seus ancestrais e uma das profissões que pessoas negras e pobres poderiam acessar, durante o período colonial, para ascender socialmente.

Durante os estudos, o jovem Meirelles ingressou no 1º batalhão de Caçadores da Corte como ajudante de cirurgia e se tornou pensionário do Hospital Real Militar, onde funcionava a Academia Médico-Cirúrgica. Seu cotidiano como estudante girava em torno do aprendizado teórico e prático, somado ao trabalho como ajudante de cirurgia e ainda aos serviços prestados no Hospital Real Militar. Essa severa rotina lhe propiciou muita experiência, algo imprescindível para a carreira de um bom cirurgião. Tanto que ele prestou os exames e, depois de ser aprovado, recebeu a carta de cirurgião em 1822 (Souto, 1935).

Depois de cinco anos no Hospital Real Militar, onde morava, trabalhava e estudava, solicitou a vaga de cirurgião-mor de seu batalhão. O requerimento foi recusado. Meirelles, então, fez uma petição direta ao imperador Pedro I e, em sua carta, questionou a rejeição para o cargo. Nela, argumentou que teve uma formação dedicada e com conteúdos acima dos necessários para o cargo. Afirmou que nunca faltara às aulas, e apontou ter sido preterido por outro cirurgião ajudante, cuja formação e dedicação tanto aos estudos quanto aos serviços médicos seriam qualitativamente inferiores às suas. Relatou ao imperador que, por ser pensionário do Hospital Militar, lá curara "com duplicado trabalho" durante os últimos cinco anos, ininterruptamente — ao contrário do colega que fora promovido a cirurgião-mor e de outros estudantes. Como estes realizavam suas práticas médicas no Hospital da Santa Casa de Misericórdia, eles eram praticamente dispensados nos períodos de férias. Meirelles questionou por que "se procuram lugares para os homens e não homens para os lugares", e solicitou ao imperador que revisasse a decisão do cirurgião-mor do exército (Souto, 1935, p. 30).

O requerimento foi acompanhado de uma carta do comandante do seu batalhão, que continha elogios e ratificava os argumentos de Meirelles. Seu comandante reforçou a necessidade de promover o ajudante, tendo em vista que havia seis meses ele substituía o cirurgião do batalhão, que se encontrava em uma expedição na Bahia e de onde provavelmente não retornaria. Parece que era do interesse do comandante que Meirelles assumisse o cargo de maneira permanente, pois em sua carta ressaltou o empenho e o profissionalismo do requerente.

Em junho de 1823, Meirelles foi finalmente promovido a cirurgião-mor. No entanto, essa promoção veio acompanhada da sua transferência para o Regimento de Cavalaria de Linha de Minas Gerais, sua província natal, o que o obrigou a deixar seu batalhão na corte. Em Minas Gerais, o jovem médico pôde demonstrar suas habilidades organizando o Hospital Militar de Ouro Preto e combatendo duas epidemias que assolaram a cidade naquele período. Meirelles, então, foi chamado para resolver certos assuntos na corte imperial, mas o zelo no trato dos pacientes fez que a população da cidade solicitasse o retorno deste a Minas (Souza, 1986; Souto, 1935; Macedo, 1876). Seu desempenho profissional provavelmente foi o principal fator que motivou sua indicação como um dos 15 oficiais do Exército enviados à Europa como pensionistas do Governo Imperial. Lá ele pôde complementar seus estudos e adquirir mais conhecimento técnico.

Qualquer luso-brasileiro com desejo de seguir a carreira de médico precisava sair do país para estudar, pois a Academia Médico-Cirúrgica não oferecia a formação plena em medicina. Isso só aconteceu com a reforma do Ensino Médico de 1832, quando a instituição se tornou a Faculdade de Medicina do Rio de Janeiro. Para estudar medicina era necessário escolher uma universidade europeia, em geral na França ou em Portugal, o que tornava essa formação quase exclusividade dos filhos das elites luso-brasileiras. Ser designado para estudar no exterior pelo Estado constituía uma grande oportunidade de ascensão profissional. Meirelles se matriculou na Faculdade de Medicina de Paris, onde estudou com alguns dos principais nomes das ciências médicas de sua época.

No exterior, teve uma vida extremamente regrada, passando por restrições financeiras e ocupando todo o seu tempo com os estudos. Segundo Macedo (1876, p. 365), Meirelles narrava assim o seu período em Paris:

> Já eu era marido e pai, da minha pensão de cinquenta mil réis fortes deixei metade para minha mulher e filhos, e com os vinte e cinco mil fortes que me ficaram tive, além do mais, de pagar mestres e de comprar livros e cadáveres: durante os dias úteis da semana, alimentava-me ordinariamente, comendo frutas e pão; aos domingos, desforrava-me da penitência, indo jantar com Paulo Barbosa, ou com José Marcellino Gonçalves, ou com o capitão-mor José Joaquim da Rocha, ou com o visconde de S. Lourenço, e então eram para mim inapreciáveis, maviosíssimos esses dias de festa, porque neles o excelente jantar era o menos, o falarmos da pátria era o mais.

Em dois anos, cursando as disciplinas necessárias na Faculdade de Medicina de Paris e com o aproveitamento dos estudos feitos anteriormente na Academia Médico-Cirúrgica do Rio de Janeiro, apresentou duas teses, formando-se, em 1827, simultaneamente em medicina e cirurgia. Em medicina, apresentou a *Dissertation sur l'histoire de l'éléphantiasis* [Dissertação sobre a história da elefantíase], que tratava da elefantíase dos gregos, mal de São Lázaro ou Morfeia — doença que despertava grande interesse dos praticantes das artes de curar no Brasil e acometia sobretudo a população de escravizados e pretos e pardos livres. Em sua tese em cirurgia, o assunto lhe era familiar devido aos anos de serviço em hospitais militares: *Dissertation sur les plaies d'armes à feu* [Dissertação sobre os ferimentos de armas de fogo]. Essa tese era de particular interesse para os cirurgiões do exército. Acontecia naquele período a Guerra Cisplatina, e Meirelles então enviou para o governo 40 exemplares de sua tese para distribuir aos jovens cirurgiões, que não tinham experiência com ferimentos sofridos no campo de batalha.

O incidente na Santa Casa de Misericórdia

Meirelles retornou ao Brasil em 1827. Motivado por seus êxitos acadêmicos, solicitou a nomeação para inspetor dos hospitais militares, o que lhe foi negado "por não satisfazer uma pequena nuga regulamentar que tal impedia" (Souto, 1935, p. 49). Alegando dificuldades para manter a família com o soldo de cirurgião, pediu demissão do Exército em 1828. Passou a se dedicar à sua clínica particular (que, devido à sua boa reputação naquele momento, movimentava boa clientela) e à enfermaria da Santa Casa de Misericórdia do Rio de Janeiro, que dividia com o dr. Luis Vicente de Simoni, médico italiano instalado no Brasil desde 1817.

Na Santa Casa, o dr. Meirelles protagonizou um episódio que gerou debate público e, além de evidenciar a percepção da população sobre relações raciais e cidadania, também ajudou a construir para ele uma imagem que o acompanhou por boa parte de sua vida. Uma carta ao jornal *Astréa* deu início ao debate público entre o médico e o *inimigo das diferenças de cor*, o que nos leva ao incidente na Santa Casa.

Na edição de 22 de setembro de 1829, foi publicada a carta de um leitor que reclamava do tratamento recebido por seu empregado na enfermaria da Santa Casa. O queixoso era "um crioulo forro de Minas" que fora tratar uma febre. Depois de alguns dias de tratamento, entraram na enfermaria "uns homens de comenda" e trocaram os doentes de cama, dizendo que os brancos deveriam ficar em um lado da enfermaria e os pretos, do outro. Afirmou que "uns diziam que era bom ficar os escravos sós, e os livres sós; porém outros disseram que, uma vez que eram pretos, que ficassem todos juntos" (*Astréa*, 1829, n. 474, p. 1). O doente considerou tudo aquilo um desrespeito, pediu alta e relatou o ocorrido ao seu empregador, com o desabafo: "Ora veja, Vossa Mercê! Eu, apesar de ser preto, nunca fui escravo de ninguém, meus pais, ainda que pobres, me deram a educação que estava a seu alcance" (*ibidem*).

Em sua queixa ao jornal, o autor da carta questionou a Santa Casa sobre os direitos dos homens livres, resguardados pela Constituição do Império, que "não estabelece diferenças entre os cidadãos, senão aquelas provenientes dos talentos e da virtude". E finalizou questionando o posicionamento dos médicos, que deveriam "professar sentimentos de igualdade" e aconselhar os administradores do hospital, evitando tal escândalo. Por fim, se diz admirado ao saber que tudo aconteceu na enfermaria do "Doutor Meirelles, que se passa por muito constitucional, amigo da lei e da igualdade do homem", e fez críticas ao médico, demonstrando desapontamento com a sua inércia (*ibidem*).

Na edição seguinte, Meirelles respondeu à carta e relatou os acontecimentos de seu ponto de vista. Segundo ele, o provedor da Santa Casa lhe dissera que seria necessário arrumar os doentes e separar os livres dos escravizados, ação com a qual concordou. Entretanto, o cirurgião-mor da Santa Casa de Misericórdia, Jeronimo Alves de Moura, dissera que seria melhor que todos os pretos ficassem de um lado e os brancos, de outro. Essa conversa aconteceu sob o testemunho de Luis de Simoni, o outro médico da enfermaria, e alguns alunos que concordavam com Meirelles — que replicou que aquela seria uma divisão odiosa e saiu indignado. Quando retornou no dia seguinte, os pacientes estavam divididos pela cor. Ele questionou o enfermeiro, e este lhe pediu desculpas, justificando que recebera ordens de seus superiores. O médico relatou que procurou novamente o provedor, e este disse que a decisão fora determinada pela mesa diretora e tudo deveria permanecer como estava (*Astréa*, 1829, n. 475, p. 2).

Esse acontecimento demonstrou num debate público até que ponto pretos e mulatos estavam conscientes de sua cidadania no primeiro reinado (Kraay, 2015). Foram três correspondências sobre o tema, mas aparentemente a polêmica não ficou restrita ao jornal: alguns meses depois do incidente, Meirelles pediu demissão da Santa Casa, possivelmente pelo desgaste ocorrido tanto para ele quanto para a instituição. E é provável que sua publicação naquele periódico tenha construído sua imagem como defensor da igualdade de direitos entre negros e brancos — o que mais tarde lhe renderia a acusação de criar uma sociedade secreta com o objetivo de fomentar na Corte uma revolta nos moldes do Haiti (Morel, 2017). Mas primeiro tratemos da fundação de outra sociedade.

A fundação da Sociedade de Medicina do Rio de Janeiro

Foi na Santa Casa, entre conversas diárias e conferências com o dr. Luis Vicente de Simoni, que surgiu a ideia de criar uma agremiação "que promovesse no país o gosto pelos estudos médicos e os interesses e progressos da ciência" (De Simoni, 1869, p. 292). A proposta também entusiasmou o dr. José Martins da Cruz Jobim[1], que foi seu contemporâneo na faculdade de Medicina de Paris e, juntos, assistiram a algumas das reuniões da Academia de Medicina francesa. Na Santa Casa, Jobim trabalhava na enfermaria vizinha à de Meirelles e De Simoni, fato que provavelmente ajudou a consolidar os planos de fundação da sociedade. Convidaram também os médicos franceses que viviam na corte imperial, Jean François Xavier Sigaud e Jean Maurice Faivre (Fernandes, 1982). Meirelles foi escolhido por seus pares para ser o primeiro presidente daquela agremiação.

A Sociedade de Medicina em pouco tempo se tornou um órgão consultivo do governo imperial para questões relacionadas à saúde pública. Em 1835, por influência de Meirelles, foi elevada a Academia Imperial de Medicina (Souto, 1935). Agregando os principais expoentes da medicina do Império, foi também responsável pela institucionalização da medicina no Brasil (Kury, 1990; Ferreira, 1996). Essa agremiação teve papel fundamental na reforma do ensino médico brasileiro, sendo a atuação de Meirelles preponderante para trazer esse importante encargo para a Academia.

José Lino Coutinho, médico formado pela Faculdade de Medicina de Paris, deputado e professor da Academia Médico-Cirúrgica da Bahia, apresentou ao parlamento um projeto de reformulação do ensino médico brasileiro. Esse projeto foi criticado por Meirelles na imprensa e, por conta da repercussão negativa, provocou um impasse entre os deputados. Em vista disso, a Câmara solicitou à Sociedade de Medicina a elaboração de um anteprojeto de reforma do ensino médico. A incumbência foi aceita e uma comissão formada, tendo o dr. Cruz Jobim como relator. Tempos depois, foi apresentado o "Plano de Organização das Escolas de Medicina do Rio de Janeiro e Bahia", que foi aprovado quase sem alterações (Fernandes, 1982).

A participação do dr. Meirelles na articulação da opinião pública foi fundamental, pois ele deu à Sociedade de Medicina a incumbência de reestruturar o ensino médico, o que culminou na criação das Faculdades de Medicina do Rio de Janeiro e da Bahia. Porém, apesar de todo o seu mérito como médico e do seu esforço político, não conseguiu ser professor da Faculdade de Medicina do Rio de Janeiro (Souto, 1935). O próprio Meirelles, já idoso, narrou seu desgosto em carta ao Marquês de Olinda.

Após a aprovação da lei da reforma do ensino médico de 1832, alguns médicos e cirurgiões solicitaram as cadeiras das disciplinas da recém-criada Faculdade de Medicina. Entre outros solicitantes, Cristóvão José dos Santos requisitou a de medicina operatória, e Meirelles solicitou a de clínica cirúrgica. Segundo seu relato, o ministro do Império Nicolau Pereira de Campos Vergueiro nomeou por decreto o seu médico e de sua família, Joaquim José da Silva, e pôs todas as outras cadeiras a concurso (Cunha, 2004). Meirelles chamou a atenção para o fato de que a cadeira solicitada por ele ficou vaga pelo concurso e, depois, foi ocupada por nomeação:

> Depois soube-se que essa Cadeira estava reservada para certo estudante que estava em França formando-se em Medicina. Aqui chegando, em 1833 ou 34, se lhe disse: "A Cadeira tal está guardada para ti"... Em virtude de toda esta *coterie* fiquei fora da Escola de Medicina, e por isso sem direito a ter o título do Conselho! (Meirelles *apud* Cunha, 2004, p. 40)

Meirelles tinha um currículo excepcional, portava tanto o título de doutor em medicina quanto em cirurgia, duas teses e muitos anos de experiência. Observamos, nos quadros da faculdade em sua época, professores com currículos menos robustos que o dele; porém, as preferências políticas e pessoais, além de outros critérios pouco confessáveis, deixaram o médico fora do corpo docente daquela instituição. Em contrapartida, Meirelles foi nomeado professor de anatomia e fisiologia das paixões da Academia Imperial de Belas Artes, e nela lecionou de 1836 a 1856 — "uma instituição de muito menor prestígio, frequentada exclusivamente pelos filhos de artesãos, pequenos comerciantes e até mesmo ex-escravos" (Ferreira, 1996, p. 83).

As acusações de haitianismo

O ano de 1831 foi marcado por intensas movimentações políticas. A abdicação de D. Pedro I ao trono imperial, ocorrida em 7 de abril, iniciou o conturbado período regencial, marcado por disputas políticas acirradas e diversas rebeliões populares (Morel, 2003). Além disso, cabe ressaltar as discussões sobre o tráfico transatlântico de escravos, que culminaram com a sua proibição em novembro de 1831. Foi nesse contexto que Meirelles se envolveu em uma séria intriga que o assombraria por décadas e consolidou no Brasil uma ideia que persistiria até o fim da escravidão: o medo da Revolução do Haiti.

"Um boato corre, há dias, pela cidade e tem enchido a uns de pavor e outros de indignação, em cujo último número me coloco" (Meirelles *apud* Souto, 1935, p. 128). Assim Meirelles descrevia seu sentimento em carta ao cirurgião Joaquim José da Silva, questionando-o sobre os rumores que se espalharam rapidamente pela cidade. De fato, a população tinha motivos para se assustar, dado o teor das graves acusações feitas. O fundador da Sociedade de Medicina do Rio de Janeiro era acusado de criar um clube secreto, com influência das ideias do Abade Grégoire (Morel, 2017), cujo objetivo era fomentar no Brasil uma revolução de escravos e livres pretos e mulatos, nos moldes da Revolução do Haiti.

É importante aqui explicar aos leitores a dinâmica da divulgação da polêmica. Cada envolvido na trama publicou um folheto. O primeiro foi escrito por Meirelles, com o objetivo de defender-se das acusações e dissolver os boatos: *Exposição da intriga feita pelo cirurgião formado Joaquim José da Silva ao Doutor Joaquim Candido Soares de Meirelles* (1831). Depois, Silva publicou a sua versão do ocorrido, agora acusando diretamente Meirelles, mobilizando testemunhas e apresentando explicações à população em seu *O cyrurgião formado Joaquim José da Silva ao público* (1831); por último, a versão de Jacintho Rodrigues Pereira Reis: *Reflexões às calumnias tecidas pelo cirurgião formado Joaquim José da Silva* (1831). Eles foram analisados por José Vieira Fazenda, sob o título "Sociedade

Gregoriana" (Fazenda, 1927). Os três folhetos circularam pela cidade e os rumores foram alvo de debate nos diversos jornais do Império por anos. Essa polêmica consolidou o termo "haitianismo" no vocabulário político do Império (Morel, 2017) e, como ideia, foi largamente utilizada para promover o controle social e político sobre a população negra, fosse livre ou escravizada.

Existem poucas informações disponíveis sobre Joaquim José da Silva. Sabemos que ele era cirurgião formado, membro do Partido Liberal, próximo de Nicolau Pereira de Campos Vergueiro, porém do grupo exaltado. Como vimos, Silva foi professor da Faculdade de Medicina do Rio de Janeiro. Segundo seu relato, certo dia encontrou o dr. Meirelles na rua e este o puxou para um estábulo, para se protegerem do sol e dos ouvidos alheios. Ali o médico queixou-se dos brancos, ameaçando vingança, e fez o convite para a tal sociedade, que teria por finalidade assassinar os brancos e promover o cruzamento das raças. Aterrorizado ao ouvir nomes de pessoas muito estimadas, Silva afirmou que fingiu interesse a fim de conhecer os planos e sabotá-los. Silva também acusou Meirelles de enviar emissários às fazendas para seduzir escravizados, convencendo-os a aderir à rebelião. E alertou o Governo Imperial para que tomasse precauções com a fazenda do Marquês de Baependi, pois "um dos sócios nomeados pelo *monstro* [Meirelles] costumava visitá-la quinze e mais dias, e provavelmente lhe seduziria os escravos. Pusessem estes [escravos] em confissão, e nomeariam o sr. Jacintho" (Fazenda, 1927, p. 290).

O citado "cúmplice" era Jacintho Rodrigues Pereira Reis, também cirurgião e cunhado do dr. Meirelles. Foi diretor do Instituto Vacínico do Império e, posteriormente, diretor do Instituto Hahnemanniano do Brasil e seu primeiro presidente. Ligado ao Partido Liberal, também teve intensa participação política no Império. Jacintho Reis tinha muita proximidade com Meirelles e sua família. Foi sob influência deste que Saturnino, filho de Meirelles, tornou-se médico homeopata (Souto, 1935).

Os rumores espalhados sobre a Sociedade Gregoriana e um iminente surgimento de revoltas escravas eram potencialmente devastadores para a credibilidade pessoal e, consequentemente, para a carreira de Meirelles. Ele se defendeu das acusações publicando uma carta no *Aurora Fluminense*, influente periódico editado por Evaristo da Veiga (Morel, 2017). Na missiva, questionou os boatos e, em certos momentos, usou de ironia para mostrar os absurdos das acusações, como a de enviar livros sobre a Revolução do Haiti para escravizados:

> Eles me apontam como chefe da rebelião africana, dizendo que tenho relações com os Haitianos; que aqui se acham dois; que vieram tratar comigo sobre a insurreição; que eu mandei imprimir quatro mil exemplares da História do Haiti para se distribuir pelos Africanos (não sei se

> mesmo em Francês, ou a tradução, que valerá o mesmo); que o plano que tenho dado é o extermínio, o assassinato dos brancos e cruzamento das raças etc. (*A Aurora Fluminense*, 1831, n. 496)

Meirelles também enviou cartas a alguns líderes políticos citados por Silva como participantes da conspiração: Cipriano Barata, Francisco Sabino e Abade Grégoire. Nas cartas, perguntava se eles o conheciam e se os convidara para alguma sociedade. Cipriano Barata respondeu, surpreso, que não o conhecia, e que um convite para qualquer sociedade seria uma loucura, posto que não eram amigos. A carta para o famoso religioso e revolucionário francês não foi enviada, pois chegou ao país a notícia de seu falecimento. E não se recebeu uma resposta de Sabino antes da publicação do folheto em sua defesa. É importante ressaltar que Cipriano Barata e Francisco Sabino eram adversários políticos, e que seria muito improvável que os dois se aliassem em uma mesma agremiação.

A intriga tinha como epicentro o dr. Meirelles; porém, como fora acusado de instigar a revolta em escravizados, a título de defesa, Jacintho Reis também escreveu um folheto sobre o tema. "Pardo", de família "pobre, mas honrada"(Fazenda, 1927, p. 295), fora educado por um tio abastado e depois rumara para o Rio de Janeiro com o irmão. Assim o cirurgião se apresentava antes de iniciar a exposição de diversos documentos, comprovando que não esteve na fazenda do Marquês de Baependi no período alegado por Silva em seu panfleto. Em sua exposição, Reis nos revelou as prováveis motivações e intenções da intriga. Ela estava inserida no âmbito das disputas políticas do Primeiro Reinado, sobretudo entre grupos liberais e a sua percepção sobre os portugueses no contexto da abdicação de D. Pedro I. Identificado como parte do grupo liberal exaltado, Silva atacava Meirelles e Jacintho devido às boas relações que os dois tinham com o governo imperial.

Em seu texto sobre a Sociedade Gregoriana, ao analisar o folheto escrito por Reis, Vieira Fazenda concorda com a tese da disputa política. Segundo ele, foram os "exaltados" que "deram vasta circulação a tão sinistros boatos", e destes se aproveitaram os jornais da oposição "para dar combate aos moderados, defensores do Governo Regencial" (Fazenda, 1927, p. 300).

Jacintho Reis revelou outra faceta que fora deixada de fora do embate público. Seu cunhado mobilizava pessoas influentes da elite imperial, muitos deles brancos, para organizar uma sociedade filantrópica promotora da educação. Seu objetivo seria proporcionar estudo a jovens pobres — livres ou libertos — e prepará-los para cursar "faculdades superiores", plano que foi paralisado devido à intriga. Lamenta, então, que Silva, um "homem de cor, constitui-se pela calúnia o joguete dos inimigos de Meirelles. De um projeto digno de aplauso, fizeram uma monstruosidade" (Fazenda, 1927, p. 300).

Na justiça, o folheto difamatório, considerado calunioso, teve sua impressão e circulação proibidas. Entretanto, Silva foi inocentado. Apesar de seus adversários políticos o acusarem de "haitianismo" sempre que lhes era oportuno[2], Meirelles continuou sob a órbita política do governo imperial. Sua nomeação como médico da Câmara Imperial foi prova da confiança que os Orleans e Bragança depositavam nele. Antes mesmo da nomeação, cuidava da saúde do jovem imperador e foi um dos liberais partidários da antecipação da maioridade que sondou o jovem Pedro II sobre a sua ascensão ao trono imperial (Fazenda, 1935; Liberalli, 1971). Azevedo (1884, p. 365) também narra esse fato em seu livro sobre as regências, afirmando que "havia sido enviado o dr. Meirelles ao paço de São Cristóvão, encarregado de saber do imperador a sua última palavra acerca da maioridade [...]". Assim, fica nítida a sua participação ativa na antecipação da maioridade do imperador, atitude que lhe gerou graves consequências políticas dois anos depois.

A prisão em 1842

Em 1842, com a ascensão do Partido Conservador ao poder, aconteceram as chamadas revoltas liberais. Uma das cidades mineiras amotinadas foi Santa Luzia, cidade natal de Meirelles, local onde sua família gozava de algum reconhecimento. Meirelles se preparava para presidir uma sessão da Academia Imperial de Medicina quando foi preso e, pouco tempo depois, enviado para a fragata Paraguaçu (Macedo, 1868; Souto, 1935). No dia 2 de julho, foi deportado para Portugal, junto com Antônio Paulino Limpo Abreu (futuro Visconde de Abaeté), Francisco de Sales Torres Homem (futuro Visconde de Inhomerim), França Leite, José Francisco Guimarães e Geraldo Leite Bastos.

O próprio Meirelles, anos depois, narrou sua prisão em uma sessão do parlamento. Ignorando o que acontecia naquele momento, "foi preso como um bandido" e levado a uma fortaleza; depois de algumas horas, foi embarcado em um navio prestes a partir e, "quase com a roupa do corpo, mandado para um país estrangeiro" (*Annaes do Parlamento Brazileiro*, 1848, p. 264). Segundo o médico, seu nome nem constava da lista dos deportados. Não teve direito a seu salário e foi tratado como se não tivesse emprego, mesmo sendo professor da Academia Imperial de Belas Artes e médico da Câmara Imperial. Como estava recebendo apenas uma ajuda de "duas patacas por dia" em Portugal, resolveu aceitar um empréstimo do agente do governo brasileiro em Lisboa e partiu para Paris.

Em 14 de março de 1844, o imperador concedeu anistia aos exilados e Meirelles retornou ao Brasil. Segundo Macedo (1868, p. 442), "não houve juiz ou tribunal que o chamasse às contas, e a restituição das honras e empregos desfez até a mais leve nuvem de suspeitas". De fato, o episódio não pareceu abalar a sua credibilidade pública, pois Meirelles foi eleito deputado da Assembleia Provincial do Rio de Janeiro e, logo depois, deputado da Assembleia Geral pela província de Minas Gerais. Atuou no parlamento até 1848, quando mais uma vez teve de confrontar insinuações sobre a Sociedade Gregoriana. Porém, nesse momento, Meirelles fez uma vigorosa defesa de sua biografia, denunciando as perseguições que sofrera e apresentando, para constrangimento de boa parte dos parlamentares, o tratamento dado a homens negros que lutavam por igualdade de direitos no Império.

O retorno do fantasma do Haiti

Em uma das acaloradas discussões em 1848, na sessão de 17 de junho, teve início no parlamento uma troca de acusações entre liberais e conservadores sobre as eleições de 1842. Em meio a comentários irônicos sobre os motivos da "paz" e "ordem" durante as eleições, Meirelles exclamou: "Nesse tempo eu estava em Paris bem tranquilo", fazendo alusão à sua prisão e deportação. Em resposta, o deputado Pedro Chaves disparou: "É a ordem da Sociedade Haitiana", comentário que exacerbou os ânimos dos parlamentares. Depois de pedidos de ordem, de aparte e ameaça de expulsão do deputado membro da bancada conservadora por seu linguajar inadequado, a sessão continuou.

Algumas sessões depois, Meirelles foi à tribuna discursar e, em sua fala na sessão de 23 de junho, foi possível perceber quanto ele construíra um discurso sobre a cidadania dos homens de cor no Império. Ao combater as antigas acusações de fundação de uma "sociedade haitiana", expôs uma ferida incômoda para as elites intelectuais e os políticos do Império, ao evidenciar quais considerava serem as intenções de seu caluniador. Em seu discurso, clama pela Constituição, que diz "que são cidadãos brasileiros todos os que no Brasil tiverem nascido, quer sejam ingênuos ou libertos; que a lei será igual para todos, quer castigue, quer proteja; que recompensará em proporção dos merecimentos de cada um". Após afirmar a igualdade de direitos, acusou seu opositor de ser contra a Constituição "para excluir-se sistematicamente os cidadãos homens de cor que têm a seu favor o art. 169 §14". Prosseguindo o discurso, Meirelles apontou que era para suprimir direitos de pretos e mulatos "que se chama[va] sobre eles desconfianças aviltantes, fingindo terrores de massacres aéreos, inventados, urdidos e propalados pela soberba, pela intriga, pela perversidade, pela ignorância presunçosa" (*Annaes do Parlamento Brazileiro*, 1848, p. 265).

Esse discurso no parlamento mostrava que homens de cor livres não só tinham plena consciência de seus direitos, como também percebiam o caráter coletivo de percepção desse direito. Meirelles não fala apenas por si, mas por todos os "homens de cor" livres. É provável que a origem dos rumores sobre a Sociedade Gregoriana, estudada pelo historiador Marco Morel, se deva justamente ao fato de Meirelles ser reconhecido como defensor da Constituição, no que se refere aos direitos de negros livres e libertos — o que se tornou público no incidente, ocorrido na Santa Casa, da divisão entre doentes brancos e de cor (Morel, 2017).

Apesar do vocabulário político da primeira metade do século XIX, o discurso de Meirelles gerou muito desconforto no parlamento, sobretudo nos representantes do governo. Acenos com a cabeça, pedidos de basta, comentários reprovando o debate — levantar questões sobre o tratamento desigual dado aos pretos e pardos livres era desconfortável para aquela elite política, sobretudo no contexto da escravidão. Pedro Chaves, em sua réplica, tentou se esquivar dessa acusação, dizendo que seu adversário "passou a questão para o que tinha de mais odioso, e supôs que eu tinha ofendido a uma classe". Então, apresentou-se como campeão, defensor de todos os homens de cor, usando esse tema para insultá-lo e, ainda segundo Chaves, distorceu seu discurso "de modo a tornar-se odioso a uma classe" (*Annaes do Parlamento Brazileiro*, 1848, p. 277).

Em resposta, Meirelles explicou detalhadamente a intriga de 1831 e demonstrou à plenária por que as insinuações de Pedro Chaves lhe eram ofensivas: "Senhores, eu não creio que sejamos tão inocentes". Logo em seguida, afirmou que, desde 1831, "quando se fala em haitianismo, em sociedade haitiana, se não se refira tudo isto a Meirelles". Ele então explicou que o termo "haitianismo" era um grande logro, cujo intuito seria o de prejudicar politicamente pessoas como ele:

> Os charlatães inventaram essa palavra, fizeram acreditar no paiz que existia uma sociedade de negros que eu era chefe, que tinha por fim destruir toda uma raça para substituí-la por outra. Este charlatanismo tem trazido a perversidade, tem constituído homens bons em feras, tem feito os maiores males possíveis... (*Annaes do Parlamento Brazileiro*, 1848, p. 280)

Segundo Meirelles, a situação sociopolítica no Brasil era muito diferente da do Haiti, não existindo motivos reais para medo. E mais uma vez relatou os desdobramentos da publicação do panfleto de Silva, refutando as informações caluniosas e encerrando o discurso, contando sua trajetória até então.

A Marinha

Em 1849, Meirelles foi nomeado cirurgião-mor da Armada Nacional e Imperial. Provavelmente por sua carreira médica, mas também por ter apresentado no parlamento, no ano anterior, o projeto que organizou o corpo de saúde da instituição. Chefiou o serviço de Saúde da Marinha por 19 anos, até o fim de sua vida, em 1868. Dedicou-se também a seus pacientes, às reuniões da academia e, em 1850, foi nomeado para a Junta Central de Higiene Pública, criada no contexto da epidemia de febre amarela.

Como cirurgião-mor, pleiteou em diversas ocasiões ao governo melhores e mais justas condições de trabalho para os médicos da Armada. Muitas vezes, esses profissionais de saúde não eram considerados oficiais da Marinha, ou eram desautorizados pelos comandantes (Santos Filho, 1991). Instituiu visitas sanitárias quinzenais a navios, para evitar surtos de doenças, e exigiu a vacinação contra a varíola em navios, quartéis e hospitais. Propôs escolas de ginástica e natação para promover o condicionamento físico nos jovens marujos e modificações visando à melhoria da alimentação. Apontou a necessidade de uniformes que estivessem de acordo com o clima e a estação do ano. Apresentou proposta para a mudança de local de hospitais, visando a instalações com acomodações mais amplas e arejadas e em locais salubres. Em 1858, foi promovido a chefe de divisão graduado, posto correspondente ao de contra-almirante. Mesmo em idade avançada, Meirelles acompanhou o Imperador, em setembro de 1865, em sua viagem para Uruguaiana, no Rio Grande do Sul, durante a Guerra do Paraguai. Estava com 68 anos, alquebrado, mas insistiu em participar da comitiva. Lá contraiu febre tifoide e ficou gravemente debilitado.

Nesse período, Meirelles escreveu cartas ao Marquês de Olinda, nas quais fez declarações indignadas sobre o processo de oficialização e definição de sua situação no serviço público. Solicitava a efetivação no posto de chefe de divisão e a concessão do título de conselheiro. Além do intuito de fazer valer o que alegava merecer depois de tantos anos de serviço público em diversos cargos e funções, sua grande preocupação era obter uma pensão melhor para sua filha solteira. O esforço e a obstinação expressos em algumas de suas declarações indignadas nessas cartas podem, de certa forma, dar pistas sobre as dificuldades enfrentadas pelo médico "homem de côr" para receber reconhecimento segundo o que considerava justo para si. Queixava-se, por exemplo, das concessões que se davam em favor de moços muito mais novos e menos experientes que ele (Cunha, 2004).

Após o período em Uruguaiana, o cirurgião-mor da Armada retornou ao Rio de Janeiro e no caminho, mesmo doente, inspecionou os hospitais militares, conforme havia sido solicitado pelos ministros da Guerra e da Marinha. Incansável, continuou cumprindo suas funções como acadêmico, médico e militar. Após um agravamento de sua saúde, morreu em 13 de julho de 1868. Sua atuação como chefe do serviço de saúde da Armada foi muito significativa para a corporação, que o escolheu como patrono do Corpo de Saúde da Marinha de Guerra (Decreto Federal n. 63.684, de 25 de novembro de 1968).

Considerações finais

Joaquim Candido Soares de Meirelles foi um intelectual envolvido com as turbulências políticas da primeira metade do século XIX na corte imperial. Sua ligação com o Partido Liberal e suas decisões políticas lhe renderam alianças e algumas amizades que o acompanharam por toda a vida. Também lhe renderam inimigos políticos, embates e entraves que produziram consequências em sua trajetória intelectual e em sua carreira médica, política e militar.

Por parte da trajetória pessoal e profissional aqui exposta, percebemos quanto a questão racial esteve presente na construção de sua carreira, como no incidente da Santa Casa de Misericórdia, na intriga da Sociedade Gregoriana e nos debates no parlamento em 1848. Meirelles, em todas as ocasiões, não deixou de se posicionar, demarcando sempre a crença de que todos os pretos e mestiços livres deviam desfrutar da igualdade de direitos, como qualquer outro cidadão brasileiro. Observamos em seus discursos a percepção de que esses direitos não eram usufruídos por todos de maneira igualitária. E testemunhamos isso em boa parte de sua agenda de reformas no serviço de saúde da Marinha, com a condenação dos castigos físicos, e em seus discursos no parlamento, quando denuncia que a acusação de haitianismo servia para negar aos "cidadãos de cor" a garantia de igualdade de direitos perante a Constituição do Império. Sua condição de homem negro livre provavelmente se somou a outros fatores para que lhe fossem negadas promoções, cargos e títulos. Entretanto, costumava questionar aquilo que considerava injusto e pleitear as promoções a que considerava ter direito.

A vida de Meirelles foi marcada por superações, determinação, estratégias de ascensão social e grandes êxitos, mas também por campanhas públicas de difamação, decepções e injustiças. Esses aspectos constituíram a formação desse intelectual negro esquecido às margens do tempo e da memória. Porém, o trazemos novamente ao centro da história, buscando reparar uma das injustiças de Clio.

Referências

Azevedo, Manuel Duarte Moreira de. *Historia patria — O Brazil de 1831 a 1840*. Rio de Janeiro: B. L. Garnier, 1884.

Carvalho, Maria Alice R. "Intelectuales negros en el Brasil del siglo XIX". In: Altamirano, Carlos; Myers, Jorge (orgs.). *Historia de los intelectuales en América Latina*. Buenos Aires: Katz, 2008, p. 312-334.

Cunha, Carolina Sena. *Joaquim Candido Soares de Meirelles e a Academia Imperial de Medicina — Construindo uma nação civilizada nos trópicos (1830-1868)*. Trabalho de conclusão de curso (graduação em História) — Universidade do Estado do Rio de Janeiro, 2004.

De Simone, Luis Vicente de. "Discurso". *Annaes Brasilienses de Medicina*, Rio de Janeiro, tomo XX, n. 8, p. 289-296, jan. 1869.

Fazenda, José Vieira. *Antiqualhas e memórias do Rio Antigo*. Rio de Janeiro: Imprensa Nacional, 1927. v. 4.

Fernandes, Reginaldo. *O conselheiro Jobim e o espírito da medicina do seu tempo*. Rio de Janeiro: Editora do Senado Federal, 1982.

Ferreira, Luiz Otávio. *O nascimento de uma instituição científica — Os periódicos médicos brasileiros da primeira metade do século XIX*. Tese (doutorado em História) — Universidade de São Paulo, São Paulo, 1996.

Gomes, Flavio; Domingues, Petrônio. "Apresentação do Dossiê Temático Intelectuais Negros e Negras, Séculos XIX-XXI — Desafios, projetos e memórias". *Revista da ABPN*, v. 10, n. 25, p. 4-7, mar.-jun. 2018.

"Jobim, José Martins da Cruz". *Dicionário Histórico-Biográfico das Ciências da Saúde no Brasil (1832-1930)*. Online. Disponível em: https://dichistoriasaude.coc.fiocruz.br/wiki_dicionario/index.php/JOBIM,_JOS%C3%89_MARTINS_DA_CRUZ. Acesso em: 20 ago. 2024.

Kraay, Hendrik. "Ritos políticos e politização popular no Brasil Imperial". *Almanack*, Guarulhos, n. 9, p. 19-40, abr. 2015.

Kury, Lorelai. *O império dos miasmas — A Academia Imperial de Medicina (1830-1850)*. Dissertação (mestrado em História) — Universidade Federal Fluminense, 1990.

Liberalli, Carlos Henrique. "O Dr. Joaquim Candido Soares de Meirelles (1797-1868) — Médico e conspirador político". *Revista do Instituto Histórico e Geográfico de São Paulo*, São Paulo, v. 69, 1971.

Lima, Silvio Cezar de Souza. "Cruz Jobim e as doenças da classe pobre — O corpo escravo e a produção do conhecimento médico na Primeira metade do século XIX. *Almanack*, Guarulhos, n. 22, p. 250-278, ago. 2019.

Macedo, Joaquim Manoel de. "Discurso". *Revista do Instituto Histórico e Geográfico Brasileiro*, Rio de Janeiro, T. XXXI, parte II, v. 37, 1868.

______. "5 de novembro. Joaquim Candido Soares de Meirelles". In: *Anno Biographico Brazileiro*. Rio de Janeiro: Typographia do Imperial Instituto Artistico, 1876, p. 364-368.

Meirelles, Joaquim Candido Soares de. *Dissertation sur les plaies d'armes à feu*. Thèse présentée et soutenue à la Faculté de Médecine de Paris, le 25 avril 1827, pour obtenir le grade de Docteur en chirurgie. A Paris, de L'Imprimerie de Didot Le Jeune, Imprimeur de la Faculté de Médecine, rue des Maçons-Sorbonne, n. 13, 1827.

_______. *Dissertation sur l'histoire de l'éléphantiasis.* Thèse présentée et soutenue à la Faculté de Médecine de Paris, le 10 janvier 1827, pour obtenir le grade de Docteur em médecine. A Paris, de L'Imprimerie de Didot Le Jeune, Imprimeur de la Faculté de Médecine, rue des Maçons-Sorbonne, n. 13, 1827.

Morel, Marco. *O período das regências (1831-1840).* Rio de Janeiro: Zahar, 2003.

_______. *A Revolução do Haiti e o Brasil escravista — O que não deve ser dito.* Jundiaí: Paco, 2017.

Moura, Clóvis. *As injustiças de Clio — O negro na historiografia brasileira.* Belo Horizonte: Oficina de Livros, 1990.

"Reis, Jacintho Rodrigues Pereira". *Dicionário Histórico-Biográfico das Ciências da Saúde no Brasil (1832-1930).* Online. Disponível em: https://dichistoriasaude.coc.fiocruz.br/wiki_dicionario/index.php/REIS,_JACINTHO_RODRIGUES_PEREIRA. Acesso em: 20 ago. 2024.

Santos Filho, Lycurgo de Castro. *História geral da medicina brasileira.* São Paulo: Brasiliense, 1991.

Souto, Luiz Felipe Vieira. *Soares de Meireles — Contribuições para a sua biografia.* Rio de Janeiro: Imprensa Nacional, 1935.

Souza, Luis Castro de. "Soares de Meirelles e a França". *Revista do Instituto Histórico e Geográfico Brasileiro,* Rio de Janeiro, v. 147, n. 350, 1986.

Fontes documentais

Annaes do Parlamento Brazileiro, Rio de Janeiro, 1848.

Astréa, Rio de Janeiro, 1828.

Aurora Fluminense, Rio de Janeiro, 1831.

Semanário de Saúde Pública, Rio de Janeiro, 1831.

Notas

1 Cruz Jobim nasceu em 1802 e formou-se doutor, em 1828, na Faculdade de Medicina de Paris. Foi professor da Faculdade de Medicina do Rio de Janeiro e senador do Império. Sobre Jobim, veja também Lima (2019).

2 O folheto de Silva foi reimpresso em 1840. Como sua impressão era proibida no Brasil, aparecia como impresso em Montevidéu. Segundo Vieira Fazenda (1927), ele era reimpresso em períodos eleitorais, e seus responsáveis eram os que disputavam representações políticas diretamente com Meirelles.

3 DE ESCRAVIZADO A PROFESSOR: O LETRAMENTO E A PEDAGOGIA DE LUIZ GAMA

BRUNO RODRIGUES DE LIMA

Em 1863, Luiz Gama era professor de português do colégio Ateneu Paulistano, uma das mais importantes escolas particulares de São Paulo (Motta, 1864). Até então desconhecido pela historiografia, esse fato permite revisitar com algum grau de originalidade três assuntos de primeira importância para o estudo da obra do líder abolicionista e advogado negro que marcou a história do país. Primeiro, que repertório de conhecimento Gama tinha antes de aprender a ler e a escrever? Segundo, como e quando Luiz Gama aprendeu a ler e a escrever? E terceiro, o que ele entendia por alfabetização e educação em uma sociedade escravista?

Para responder a essas três perguntas, é preciso voltar ao chão social que deu carne à sua experiência particular. Devemos recuar no tempo, até a sua chegada a São Paulo, como menino escravizado, e percorrer três endereços-chave de sua vida na capital jurídica da escravidão: a igreja de Nossa Senhora do Rosário dos Homens Pretos, na qual criou os primeiros laços de solidariedade com a comunidade negra paulistana; o sobrado de nº 2 da rua do Comércio, onde viveu escravizado por oito anos e foi clandestinamente introduzido, por um amigo, às primeiras letras; e, finalmente, o colégio Ateneu, em que foi professor da disciplina de português.

Repisando os três endereços, encontraremos três personagens fundamentais para o seu letramento: respectivamente, o mestre-sapateiro e líder da irmandade do Rosário dos Homens Pretos, Marcellino Pinto do Rêgo; o estudante de humanidades e posteriormente juiz de direito Antônio Rodrigues do Prado Júnior; e Diogo de Mendonça Pinto, professor do Ateneu Paulistano e inspetor-geral de instrução pública da província de São Paulo.

São esses personagens os guias que, pelas ruas da velha cidade de São Paulo, levam-nos às respostas para as perguntas lançadas.

Na pequena África paulistana

Foi em dezembro de 1840 ou em janeiro de 1841 que Gama chegou a São Paulo. Aos 10 anos de idade, "saído de uma infância trágica, descalço, desamparado, faminto" (Mendonça, 1880, p. 54), o pequeno Luiz chegava ao triângulo histórico da cidade de São Paulo — traçado que liga o mosteiro de São Bento ao convento franciscano e à igreja dos carmelitas —, território que ele percorreria pelos próximos 42 anos de sua vida. A saída da infância merece atenção — "porque até os 10 anos", dirá Gama, "fui criança" e, dali até os 18 anos, é ele mesmo quem diz, seria "soldado" (Gama, 2021a, p. 68).

Nascido livre na cidade de Salvador em junho de 1830, filho da lendária africana livre Luíza Mahin e de um homem de ascendência portuguesa cujo nome nunca revelou, Gama foi escravizado pelo próprio pai na manhã do dia 10 de novembro de 1840. Reside nesse fato a tragédia de sua infância. Uma vez que Luíza Mahin fora presa como "suspeita de envolver-se em planos de insurreições de escravos" (Gama, 2021a, p. 61), isso em março de 1838, o pai do menino, "reduzido à pobreza extrema" (Gama, 2021a, p. 62), aproveitou a ausência da mãe para vender o filho.

A monstruosidade do ato configurava crime. De acordo com o art. 179 do Código Criminal, reduzir pessoa livre à escravidão era crime passível de até nove anos de prisão (Brasil, 1824). Entre a letra da lei e a prática, contudo, havia um oceano de distância. O pai vendeu o filho à luz do dia, e nenhuma autoridade pública interveio diante da ilegalidade. Ao contrário: a escravização de Luiz Gama, não só ilegítima como ilegal desde o princípio, foi avalizada, chancelada e respaldada por autoridades alfandegárias, militares e judiciárias.

Assim, transformado em pessoa escravizada por força normativa de um título viciado, Gama foi embarcado à força no patacho *Saraiva*, que o levou, em um porão infestado de ratos, para o Rio de Janeiro. Na capital do Império, ele seria revendido para outro contrabandista, que armaria uma caravana com mais de cem escravizados com destino à província de São Paulo. Desembarcada em Santos, a multidão escravizada subiria a serra do Mar e cruzaria os sertões paulistas até que o contrabandista a revendesse para fazendeiros das *plantations* de café do Vale do Paraíba e da região de Campinas. Foi esse o primeiro contato de Gama com São Paulo — e foi exatamente nesse contexto que ele se encontrava "descalço, desamparado, faminto" (Mendonça, 1880, p. 54).

Foi aí, também, que se deu um diálogo-chave que sintetiza essa experiência trágica. Ao chegar a Campinas, um megaproprietário de escravizados olhou para o pequeno menino e decidiu comprá-lo, mas repentinamente mudou de ideia diante da revelação de sua origem. "Dize-me, onde nasceste?" (Gama, 2021a, p. 61), perguntou o fazendeiro. Ao que Gama respondeu um lacônico "na Bahia" (Gama, 2021a, p. 65).

Foi o bastante para Francisco Egídio de Souza Aranha recuar da compra.

"Repelido como se repelem as coisas ruins, pelo simples fato de ser eu *baiano*" (Gama, 2021a, p. 65), resume Gama. Ele logo entenderia, a um só tempo, o que significaria a) ser baiano em São Paulo; b) ser escravizado no coração do Império do Brasil; e 3) ser negro em uma sociedade escravista baseada no terror racial *contra* negros.

É assim que Gama chega a São Paulo. Escravizado na casa do contrabandista Antonio Cardozo, o mesmo que o comprara no Rio de Janeiro. Nesses intermináveis oito anos, entre 1840 e 1848, Gama exerceu uma série de ofícios. Ele lavou, engomou e costurou roupas; levou e trouxe recados e encomendas; montou e desmontou mesas e mais mesas de café, almoço e jantar. Nenhum ofício, contudo, o marcaria mais fundo do que o da sapataria. Ele dá provas disso em dois momentos: primeiro, quando leva a experiência de sapateiro para sua criação poética; e, segundo, quando revela sua formação nas artes da sapataria. Os dois momentos, costurados a seguir, dão melhor dimensão de sua iniciação nas letras — instrumentais e poéticas — e de seus laços de solidariedade com a comunidade negra — escravizada ou liberta — de São Paulo.

Como Ligia Ferreira (2000) comprovou, em 1859, aos 29 de idade e tão somente 12 anos depois de ser alfabetizado, Luiz Gama publicou aquele que foi o primeiro livro de poemas escrito por um homem negro no Brasil. Marco incontornável da literatura brasileira, as *Primeiras trovas burlescas de Getulino* é um manancial de referências mitológicas e históricas e um manifesto lírico e satírico que combina rara beleza estética e pungente análise crítica da sociedade escravista brasileira. Duas dessas trovas burlescas remetem a tempos idos, justamente quando o jovem Luiz costurava o couro animal no fabrico de sapatos.

Em um diálogo imaginário que evidencia ao leitor quão ousada sua iniciativa era, isto é, quão extraordinária era sua atitude de escrever, e ainda mais escrever poesia, Gama dá a ver o dilema em que se achava. Uma voz interior, em suma, dizia para que largasse mão de fazer poesia. Ele enfrentaria muitos problemas, fatalmente se meteria em cabulosas enrascadas e, no limite, seria um trabalho em vão. Fadado ao fracasso, pensava, só lhe restava largar a pena e os livros e voltar às ferramentas e aos sapatos.

Foi sua razão, calando os impulsos do coração, que disse:

> Vai lá para a tenda
> Pegar na sovela,
> Coser teus sapatos
> Com linha amarela.
> Mordendo na sola,

Empunha o martelo,
Não queiras, com *brancos*,
Meter-te a tarelo.[1]

Há muitas camadas de análise nessas duas trovas. Unidas às outras 22 que compõem apenas esse poema, muitas outras linhas de interpretação se abrem. Fiquemos, por ora, com essas aqui citadas. Inicialmente, note-se a familiaridade do poeta com o mundo da sapataria. O emprego dos verbos, o movimento das ferramentas, a imagem do local de trabalho. Onde ficaria a tenda a que ele se refere? O que o verbo "morder" quer ali dizer? Não sabemos com exatidão. O que podemos ver, contudo, é que o poeta conhece do que fala. Ele "vai lá para a tenda", pega a ferramenta, cose com determinado material, bate na sola de dada forma, segura outro instrumento e, enquanto todos esses movimentos se sucedem diante dos olhos do leitor, o poeta reflete sobre a vida e o mundo.

A reflexão, se enxergarmos bem, é sobre o racismo no Brasil. O limite que o constrangia a ponto de pensar seriamente em abandonar a empresa poética e voltar à tenda de outrora era o de não poder enunciar discurso literário algum. "Ciências e letras, não são para ti / Pretinho da Costa não é gente aqui" (Gama, 1859, p. 32).O embate entre razão e coração, tema clássico da poesia universal, surge em Getulino com força arrebatadora. Por um lado, o "impulso do meu coração" (Gama, 1859, p. 33) dizia para escrever. Por outro, a fria razão o lembrava de nem sequer ficar de conversa com os *brancos*. Em outro poema, ele diria que, qualquer que fosse sua contribuição às letras, literatos de meia-pataca diriam que ele *"sempre é sapateiro"* (Gama, 1859, p. 68).

Foi se metendo com um *branco*, muitos anos mais tarde, em 1877, que ele ouviria que ainda seria sapateiro. À época, Gama era um dos mais importantes e bem remunerados advogados de São Paulo, jornalista consagrado, fundador de periódicos, ex-funcionário público e, ainda assim, seria chamado de sapateiro em praça pública. No curso de uma ruidosa disputa judicial, o serralheiro prussiano Adolfo Sydow, que atuava como perito juramentado naquela estrepitosa ação forense, refutou um artigo de Gama, relativizando os conhecimentos de direito do advogado ao dizer, com escárnio, que dele só poderia aceitar "algumas lições de sapataria" (Gama, 2023, p. 267).

O prussiano então veria o que era se meter com um *negro*. Na réplica, Gama morderia na sola — mas não daria o que ele queria. "Também não lhe posso dar lições do meu ofício de sapateiro [...] porque não estou disposto a desasná-lo a *tirapé*" (Gama, 2023, p. 270). Junto à sovela, à linha amarela e ao martelo, aparece agora outro instrumento, o tirapé, conhecida correia de couro com que o sapateiro segura o calçado sobre a fôrma. Como se vê, o mundo da sapataria de fato está na literatura de Gama. O artigo dirigido a Sydow, contudo, revela mais coisas. Ao mesmo tempo que Gama

(2023, p. 271) relembra ter feito sapatos "para alguns parentes de Sua Senhoria", isto é, parentes do serralheiro Sydow, ele revela uma informação valiosíssima para pensarmos sua vida no triângulo histórico de São Paulo.

"É verdade, sr. Sydow, fui sapateiro", conta Gama, "e ali, na travessa do Rosário ainda mora o velho e honrado Marcellino Pinto do Rêgo, meu amigo e meu digno mestre" (Gama, 2023, p. 271). Agora sabemos quem ensinou a arte da sapataria ao pequeno Luiz. A referência elogiosa — "meu amigo e meu digno mestre" — é categórica. Foi Pinto do Rêgo, o mestre Marcellino, quem ensinou Gama a manejar a sovela, coser com linha amarela, empunhar o martelo e a calçar o tirapé no sapato.

Na tenda da travessa do Rosário, ou em outra tenda, mestre Marcellino deu lições de sapataria àquele que mais tarde daria lições de poesia, política, literatura e direito.

A importância de mestre Marcellino na vida de Gama certamente ultrapassou os limites do aprendizado da sapataria. O preto velho que viu o menino de 10 anos de idade chegar a São Paulo em condições precárias, e dele se tornou amigo por toda a vida, deve ter exercido funções paternas de aconselhamento, proteção e disciplina. Saber um pouco de Marcellino, portanto, é saber mais de Gama, sobretudo dos anos que antecedem e preparam o seu letramento instrumental.

Embora não se saiba exatamente o ano exato de seu nascimento, é certo que Marcellino Pinto do Rêgo veio ao mundo na primeira década do século XIX. Quando morreu, em 1888, meses após a Abolição, tinha mais de 80 anos de idade e uma história dedicada às irmandades católicas de São Paulo — em especial, sublinhe-se, às negras. Das três irmandades das quais integrou a mesa diretora, duas eram formadas majoritariamente por homens negros. Nas irmandades de São Benedito e de Nossa Senhora do Rosário dos Homens Pretos, ele serviu em diversas posições hierárquicas, ora como irmão de mesa, ora como sacristão, ora como procurador (Lima, 2024, p. 44-53).

Mais do que um renomado sapateiro, o que de fato era, Marcellino foi uma liderança comunitária de grande prestígio. Nas palavras de um historiador, o sacristão da igreja do Rosário dos Homens Pretos era um "cidadão estimado" (Martins, 1912, p. 82). Sendo um dos líderes da mais antiga das irmandades negras de São Paulo, mestre Marcellino teve papel de destaque na articulação política e religiosa da comunidade negra paulistana. Ligado ao Partido Conservador e com excelente trânsito junto ao clero, ele soube costurar linhas entre a cidade negra e a cidade branca; soube, em condições as mais hostis, pleitear e conquistar favores, mercês e direitos para que sua comunidade pudesse gozar de um mínimo existencial para sobreviver e, quiçá, "viver sobre si" (Santos, 2012, p. 217).

Historiando o passado das igrejas de São Paulo, Leonardo Arroyo (1954, p. 207) definiu a irmandade dos homens pretos de Nossa Senhora do Rosário como uma "entidade religiosa e social admiravelmente preparada para o bem comum dos escravos — o da sua libertação" —, que "reunia pobres pretos de São Paulo numa associação para promover a vida cristã" (p. 203). Antonia Quintão (2002) concluiu que essa irmandade foi mais do que um lugar de devoção confessional, constituindo igualmente um espaço de luta e resistência negra no coração de São Paulo.

Com o tempo, tanto a igreja do Rosário dos Homens Pretos quanto o seu entorno passaram a ser sinônimo de cultura negra em São Paulo. As casas ao redor da igreja, o cemitério, as tendas de sapataria e alfaiataria, e também as quitandas nas quais se "vendiam doces, geleias, frutas, legumes, hortaliças, batata-doce, mandioca, pinhão e milho-verde cozidos, pamonha (milho-verde ralado e cozido na própria palha também verde), amendoim, moqueca de *piquira*, peixe frito e cuscuz de camarão de água doce", todo esse rico sistema social constituía a pequena África paulistana (Martins, 1912, p. 83).

As festas, os batismos e os ritos fúnebres, assim como as procissões, as danças e os jogos — praticamente todos os acontecimentos da vida civil e espiritual negra paulistana —, tinham a igreja do Rosário dos Homens Pretos como centro de reunião. Era na frente dela que se dançava a congada, que se tocava o zé-pereira, que se brincava a capoeira (Lima, 2024). Era nessa pequena África que o pequeno Luiz, que tinha alguma autonomia para transitar no espaço urbano, andava e se relacionava. O sobrado do contrabandista e alferes Cardozo, ao seu passo, não distava mais do que cinco minutos a pé da igreja dos homens pretos.

Era questão de tempo para que ele conhecesse o caminho de um ponto a outro de olhos fechados.

No sobrado da rua do Comércio

Como vimos, dos 10 aos 18 anos, Gama viveu escravizado, nas imediações da antiga igreja da Misericórdia e a alguns passos da igreja do Rosário dos Homens Pretos. Se com algum tempo ele já estaria versado nas entradas e saídas dos becos, ruas e quebradas de São Paulo, bem como versadíssimo na arte da sapataria, certamente não demoraria para entender os códigos — hierarquias, hábitos e dinâmicas — do sobrado em que vivia.

Em duas notas autobiográficas densas e cifradas — menos contraditórias do que complementares —, Gama lança luz sobre a vida no antigo e sombrio sobrado. Primeiro, fala de crueldade para, na sequência, e feito dramaturgo, nuançá-la. Habilmente, ele pinçou um evento do passado que pintasse em cores definitivas o caráter do contrabandista Cardozo. Em que pese ter ocorrido fora do sobrado e depois do tempo de sua convivência com o antigo escravizador, o retrato seria avassalador. Certa feita, contaria o já consagrado poeta e advogado, Cardozo, "no ato de o prenderem por ter morto alguns escravos à fome, em cárcere privado, e já na idade maior de 60 a 70 anos, suicidou-se com um tiro de pistola, cuja bala atravessou-lhe o crânio" (Gama, 2021a, p. 64).

A história é confirmada por outras fontes da época. Um viajante suíço, por exemplo, ficou horrorizado com o crime (Tschudi, 1866, p. 169-170). A julgar por notícias na imprensa, até os acostumadíssimos paulistas parecem ter se escandalizado — talvez menos com a tortura dos pretos escravizados do que com o suicídio do velho fazendeiro branco. Tão escabrosa foi a situação que o Estado interveio — embora com notável atraso, o qual custaria a vida dos escravizados — no quase inviolável direito privado senhorial.

Não é ao acaso que Gama escolhe retratar o último instante de vida de Cardozo como síntese de sua biografia. Nele, a frieza cruel do torturador, o rompante irracional do louco e o sentimento anticristão do suicida — lembrem-se, Gama busca o convencimento do leitor — são as características estruturantes daquele que o comprou no Rio de Janeiro, o acorrentou por toda a Serra do Mar e o escravizou por intermináveis oito anos no sobrado da rua do Comércio.

O retrato impressionista vale mais em retrospectiva do que pelo desfecho — "tiro de pistola, cuja bala atravessou-lhe o crânio" (Gama, 2021a, p. 64) — de tirar o fôlego. Gama parecia muito mais interessado em dar uma visão do que tinha sido sua vida naquela casa do que em tripudiar da tragédia do velho fazendeiro contrabandista. Nessa passagem de sua autobiografia, a mensagem é a de que, no fim das contas, Cardozo era alguém capaz de tudo aquilo: encarcerar, torturar e, num acesso de loucura, se matar.

Portanto, foi sob o jugo de um militar violento e inconsequente, o alferes contrabandista Cardozo, que Gama passou anos-chave de sua vida. Quantas vezes foi torturado? Quantas vezes passou fome? Quantas privações sofreu? Ele guardou consigo as respostas a todas essas perguntas. Soltou, no muito, um suspiro profundo, que se lê em passagem esquiva de sua autobiografia: "Oh, eu tenho lances doridos em minha vida, que valem mais do que as lendas sentidas da vida amargurada dos mártires" (Gama, 2021a, p. 63).

Vimos que o confidente Lúcio de Mendonça, quem sabe dando voz ao silêncio do amigo, disse que ele chegara a São Paulo em condições precárias. A julgar pelo tratamento que o contrabandista lhe dera na tenebrosa travessia do Rio de Janeiro a São Paulo, assim como pelas ações de seu último dia de vida, é de conjecturar que Gama comeu o pão que Cardozo amassou no sobrado da rua do Comércio.

Embora deliberadamente tenha ocultado detalhes, como que a desafiar "cronistas de melhores dias" (Mendonça, 1880, p. 51), ou em inegável amostra de que "soube se excluir" (Pompeia, 1884, p. 1), o testemunho de Gama é igualmente eloquente em espaços silentes. A violência de Cardozo vaza em cada mínima referência. Ao dizer que fugiu, ou melhor, que se retirou fugido, Gama faz da locução subordinativa condicional "aliás" uma dobradiça para abrir a porta do sobrado do alferes Cardozo.

Vejamos. A uma altura da autobiografia em que já se sabe que Cardozo: a) comprara uma centena de negros escravizados, entre eles a criança Luiz Gama, tratando-os com inexcedível crueldade no trajeto do Rio de Janeiro a São Paulo; b) encarcerara e matara à fome algumas pessoas em Lorena; e c) se matara com um tiro de pistola que lhe varara o crânio, Gama usa do vocábulo condicional, em evidente sinal complexificador das relações escravistas, para dizer que o alferes o tinha em alta conta.

Como assim? Ao relatar a fuga da casa de Cardozo, Gama sublinhou, após o inapagável "aliás", que este lhe votava "a maior estima" (Gama, 2021a, p. 65). O que a expressão sugere, antes de tudo, é que há uma longa história. Não coube, por arte do estilo conciso que adotou em seu testemunho, conhecer quais seriam as histórias dessa longa história. Elementos do enredo, contudo, estão lá, a exemplo da mente perturbada de um escravizador cruel e da violência fundante da relação escravista do sobrado nº 2 da rua do Comércio.

Para o momento, interessa notar que foram esses o contexto e o local de seu letramento instrumental. Foi lá que, em 1847, prestes a completar 17 anos de idade, Gama conheceu um rapaz branco, filho de fazendeiro escravista, que se mudara para São Paulo a fim de cursar aulas preparatórias para ingressar na faculdade de direito do Largo de São Francisco. Mais do que se mudar para São Paulo, o rapaz, Antônio Rodrigues do Prado Júnior, se mudaria exatamente para o infame sobrado. Seria questão de tempo para que Antônio e Luiz, dois jovens de idade tão próximas quanto tão diferentes histórias, se tornassem amigos de primeira hora.

É Gama quem explica, sem dúvida para desconcerto do leitor, a relação que estabelecera com o menino branco que, no futuro, se tornaria juiz de direito e político influente. "Fizemos amizade íntima, de irmãos diletos, e ele começou de ensinar-me as primeiras letras" (Gama, 2021a, p. 65). Em uma frase rija e terminante, Gama contou o grau de amizade firmado entre eles e o resultado dessa parceria: o letramento. Parece pouco, e obviamente é, para aqueles ávidos em saber detalhes do processo de alfabetização, mas é também suficiente. Foi a improbabilíssima amizade de "diletos irmãos" entre um menino branco nascido, criado e embalado no berço da escravidão, e outro, espicaçado pelo cativeiro, a base para a impensável alfabetização de uma pessoa escravizada em um ambiente doméstico violento.

Não fosse o elo de amizade entre ambos, não haveria letramento. Logo, a relação personalíssima entre Antônio e Luiz criou um espaço no tecido social para essa que é uma espécie de transgressão da ordem escravista. Afinal, a alfabetização de uma pessoa escravizada, sem anuência ou consentimento do senhor, rompia a hierarquia de mando. Tanto um quanto outro, isto é, tanto Antônio, que ensinou, quanto — e sobretudo — Gama, que aprendeu, transgrediam normas e lugares sociais. Os amigos deviam saber do risco a que se expunham — e do mundo que se abria com a corajosa e conjunta decisão. É verdade, porém, que Antônio, se pego em flagrante ao ensinar ao amigo as primeiras letras, até poderia sofrer alguma represália, mas jamais teria o pescoço à prova. Ele certamente teria margem para argumentar e, se imprescindível, acionar o próprio pai. Já Luiz, por outra parte, não poderia pisar em falso, isto é, não poderia de modo algum ser flagrado em seu aprendizado. Do contrário, poderia acabar em Lorena, ou como seus irmãos de Lorena.

Em sigilo, portanto, Antônio ensinou e Luiz aprendeu as primeiras letras. Em sigilo, igualmente, o filho de Luíza Mahin partiu para o segundo ato, inevitavelmente atrelado ao primeiro, ou seja, o letramento. Porque, tão logo aprendeu a "ler e contar alguma cousa" (Gama, 2021a, p. 65), em fração de meses foi em busca de papéis que provassem que sua escravização era ilegal. É por isso também que, na autobiografia, a explicação do processo de letramento antecede a da aquisição de provas irrefutáveis de sua liberdade. Letramento e liberdade, na história pessoal de Gama, são asas de um mesmo pássaro.

Do exposto, sabemos que: a) foi em 1847 que Antônio e Luiz se conheceram e fizeram amizade de "diletos irmãos"; b) o primeiro alfabetiza o segundo; c) o processo de letramento foi uma transgressão de ambas as partes, com um risco muitíssimo maior para uma delas; d) além de clandestina, a alfabetização foi sigilosa, garantindo, a um só tempo, um ciclo mínimo de aprendizado e a preservação de ambos os jovens transgressores; e, por fim, d) o letramento antecede, prepara, possibilita e garante a exitosa busca dos papéis de liberdade que, a sua vez, potencializaria, como de fato potencializou, o sucesso na arriscada fuga do cativeiro e a consequente posse da liberdade.

Da amizade veio o letramento, e deste, a reconquista da liberdade. De modo paradoxal, porém, a afirmação da liberdade dependeria do desenvolvimento do letramento. Isso significaria que, para garantir a posse de sua liberdade, Gama deveria se letrar ainda mais. A alfabetização, por si só, continuaria a deixá-lo exposto, senão vulnerável, à sanha escravista de Cardozo e seus parceiros. Para sobreviver, portanto, Gama deveria, mais e mais, reforçar seu aprendizado do misterioso código letrado.

Um episódio ilustra a questão. Em 1854, já como cabo de esquadra da Força Pública de São Paulo, ele foi preso após uma controversa alegação de insubordinação militar. Contudo, de forma sugestiva ele registraria que, na sua rotina no xadrez, "passava lendo os dias e as noites; sofria de insônias" (Gama, 2021a, p. 66). A observação é valiosa.

Seis anos após a fuga do cativeiro — e sete após os primeiros passos na cartilha do ABC —, ele contaria que não só tinha o hábito da leitura como, também, uma espécie de interesse vivaz e voraz pela leitura. A rigor, era muito mais do que interesse. Era, conforme definiu *en passant* em carta pública, uma "vontade inabalável de instruir-se" (Gama, 2021b, p. 470).

Em 1859, seria sua vez de patentear o seu antes inimaginável letramento na forma de livro. Seria a vez, como se sabe, da voz negra inaugural na literatura brasileira (Ferreira, 2000, p. xv). O sentimento poético, a erudição enciclopédica, a correição gramatical e a originalidade de estilo, entre outros aspectos, deixavam aos contemporâneos — e à posteridade — prova incontornável de sua estatura literária. Não era pouco. Gama lançava um livro carregado de complexas referências mitológicas, históricas e literárias tão somente doze anos após o aprendizado das primeiras letras. Nesse sentido, as suas *Primeiras trovas burlescas*, título de seu livro de estreia, revelam indiretamente que o seu aprendizado fora constante, intensivo e voraz. Afinal, ninguém chegaria de um ponto a outro sem muito e dedicado estudo; ou, nos termos de Gama, sem passar os dias lendo.

Da leitura constante, viria a escrita. Da união das duas, o magistério.

Na ladeira Porto Geral

No apagar das luzes do ano de 1863 — literalmente em 31 de dezembro —, o inspetor-geral da instrução pública, Diogo de Mendonça, enviava ao presidente da província, Vicente Pires da Motta, um relatório sobre o estado geral da educação em São Paulo. O inspetor descrevia o funcionamento de instituições de ensino, suas demandas e necessidades, bem como tratava do orçamento e da administração escolar na província. Como parte de seu relatório, Mendonça também detalhava a composição do professorado da província. A dado momento revela que, no colégio particular de segundo grau Ateneu Paulistano, existiam sete professores, distribuídos nas disciplinas de português, latim, francês, retórica, geometria, história e filosofia. Entre doutores e bacharéis, está o nome do autodidata negro: Luiz Gama.

O relatório é expresso. Em 1863, um colégio particular de segundo grau da capital paulista empregava o "professor, Luiz Gonzaga Pinto da Gama" (Motta, 1864, p. 35). Responsável pela disciplina de português, Gama não tinha muitos alunos — apenas seis —, mas tinha a cátedra. Seria o primeiro professor negro de um colégio particular secundarista em São Paulo? Não sabemos. Por outro lado, ele era, sim, o único negro entre os 52 professores da rede de escolas particulares da província no ano de 1863.

Nessa época, Gama dividia sua atribulada rotina entre mil e uma diligências na administração policial, como amanuense da secretaria de polícia da capital, as aulas de português no Ateneu e a atividade jornalística de articulista fixo da *Revista Comercial* de Santos. Nas páginas da *Revista*, uma das mais importantes do Império, Gama falou dos mais variados assuntos políticos e criminais, valendo-se muitas vezes de informações administrativas privilegiadas para a escrita de crônicas avassaladoras (Lima, 2024).

Ele também falou de educação e, em despretensioso registro, noticiou a troca de comando no Ateneu. "Os novos proprietários e diretores, pela sua reconhecida ilustração e irrepreensível conduta", pontuava Gama, "autorizam o público a muito deles esperar" (Bandarra, 1863, p. 1). Meses mais tarde, justamente após a troca de direção do Ateneu, Gama apareceria como professor de português do mesmo colégio. Não se sabe por quanto tempo o autodidata negro ocupou a cátedra do Ateneu. A julgar pelas mesmas fontes administrativas que reportam o seu exercício do magistério em 1863, ele não teria tido vida longa na docência privada — como não teria na pública, impedido ou impossibilitado de cumular a cátedra com o cargo de amanuense ou por algum tipo de emparedamento de suas aspirações sociais.

Em todo caso, Gama e Diogo de Mendonça não demorariam a se reencontrar. Logo após a publicação do relatório de dezembro de 1863 (que se daria tardiamente, apenas em 1866), seria a vez de Gama se dirigir ao inspetor da instrução pública. Publicamente, ele discutiria a boa-fé do chefe máximo da educação pública em São Paulo. Mais ainda: questionaria, e duramente, o liberalismo de Mendonça. "Sou aluno de vossa escola", Gama dá com uma mão, "mas trago na fronte o símbolo da coerência", batendo com a outra (Gama, 2021b, p. 68).

O ex-professor do Ateneu e experiente empregado da polícia na capital simplesmente reduzia a pó o relatório do inspetor sobre a política educacional da província. A carta de Gama, no entanto, tem dimensões mais fundas. Ela é, a um só tempo, um estudo de direito público e uma análise constitucional da história política brasileira do século XIX. Do exame meticuloso do relatório do inspetor-geral de instrução pública surge uma crítica constitucional visceral.

Gama observaria atentamente que a promessa constitucional de se garantir "instrução primária gratuita a todos os cidadãos", conforme rezava o inciso 32 do art. 179 da Carta Constitucional (Brasil, 1824), era falsa, uma vez que, na prática, não incluía todos e todas. Era uma denúncia temporã da "constitucionalização simbólica e desconstitucionalização fática" (Neves, 1996, p. 321) brasileira, isto é, do deliberado descompasso entre texto constitucional e efetividade de direitos. Afora as críticas jurídicas afiadas que desvelava a erudição de nosso conhecido autor, também é digno de nota que Gama, já àquela altura, enxergava a instrução pública como direito inalienável do homem e, em interpretação revolucionária, o liberto como destinatário de direitos.

Numa época em que a alfabetização era um privilégio reservado a 15% da população (Wissenbach, 2018, p. 294), Gama trataria de estender ao liberto o que o comando constitucional garantia ao cidadão. Com isso, o ex-professor do Ateneu reconhecia direitos ao liberto, considerando-o parte do corpo político da nação, e alargava o grupo de titulares ao direito à educação. A crítica pública de Gama ao relatório do inspetor Mendonça se deu em agosto de 1866. Em dezembro de 1867, Gama começaria a detalhar um projeto de educação pública democrático e inclusivo para a província de São Paulo.

Porém, tanto na crítica constitucional, de 1866, quanto nos textos de educação pública, de 1867 e 1868, Gama assinaria suas reflexões sob o sugestivo pseudônimo "Afro". Essa assinatura — aliás, fortíssima — preservava a identidade do funcionário público, que se arriscaria perigosamente se assinasse suas ponderações em nome próprio, ao mesmo tempo que indiretamente revelava o pertencimento racial do autor (Lima, 2021, p. 15-17). De modo sagaz e paradoxal, o pseudônimo ocultava e revelava a autoria de Gama.

Quem primeiro revelou o nome por trás de Afro foi Lúcio de Mendonça — que, sublinhe-se, nenhum parentesco direto guardava com o inspetor Diogo Pinto de Mendonça. No memorável perfil biográfico publicado nos finais de 1880, o então juiz de direito, que uma década depois seria nomeado juiz da Suprema Corte, disse ter conhecido Gama no ano de 1868, em uma tipografia, quando este publicava textos e os "assinava com o pseudônimo *Afro*" (Mendonça, 1880, p. 57).

Agora sabemos que uma tipografia, precisamente a d'*O Imparcial*, compõe a paisagem cultural do educador negro Gama. Se dizíamos no começo que percorreríamos, como de fato percorremos, três locais no triângulo histórico da antiga São Paulo — a igreja de Nossa Senhora do Rosário dos Homens Pretos, o sobrado do contrabandista Cardozo e o colégio Ateneu —, iremos agora a um quarto espaço. Trata-se da tipografia d'*O Imparcial*, localizada no nº 27 da rua Imperatriz. Foi lá que o poeta e ex-professor, muito mais do que "aprendiz compositor" (Gama, 2021a, p. 68), como modestamente se autointitulou, escreveu e publicou as letras mais radicais da história social da educação no Brasil do século XIX.

Rua da Imperatriz

Nas páginas do *Democracia*, periódico republicano e abolicionista que fundou logo após o histórico *Cabrião*, Luiz "Afro" Gama escreveu uma série de textos, entre crônicas forenses e comentários políticos. Sem dúvida, os mais representativos de seu estilo literário e compreensão política da realidade social são os textos que compõem o seu manifesto em defesa da popularização da escola pública. Ao todo, Afro publicou 19 deles, na grande maioria conceituando o direito à educação no Brasil escravista.[2]

Em síntese, Afro postulava duas ideias centrais para reformar a educação pública: a instrução gratuita e obrigatória e a liberdade de ensino. Dessas duas palavras de ordem, se pensarmos no jargão político, ou do recente vocabulário de direitos subjetivos, se vistos na perspectiva do discurso jurídico que sem dúvida enunciava, o articulista tocava em pontos fundantes da organização da educação no Brasil.

Por um lado, falar em instrução gratuita e obrigatória significaria alfabetização em massa da população brasileira — sem distinção de estatuto civil, gênero e raça. Ele compreendia, assim, que a alfabetização gratuita e obrigatória abriria as "portas da ciência inteiramente francas a todas as inteligências" (Gama, 2021b, p. 138), democratizando a sociedade e o Estado.

Por outro lado, advogar a liberdade de ensino equivalia a pluralizar fontes, literaturas e pedagogias na formação das novas gerações. Teorizando a política, Gama propunha que se garantisse pluralidade de circulação de ideias nas escolas, e se quebrasse o rígido controle do pensamento imposto pela Igreja Católica, religião oficial do Estado e mantenedora de numerosos estabelecimentos de ensino. Tirar o ensino público do raio de ação da Igreja era uma obsessão que Afro elevava ao patamar de reforma civilizatória e democrática que o Brasil, seguindo o exemplo de países que se desenvolveram, não poderia se furtar a fazer.

A liberdade de ensino, portanto, seria uma expressão da liberdade de consciência e de pensamento. Sobre a participação estatal, todavia, tratava-se de equação mais difícil de sanar. Ao mesmo tempo que defendia a expansão do ensino primário obrigatório e gratuito, mantido e custeado pelo Estado, criticava a centralização administrativa, "em que as sugestões capciosas do governo, emissário da corrupção que impera no alto, podem facilmente infeccionar os sãos preceitos da lei e nulificar completamente as legítimas aspirações populares" (Gama, 2021b, p. 170). Nem centralização administrativa, nem concentração do conhecimento.

O projeto de Afro corria em duas frentes: regionalização da rede de ensino público por todos os rincões da província (e, por extensão, do país) e atendimento escolar gratuito para crianças de todas as classes sociais. "A escola pública é um grande e poderoso elemento de igualdade social. Seu objeto, instruindo gratuita e indistintamente a todos, é elevar, pelo cultivo da inteligência, o filho do mendigo à posição do filho do milionário" (Gama, 2021b, p. 252). E continuava, já não se sabendo o que era utopia e o que era meta concreta:

> Nenhuma aldeia sem uma escola, nenhuma vila sem um colégio, nenhuma cidade sem um liceu, nenhuma província sem uma academia. Um vasto todo, ou, para melhor dizer, uma vasta textura de oficinas intelectuais, escolas, liceus, colégios, bibliotecas e academias, ajuntando sua irradiação na superfície do país, despertando por toda a parte as aptidões e animando por toda a parte as vocações. (Gama, 2021b, p. 138)

Ainda que utópico, o autor tinha os pés bem fincados na crua realidade política da província. O país estava em guerra. A política da escravidão dava sinais de esgotamento. Os partidos se esfacelavam. O horizonte de expectativas estava aberto como nunca estivera nos anos imediatamente precedentes. Era, sim, possível — calculava — pôr fim à escravidão desde o transe nas bases da população livre, liberta e escravizada do Império. Afro-Gama jogava suas fichas na desestabilização da monarquia, no "enfraquecimento da autocracia administrativa"(Gama, 2021b, p. 178), a começar pela tentativa original de, sem mandato, sublevar a Assembleia Provincial de São Paulo e arregimentar aliados localistas com o discurso de fortalecimento dos municípios, a partir da restituição de "importantes funções, usurpadas pelo imperialismo"(Gama, 2021b, p. 178).

De mangas arregaçadas, como na célebre caricatura de Angelo Agostini, Gama levantava o seu porrete e hasteava a bandeira da educação. Afro conhecia a fundo os contrastes abissais de um país em que o negro, escravizado ou liberto, morria "delirante nos campos de batalha, ao som inebriante dos clarins e dos epinícios divinos entoados à pátria para perpetuar a tenebrosa hediondez da escravidão de seus pais" (Gama, 2021a, p. 70-71). Ele igualmente sabia que "recebiam uma carabina envolvida em uma carta de alforria, com a obrigação de se fazerem matar à fome, à sede e à bala nos esteiros paraguaios" e que, "nos campos de batalha, caíam saudando risonhos o glorioso pavilhão da terra de seus filhos"(Gama, 2021a, p. 282).

O delírio no campo de batalha paraguaio era também o delírio imperial brasileiro da promessa da liberdade condicionada à certeza da morte em combate. A pátria que perpetuava a escravidão, argumentava Afro, só poderia ser chacoalhada em seus alicerces pela difusão em massa da instrução primária obrigatória e gratuita, acompanhada da liberdade de ensino. A liberdade sem direitos, sem acesso à educação, sem cidadania, sem sufrágio universal e sem eleição direta seria frágil, precária, sem substância.

Assim, o direito à educação básica com pluralidade de ideias e sem distinção social — "onde houver um espírito, que haja também um livro" (Gama, 2021b, p. 138) —, distribuído em uma ampla rede escolar de todos os níveis, seria a chave para o fim da escravidão e a consequente construção da democracia no Brasil. Com o quadro nacional em vista, muito embora estrategicamente fale de modo geral, Afro crava que o ensino obrigatório e a liberdade de ensino seriam inconciliáveis com a vigência do Império brasileiro. O desenrolar dos acontecimentos políticos do final do século se encarregaria de reforçar a razão de seus assertos. Em uma síntese lapidar, ele diria:

> A liberdade de ensino é o complemento do ensino obrigatório. Estas duas instituições, nos países democráticos, únicos que podem comportá-las, constituem a base da grandeza e da felicidade dos povos. A sustentação de tais princípios é a declaração de guerra às monarquias. Nós escrevemos em nome do povo e da liberdade. (Gama, 2021b, p. 152)

Através de um mandato popular de que criativamente se imbuía, Afro teorizava a democracia e propunha medidas administrativas práticas para a reforma da educação em São Paulo. Ele se torna, com essa obra de teoria política aplicada a um problema social concreto, um pensador da educação. Depois da literatura e do magistério, pensar e propor soluções para vencer o analfabetismo passou a ser a sua tarefa número um na condição de educador. Democracia virou a sua cátedra; a imprensa, a sua lousa; e o povo, a estudantada.

Conclusão

O letramento de Gama, como vimos, começou ainda sob a tutela de mestre Marcellino. Foi pelas mãos do líder da irmandade do Rosário dos Homens Pretos de São Paulo que o pequeno Luiz conheceu e firmou laços de solidariedade na "pequena África paulistana". Tais relações sociais lhe deram a régua e compasso para medir o mundo à sua volta. Foi também mestre Marcellino quem o introduziu ao mundo da sapataria, que futuramente seria incorporado em seu léxico poético e serviria como preparatório para sua iniciação à alfabetização instrumental.

Pela amizade com um menino branco do interior de São Paulo, Gama aprendeu as primeiras letras. Seu processo de alfabetização clandestino e sigiloso, que bem ilustra os perigos e os potenciais do letramento de uma pessoa negra e escravizada em uma sociedade escravista, condicionou a sua reconquista da liberdade. De posse de letramento básico, ele buscaria meios de reforçar e desenvolver seus conhecimentos. Doze anos depois do aprendizado das primeiras letras, em inequívoco sinal de letramento continuado, ele publicaria seu primeiro livro.

Ainda que se possa creditar parte considerável de seu aprendizado a seu desempenho individual, Gama trabalharia para que sua experiência particular não se encerrasse em si próprio. Nos anos seguintes, ele daria aulas, alfabetizaria pessoas, fundaria uma biblioteca popular e advogaria na imprensa por educação pública, gratuita e universal.

Sua visão da educação pública como direito humano inalienável — isso ainda na década de 1860! — integra o mais radical projeto abolicionista de seu tempo e reflete, ato contínuo, uma agenda de soberania nacional ousada.

Seu letramento individual, que deu na reconquista da liberdade pessoal, seria, no futuro, a base para o seu projeto de alfabetização coletiva. Da invenção de uma escola pública que igualasse o filho do mendigo ao filho do milionário, adviriam, na sequência, a liberdade, os direitos e a cidadania.

A educação inventaria a Abolição.

Referências

ARROYO, Leonardo. *Igrejas de São Paulo*. Rio de Janeiro: José Olympio, 1954.

BANDARRA [Gama, Luiz]. "Correspondencia da Revista Commercial". *Revista Commercial*, Santos, p. 1-2, 21 maio 1863.

BRASIL. *Constituição Política do Império do Brazil, de 25 de março de 1824*. Disponível em: http://www.planalto.gov.br/ccivil_03/Constituicao/Constituicao24.htm. Acesso em: 21 ago. 2024.

FERREIRA, Lígia Fonseca. "Introdução". In: GAMA, Luiz. *Primeiras trovas burlescas e outros poemas*. São Paulo: Martins Fontes, 2000.

GAMA, Luiz. *Liberdade, 1880-1882*. Organização, introdução, estabelecimento de texto, comentários e notas de Bruno Rodrigues de Lima. São Paulo: Hedra, 2021a.

_______. *Democracia, 1866-1869*. Organização, introdução, estabelecimento de texto, comentários e notas de Bruno Rodrigues de Lima. São Paulo: Hedra, 2021b.

_______. *Crime, 1877-1879*. Organização, introdução, estabelecimento de texto, comentários e notas de Bruno Rodrigues de Lima. São Paulo: Hedra, 2023.

GETULINO [Gama, Luiz]. *Primeiras trovas burlescas*. São Paulo: Typographia Dois de Dezembro, 1859.

LIMA, Bruno Rodrigues de. "Introdução". In: GAMA, Luiz. *Democracia, 1866-1869*. Organização, introdução, estabelecimento de texto, comentários e notas de Bruno Rodrigues de Lima. São Paulo: Hedra, 2021, p. 15-47.

_______. *Luiz Gama contra o Império — A luta pelo direito no Brasil da escravidão*. São Paulo: Contracorrente, 2024.

MARTINS, Antonio Egídio. *São Paulo Antigo (1554-1910)*. São Paulo: Tipografia do Diário Oficial, 1912. v. 2.

MENDONÇA, Lúcio de. "Luiz Gama". In: LISBOA, José Maria (org.). *Almanach Litterario de São Paulo para o ano de 1881*. São Paulo: Typographia da Província, 1880.

Motta, Vicente Pires da. *Documentos que acompanham o Relatório que o ilmo. e exmo. sr. conselheiro dr. Vicente Pires da Motta apresentou à Assembleia Legislativa Provincial na sessão do anno de 1864*. São Paulo: Typographia Imparcial, 1864.

Neves, Marcelo. "Constitucionalização simbólica e desconstitucionalização fática — Mudança simbólica da Constituição e permanências das estruturas reais de poder". *Revista de Informação Legislativa*, Brasília, n. 132, p. 320-330, 1996.

Pompeia, Raul. "Luiz Gama". *Gazeta de Notícias*, Rio de Janeiro, 24 ago. 1884, p. 1.

Quintão, Antonia Aparecida. *Irmandades negras — Outro espaço de luta e resistência (São Paulo: 1870-1890)*. São Paulo: Annablume, 2002.

Santos, Fabrício Forganes. *As três igrejas dos homens pretos de São Paulo de Piratininga — Gênese urbana e disputas territoriais (1720-1910)*. Dissertação (mestrado em Arquitetura e Urbanismo) — Universidade Estadual Paulista, Bauru, 2021.

Santos, Ynaê Lopes. *Irmãs do Atlântico — Escravidão e espaço urbano no Rio de Janeiro e Havana (1763-1844)*. Tese (doutorado em História Social) — Universidade de São Paulo, São Paulo, 2012.

Tschudi, Johann Jakob von. *Viagem às províncias do Rio de Janeiro e S. Paulo*. São Paulo: Martins, 1953.

Wissenbach, Maria Cristina Cortez. "Letramento e escolas". In: Schwarcz, Lilia; Gomes, Flávio. *Dicionário da escravidão e liberdade*. São Paulo: Companhia das Letras, 2018, p. 292-297.

Notas

1 Cf. "Num álbum". *In*: Getulino [Luiz Gama]. *Primeiras trovas burlescas*. São Paulo: Typographia Dois de Dezembro, 1859, p. 32. Grifo original. A grafia foi atualizada para facilitar a leitura.

2 Parte dos parágrafos seguintes deste tópico foi publicada anteriormente na introdução do volume 4 das *Obras completas de Luiz Gama*. Cf. Lima (2021), especialmente p. 27-30.

4 OTAVIANO HUDSON: COR, GÊNERO E INSTRUÇÃO (RIO DE JANEIRO, 1870-1885)

BÁRBARA CANEDO RUIZ MARTINS

> É republicana e, como tal, merece de tua pena um artigo de recomendação. [...] Nossa correligionária Helvina Ribeiro, aluna romana que tem a ideia de seguir a carreira de medicina e é atualmente discípula do Jasper.
> Esta Rio Grandense, ao passo que se prepara para a nova carreira e frequenta aquele externato, abriu um curso para lecionar a matéria que já sabe — o português. Esta nossa correligionária leciona pelo meu método e, para melhor auxiliá-la, eu a autorizei a pôr em seus anúncios; ela fornecerá aos novos discípulos o método gratuitamente. (Biblioteca Nacional, Obras Raras, I — 5, 16, 68)

Na carta endereçada a Lopes Trovão, fervoroso republicano e médico[1], em meados dos anos 1870, Otaviano Hudson apresentava Helvina Ribeiro e pedia sua recomendação para que a jovem pudesse se manter no Rio de Janeiro. Hudson revelava seu próprio auxílio, ancorado nos ideais republicanos. O jornalista e poeta acionava a sua rede de contatos para disseminar a instrução, o ensino de português, e para instrumentalizar cada vez mais pessoas no saber ler e escrever — sobretudo pelo uso de seu método de alfabetização.[2]

Por experiência própria, Hudson conhecia a necessidade de apoio em uma cidade como o Rio de Janeiro. Ao que tudo indica, o poeta, jornalista e ativista tinha origem humilde. Nascido em torno de 1837, chegou à urbe carioca para fugir de um conflito político em 1864, o que não o impediu mais tarde de se candidatar novamente (Canedo, 2022). Como Lopes Trovão, era também signatário do Manifesto Republicano de 1870, o que lhe garantia alguns contatos e laços de amizade em virtude de suas crenças políticas.

A carta reproduzida no início deste texto nos ajuda a conduzir as preocupações presentes aqui. Acompanhando a trajetória de Otaviano Hudson, procuramos compreender as relações desse homem de cor, ativista dos ideais republicanos, socialista e incentivador da instrução a partir das relações engendradas com algumas mulheres, como parte das trocas cotidianas e estratégicas para a sua própria manutenção no cenário dos debates da Corte carioca.

O corte temporal escolhido está baseado nos últimos anos de vida de Hudson na Corte, momento de intensa efervescência nos debates sobre a ampliação dos direitos de cidadania e instrução na cidade do Rio de Janeiro, sobretudo por conta da reforma Leôncio de Carvalho, de 1879, que permitia a entrada de mulheres nos cursos superiores — entre outras providências, como o estabelecimento de cursos noturnos.[3] O período não apenas envolve a questão abolicionista, mas também é decisivo quanto ao tema da participação eleitoral: a partir de 1881, saber ler e escrever passou a definir quem poderia participar dos pleitos.

Por nossos caminhos investigativos, as mulheres são entendidas como sujeitos do seu tempo e como trabalhadoras que procuravam abrir espaços de participação política e caminhos de instrução. Os modos pelos quais investiam sua energia em tais propósitos variaram ao longo das décadas. Porém, o protagonismo feminino estava diretamente ligado às questões de liberdade e autonomia que se desenhavam no limiar do século XIX (Gay, 1995), já que as mulheres ocupavam cada vez mais espaços no mundo do trabalho urbano carioca, mas enfrentavam a desigualdade de condições e de ganho (Pena, 1981).

Em fins do século XIX, as reformas educacionais e eleitorais colocavam a instrução como parte do conflito de interesses na formação da nação e da cidadania. Nesse sentido, quais sujeitos seriam os símbolos daquela modernidade a ser atingida? Assim, abordaremos as questões levantadas pela recentre historiografia da escravidão e pós-abolição, em confluência com a da educação e da história das mulheres, cujo gênero é instrumento conceitual precípuo.

Para Soihet (1998, p. 80), o gênero enquanto categoria permite que os "elementos essenciais ao desvendamento da atuação concreta das mulheres tornem-se dificilmente perceptíveis". Ao recorrermos à análise do cotidiano, tentamos trazer à tona as contribuições femininas sem nos limitarmos ao domínio público. Desse modo, privilegiamos a dinâmica das experiências das mulheres, esclarecendo suas práticas sociais, bem como códigos de comportamento e estratégias próprias. O político se desenrola em múltiplas relações de poder engendradas em complexas teias sociais (Varikas, 1997). Portanto, em nosso trabalho valorizamos as ideias de Rachel Soihet, apoiadas nas discussões de Louise Tilly (1994) e Eleni Varikas (1994).

Soihet assinala a pertinente contribuição de E. P. Thompson (1998) nesse aspecto, ao identificar as lideranças femininas nos motins de alimentos ocorridos no século XVIII. Revela, dessa maneira, outras dimensões da atuação política feminina, não só no espaço político formal. Segundo essa autora, o historiador inglês é importante referencial para inúmeras historiadoras "no esforço de reconstrução da atuação feminina", por ressaltar a ideia de resistência nas manifestações cotidianas dos subalternos (Soihet, 2013, p. 25).

Portanto, compreender os caminhos que levavam homens como Otaviano Hudson a se aproximar e agir a favor da instrução feminina é um dos problemas levantados neste ensaio. Pretendemos compreender como e quando essa mútua colaboração poderia abrir espaços tanto para Otaviano Hudson quanto para algumas mulheres envolvidas no debate sobre instrução.

Não sabemos ao certo o destino de Helvina Ribeiro. Ainda não encontramos qualquer vestígio dessa estudante de medicina, apenas conhecemos suas ligações com o poeta. Porém, reconhecemos que a aluna do colégio Jasper não era a única mulher que contava com o apoio de Hudson. Temos, por exemplo, Narcisa Amália:

> Ilmo. Sr. Otaviano Hudson,
>
> Agradeço sinceramente a vossa senhoria as provas frequentes que nos tem dado.
> São obséquios que jamais olvidaremos, eu e minha família.
> Meu pai saúda-o, minha Mãe envia também a Vossa Senhoria muitos cumprimentos e minhas sinceras expressões de estima.
> De sua patrícia obsequiosa,
>
> Narcisa Amália
>
> Resende, 5 de abril, 1872. (Biblioteca Nacional, Manuscritos, I-02, 03, 81).

A missiva de agradecimento é curta, mas aponta para alguns interessantes laços de Hudson no apoio a outras mulheres e à própria trajetória. Ainda não está nítida a ligação entre eles, mas sabemos, antes de tudo, que eram patrícios. Além disso, aparentemente Hudson desfrutava de alguma intimidade familiar, conforme a carta demonstrava.

O contato de Hudson com Narcisa Amália é deveras interessante, pois ambos são poetas republicanos e também estavam ligados ao também poeta Fagundes Varela, que dedicou um de seus poemas a ela. Amália, ainda com 20 anos, em 1872, publicou seu único livro (*Nebulosas*) pela reconhecida Garnier, o que era pouco comum à época. Porém, no mundo das letras, as mulheres precisavam ser apadrinhadas por homens. Narcisa contava ainda com o próprio pai, Joaquim Jácome de Oliveira Campos Filho, também conhecido como professor Jácome Campos. De acordo com Anna Faedrich, a participação das mulheres na vida cultural e intelectual do Brasil em fins do século XIX baseava-se no consentimento masculino "para ingressar e ter voz no meio literário". Afinal, os homens estavam envolvidos nos espaços de poder literários. Eles eram "os editores, que decidiam as obras a serem publicadas; os formadores de opinião e críticos literários, que avaliavam o valor das obras, os diretores dos grandes jornais, os membros da Academia Brasileira de Letras etc." (Faedrich, 2017, p. 246).

Tanto o pai quanto a mãe de Narcisa Amália eram professores, ambos responsáveis por escolas em Resende, no sudoeste fluminense — o Colégio Jácome, para meninos, e o Colégio Nossa Senhora da Conceição, para meninas (Faedrich, 2017, p. 247) —, embora fossem naturais de São João da Barra, no norte da província do Rio de Janeiro. Esse deslocamento também nos chama a atenção para a mobilidade de Hudson, pois, se eram patrícios, Narcisa Amália e Otaviano Hudson poderiam ter naturalidade comum.

Toda essa região de locomobilidade compunha um quadro de sub-regiões do Vale do Paraíba do Sul. Resende pertencia ao alto Paraíba, que compreendia Queluz até Resende. Já o médio Paraíba iria dos limites de Barra Mansa a São Fidélis — incluindo Valença e Rio das Flores, municípios vizinhos nos quais Hudson transitava antes da sua chegada à Corte, em 1864 —, e, por fim, o baixo Paraíba, que incluiria Campos dos Goytacazes, limítrofe de São João da Barra (Marquese e Tomich, 2011). Acreditamos que essa atração pela área esteja ligada à concentração de renda e à prosperidade desses locais, devido à produção cafeicultora voltada para a exportação, o que aumentava as oportunidades daqueles que dominavam a escrita e a leitura. Essa dinâmica proporcionava maiores chances de colocação social entre aqueles destituídos dos sobrenomes tradicionais, garantindo melhores provimentos para a sua sobrevivência.

Narcisa Amália foi uma das pioneiras da poesia no país. Embora não tenha publicado outro livro ou coletânea, seus poemas eram veiculados em jornais do período, como *O Mequetrefe*, reconhecido impresso ilustrado satírico de viés republicano (Lopes, 2011), que aponta um dos últimos sonetos de Narcisa, em 20 de junho de 1886:

> Há muito tempo emudecera a doce Musa da poetisa das *Nebulosas*. Felizmente, num dos últimos números do *Diário Mercantil*, que é, inquestionavelmente, a folha mais interessante de São Paulo, encontramos o soneto que em seguida transcrevemos... (*O Mequetrefe*, 1886, p. 3)

A relação com o ideário republicano era um dos principais vínculos entre Hudson, *O Mequetrefe* e Narcisa Amália. Porém, isso não quer dizer que o periódico garantia algum sentido de segurança aos poetas, mas, sobretudo, um sentido de identidade. Tanto Hudson quanto Narcisa foram alvo de descrença e críticas aos seus trabalhos autorais. Hudson, por parte do seu método de alfabetização, foi por algum tempo acusado de plagiar o autor açoriano João de Deus, no mesmo período que o jornalista se metia em imbróglios com o inspetor-geral da educação da Corte (Canedo, 2022). A seu turno, Narcisa também recebeu críticas, e a autoria da sua obra foi "posta em xeque, provavelmente pelo ex-marido desprezado" (Faedrich, 2017, p. 252). Além do questionamento da autoria dos seus trabalhos, vale destacar que ambos não eram unanimidade nem mesmo entre os correligionários republicanos.

Cabe lembrar que Narcisa Amália protagonizava, no período, intenso debate com o jornalista e deputado Saldanha Marinho sobre a capacidade e a inteligência femininas, que naquele período, em virtude das relações patriarcais, não eram reconhecidas (Faedrich, 2017, p. 249-250). Já Hudson era constantemente instado por sua circulação em ambientes monárquicos, sobretudo pela *Gazeta da Tarde* e pela *Revista Illustrada*: "Será instalado brevemente, sob a regência do cidadão Hudson, um novo clube republicano, cujo programa é: Art. Único — Guerra à água e ao sabão. § 1°. — Paz a Pedro II" (*Revista Illustrada*, n. 102, ano 3, 1878, p. 3).

A trajetória e os interesses de Hudson

A recorrente proximidade entre Hudson e a monarquia em muito se devia à sua circulação em eventos e instituições marcadamente monárquicos, sobretudo aqueles cuja proposta estava associada à promoção da instrução. Hudson começava a tomar parte em outras iniciativas que, de alguma forma, estavam ligadas à ideia de levar a educação a setores menos favorecidos. O enfraquecimento da Liga Operária[4] como associação mutualista acontecia concomitantemente à chegada de Hudson como colaborador do *Jornal do Commercio*, ao mesmo tempo que se inseria em outras redes. A fim de melhor visualizarmos a variabilidade de empreendimentos pelos quais nosso biografado transitava, elaboramos o seguinte quadro:

Quadro 1 — Entradas institucionais de Otaviano Hudson, 1870-1886

Instituição	Data
Asylo dos Meninos Desvalidos	10 de abril de 1880
Sociedade Amante da Instrução	6 de abril de 1881
Colégio Progresso	3 de maio de 1881
Curso Profissional da Beneficência Portuguesa	22 de julho de 1882
Loja Maçônica Grande Oriente do Brasil	18 de janeiro de 1883
Exposição Pedagógica	11 de novembro de 1883
Sociedade de Geografia do Rio de Janeiro	23 de dezembro de 1883

Fonte: elaborado pela autora.

A mudança de trânsito de Otaviano Hudson é notória. A maior parte desses empreendimentos era mantida pelo senador Manuel Correia. A proximidade entre os dois fazia que a defesa do ideal republicano por Hudson fosse colocada em dúvida. Os empreendimentos listados no quadro, embora estivessem voltados para aqueles que não tinham recursos, adotavam outras linhas de ação, bem diferentes daquelas defendidas para os operários das associações mutualistas da década de 1870. Tinham direcionamento caritativo e estavam associados a grandes figuras do Império. Segundo a pesquisadora Ana Luiza Costa, esse tipo de economia de favores, na qual Hudson se movia, estava também presente em sociedades que funcionavam como "catalizadoras de laços e redes mais amplas" (Costa, 2012, p. 100). Nessa perspectiva, Hudson, imiscuído do sentido de deferência para figuras que representavam o poder instituído, buscava apoiar ações voltadas para instrução.

Até onde pudemos apurar, ele defendia e apoiava a instrução baseado em ideias republicanas, e as diferenças entre gêneros eram acionadas em determinadas ocasiões. O referido poeta reconhecia que, para que as mulheres fossem bem-vistas ou até mesmo aceitas, o apoio masculino era necessário. Ainda não conseguimos identificar se Helvina Ribeiro realizou seu intento de estudar medicina, mas reconhecemos que outras professoras, durante alguns anos, receberam suporte de Hudson:

> **Professora** — Uma senhora com as melhores recomendações deseja lecionar em colégios e casas particulares as línguas francesa, inglesa, alemã, aritmética, geografia, história e todos os trabalhos de agulha; para informações, neste escritório, a Otaviano Hudson, ou no Grande Hotel de Santa Tereza. (*Gazeta de Notícias,* 12 jul. 1883, Avisos, p. 2)
>
> **Professora** — Uma senhora estrangeira leciona francês, inglês, alemão, geografia, aritmética, história, literatura e piano: tem os melhores atestados, para informações, com o Sr. Hudson, no escritório desse jornal. (*Gazeta de Notícias*, 30 jun. 1885, Avisos p. 3)

A instrução feminina

Em ambos os anúncios, mulheres que chegavam à cidade do Rio de Janeiro ofereciam seus serviços ligados à instrução e ao ensino de crianças. Além de não revelarem o nome, provavelmente um índice de recato, contavam com o auxílio do homem que circulava em reconhecidas instituições voltadas para o ensino. Tais professoras salientavam ainda os saberes direcionados às lições femininas, como o ensino de línguas, o trabalho com as agulhas (o universo da costura e outras prendas domésticas) e o entretenimento musical, como o piano. De acordo com a historiadora Maria Lúcia Mott, a atividade de professora/preceptora era a mais respeitável para uma mulher, pois preparava as meninas para o cuidado com a futura família — sem falar das oportunidades geradas para todas aquelas que pretendiam outras formas de realização profissional ou visavam "alçar voos mais altos" (Mott, 2000, p. 44).

Conforme a professora Maria Celi Vasconcelos, os anos de 1880 foram caracterizados pela presença de mulheres estrangeiras na capital do Império, onde se tornavam preceptoras das famílias oitocentistas. Em sua maioria desacompanhadas, precisavam se manter e mobilizavam a escolarização em colégios europeus para exercer o ensino, "um dos poucos ofícios aceitos e apreciados para mulheres". Tal autora afirma que "a educação oferecida e consentida pelos senhores para ser ministrada às suas filhas, no ambiente doméstico, era considerada equivalente à escolarização adquirida em instituições de ensino" (Vasconcelos, 2018, p. 289-290). Dessa forma, não havia informalidade, mas uma modalidade de educação reconhecida do ambiente doméstico.

Aliás, a instrução feminina doméstica não era privilégio de mulheres em situação econômica favorável. Havia outros espaços para moças e meninas relacionados às ocupações profissionais. No mundo do trabalho, o signo da escravização permanecia como identificador das condições e oportunidades para as mulheres, sobretudo no âmbito doméstico. Por outro lado, o anunciado fim dos laços escravistas lançou as bases para a organização de outras formas de manter a força de trabalho "controlada", evitando, assim, o "hipotético caos econômico" (Chalhoub, 1990, p. 204). Vejamos a matéria a seguir:

> RUA DO OUVIDOR
>
> Ocupa hoje lugar nesta seção a casa M. Rosenvald Gordon & C., de que, por puro esquecimento, não nos ocupamos há mais tempo. [...].
>
> Nessa oficina há duas prensas e duas mesas de trabalho. Numa daquelas prensas um só operário — e menino — faz diariamente 50 grosas de folhas comuns. O diretor da oficina trabalha no preparo das folhas das begônias, tinhorões, [...] numas riquíssimas trepadeiras da serra de Petrópolis e nas mais diversas espécies que exigem serviço mais delicado. [...]
>
> O aspecto de outras oficinas — onde trabalham as meninas — enche de alegria o visitante, que participa do riso daquelas crianças, tão vivas e tão sadias — entregues a uma atividade que infelizmente é rara em nosso país. [...]
>
> No pavimento superior é o dormitório: largo, espaçoso, arejado e claro. Parece antes o dormitório de um colégio do que uma oficina em que aquelas crianças tão tenras aprendem já a ganhar a vida no trabalho. [...]

Três vezes por semana, as pequenas abandonam o serviço por algumas horas, para aprenderem a ler e a escrever. E todos os dias têm a sua hora de estudo [...] (*Gazeta de Notícias*, "Rua do Ouvidor — XIX", 26 jun. 1885, p. 1)

Para terminar:

Quando chegam as festas atuais, a maioria das crianças sai para a companhia de seus pais. Mas outras — as coitadinhas — ali ficam. Mme. Rosenvald, que estima-as como verdadeira mãe, costuma dar-lhes também sua festa e ainda hoje à noite a criançada vai divertir-se a grande.

A longa descrição do funcionamento das oficinas da loja de arranjos de flores *As Parasitas* conjugava, em si, o exemplo da candura de sua fundadora com a oportunidade de instrução para meninas. Os laços maternais subtraíam aqueles que assinalavam o cotidiano do trabalho. A organização do dormitório e o acesso às aulas para o aprendizado da leitura e da escrita faziam da oficina um local mais semelhante à escola do que um de formação de trabalhadoras. No fim, toda aquela ordenação contava com a aprovação dos pais, sem esquecermos que havia trabalhadoras órfãs.

Nas oficinas de Madame Rosenvald, o único menino era tratado como hábil "operário", disciplinado para a produção, enquanto as meninas eram retratadas com extrema infantilidade, chamadas de crianças em inúmeras ocasiões. Nas tarefas que desempenhavam, separadas em duas mesas, o aspecto lúdico e vivaz saltava aos olhos; nada aparentava ser forçado ou extenuante. O trabalho era igualado às brincadeiras, sem nenhum peso para nenhum dos lados. Uma forma desqualificadora do trabalho feminino, mas que acabava por aproximar as atividades laborais de algo positivo para a mão de obra das pequenas trabalhadoras, quando encaixada nos parâmetros da higiene, do morígero e da disciplina.

Desde agosto de 1877, Madame Rosenvald anunciava a necessidade de aprendizes para sua oficina. A descrição das informações era simples: continha o endereço e o ofício das aprendizes, sita à rua de Santo Ignácio, nº 4, no Catete. O sobrenome estrangeiro e a identificação com a cultura francesa lhe proporcionavam destaque na cidade. De acordo com a historiadora Joana Monteleone (2013), a influência de origens estrangeiras garantia, no caso dos ateliês de costura no cenário carioca, os melhores negócios para as mulheres imigrantes. Na última versão do anúncio da fábrica de flores, de fevereiro de 1879, Rosenvald oferecia "casa, comida, vestuário e médico" para mais dez aprendizes de 10 a 14 anos.

Por meio dos anúncios de Madame Rosenvald, percebemos quanto a cultura francesa era valorizada no mundo da costura. Conforme afirma a professora e pesquisadora Lená de Menezes (2008, p. 235), "ser francês", em vários campos culturais, sobretudo a moda e o teatro, "era condição *sine qua non* para o sucesso". Para a mesma autora, o monopólio das modistas francesas dispunha de diversos mecanismos de continuidade. Entre eles, podemos citar a passagem de pontos de comércio e a absorção de empreendimentos desfeitos e heranças. Cabe salientar que as aprendizes daquela oficina dominavam os códigos letrados — símbolos da civilização, do avanço, do moderno. Entre os cativos, o domínio das letras e dos afazeres domésticos garantia manobras que os ajudavam a permanecer por mais tempo incógnitos, como atestavam os anúncios de escravos fugidos:

> ESCRAVA FUGIDA — 100$ GRATIFICAÇÃO 100$ — Fugiu da Rua do Catete, em 21 de novembro de 1875, à noite, a escrava Rosária, de 20 anos mais ou menos, retinta, beiços grossos, cabelo crescido e apartado, bons dentes, baixa, reforçada, rosto redondo e pequeno, um sinal muito pequeno junto ao queixo e outro em um dos braços, de uma queimadura, foi escrava do Sr. Madeira, morador de Niterói, no Fonseca, tem a mãe, que é livre e abrigada no hotel do Agostinho no Andaraí: intitula-se forra, anda calçada, costuma alugar-se por sua conta, é costureira, sabe cozinhar e engomar muito bem, é desembaraçada no serviço, para pouco tempo no aluguel, é muito conhecida na cidade e nos arrabaldes, consta que está para as bandas da Penha. Roga-se aos senhores inspetores de quarteirão e mais agentes da polícia, ou qualquer pessoa que dela tenha conhecimento, o favor de aprendê-la e remetê-la para a casa acima ou para a polícia, que receberá a gratificação acima de 100$, protesta-se contra quem lhe der couto. (*Gazeta de Notícias*, "Anúncios", 23 maio 1876, p. 4)

Verifica-se que Rosária era procurada por seu proprietário mesmo depois de seis meses de sua fuga. Os contatos que tinha na cidade e nos arredores a faziam quase imperceptível aos olhos senhoriais, pois entre aqueles pontos da cidade — Catete e Penha — havia diferenças não só físicas, mas também nas redes de solidariedade acionadas pela cativa e por sua família. Rosária tinha laços que a protegiam, mas contava sobretudo com sua capacidade de "alugar-se por conta própria". Embora costureira, empregava-se, possivelmente, como criada doméstica, visto que sabia "cozinhar e engomar muito bem". Portanto, mesmo procurada nas páginas dos jornais, permanecia estrategicamente pouco tempo nos lugares em que conseguia serviço. Desse modo, percebemos quanto Rosário fazia uma leitura própria de sua situação. Além disso, como costureira, tinha algumas noções do código letrado, o que provavelmente facilitava sua permanência no mundo dos livres e libertos (Barbosa, 2016).

O acesso dos trabalhadores aos mundos da leitura e da escrita lhes permitia investir em interesses próprios, como no caso de Rosário. As cativas instruídas reconheciam a força da palavra expressa nos jornais circulantes e, portanto, tentavam tecer arranjos que lhes favorecessem a sobrevivência no cotidiano da Corte. Tanto mulheres livres quanto escravizadas procuravam, na tessitura das relações sociais, espaços de sobrevivência e recorriam à instrução para ultrapassar os limites do lugar que a sociedade patriarcal lhes impunha. De acordo com Wissenbach (1998, p. 55), "as populações negras mesclaram-se e se confundiram com largas camadas de populações nacionais já mestiçadas, aderindo ao universo de valores e estilo de homens livres".

Narcisa Amália, como outras mulheres, tentava se destacar no burburinho da Corte, local de referência nas artes brasileiras, que lançava moda e projetava a ideia de moderno e civilizado para o restante do país, mas vivia em seu dia a dia a política de exclusão e de distanciamentos (Schwarcz, 2012). Hudson esteve algumas vezes associado a essas tentativas de evidência, inclusive em oportunidades de campear espaços de liberdade. Entre essas mulheres não podemos nos esquecer de Maria Augusta Generoso Estrela. Filha de um comerciante português, ela teve permanência garantida, por subvenção imperial, na New York Medical College and Hospital for Women. Isso se deu em virtude das redes de solidariedade que rodeavam o imperador do Brasil no período (Rago, 2000). Provavelmente, Maria Augusta era o principal exemplo para Helvina Ribeiro. A seu turno, Hudson rendia homenagens a Maria, futura doutora, mobilizando o contato com a própria Narcisa:

> Senhora — Vós, que sois a glória de nossa pátria, que pelo vosso belo talento conquistastes os aplausos e lauréis a que vossas virtudes e merecimentos literários fizeram jus, deveis folgar com a leitura da notícia abaixo, transcrita do *Mequetrefe* de 6 do corrente, sobre a jovem brasileira Maria Estrela, futura doutora em medicina.
>
> A vossa pena laureada, pena elegante, não deve repousar; tendes assunto, e assunto grandioso, para, na vasta esfera de vossas inspirações, levantar um canto entusiasta em prol do sexo a que pertenceis.
>
> Maria Estrela foi realizar as vossas aspirações.
>
> Maria Estrela, deixando a pátria em busca da ciência em plaga estranha, dá testemunho de que a mulher também é apta para empreender as mesmas afanosas lides do homem, que sua inteligência não é somenos a deste.
>
> Deveis exaltar de júbilo, porque vedes hoje uma brasileira distinta por tantos títulos em demanda de um pergaminho que a nobilite e ao seu sexo.
>
> Tínheis razão, senhora, quando dissestes que a mulher possui tanto amor ao belo, tanto talento, tanta dedicação para os grandes cometimentos como o homem.
>
> Vós, no mundo literário, granjeastes um nome popular.

Sois a primeira poetisa da nação brasileira.

Maria Estrela será também na ciência o que vós sois na lira. (*Gazeta de Notícias,* Publicações a pedido, 22 fev. 1880)

A carta de Otaviano Hudson dedicada a Narcisa Amália remonta ao ano de 1877, quando a primeira médica brasileira, Maria Augusta Estrela, acabava de ganhar, do governo imperial, a primeira bolsa de financiamento de estudos no exterior. A dra. Estrela estava nos Estados Unidos desde 1875 para cursar medicina, mas, dois anos depois, precisou do custeio imperial, que durou até a década de 1880. O exemplo da médica servia para enaltecer as capacidades femininas para os estudos em cursos superiores, o que foi autorizado apenas após a já mencionada reforma Leôncio Carvalho, de 1879. Não seria coincidência essa republicação oportuna, pois Hudson via naquele momento — afinal, era uma publicação a pedido — a oportunidade para exaltar outra pioneira das letras a defender a posição das mulheres enquanto sujeitos capazes de exercer funções que exigiam aprofundamento intelectual.

O momento também coincide com a data do segundo casamento de Narcisa, o que não era bem-visto pela sociedade da época. Essa forma de trazê-la ao debate, dando-lhe motivo e espaço para seu pronunciamento, ia ao encontro de seu ideário de instrução para todos. Afinal, em uma sociedade que pretendia se modernizar, a questão dos papéis destinados às mulheres também estava em debate. As décadas de 1870 e 1880 foram marcadas por essas discussões. Segundo Elisabeth Rago (2000, p. 209), "a questão da emancipação civil e social da mulher brasileira" foi alvo de intensa contenda entre a intelectualidade brasileira. E Hudson se sentia parte desse domínio, já que, como jornalista do período, trazia à baila questões prementes de seu tempo.

Devemos lembrar, ainda, que entre os correligionários republicanos a ideia de equiparação de inteligências, ou a capacidade feminina no domínio das ciências, era vista como aspecto de modernidade. Não por acaso, em Pernambuco, Josefa Águeda Felisbella Mercedes de Oliveira, que se tornaria amiga de Maria Augusta Estrela — ambas fundadoras do jornal *A Mulher* —, teve inicialmente seu pedido de financiamento negado. Foi apenas na gestão de "José Liberto Barroso, republicano e defensor dos direitos civis da mulher, [que] recebeu um auxílio para continuar seus estudos no exterior" (Rago, 2000, p. 14).

A despeito do chiste contra Hudson, que denunciava sua mudança de postura, nos anos 1880, a favor da monarquia, contata-se que, entre uma brecha e outra, ele conseguia apostar em ideias que precisavam ser reformuladas — sobretudo a instrução —, movimentando algo caro aos republicanos. Além de ingressar em diversas instituições ligadas à instrução, aos operários, aos órfãos, e também defender as mulheres no mesmo âmbito, uma das principais ações de Hudson era pleitear doações e cuidar para que prêmios chegassem aos alunos dos colégios e cursos agraciados.

Assim, o vemos presente não só para discursos ou declamação de poemas, pois Otaviano Hudson se tornou o elo entre comerciantes assentados na praça do Rio de Janeiro e as figuras responsáveis pela administração imperial. Nas ocorrências registradas na *Gazeta de Notícias*, o poeta funcionava como intermediário de comerciantes e outros empresários na doação de quantias em dinheiro, peças de vestuário e material de papelaria para "meninos(as) pobres". A atenção se deslocava dos adultos trabalhadores para a infância desamparada.[5]

O trânsito notável de Hudson fazia-se notar até mesmo em escolas particulares dirigidas às meninas da cidade, entre elas o Colégio Progresso. Durante a entrega do "Prêmio Quintino Bocaiúva", concedido pelas filhas de João Clapp à diretora, D. Eleonor Leslie, ficamos sabendo que o referido colégio foi o primeiro a adotar o Método Hudson e que Alice Clapp foi incumbida, pelo próprio poeta, de entregar as recompensas — que incluíam duas medalhas, uma delas conferida ao próprio Hudson na exposição Industrial Fluminense (*Jornal do Commercio*, 3 maio 1881, p. 1).

A prática da entrega dos prêmios por Hudson acontecia em outras instituições, como no Liceu de Artes e Ofícios. Além das medalhas, livros eram oferecidos como prêmios (*Gazeta de Notícias*, 20 mar. 1881, p. 3). Nessas ocasiões, o referido poeta surgia como representante de outras figuras de destaque — ou que apareciam como homens de relevo social, preocupados com a instrução, o que por vezes revela redes de contatos e alianças possíveis.

No caso do Colégio Progresso, foram entregues também outras obras, com "encadernações de luxo", em nome do Sr. Barnabé Antônio Dias. O nome dessas "premiações" derivava de três destacadas mulheres brasileiras das ciências no período: "Prêmio Doutora Maria Estrela, D. Ana Nery e Amália de Figueiroa" (*Gazeta de Notícias*, 1º maio 1881, p. 1).

Mais uma vez, a ideia de instrução feminina se ligava aos ideais republicanos.

Assim, fica claro que, além de reconhecer e tentar garantir espaços de ação para as mulheres no disputado mercado da instrução na cidade do Rio de Janeiro, foi a partir das iniciativas de educação para meninas que Otaviano Hudson garantiria a chance de colocar suas ideias em prática, tornar sua obra respeitada e, quem sabe, garantir contatos com professores das escolas públicas das freguesias centrais da cidade.

As redes constituídas a partir da instrução feminina possibilitavam outras colocações para os "homens de cor". Otaviano Hudson tomava parte naquelas redes que associavam o ideário republicano, modernizante, à instrução. Nesse sentido, cabe lembrar também outro homem negro associado à instrução, mas de maneira diversa, embora próxima do primeiro. Talvez não seja coincidência que Vicente de Souza tenha conseguido finalmente ser aprovado no concurso do Colégio Pedro II, no mesmo ano que findava a curta experiência do curso noturno gratuito de ensino secundário para meninas do referido colégio, autorizado em novembro de 1883, do qual era secretário.

Vicente de Souza também era republicano, socialista e abolicionista, e muitas vezes esteve presente em ocasiões nas quais Hudson também era convidado — por exemplo, nas manifestações a favor de Leôncio de Souza, ou na presença como conferencista na Liga Operária, da qual Hudson era fundador. Sem falar na presença de Abílio Borges, responsável pela transferência de Vicente de Souza de Salvador para o Rio de Janeiro, em 1873. Ambos são lembrados pelo jornalista Gustavo Lacerda como mulatos socialistas em 1902 (Pinto, 2019).

Outro ponto de confluência entre ambos foi a inserção em múltiplas frentes e organizações voltadas à educação, aliando a causa operária ao republicanismo e ao movimento abolicionista. Como salienta a pesquisadora Ana Flávia Pinto (2019, p. 275), Vicente de Souza "se manteve ativo na mobilização de dezenas de associações, muitas das quais sugerem sua capacidade de articular trabalhadores populares nas fileiras abolicionistas, com destaque para a Associação Operária Emancipadora Vicente de Souza, fundada em 1882".

Ana Flávia Pinto (2019) ressalta que Vicente de Souza, formado pela Academia de Medicina em 1879, conseguiu somente em 1885 ingressar como docente no Colégio Pedro II, após tentar fazê-lo sete vezes. O que nos chama atenção é a data de sua aprovação, pois, como vimos, tal professor fazia parte da comissão responsável pela organização do curso noturno feminino estabelecido nas dependências do colégio.

Tal curso foi constituído exatamente na efervescência do debate sobre o ensino para as mulheres e contava com o apoio e a anuência do vice-reitor da instituição, dr. José Manoel Garcia, mas sobretudo era "auxiliado pela vigilância de senhoras gradas", ou seja, mulheres de destaque na sociedade que também compartilhavam desse ideal. O curso secundário, com duração de cinco anos, seria provavelmente a porta de entrada para o curso superior, com ênfase em línguas estrangeiras, português e literatura, incluindo ainda ciências, pedagogia, higiene, economia doméstica e legislação. Comparando com os cursos oferecidos no mercado, este se diferenciava pela parte prática e pela preocupação com as questões filosóficas e de aprofundamento nas cadeiras de linguística. Contudo, o diferencial desse curso noturno não era só a sua audiência, mas também a formação da Comissão de Vigilância, composta pelas tais "senhoras gradas", e a Congregação de Professores, a qual tinha como atribuições:

§ 3º. Aclamar os protetores da instituição, e conferir a brasileiros ou estrangeiros os títulos de benfeitores em agradecimento por donativos avultados; de professores beneméritos, em recompensa de serviços relevantes prestados no ensino das alunas da mesma instituição; ou de professores honorários, em sinal de subido apreço das habilitações literárias, científicas ou artísticas que os tornarem conspícuos.

§ 8º. Admitir professores suplementares e novos efetivos, precedendo proposta do diretor. (*Regulamento orgânico do curso noturno gratuito de ensino secundário, estabelecido no Externato do Imperial Colégio Pedro II*, 1884, p. 21)

Conclusão

A partir das seções destacadas no regulamento do curso secundário das meninas do Pedro II, fica nítido que a Congregação de Professores tinha poder de veto quanto à escolha de docentes e apoiadores dessa iniciativa de instrução. Ao que nos parece, o secretário funcionava como o elo de manutenção do curso noturno feminino, prezando por sua disciplina geral, assim como por toda a sua burocracia, cuja responsabilidade de fiscalização cabia à Comissão de Vigilância.

Ou seja, Vicente de Souza, a partir dessa experiência, tinha ampla circulação entre aqueles que estavam empenhados no funcionamento do curso secundário feminino do Colégio Pedro II, o que possivelmente não passava despercebido entre reitores, professores e até mesmo mulheres da Comissão de Vigilância. Assim, acreditamos que o contato de Vicente de Souza com esses sujeitos podem ter lhe auxiliado, ao menos na maior familiaridade com programas e lógicas de funcionamento da Colégio Pedro II, no processo de sua admissão. Contudo, esta é uma hipótese que precisa ser mais bem verificada e aprofundada, com maiores pesquisas.

Assim, Otaviano Hudson e Vicente de Souza experimentavam, por meio do ideal republicano, meios de incentivar a instrução feminina. Contudo, por caminhos diferentes e de maneiras diversas, sua trajetória lhes proporcionou possibilidades de reconhecimento no acirrado "mercado da instrução", associando-lhes a oportunidade de defender ideais ligados à liberdade e instrumentalizar grande parte da sociedade para a participação política e o exercício da cidadania.

Referências

BARBOSA, Marialva. *Escravos e o mundo da comunicação — Oralidade, leitura e escrita no século XIX*. Rio de Janeiro: Mauad X, 2016.

Canedo, Bárbara. "O arante da liberdade dos povos — A trajetória de Otaviano Hudson entre as experiências de instrução no Rio de Janeiro (1872-1886)". In: Viana, Iamara *et al. Dos letramentos: escravidão, escolas e professores o Brasil oitocentista*. Rio de Janeiro: Malê, 2022, p. 73-122.

Chalhoub, Sidney. *Visões da liberdade*. São Paulo: Companhia das Letras, 1990.

Costa, Ana Luiza Jesus da. *O educar-se das classes populares oitocentistas no Rio de Janeiro entre a escolarização e a experiência*. Tese (doutorado em Educação) — Universidade de São Paulo, São Paulo, 2012.

Faedrich, Anna. "Narcisa Amália, poeta esquecida do século XIX". *Soletras Revista*, Rio de Janeiro, n. 34, p. 237-253, 2017.

Gay, Peter. *A experiência burguesa da Rainha Vitória a Freud — O cultivo ao ódio*. Tradução de Sergio Goes de Paula e Viviane de Lamare Noronha. São Paulo: Companhia das Letras, 1995.

Lopes, Aristeu E. Machado. "'O dia de amanhã' — A República nas páginas do periódico ilustrado O Mequetrefe, 1875-1889". *Dossiê: História da Leitura e do Livro*. *História*, São Paulo, v. 30, n. 2, p. 239-265, 2011.

Marquese, Rafael; Tomich, Dale. "O Vale do Paraíba escravista e a formação do mercado mundial do café no século XIX". In: Grinberg, Keila; Salles, Ricardo (orgs.). *O Brasil Imperial, volume II: 1831-1870*. Rio de Janeiro: Civilização Brasileira, 2011, p. 21-56.

Menezes, Lená Medeiros de. "A imigração nos anúncios de jornais do Rio de Janeiro: — As facetas parisienses do sonho civilizatório". In: Lessa, Mônica Leite; Fonseca, Silvia C. P. de Brito (orgs.). *Entre a Monarquia e a República — Imprensa, pensamento político e historiografia (1822-1889)*. Rio de Janeiro: Editora da Uerj, 2008, p. 221-241.

Monteleone, Joana. *O circuito das roupas — A Corte, o consumo e a moda (Rio de Janeiro, 1840-1889)*. Tese (doutorado em Ciências) — Universidade de São Paulo, São Paulo, 2013.

Mott, Maria Lúcia de Barros. "Maria Renotte, uma médica paulista no início do século". *Médicis: cultura, ciência e saúde*, São Paulo, ano 2, n. 7, 2000.

Pena, Maria Valéria Junho. *Mulheres e trabalhadoras — Presença feminina na constituição do sistema fabril*. Rio de Janeiro: Paz e Terra, 1981.

Pinto, Ana Flávia Magalhães. "Vicente de Souza — Intersecções e confluências na trajetória de um abolicionista, republicano e socialista negro brasileiro". *Estudos Históricos*, Rio de Janeiro, v. 32, n. 66, p. 267-286, 2019.

Rago, Elisabeth Juliska. "A ruptura do mundo masculino da medicina — Médicas brasileiras no século XIX". *Cadernos Pagu*, n. 15, p. 199-225, 2000.

Schwarcz, Lilia Moritz. "As marcas do período — Só um nome, muito mais que um nome". In: Schwarcz, Lilia Moritz (org.). *História do Brasil Nação: 1889-1930*. Rio de Janeiro: Objetiva, 2012, p. 19-34. v. 3.

Soihet, Rachel. "História das mulheres e história de gênero — Um depoimento". *Cadernos Pagu*, Campinas, n. 11, p. 77-87, 1998.

______. *Feminismos e antifeminismos — Mulheres e suas lutas pela conquista da cidadania plena*. Rio de Janeiro: 7Letras, 2013.

Thompson, Edward Palmer. *Costumes em comum — Estudos sobre a cultura popular tradicional*. São Paulo: Companhia das Letras, 1998.

Tilly, Louise A. "Gênero, história das mulheres e história social". *Cadernos Pagu*, Campinas, n. 3, p. 28-62, 1994.

Varikas, Eleni. "Gênero, experiência e subjetividade — A propósito do desacordo Tilly-Scott". *Cadernos Pagu*, Campinas, n. 3, p. 63-84, 1994.

______. "O pessoal é político — Desventuras de uma promessa subversiva". *Tempo*, Niterói, v. 2, n. 3, p. 59-80, 1997.

Vasconcelos, Mari Celi. Preceptoras estrangeiras para educar meninas nas casas brasileiras do século XIX. *Cadernos de História da Educação*, v. 17, n. 2, p. 285-308, 2018.

Wissenbach, Maria Cristina Cortez. "Da escravidão à liberdade — Dimensões de uma privacidade possível". In: Sevcenko, Nicolau; Novais, Fernando A. *História da vida privada no Brasil República — Da Belle Époque à Era do Rádio*. São Paulo: Companhia das Letras, 1998, p. 49-130.

Fontes documentais

A Instrucção, Rio de Janeiro, 23 nov. 1881.

Biblioteca Nacional, Obras Raras, I — 5, 16, 68.

Gazeta de Notícias (RJ), "Anúncios", 23 maio 1876, p. 4.

______. 20 mar. 1881, p. 3.

______. 1º maio 1881, p. 1.

______. "Rua do Ouvidor — XIX", 26 jun. 1885.

______. "Avisos", 12 jul. 1883, p. 2.

______. 3 maio 1881, p. 3.

______. "Avisos", 30 jun. 1885, p. 3.

______. "Publicações a pedido", 22 fev. 1880.

A Instrucção, Rio de Janeiro, 23 nov. 1881.

Jornal do Commercio, 3 maio 1881, p. 1.

O *Mequetrefe*, Rio de Janeiro, 1886, p. 3.

REGULAMENTO ORGÂNICO DO CURSO NOTURNO GRATUITO DE ENSINO SECUNDÁRIO, ESTABELECIDO NO EXTERNATO DO IMPERIAL COLÉGIO PEDRO II, Rio de Janeiro, 1884.

REVISTA ILLUSTRADA, Rio de Janeiro, n. 102, ano 3, 1878.

Notas

1 Segundo Carolina Viana Dantas (s/d), Lopes Trovão, filho de diplomata português, formou-se em medicina em 1875, foi "admirado orador" e "costumava empolgar multidões com seus comícios em prol da República, realizados em praças e jardins da Corte". Signatário do Manifesto Republicano, defensor da causa abolicionista, tinha grande popularidade, sobretudo após a Revolta do Vintém. Para mais informações, veja: https://cpdoc.fgv.br/sites/default/files/verbetes/primeira-republica/TROV%C3%83O,%20Lopes.pdf. Acesso em: 22 ago. 2024.

2 O livro que ilustra o método de Hudson está disponível em: https://www.literaturabrasileira.ufsc.br/documentos/?action=download&id=108302 (até a página 58 do PDF). Acesso em: 22 ago. 2024.

3 Leôncio de Carvalho estabeleceu uma série de mudanças importantes no ensino primário e secundário na cidade do Rio de Janeiro e no ensino superior em todo o Império. Os principais pontos da reforma foram: liberdade de ensino, descentralização, laicidade e prioridade à educação primária.

4 Fundada em 1870, A Liga Operária era a única entidade a reunir "todos os ofícios e todas as indústrias" até aquele momento. Cerca de 18 mil operários tinham vínculo com a agremiação, mas só uma ínfima parcela desses sócios estava quite com ela. Hudson foi um dos fundadores da Liga e participou das iniciativas de instrução promovidas por ela, que iam de cursos noturnos à formação de bibliotecas. É necessário salientar que, embora alguns autores considerem a Liga Operária *sui generis*, por garantir educação para os sócios e seus descendentes, as sociedades mutualistas traziam traços de irmandades e corporações de ofício. Assim, tal agremiação não fugia à regra ao associar instrução aos seus estatutos e práticas (Martins, 2018, p. 58).

5 Além de livros, cobertores e tecidos que faziam parte do enxoval de meninos e meninas para o ingresso nas escolas, produtos habituais para esse propósito, Hudson se esforçava para obter sapatos. À primeira vista, os sapatos compõem a vestimenta dos discentes, mas lembremos que os calçados são simbólicos no interior de uma sociedade marcada pela escravização, na qual escravizados manejavam esse item do vestuário para inculcar-se livres. Portanto, não seria demais dizer que Otaviano Hudson tentava "ludibriar" os costumes a fim de instrumentalizar todos aqueles que necessitavam de instrução e liberdade. Como referenda, na edição comemorativa de *A Instrucção*, em 23 de novembro de 1881, p. 1-2, lemos: "Eis o leme que deve servir constantemente para levar a bandeira de nossa pátria a todo o universo; eis a palavra com que devemos selar todas as nossas aspirações. Instrução precisamos, e muita, para não cairmos, como outros povos, na anarquia e no erro. Por mais livre que seja qualquer nação, se não tiver instrução há de ser sempre escrava, liberdade sem instrução é liberdade prejudicial".

5 A ÁRVORE GENEALÓGICA DE MARIA FIRMINA DOS REIS: ESCRAVIDÃO, GÊNERO E MATERNIDADE

MARIA HELENA P. T. MACHADO

Este texto retoma o debate sobre as origens de Maria Firmina dos Reis para oferecer algumas considerações no âmbito da história social da escravidão, orientada pela abordagem interseccional de gênero e raça. O objetivo é dirimir algumas dúvidas que restam sobre a biografia da mãe da escritora, Leonor Felipa, e de sua avó, Engrácia, avançando na compreensão da vida e da obra desta que foi uma das pioneiras, quase única representante de uma prosa abolicionista no Brasil e fundadora da literatura afro-brasileira. Ao mesmo tempo, com o objetivo de fazer um balanço da minha trajetória de pesquisa a respeito de Maria Firmina dos Reis, o texto enfoca as questões que uma historiadora da escravidão enfrentou na tentativa de oferecer alguma contribuição aos estudos firminianos.

Em 2017, escrevi meu primeiro ensaio sobre a escritora maranhense Maria Firmina dos Reis. A tarefa viera parar na minha mão e na do meu colega, Flávio dos Santos Gomes, quase inesperadamente. A empreitada era organizar uma nova edição do romance *Úrsula*, acompanhada de um ensaio inicial e cronologia (Reis, 2018). Naquela altura, já estava claro que a escritora maranhense se sagrara como ícone no campo dos estudos culturais africanos no Brasil. Pioneira escritora negra, fundadora da literatura afro-brasileira, Maria Firmina tornou-se, no século XXI, porta-voz de um grande movimento político de mulheres negras em nossa sociedade. O desafio, portanto, era grande para ambos os historiadores que haviam abraçado o trabalho. Ao longo do caminho, dividimos as tarefas, tendo eu ficado com a responsabilidade pelo estabelecimento do texto e pelo ensaio inicial, e Flávio, pela cronologia que acompanha a publicação.

A escrita do ensaio exigiu o enfrentamento de diferentes desafios. A crescente bibliografia sobre a escritora, o desenvolvimento de uma análise histórica combinada a um aporte de crítica literária e a enorme importância da figura de Maria Firmina dos Reis para os movimentos antirracistas impuseram inúmeros cuidados. Uma das tarefas mais difíceis com a qual me defrontei foi a de discutir a origem familiar, a filiação e a infância da escritora. Isso porque, exatamente naquela altura, novas informações sobre a então escassa biografia da autora vieram à tona, despertando em mim muitas dúvidas.

Até então, o que se tinha de informação era proveniente do livro clássico dedicado à escritora, *Maria Firmina dos Reis — Fragmentos de uma vida*, de autoria de Nascimento Morais Filho, publicado em 1975. Pioneiro no estudo da vida da escritora, ele havia se dedicado a reconstituir a biografia e a trajetória da escritora maranhense, que era virtualmente desconhecida, tendo gozado da oportunidade de entrevistar moradores de Guimarães (MA) — local de falecimento da escritora —, parentes distantes e filhos e netos de amigos e conhecidos dela, tendo podido conversar com seu filho de criação mais próximo e que ficara com seu espólio, Leude Guimarães. As informações foram colhidas *in loco*, o que permitiu ao biógrafo estabelecer dados e datas referentes ao nascimento, à origem e à infância de Maria Firmina.

Não tendo localizado o assento de batismo de sua biografada, Nascimento se fiou naquilo que os moradores de Guimarães lhe contaram a respeito das origens da escritora. Baseado em suas entrevistas, o biógrafo estabeleceu que Maria Firmina era filha de uma mãe branca, Leonor Felipa dos Reis, proveniente de família de Guimarães, aparentada do famoso filólogo Sotero dos Reis; e de um pai negro, João Pedro Esteves. Embora não fossem formalmente casados, teriam gerado duas filhas. Nos primeiros anos de vida da escritora, os pais se separaram, e Leonor e as filhas teriam se mudado para Guimarães, instalando-se na casa da irmã, Henriqueta (Morais Filho, 1975).

No entanto, em 2018, Dilercy Aragão Adler, professora, escritora e poeta maranhense, divulgou novas informações sobre a origem de Maria Firmina dos Reis. Documentos encontrados pela pesquisadora Mundinha Araújo no Arquivo Público do Estado do Maranhão (Apem) ofereciam informações até então desconhecidas sobre a origem e a filiação desta que hoje se consolida como fundadora da literatura afro-brasileira (Adler, 2018). Os documentos divulgados retificavam os dados até então disponíveis, apontando que a escritora, na realidade, era filha de uma liberta, que havia sido alforriada pelo comendador Caetano José Teixeira, um conhecido traficante de escravos da rota entre Cacheu (Guiné-Bissau) e a Amazônia. Mais tarde, descobriu-se que o pai seria um homem branco, comerciante de posses e, certamente, muito mais velho que a parceira — com a qual, diga-se de passagem, nunca se casou nem perfilhou a prole (Gomes, 2022, p. 27).

No entanto, como em 2018 havia sido publicado apenas um trecho — o assento de batismo original — do extenso documento localizado, intitulado "Auto de Justificação do Dia do Nascimento de Maria Firmina dos Reis", não consegui à época juntar as peças do quebra-cabeça que pairava sobre a origem da escritora. Apesar dos meus questionamentos, logo percebi a importância daquelas informações — que, quase de imediato, impactaram a abordagem da obra literária da escritora, desdobrando-se em uma nova compreensão de sua vida e trajetória. Como estas teriam influenciado sua obra literária?

Cabe considerar que Morais Filho, intelectual negro que havia se apaixonado pelo romance *Úrsula*, tinha ampla reputação como acadêmico, jornalista e ativista. O romance, desconhecido, havia caído em suas mãos quase por acaso. Isso porque o bibliógrafo e colecionador Horácio de Almeida o localizara em meio a um lote de livros antigos adquiridos no Rio de Janeiro. Constatando a originalidade de sua descoberta, passara a propagandear o romance escrito por uma mulher maranhense em período bastante precoce no nosso ambiente literário. A divulgação chamou a atenção de Morais Filho, que dedicou anos de pesquisa ao tema (Almeida, 1975).

Certamente, Morais Filho não tinha nenhum interesse em disseminar informações falsas. Muito pelo contrário: a leitura de seu livro atesta o esforço que o pesquisador investiu em recuperar a obra e deslindar a origem e biografia da escritora maranhense. O que teria acontecido? É difícil acreditar que os entrevistados — primos distantes, filhos e filhas de alunos de Maria Firmina e, sobretudo seus filhos adotivos — estivessem enganados a respeito das origens da escritora. Em uma cidade pequena, como ainda era Guimarães na década de 1970, onde todo mundo se conhecia e muitos eram aparentados, não se pode creditar o erro a um engano coletivo. Teriam os entrevistados escamoteado a verdade de Morais Filho? Se sim, por quê? Refletiremos sobre isso mais adiante, pois o tema pode nos ajudar a compreender o contexto da vida de Maria Firmina, a produção de sua obra e o espantoso esquecimento ao qual ela foi condenada. Por ora, retomemos o impacto das novas descobertas no âmbito de nossa compreensão sobre a vida e a obra da fundadora da literatura afro-brasileira.

Ler os novos documentos que corrigiam a filiação de Maria Firmina me deixou atravessada por dúvidas. Como historiadora de profissão, treinada para recompor fatos históricos a partir de fragmentos esparsos, eu sentia falta de elos que me permitissem conectar, mesmo que parcialmente, os dados apresentados por Morais Filho aos recém-descobertos. Em *Fragmentos*, os moradores de Guimarães haviam sido unânimes em confirmar o pertencimento da escritora à família Reis, mas, no assento de batismo disponibilizado por Dilercy Adler, Leonor Felipa, uma mulher sem sobrenome e mãe de Maria (Firmina), surgia como ex-escrava do comendador Caetano José Teixeira. Nesse caso, de onde viria o sobrenome Reis? Qual era o elo da liberta Leonor Felipa com a família Reis? Se Leonor se alforriara da posse do comendador Teixeira, o usual era que ela tivesse tomado o sobrenome do senhor.

O caráter muito limitado da liberdade que poderia ser gozada por libertos e libertas em uma sociedade regida por valores escravistas fortemente enraizados, o perigo constante da reescravização e de ser objeto de todo tipo de abuso faziam que a adoção do sobrenome do antigo senhor funcionasse como estratégia de proteção social muito comum. Em casos alternativos, sobretudo as mulheres, desclassificadas socialmente pela conexão com a escravidão, optavam por assumir algum denominativo religioso, como da Conceição, dos Santos, da Imaculada e da Anunciação, entre tantos outros possíveis (Palma e Truzzi, 2018). Enfocando o caso de Leonor, seria muito difícil imaginar os motivos que justificassem que ela tivesse assumido o sobrenome de uma família branca com a qual não tivesse laços de proteção e/ou subordinação claramente instituídos. Na dúvida, mantive-me cautelosa, colocando a seguinte observação em uma nota do texto que então redigia:

> No presente momento, devido à localização nos arquivos do Maranhão, pela pesquisadora Mundinha de Araújo, de novos documentos relativos a Maria Firmina dos Reis, estão sendo propostas duas correções em sua biografia. Uma se refere à data de seu nascimento, o qual teria ocorrido em 11 de março de 1822, conforme consta em declaração em Auto de Justificação. Outra diz respeito à descoberta de um Auto de Batismo de Maria, mulata filha de Leonor Felipa, que aparece como preta forra, ex-escrava de Caetano José Teixeira. Caso tais dados sejam confirmados, caberia explicar o parentesco de Leonor Felipa com a família Reis, como reconheceu o pesquisador José Nascimento Morais Filho no citado *Fragmentos*, fonte mais segura para todos os que pesquisam a autora. Por não ter meios para esclarecer a questão, aguardo maiores informações. (Machado, 2018a, p. 22)

O fato de eu não ter conseguido traçar um claro panorama a respeito das origens da escritora me fez, à época, optar por expor minha dúvida. Porém, minha incapacidade de alcançar uma explicação historicamente aceitável para esclarecer o problema sempre me angustiou. Por certo, as novidades a respeito da filiação da escritora maranhense impactaram os estudos firminianos, permitindo que o perfil da escritora ganhasse amplitude. A revelação de que Firmina era filha de uma liberta, estando, em termos geracionais, muito mais próxima da escravidão do que se imaginava, ajudou a aprofundar o entendimento sobre o contexto e os aportes literários e vivenciais que perpassam a construção narrativa de *Úrsula* e de outras obras suas. Apesar da importância da descoberta, continuei buscando uma explicação que me permitisse compreender por que Morais Filho errara e como se poderia conectar Leonor Felipa, liberta pelo comendador Caetano José Teixeira, à família Reis.

Desde o centenário da morte da escritora, comemorado em 2017, reedições do romance e de outros escritos da pena de Maria Firmina ganharam impulso, assim como artigos e livros dedicados ao estudo de sua obra, sendo impossível, no escopo deste estudo, abarcar toda a riqueza desta produção, que demandaria um estudo à parte. Porém, entre os trabalhos publicados recentemente, um deles chama a atenção, por oferecer uma extensa pesquisa documental a respeito das origens familiares e da infância da escritora, com o qual dialogarei a partir de agora. Trata-se do livro de Agenor Gomes, *Maria Firmina dos Reis e o cotidiano da escravidão no Brasil*, que traz a mais completa reconstituição da árvore genealógica da autora de *Úrsula* (Gomes, 2022). Isso porque seu autor, um juiz de direito natural de Guimarães, pesquisou nos principais arquivos do Maranhão, levantando uma extensa documentação, inédita em quase sua totalidade.

O livro apresenta documentos provenientes dos principais arquivos públicos locais — como o Arquivo Público do Estado do Maranhão e o Arquivo Judiciário "Desembargador Milson de Souza Coutinho", do Tribunal de Justiça do Maranhão. Além de oferecer dados inéditos, Gomes os complementa com documentos de diferentes origens. O autor pesquisou sobretudo na Serventia Extrajudicial de Guimarães e nas cúrias de diversas localidades maranhenses. O conjunto documental levantado por ele permitiu reconstituir a fase mais nebulosa da biografia de Maria Firmina, isto é, sua origem e infância, mantida incerta devido à ausência de dados importantes.

À luz das novas informações trazidas pelo citado livro, retomo o processo eclesiástico, descoberto por Mundinha Araújo e divulgado por Dilercy Adler, aberto em 1847 por Maria Firmina dos Reis quando, ao se inscrever em um concurso para professora de primeiras letras em Guimarães, precisou comprovar sua idade. Lembro que foi a divulgação de um fragmento desse documento que provocou a reviravolta na biografia da escritora. Embora o conteúdo deste já tenha sido divulgado, apresento-o em sua totalidade, de forma que se possa analisá-lo em detalhe.

> 1847
> Maranhão
> Autos de Justificação do dia de
> Nascimento de Maria Firmina dos Reis.
> Camera Eccleziastica
> Escrivam
> Carvalho

> Anno do Nascimento de Nosso Senhor Jezus Christo de mil oito centos quarenta e sete annos, aos vinte e cinco dias do mez de Junho do dito anno nesta Cidade de São Luis do Maranhão, em a Camera Ecclesiastica, authoei e preparei na forma do estillo huma Petição e hum Documento da Justificante acima declaro, em cumprimento do Despacho do Illustrissimo e Reverendissimo Arcediago, Provisor e Vigario Geral deste Bispado, profferido em a mencionada Petição: e tudo

he o que ao diante se segue: de que para constar fis este authoamento. Eu o Padre Antonio João de Carvalho, Escrivão da Camera Ecclesiastica o escrevi.

[fl.2]
Diz Maria Firmina dos Reis, filha natural de Leonor Felippa dos Reis, que ella quer justificar por este Juiso que nasceo no dia 11 de Março do anno de 1822, e que só teve lugar o seu Baptismo no dia 21 de Dezembro de 1825, como mostra pello documento juncto, por causa de moléstia que então lhe sobreveio, e privou ser baptisada antes; o que feito requer se julgue por / sentença, e mande abrir novo assento portanto.
Espera Receber Mercê
Maria Firmina dos Reis

[fl.3]
Diz Maria Firmina dos Reis, filha natural de Leonor Filippa dos Reis, natural desta Cidade da Freguesia de Nossa Senhora da Victoria, que ella precisa por certidão o theor do assento de seo Baptismo que teve lugar no dia 21 de 10bro de 1825, sendo seos Padrinhos João Nogueira de Souza e Nossa Senhora dos Remédios: e jura não ser para causas crime, portanto.
Maria Firmina dos Reis

Certifico que a folha 182 de um dos livros findos de assentos de Baptismos da Freguesia de Nossa Senhora da Victoria, Igreja Cathedral d'esta Cidade, acha-se o assento do theor seguinte = Aos vinte e um de Desembro de mil oito centos e vinte e cinco, n'esta Freguesia de Nossa Senhora da Victoria Igreja Cathedral da Cidade do Ma [fl.3v] Maranhão, baptisei e puz os Santos Oleos a Maria, filha natural de Leonor Felippa, molata forra que foi escrava do Commendador Caetano José Teixeira: Forão Padrinhos o Tenente de Milicias João Nogueira de Sousa, solteiro, e Nossa Senhora dos Remedios do que se fez este assento que assignei. O Cura Francisco Joze Pereira = Está conforme ao original á que me reporto no lugar citado onde está fica averbada e vai sem cousa que duvida faça de que dou fé. Maranhão 22 / de Junho de 1847. Eu o Padre Antonio João de Carvalho, Escrivão da Camera Ecclesiastica sobescrevi; e assignei.
Antonio João de Carvalho

[fl.4]
Assentada
Aos vinte seis dias do mez de Junho de mil oito centos quarenta e sete annos, nesta Cidade de São Luis do Maranhão, em a Camera Eccleziastica, onde eu Escrivão ao diante nomeado me achava e sendo ahi foi presente o Reverendo Beneficiado Camillo de Lelles Moraes Rego, por comissão do Illustrissimo e Reverendissimo Arcediago João Ignacio de Moraes Rego, Provisor, e

Vigario Geral deste Bispado, para effeito de se proceder a Inquirição de testemunhas produzidas pela Justificante para provar o dia de seu nascimento: Cujos Nomes, Cognomcs, naturalidades, edades, estados, condições, e ditos, he o que ao diante se segue, de que para constar fis este Assentada. Eu o Padre Antonio João de Carvalho, Escrivão da Camera o escrevi.

Testemunha 1ª

O Tenente Raymundo José de Sousa, natural desta Cidade, e Provincia do Maranhão, Pardo, Casado, de idade que disse ter cincoenta e seis [fl.4v], e vive de ser Avaliador do Conselho testemunha a quem o Reverendissimo Juis Comissario defferiu o juramento dos Santos Evangelhos, em hum Livro delles sobre o qual pondo sua mão direita, prometeu dizer a verdade do que soubesse e lhe fosse perguntado e do custume disse nada. E sendo perguntado pela Petição e Documentos da Justificante retro declarada, que tudo lhe foi lido pelo dito Reverendo Juis Comissario. Disse que por ter perfeito conhecimento da dita justificante, sabe que ella he a propria idêntica e constante no [sic] só da Petição, como de sua Certidão de Baptismo, e que he verdade ter nascido a mesma em o mez de Março do anno de mil oito centos vinte e dous, facto este que elle testemunha sabe em rasão da grande amizade que tinha em Casa da Mãe da Justificante nesse tempo; e que em rasão de ser a mesma Justificante muito doente desde que o nasceu, só pôde ter [fl.5] lugar o seu Baptismo em o dia vinte e hum de Desembro do anno de mil oito centos vinte e cinco, acrescendo mais o recordar-se melhor elle testemunha do nascimento da Justificante por que nesse mesmo mez e anno, lhe nasceu um filho; e nada mais disse, ouviu ler seu depoimento, e por achar conforme havia deposto, assignou com o dito Reverendo o Juis Commissario. Eu o Padre Antonio João de Carvalho, Escrivão da Camera Ecclesiastica / o escrevi.
Moraes Rego
Raimundo Jozé de Sousa

Testemunha 2ª

Martinianno José dos Reis, natural desta Cidade, e Provincia do Maranhão, Pardo, Casado, de idade que disse ter trinta e oito annos e vive de suas lavouras: testemunha á quem o Reverendo Juis Commissario differiu o juramento dos Santos Evangelhos em um Livro [fl.5v] Livro delles, sobre o qual pondo sua mão direita, prometteu diser a verdade do que soubesse e lhe fosse perguntado e do custume disse ser Tio da Justificante, o que não obstante dizia a verdade. E sendo perguntado pela Petição e Documento da mesma Justificante, que tudo lhe foi lido pelo dito Reverendo Juis Comissario: Disse que mesmo em rasão de ser elle testemunha irmão da Mãe da Justificante e com ella morar ao tempo do nascimento da Justificante sua sobrinha, sabe que esta nasceu em o dia onse de Março do anno mil oito centos vinte e dous: e que em rasão de ser a rescem nascida

muito doente desde que foi dada a luz não pôde ter lugar o seu Baptismo senão em o dia vinte e um de Desembro de mil oito centos vinte e cinco: sendo sem a menor duvida a Justificante a propria idêntica e constante, tanto de sua Petição como da Certidão de seu Baptismo, pois he natural [fl.6] natural da Freguesia e filha da mesma pessoa nela refferida e nada mais disse, ouvio ler seu depoimento e por achar conforme havia deposto, assignou com o dito Reverendo Juis Commisario. Eu o Padre Antonio João de Carvalho, Escrivão da Camera Ecclesiastica o escrevi.
Moraes Rego
Martiniano Jose dos Reys

Testemunha 3ª

Joanna Maria da Conceição, natural da Freguesia do Apostolo São Mathias da Cidade de Alcantara, Cafusa Livre solteira, de idade que disse ter cincoenta e oito annos e vivi de seu trabalho de fazer rendas testemunhas a quem o Reverendo Juis Commissario differiu o juramento dos Santos Evangelhos, em hum Livro delles, sobre o qual pondo sua mão direita, prometteu dizer a verdade do que soubesse e lhe fosse perguntado e do custume disse [fl.6v] disse nada. E sendo perguntada pela Petição e Documento da Justificante retro declarada, que tudo lhe foi lido pelo dito Reverendo Juis Commissario. Disse que em rasão de ter assistido ao parto da Mãe da dita Justificante sabe que ella nasceu em o dia onse de Março do anno mil oito centos vinte e dous e que depois de sua [sic] nascimento foi sempre muito doente e pôde baptisar e ir a Igreja senão em vinte e hum do Desembro do anno mil oito centos vinte e cinco: sendo a mesma Justificante a propria, idêntica, e constante tanto da Petição, como da Certidão de seu Baptismo: e nada mais disse, ouvio ler seu depoimento e por achar conforme havia deposto e não saber ler e nem escrever assignou a seu rogo Antonio José Pereira da Silva Guimarães, com o dito Reverendo Juis Comissario. Eu o Padre Antonio João de Carvalho Escrivão da Camera o escrevi.
Moraes Rego
Antonio José Pereira da Silva Guimarães

[fl.9v]
Conclusos
Vistos estes autos
Hey por justificado o dia, mez e anno da justificante Maria Firmina dos Reis, q' se ometio no assento de seu Baptismo, como se manifesta do Certidão a folha 3 pelo q' provão os depoimentos das testemunhas de folha 4 ate folha 7 e tão contestes, o que julgo por Sentença e lhe interponho minha Authoridade Ordinaria e judicial Decreto, e pague a Justificante as custas ex causa, Maranham 9 de Julho de 1847.
Antonio Bernardo da Encarnação e Silva[1]

Como se pode ler no trecho transcrito, em 1847, Firmina peticionou à Câmara Eclesiástica do Maranhão solicitando que sua data de nascimento fosse inserida em seu assento de batismo. Isso porque, segundo a demandante, até aquele momento, a data na qual ela recebera os santos óleos, ocorrida apenas três anos após seu nascimento, era a única disponível em seu documento de batismo, passando a contar como seu natalício.

Afirma ela que tinha nascido em 11 de março de 1822, porém, devido ao seu estado de saúde, só havia podido receber a água batismal em 21 de dezembro de 1825, que passara a constar como marco temporal de seu nascimento. Consideremos que, na maior parte do século XIX, inexistia registro civil, sendo o assento de batismo o documento civil oficial para o estabelecimento da identidade pessoal.[2] Sabemos que a demanda da escritora se justificava devido à sua inscrição em concurso público que pleiteava o magistério, o qual solicitava que a candidata comprovasse ter 25 anos completos. Se considerarmos a data de nascimento de 1825, concluímos que Maria Firmina teria à época apenas 23 anos, estando, portanto, inapta para disputar o cargo de professora de primeiras letras.

Como bem comenta Agenor Gomes, é provável que a petição viesse apenas a atender à necessidade de comprovação de idade da qual Firmina dependia para ter sua inscrição aprovada e, portanto, não reflita a idade real da escritora. Além disso, no verbete apresentado por Sacramento Blake (1900, p. 232) a respeito da maranhense, constava a data de nascimento da biografada como 11 de outubro de 1825. Nota ainda Gomes que, ao longo da vida, a escritora sempre recebeu os cumprimentos pelo seu natalício nesta última data (Gomes, 2022).

De fato, a possibilidade de a romancista ter sido batizada apenas três anos após seu nascimento é remota. Em primeiro lugar, as *Constituições primeiras do arcebispado da Bahia*, ainda em vigor no século XIX, não exigiam o registro da data de nascimento no assento de batismo, ficando a inserção desse dado ao alvitre dos padres (Vide, 1853, p. 14). Além disso, como sugerem estudos de demografia histórica, a riqueza das informações oferecidas no assento de batismo dependia do *status* da criança. Assentos de batismo de escravizados e forros apresentavam apenas informações lacônicas, usualmente limitando-se ao nome da mãe — e, caso estivesse presente, o do pai —, ao senhor dos pais, à nomeação dos padrinhos e à data do sacramento. Muitos desses documentos não apresentam a data de nascimento do batizando. Diante dessas informações, verifica-se que o assento de batismo de Maria Firmina era típico; embora lacônico quanto aos detalhes, como quanto à data de nascimento, não deixava de declinar o nome do ex-senhor da mãe e nomeava os padrinhos. Além disso, as *Constituições primeiras* impunham o intervalo máximo de oito dias para que os nascituros recebessem os santos óleos.

Estudos recentes mostram que, embora esse limite pudesse ser transgredido, o intervalo entre nascimento e batismo, mesmo entre escravizados dos quais se tinha a data de nascimento, em geral não passava de 30 dias (Carneiro, Chagas e Nadalin, 2010). Seria quase impensável supor que, nas primeiras décadas do século XIX, uma criança doente fosse mantida por três anos sem receber os santos óleos. Tudo isso nos leva a considerar, concordando com a avaliação de Gomes, que a data correta de nascimento da escritora maranhense seja a mesma divulgada por Sacramento Blake: 11 de outubro de 1825, ou uma data muito próxima a esta. Além disso, sabemos quão usual era, ainda em princípios do século XIX, a ausência de memória sobre a data exata de nascimento de pessoas carentes de *status* social.

Engrácia e Leonor Felipa: duas gerações de mulheres escravizadas

Ora, se a definição precisa da data de nascimento da escritora tem menor importância na sua biografia, as outras informações oferecidas pela longa petição citada são estratégicas. Voltemos ao assento de batismo.

Diz o documento: "Aos 21 de dezembro do ano de 1825, nesta freguesia de Nossa Senhora da Vitória, Igreja Catedral da cidade do Maranhão, batizei e pus os santos óleos à Maria, filha natural de Leonor Felipa, mulata forra que foi escrava do Comendador Caetano José Teixeira [...]". Descobre-se, assim, que Firmina era filha de uma mulher forra e de um pai desconhecido, uma vez que o padre que realizou o registro deixou de mencionar o nome deste. Também se fica sabendo que Leonor Felipa, uma mulher descrita como mestiça (mulata, segundo o documento), havia sido alforriada pelo comendador Teixeira. Ao aprofundar sua pesquisa documental, Gomes (2022) utiliza um dos registros do diário íntimo da escritora, o "Álbum", na passagem na qual lamenta a perda de sua avó, a 19 de abril de 1859, para localizar o registro de óbito de Engrácia Romana da Paixão, solteira, falecida aos 81 anos de idade, em Guimarães.

O estudioso presume que a avó da escritora deve ter nascido por volta da década de 1780 (ou, talvez, na década de 1790), sendo, provavelmente, uma africana que teria chegado ao Maranhão no auge do tráfico entre a Alta Guiné e a Amazônia. Nesse caso, Engrácia seria proveniente dos povos de terras baixas e litorâneas, cuja dependência do suprimento de ferro transacionado pelos europeus para o cultivo do arroz em áreas alagadiças costeiras movia a dinâmica do tráfico de pessoas. Colabora com essa possibilidade o fato de o nomeado senhor de Leonor Felipa ter sido um conhecido traficante de escravos (Gomes, 2022).

Caso Engrácia fosse, de fato, originária do litoral da Alta Guiné, poderia ser ela uma *jambacous*, isto é, uma mulher portadora da palavra divina ou uma curadora (Machado, 2012)? Como bem descreve Walter Hawthorne no mais completo estudo até agora produzido a respeito do tráfico de escravizados entre a Alta Guiné e o Grão-Pará e Maranhão da segunda metade do século XVIII aos princípios do XIX, a interação entre europeus, povos costeiros e lançados (mestiços envolvidos no comércio de bens europeus e escravizados) alterou profundamente a dinâmica social dessas áreas, aprofundando as disputas entre etnias e vilarejos locais. Isso porque a pressão do tráfico tendia a destruir a tradicional distribuição de bens e riquezas entre os vilarejos costeiros, contemplando alguns grupos em detrimento de outros, que eram penalizados pela perda de indivíduos para o tráfico e pelo empobrecimento. Tradicionalmente, as *razias*, ciclicamente realizadas entre etnias hostis, eram resolvidas por meio de sequestros e resgates rituais, cujos resultados colaboravam para manter o equilíbrio de riquezas por meio de uma constante distribuição de bens — o que, apesar do caráter conflitante em que se dava, resultava em sociedades mais igualitárias. No entanto, os conflitos tradicionais tenderam a se aprofundar com o estímulo dos europeus, acarretando fortes desequilíbrios populacionais e no âmbito da acumulação e redistribuição de bens (Hawthorne, 2010).

À perda da funcionalidade social das disputas locais some-se a crescente eliminação de feiticeiros e feiticeiras, considerados detentores de poderes exagerados que, acreditava-se, alteravam a correta distribuição de poder e riquezas, inserindo no circuito atlântico um grande número de "detentores do poder espiritual". Como notou Hawthorne (2010), à medida que o tráfico de pessoas se aprofundava, um maior número de indivíduos acusados de ter poderes extranaturais foi sacrificado por suas comunidades e condenado ao tráfico atlântico. O Maranhão recebeu milhares desses indivíduos capazes de manipular os poderes divinos. Ainda falta avaliar historiograficamente o impacto deles na conformação da rica vida ritual do Maranhão.

Sem dúvida, as informações a respeito da filiação de Maria Firmina dos Reis publicadas por Dilercy Adler e aprofundadas por Agenor Gomes ampliaram a compreensão da biografia da escritora. Resta agora lançar um olhar mais aguçado para os dados disponíveis, a fim de refletir sobre o destino das mulheres da família da escritora, sobretudo de sua avó e de sua mãe, analisando sua inserção nos mundos da escravidão e da emancipação no contexto da sociedade brasileira e maranhense do século XIX. O objetivo é revisitar a problemática da maternidade nesses dois períodos, enfocando como ela foi vivenciada por mulheres submetidas à opressão da escravidão e, quando libertas, à desqualificação social.

Comecemos por Engrácia, a matriarca da família. Graças à árvore genealógica reconstituída por Gomes, sabemos que Engrácia Romana da Paixão, muito provavelmente uma africana embarcada nos portos de Cacheu ou Bissau, teria chegado ao

Maranhão às vésperas do século XIX e falecido, como pessoa livre, em 1859, em Guimarães, cercada de filhos e netos.[3] Apesar do pouco que se sabe sobre sua trajetória nos mundos da escravidão e da liberdade, fragmentos documentais nos permitem trazer à luz alguns fatos de sua vida.

Embora não existam documentos comprovando cabalmente a posse de sua pessoa, supõe-se que Engrácia era escravizada do notório traficante comendador Caetano José Teixeira. Isso porque, no citado assento de batismo apresentado por Maria Firmina na petição para retificar sua data de nascimento, encontramos a informação de que Leonor Felipa, filha de Engrácia, havia sido escravizada e alforriada pelo mesmo comendador. Como na escravidão vigia o princípio do *partus sequitur ventrem* — que sagrava o princípio de que, no cativeiro, ao contrário do que ocorria na sociedade livre e católica, a descendência seguia o *status* materno —, a hipótese de que mãe e filha pertencessem ao mesmo senhor até a alforria de ambas não é despropositada.[4] Apesar da alta probabilidade de que Engrácia e Leonor Felipa tenham estado sob a posse do traficante, ainda assim, na ausência de documentos comprobatórios, sempre resta a hipótese de que Leonor Felipa tenha sido vendida por seu senhor original ao comendador e, mais tarde, alforriada, podendo assim ter pertencido, durante algum período de sua vida, a senhor diferente do de sua mãe.

Se em termos da identidade do proprietário dessas duas gerações de mulheres ainda possa restar alguma zona de incerteza, na questão da alforria, o assento de batismo é muito claro. Leonor Felipa teve como seu último senhor o comendador Teixeira, pois sua identidade como liberta dependia da comprovação exata dos termos da alforria. Resta-nos perguntar qual era o laço dessas duas mulheres com a família Reis.

Interessa-nos voltar à petição eclesiástica para localizar o tio de Maria Firmina, que nesse documento se apresenta como Martiniano José dos Reis, pardo, casado, de 38 anos de idade e que vive de suas lavouras (significando ser proprietário de terras), o qual depõe como testemunha, avalizando a demanda de correção da data de nascimento da sobrinha. Do seu depoimento depreende-se que, na década de 1820, quando nascera Maria Firmina, ele convivia cotidianamente com a irmã, tendo conhecimento exato da data de nascimento da sobrinha. Em 1847, quando a petição eclesiástica foi enviada, atesta a pesquisa de Gomes (2022) que Martiniano já vivia em Guimarães, onde era proprietário de um sítio e de casa de morada na cidade. Notemos que a testemunha é descrita como parda — e não mulata, como sua irmã Leonor Felipa havia sido descrita em 1825. Ora, se Leonor e Martiniano eram filhos de Engrácia, uma mulher escravizada, supomos que ambos nasceram sob o jugo da escravidão e foram alforriados em algum momento da vida. No entanto, observam-se diferenças gritantes na identificação de ambos. Enquanto Leonor Felipa aparece sem menção de sobrenome e é descrita como uma mulata forra, seu irmão é identificado como pardo e proprietário.

Essa diferença de classificação de cor se deve, muito claramente, à diversidade de *status* social de ambos. Martiniano, um homem casado e proprietário de bens imóveis, já se encontrava, à época em que depôs, isto é, em 1847, distante da esfera da escravidão. Embora no dicionário de Moraes e Silva de 1823 o pardo apareça descrito como "da cor entre branco e preto, como a do pardal", estudiosos já demonstraram que seu uso se liga mais ao *status* do que à cor propriamente dita. Estudos sobre a classificação de pardo ou parda, analisada por diferentes autores para o período imperial, explicita que tal denominativo, de fato, refere-se muito mais à ascensão social — que permitia ao alforriado superar o estigma da escravidão — do que à cor do indivíduo. Nesse sentido, essa denominação deve ser lida como índice de afastamento da escravidão (Moraes e Silva, 1823, p. 355).[5] A biografia de Antonio Ferreira Cesarino, por exemplo, fundador da primeira escola da cidade de Campinas, a qual passou a atender a elite escravista local, ilustra bem como o termo pardo descreve não a cor do indivíduo, mas seus laços sociais ascendentes (Kabengele, 2009).

O caso de Martiniano é bem claro: ele deve ter nascido escravizado, mas seu laço com o jugo escravista poderia estar distante a ponto de ter se elidido ao longo de sua vida. É interessante notar que as informações a respeito da filiação do tio de Maria Firmina provêm de seu registro de casamento. Neste, lê-se que Martiniano era filho de Engrácia Romana da Paixão e Manoel da Paixão. O documento nada acrescenta, deixando pairar uma série de dúvidas.[6] No entanto, com base nessa informação, pode-se concluir com alguma certeza que Engrácia, em algum momento da vida, estabeleceu um laço formal, por meio do casamento, ou ainda informal, com Manoel da Paixão, e desta relação nasceu um filho, que pode ou não ter sido alforriado pelo pai. Nada sabemos a respeito de Manoel da Paixão, se era livre ou escravizado e qual era seu *status* social. O sobrenome Paixão, assim como todos aqueles referentes a santos, santas e eventos do catolicismo, indica a busca de identificação recente e a ausência de conexão familiar socialmente estabelecida (Dias, 1984). Teria sido Manoel da Paixão um homem livre ou forro que livrou o filho da escravidão precocemente, talvez na pia batismal? No registro de casamento do tio de Firmina, não há menção de ele ter nascido na escravidão, embora ele necessariamente tenha de ter suportado essa condição, pois sua mãe era escravizada. Lembremos do princípio do *partus sequitur ventrem*, que definia a condição da filiação a partir da linha materna.

Outro detalhe interessante na identificação da testemunha Martiniano José é, obviamente, o sobrenome por meio do qual ele se identificou, isto é, Reis. Estudos recentes vêm demonstrando a fluidez dos sobrenomes de ex-escravizados, que, ao longo da vida, podiam assumir diferentes identificações, sempre em consonância com o estabelecimento de laços de trabalho, subordinação ou identificação (Palma e Truzzi, 2018). Assim, não é nada excepcional que Martiniano tenha, tardiamente, assumido o sobrenome Reis, tanto para indicar alguma ligação com essa família quanto por desejar manter sua identificação com as sobrinhas. Notemos que a própria Engrácia jamais assumiu o sobrenome Reis.

Já o registro de batismo de Maria (Firmina), filha de Leonor Felipa, não dá nenhuma indicação a respeito dos laços existentes entre a família Reis e Engrácia, seus filhos — entre os quais se acha Leonor Felipa — e netos. No entanto, sabemos que, à exceção de Engrácia, todos dessa família, em um momento ou outro, adquiriram o sobrenome Reis. No entanto, a matriarca faleceu como Engrácia Romana da Paixão, como atesta seu registro de óbito (Gomes, 2022). Ao confrontar a árvore genealógica dessa família — inclusive conectando sua pesquisa com algumas passagens do livro de Nascimento Morais Filho —, Agenor Gomes (2022) observa que o mais provável é que Leonor Felipa e sua irmã, Henriqueta, fossem filhas do português Balthazar José dos Reis, homem de posses que assumiu diversos cargos públicos e foi pai de quatro filhos legítimos, entre eles o filólogo Sotero dos Reis. Ora, esse fato nos leva a refletir sobre as possíveis relações estabelecidas entre a africana escravizada Engrácia e o português Balthazar, homem casado, proprietário de terras e detentor de *status* social elevado.

Aqui cabe uma primeira observação: Balthazar não foi proprietário de sua filha, Leonor Felipa. Disso se infere que ele não pode ter sido, igualmente, senhor de Engrácia. Isso porque, relembremos, no assento de batismo Leonor Felipa se declara ter sido ela alforriada pelo comendador Teixeira. Não resta nenhuma dúvida de que esta era a realidade: a manutenção da liberdade de uma pessoa liberta dependia da identificação do alforriante, tanto em termos jurídicos quanto em relação à proteção social que, ao identificar a pessoa como conectada à família senhorial a qual pertencera, impedia que ela fosse reescravizada ou molestada socialmente.

Assim, infere-se que Balthazar dos Reis nunca foi senhor de Engrácia e Leonor Felipa. Resta-nos perguntar como e em que circunstâncias o relacionamento entre ambos foi estabelecido. E, apesar das difundidas fantasias a respeito dos relacionamentos assimétricos estabelecidos entre homens brancos dominantes e mulheres africanas ou afrodescendentes escravizadas ou forras na sociedade brasileira que alimentaram, e ainda alimentam, uma visão edulcorada das relações sociais benignas e íntimas da escravidão, uma abordagem mais realista contradiz tais assertivas.

Se Engrácia nunca foi escrava de Balthazar dos Reis, uma primeira hipótese é que ela tenha sido alugada por seu senhor como criada na casa urbana de São Luís. O aluguel de escravizados era muito comum em qualquer cidade brasileira do período, não sendo a capital da província do Maranhão exceção (Santos, 2015). Assim, Engrácia poderia ter sido alugada para servir os Reis portas adentro, lavando, passando, cozinhando, enfim, incumbindo-se de mil tarefas típicas do sobrado urbano do século XIX. Como Martiniano nasceu antes desse encontro, supõe-se que Engrácia tenha levado o filho consigo.

O mundo da casa escravista urbana era atravessado pela violência e pela exploração massiva da mão de obra feminina. Como descreveu Lorena Telles (2022) em relação ao Rio de Janeiro do século XIX, as escravizadas urbanas eram trabalhadoras extremamente exploradas, tendo de realizar tarefas múltiplas, como abastecer a casa de água, limpar os urinóis, acender o fogão a lenha na madrugada, cozinhar as refeições, lavar a roupa nos rios e córregos da cidade, lavar a louça e as pesadas panelas, arear os talheres, varrer e tirar o pó, entre tantas outras funções. Nessas circunstâncias, as relações estabelecidas entre o senhor ou patrão que alugava a trabalhadora de terceiro e sua escravizada por direito ou por aluguel estavam longe de ser afetivas ou até mesmo amistosas. O assédio às escravizadas domésticas era constante e permeado por relações assimétricas de opressão e violência. Aqui, qualquer consentimento está fora da escala das relações sociais. Que opção teria uma escravizada, que tinha um filho pequeno junto de si, de se opor a uma figura senhorial, um homem dominante? Felizmente, fantasias de sedução, permissividade de mulheres escravizadas e gozo de relações consentidas vêm sendo amplamente descartados.

Na impossibilidade de dizer não, o consentimento nessas relações é sempre ilusório. Pensemos ainda que Engrácia pode ter passado as duas gestações — de Leonor Felipa e de Henriqueta — sob circunstâncias deletérias. Estaria a esposa de Balthazar presente? Sabemos quão dura era a realidade vivida por mulheres escravizadas, tendo de suportar a gravidez sob a opressão de uma senhora hostil.

É também possível que Engrácia tenha sido uma escravizada urbana, que trabalhasse portas afora, como vendeira de mil quitutes, água, panos e frutas nas ruas da cidade, tendo sido uma entre centenas de mulheres trabalhadoras que mercadejavam de sol a sol procurando tirar a féria diária do senhor e ainda juntar algum pecúlio para si. As vendeiras gozavam de maior autonomia de ir e vir, muitas vezes vivendo por si, fora do domínio senhorial (Santos, 2015).

Lembremos, por exemplo, de Catarina Mina, escrava africana que viveu em São Luís em meados do século XIX. Empregada ao ganho nas ruas centrais da cidade, ela foi capaz de poupar, comprar a própria alforria e fazer fortuna a partir de seu agudo tino comercial (Arquivo Judiciário "Desembargador Milson de Souza Coutinho", do Tribunal de Justiça do Maranhão, 1886). Se foi esse o caso, o encontro de Engrácia e Balthazar se deu em um ambiente menos opressivo e vigiado do que aquele que caracterizava o ambiente doméstico escravista. No entanto, mesmo gozando de certa autonomia nas ruas, uma mulher vendeira escravizada surge sempre como o elo vulnerável numa relação desigual entre um homem branco, livre e de posses, e uma mulher escravizada com um filho, que precisa tirar a sobrevivência diária das ruas. A historiografia vem superando imagens idealizadas de mulheres africanas e afrodescendentes sedutoras, capazes de manipular homens brancos senhoriais.[7] Voltaremos ao tema.

É preciso considerar que, se Engrácia tinha um relacionamento anterior com Manoel da Paixão, uma vez que ele reconheceu o filho, este se esfacelou conforme ela passou a se relacionar com Balthazar dos Reis. A possibilidade de que o filho mais velho de Engrácia, Martiniano, fosse igualmente fruto do relacionamento com Balthazar dos Reis, mas assumido por terceiro — no caso, Manoel da Paixão — parece remota. Nas cidades, o conhecimento público das relações formais e informais e o controle da Igreja Católica sobre seus fiéis dificultavam qualquer engodo (Jacinto, 2005). Se assim não fosse, por que as rodas de expostos estavam coalhadas de crianças enjeitadas? Nessa situação, a mãe certamente teve de criar os três filhos sozinha. Balthazar dos Reis não assumiu a paternidade de sua filha, Leonor Felipa, nem de Henriqueta, em nenhum momento. Não o fez quando Leonor recebeu os santos óleos, pois, se o tivesse feito, isso constaria de sua identificação no assento de batismo. E continuou não reconhecendo as filhas concebidas fora do casamento com a escravizada Engrácia.

Voltemos ao assento de batismo de Maria Firmina para enfocarmos especificamente a qualificação de Leonor Felipa. O documento a apresenta como mãe de "Maria, filha natural de Leonor Felipa, mulata forra que foi escrava do comendador Caetano José Teixeira". Apesar de sucinto — e até mesmo, por sê-lo —, podemos recuperar a posição social de Leonor Felipa e até mesmo de Engrácia no ano de 1825, isto é, quando do registro do sacramento. Em primeiro lugar, é significativo o fato de Leonor Felipa não ter filiação reconhecida; ao contrário, sua identificação provém de seu senhor, sugerindo proximidade com a escravidão.

No que se refere à paternidade, as *Constituições primeiras* estabeleciam que, quando a criança batizada não tivesse sido concebida em legítimo matrimônio e ainda houvesse possibilidade de o fato causar escândalo, o nome do pai deveria ser omitido (Vide, 1853). Esse foi, certamente, o caso das filhas de Engrácia, já que Balthazar era casado e pai de diversos filhos legítimos. Mas notemos que, ao contrário de inúmeros pais de filhos ilegítimos, ele nunca perfilhou Leonor Felipa ou Henriqueta, uma vez que, em seu testamento, não consta nenhum quinhão à prole de portas afora. Desde 1847, a legislação instituía o direito de que filhos ilegítimos, desde que reconhecidos em testamento, disputassem a herança na falta ou na presença de filhos legítimos (Alencar, 1973). Falecido nesse mesmo ano de 1847, Balthazar pode não ter tido tempo de lançar mão da nova legislação, mas ainda assim não deixou para suas filhas bastardas nenhuma doação.[8] Se o tivesse feito, teríamos menção desse importante fato na vida de qualquer filho ou filha ilegítimo. O pai das filhas de Engrácia jamais as legitimou ou as reconheceu, mesmo que informalmente, por meio de alguma proteção monetária ou social. É isso que caracteriza sua relação com a mãe, Engrácia, como mais uma das milhares relações assimétricas impostas a mulheres negras por homens brancos dominantes.

Isso nos faz levantar hipóteses sobre o financiamento da alforria de Leonor Felipa, que vem atestada no assento de batismo, a qual pode ter sido realizada concomitantemente ou não à de sua mãe. Embora seja uma possibilidade, até o momento, nenhum documento comprova que o português Balthazar dos Reis tenha adquirido a alforria de Engrácia e de suas filhas. É claro que essa hipótese não pode ser descartada, sobretudo porque elas pertenciam a um terceiro, o qual poderia vendê-las, juntas ou separadas, a qualquer momento. Em casos assim, e sobretudo quando permanece algum laço de reconhecimento parental informal, o pai poderia se interessar por libertar sobretudo a prole e, muito mais raramente, a mãe. Embora durante muito tempo a historiografia brasileira tenha reiterado concepções derivadas de uma visão idealizada da sociedade escravista, movida por intimidade, paternalismo e sedução, a verdade é que os estudos sobre alforria realizados nas últimas décadas documentam como foi rara a colaboração de homens brancos na aquisição da liberdade de companheiras e de filhos e filhas, mesmo no caso da alforria de pia batismal.[9]

Esses estudos sugerem que a maioria das alforrias foi adquirida por mulheres escravizadas, com pecúlio próprio ou oriundo de familiares ou, ainda, de contratos de trabalho instituídos entre o senhor e sua escravizada ou com terceira parte, situação que foi legalmente consolidada pela Lei do Ventre Livre. Nesse contexto, é importante considerar a possibilidade de que Engrácia, talvez como vendeira, tenha acumulado poupança e, por meio dela, negociado a própria alforria e a das filhas. Como acontecia nesses casos, é bem possível que a mãe tenha adquirido a própria liberdade em primeiro lugar para, mais tarde, com seu esforço concentrado, formar pecúlio para alforriar as filhas (Ariza, 2014).

Note-se também que, na ocasião do batismo, a mãe de Maria Firmina também não se identificou — nem foi identificada — como portadora do sobrenome Reis. Ela aparece apenas como uma mestiça forra com uma filha natural nos braços. A criança batizada adquire apenas o nome de Maria; nem o segundo nome, Firmina, foi registrado, indicando a desqualificação social dessa família. Nem Leonor nem Maria têm descendência paterna, nem sobrenome. O pai de Maria Firmina, o furriel João Pedro Esteves, foi sócio e inventariante do comendador Teixeira, o que demonstra a proximidade que Leonor mantinha com a casa senhorial à qual pertencia (Gomes, 2022). João Pedro Esteves, assim como Balthazar dos Reis na geração anterior, está ausente do assento de batismo, desqualificando a mãe, que aparece identificada apenas como mestiça forra.[10]

Vinte e dois anos depois, quando da demanda eclesiástica, Maria Firmina, uma candidata a professora de primeiras letras, e seu tio, um proprietário de terras, puderam utilizar o sobrenome Reis. Certamente, a identificação como Reis havia sido adquirida em tempos mais recentes e vinculada a certa ascensão social.

O tio Martiniano, que à época tinha propriedades em Guimarães, havia abandonado o sobrenome paterno (Paixão) e assumido Reis, indicando proximidade com essa família. Teria Martiniano se empregado com os Reis em Guimarães, conseguindo mais tarde tornar-se independente? Notemos que apenas ele, que não era filho de Balthazar dos Reis, havia se mudado precocemente para Guimarães. O resto da família, chefiada por Engrácia, transferiu-se apenas quando Maria Firmina conseguiu a vaga de professora de primeiras letras. Note-se o esforço de ascensão social dessa família: a primeira geração alforriada, Martiniano e Leonor Felipa pelo menos (nada sabemos sobre Henriqueta) se alfabetizou, tendo esta última investido na educação das filhas. Na geração seguinte, Maria Firmina agarrou essa chance, tornou-se uma intelectual autodidata, prestou concurso para professora, venceu sua concorrente e sagrou-se em um cargo de prestígio para a época.

A trajetória de Maria Firmina, marcada por uma história familiar de mulheres escravizadas e forras, mães de filhos ilegítimos havidos em relacionamentos assimétricos, deve ter sido atravessada por inúmeros constrangimentos. Nesse sentido, um dos aspectos a ser enfocado é seu contato com o então famoso filólogo Sotero dos Reis. Embora Maria Firmina mantivesse algum tipo de relacionamento com seu tio biológico da parte legítima da família, e até tenha escrito um poema em sua homenagem, a relação entre legítimos e ilegítimos deve ter sido tênue e marcada por rituais de paternalismo.

Sotero dos Reis foi um dos fundadores do círculo de intelectuais da Atenas Brasileira (como era conhecida a cidade de São Luís), o qual reivindicava a absoluta proeminência da cultura europeia, que deveria funcionar como escudo defensor contra a africanização da sociedade pós-independência. O movimento adquiriu um tom profundamente racializado e racista, em uma cidade de absoluta maioria de pessoas negras.[11]

Para Sotero dos Reis, ter irmãs negras e ilegítimas deve ter sido sempre uma pedra no sapato. Lembremos que a inscrição de Maria Firmina no concurso para professora de primeiras letras foi obstada pelo próprio filólogo, que exigiu a comprovação de idade da candidata. Ora, tanto ele próprio deveria estar bem informado a respeito da idade da sobrinha ilegítima como, igualmente, a legislação na qual se escorou para exigir tal comprovante era duvidosa (Gomes, 2022). Será que Sotero dos Reis achava que sua sobrinha negra deveria permanecer invisível, dedicando-se apenas aos trabalhos subservientes?

O sucesso de Maria Firmina no concurso e a posterior notoriedade em Guimarães e na própria capital devem, com toda certeza, ter incomodado o paladino das belas letras. Entronizada em cargo de professora, situação muito respeitada no contexto da época, Maria Firmina mudou-se para Guimarães assumindo o sobrenome que seu pai lhe havia negado. A professora, a mãe e a irmã devem ter causado certo incômodo incrédulo em seus parentes legítimos. Mais tarde, pelos próprios méritos e esforços, tornou-se escritora, publicou livros e escreveu para jornais, tornando-se figura de respeito e consideração em Guimarães. Tão respeitada que seus conterrâneos, lançando mão de uma operação comum à sociedade brasileira, resolveram esconder suas origens.

Essa situação talvez explique o "engano" de Nascimento Morais Filho em *Maria Firmina dos Reis — Fragmentos de uma vida* (1975). O pesquisador, que era bem conhecido em Guimarães, dedicou tempo e esforço para reconstituir a biografia de Maria Firmina dos Reis; percorreu os cartórios de São Luís, pesquisou em jornais e outras fontes, mas, sobretudo, entrevistou pessoas mais velhas, que ainda portavam uma memória viva da escritora. Conversou muito com o filho de criação de Maria Firmina, Leude Guimarães, por meio do qual teve acesso ao "Álbum", o diário íntimo, e outros materiais. No entanto, embora tenha perguntado a muitos, Morais Filho nunca recebeu uma informação objetiva sobre a conexão de Maria Firmina com a família Reis. Todos garantiam que Firmina era parente dos Reis, mas se recusaram a oferecer mais dados. Fica difícil acreditar que a população local não estivesse informada sobre a condição de ilegitimidade que marcava a origem da escritora, nem conhecesse toda a linhagem dela. Leude, filho mais próximo de Firmina, chegou a comentar que "'Diliquinha' não era de casal!" (Morais Filho, 1975, p. 208). Mas suas declarações pararam por aí.

A verdade, a de que a escritora descendia diretamente de uma mulher nascida escravizada e filha ilegítima de um senhor branco, teve de ser mantida em segredo. Não que a própria Maria Firmina tenha dado mostras de desejar esconder suas conexões com a escravidão. Ao longo de sua vida, como muitos já discutiram, manteve fortes laços com escravizados e escravizadas, além de, obviamente, ter dado voz a Túlio, mãe Susana e Antero. No entanto, para seus conterrâneos, parece que a única maneira de consagrarem a professora, escritora e a musicista como figura notável foi lhe negando a origem. A invisibilização dos intelectuais e, mais ainda, das intelectuais negras no Brasil é ainda tarefa a ser superada.

Epílogo: Maria Firmina e o antipatriarcalismo

Embora Maria Firmina não tenha optado por retratar em seus escritos o par interracial formado pela mulher africana ou afrodescendente subalterna e o homem branco dominante, a escritora não deixou de fazer duras críticas à violência do patriarcalismo (Lobo, 1993; Muzart, 2000). Em *Úrsula*, os homens senhoriais — o pai de Tancredo e o comendador B., tio de Úrsula —, ambos senhores de terras e de pessoas — são caracterizados como seres entregues a todo o tipo de paixão e violência. Por não conhecerem freios aos seus desejos, esses personagens personificam o descontrole das paixões, que conduzem a injustiças indesculpáveis. Tiranos, não titubeiam ante a necessidade de causar o mal a terceiros, sejam eles sua esposa e filho; uma órfã, protegida de sua esposa e noiva de seu filho (no caso do pai de Tancredo); sua irmã e sobrinha — a heroína do romance, Úrsula (no caso do comendador B.) —, uma mulher escravizada inocente (mãe Susana). Todos eles são senhores de tudo e todos, mas são escravos das próprias paixões e os causadores de todo o mal.

Em contraponto, as personagens femininas são exemplos do autocontrole, da dignidade e do amor ao próximo, embora estejam todas sob o jugo do patriarcalismo violento. Firmina retrata como especialmente corajosas e desprendidas aquelas que são mães, como as mães de Úrsula e Tancredo, e, claro, mãe Susana. Reiterando esse que é o próprio núcleo formador da intepretação social da escritora, o conto "A escrava" traz como personagem central uma escravizada enlouquecida pela separação dos filhos.[12] Em todos os casos, essas mulheres, que de outra forma são submissas aos homens dominantes, passam a resistir, e até mesmo a enfrentá-los, quando se trata de defender a prole. São elas sobretudo personagens maternas. A defesa da maternidade parece ser o próprio motivo que as move na busca de justiça e as encoraja a lutar para superar o patriarcalismo.

Maria Firmina foi uma intelectual; seus personagens, homens e mulheres, não são uma mera transcrição de suas experiências pessoais ou familiares, mas fruto da fabulação literária, própria a qualquer romancista. Entretanto, de alguma forma, sua história familiar a conecta com seu motivo literário principal. A escritora foi o fruto de duas gerações de mulheres escravizadas, que tiveram relacionamentos assimétricos com homens que encarnavam o mando senhorial. Aqui, como bem discutiu a escritora Saidiya Hartman (1997, p. 79-114), não há possibilidade de consentimento. O sim colide com a impossibilidade de dizer não. Desses relacionamentos, aparentemente, não receberam nenhum ou quase nenhum suporte. Engrácia e Leonor Felipa, avó e mãe da escritora, criaram os filhos sozinhas, dando o melhor de si, em situações de vulnerabilidade econômica e social. Cuidaram de seus filhos e filhas da melhor forma que puderam, lutando para construir um futuro melhor. Mais uma vez, a história da sociedade escravista brasileira cabe quase inteira nesta família.

Referências

Adler, Dilercy Aragão. "Maria Firmina dos Reis — Consolidando a ressignificação de uma precursora". *Estudos Linguísticos e Literários*, Salvador, n. 59, 2018.

Alencar, Ana Valderez A. N. de. "Os filhos nascidos fora do casamento". *Revista de Informação Legislativa*, jul.-set. 1973, p. 269. Disponível em: https://www2.senado.leg.br/bdsf/bitstream/handle/id/180711/000347649.pdf?sequence=1&isAllowed=y. Acesso em: 26 ago. 2024.

Almeida, Horácio de. "Prólogo à edição fac-similar de 1975". In: Reis, Maria Firmina dos. *Úrsula*. Edição fac-similar. Rio de Janeiro: Gráfica Olimpia, 1975.

Ariza, Marília Bueno de Araújo. *O ofício da liberdade — Trabalhadores libertandos em São Paulo e Campinas (1830-1888)*. São Paulo: Alameda, 2014.

Bertin, Enidelce. *Alforrias na São Paulo do século XIX — Liberdade e dominação*. São Paulo: Humanitas, 2004.

Borralho, José Henrique de Paula. *Uma Atenas equinocial — A fundação de um Maranhão no Império brasileiro*. Tese (doutorado em História) — Universidade Federal Fluminense, Niterói, 2009.

Brasil. Decreto n. 10.044, de 22 de setembro de 1888. Fixa o dia em que deve começar a ter execução, em todo o Imperio, o Regulamento do Registro Civil dos nascimentos, casamentos e óbitos. *Coleção de Leis do Império do Brasil*, 1888. Disponível em: https://www.jusbrasil.com.br/artigos/inicio-do-registro-civil-01-de-janeiro-de-1889/668012729. Acesso em: 13 set. 2024

Carneiro, Marina Braga; Chagas, Paula Roberta; Nadalin, Sergio Odilon. "Nascer e garantir-se no Reino de Deus; Curitiba, séculos XVIII e XIX". *Revista Brasileira de Estudos da População*, Rio de Janeiro, v. 27, n. 2, p. 361-384, 2010. Disponível em: https://www.scielo.br/j/rbepop/a/vNNK36yV9d9cDMjz4BPzj5w/?lang=pt#to. Acesso em: 26 ago. 2024.

Dias, Maria Odila Leite da Silva. *Quotidiano e poder em São Paulo do século XIX*. São Paulo: Brasiliense, 1984.

______. "Nas fímbrias da escravidão urbana. Negras de ganho e de tabuleiro". *Estudos Econômicos*, v. 15, núm. especial, p. 89-109, 1985.

Faria, Regina Helena Martins. *Mundos do trabalho no Maranhão Oitocentista — Os descaminhos da liberdade*. São Luís: EdUFMA, 2012.

Faria, Sheila de Castro. *Sinhás pretas, damas mercadoras — As pretas minas nas cidades do Rio de Janeiro e de São João del-Rei (1700-1850)*. Tese (concurso de professor titular do Departamento de História) — Universidade Federal Fluminense, Niterói, 2004.

Gomes, Agenor. *Maria Firmina dos Reis e o cotidiano da escravidão no Brasil*. São Luís: AML, 2022.

Hartman, Saidyia. *Scenes of subjection — Terror, slavery, and the self-making in nineteenth century America.* Nova York: Oxford University Press, 1997.

Hawthorne, Walter. *From Africa to Brazil — Culture, identity, and Atlantic Slave Trade, 1600-1830.* Cambridge: Cambridge University Press, 2010.

Jacinto, Christiane Pinheiro Santos. *Relações de intimidade — Desvendando os modos de organização familiar de sujeitos escravizados em São Luís do século XIX.* Dissertação (mestrado em Sociologia) — Universidade Federal do Maranhão, São Luís, 2005.

Jesus, Matheus Gato de. *Racismo e decadência — Sociedade, cultura e intelectuais em São Luís do Maranhão.* Tese (doutorado em Sociologia) — Universidade de São Paulo, São Paulo, 2015.

Kabengele, Daniela do Carmo. "As inflexões do termo pardo na trajetória de Antonio Ferreira Cesarino (Campinas, século XIX)". *Juiz de Fora*, v. 4, n. 1-2, p. 101-112, 2009.

Lobo, Luíza. *Crítica sem juízo.* Rio de Janeiro: Francisco Alves, 1993.

Machado, Maria Helena P. T. Resenha "From Africa to Brazil — Culture, identity, and an Atlantic slave trade, 1600-1830". *American Historical Review*, v. 17, n. 2, 2012.

Machado, Maria Helena P. T. "Maria Firmina dos Reis — Invisibilidade e presença de uma romancista negra no Brasil do século XIX ao XXI". In: Reis, Maria Firmina dos. *Úrsula.* Estabelecimento do texto e ensaio de Maria Helena P. T. Machado e cronologia de Flávio Gomes. São Paulo: Penguin/Companhia das Letras, 2018a, p. 22.

_______. "Mulher, corpo e maternidade". In: Schwarcz, Lilia Moritz; Gomes, Flávio (orgs.). *Dicionário da escravidão e da liberdade.* São Paulo: Companhia das Letras, 2018b, p. 334-342.

Mattos, Hebe. *Das cores do silêncio — Os significados da liberdade no Sudeste escravista.* Rio de Janeiro: Nova Fronteira, 1996.

Moraes e Silva, Antonio de. *Diccionario da lingua portugueza recopilado de todos os impressos até o presente.* Lisboa: Tipografia de M. P. de Lacerda, 1823.

Morais Filho, Nascimento. *Maria Firmina — Fragmentos de uma vida.* São Luís: Imprensa do Governo do Maranhão, 1975.

Muzart, Zahidé Lupinacci. *Escritoras brasileiras do século XIX.* Florianópolis: Mulheres, 2000.

Oliveira, Maria Luiza Ferreira de. "O Ronco da Abelha — Resistência popular e conflito na consolidação do Estado nacional". *Almanack Braziliense*, Brasília, n. 1, 2005.

Palma, Rogério da; Truzzi, Oswaldo. "Renomear para recomeçar — Lógicas onomásticas no pós-abolição". *Dados. Revista de Ciências Sociais,* v. 61, n. 2, 2018. Disponível em: https://www.scielo.br/j/dados/a/sHR8Z49fsxtYRxZZN5swFhv/abstract/?lang=pt. Acesso em: 26 ago. 2024.

PICHELI, Talison Mendes. *Sob os santos óleos, a conquista da liberdade — Alforrias de pia batismal e seus agentes históricos em Campinas, 1774-1871*. Dissertação (mestrado em História) — Universidade Estadual de Campinas. Campinas, 2021.

REIS, Maria Firmina dos. *Úrsula*. Estabelecimento do texto e ensaio de Maria Helena P. T. Machado e cronologia de Flávio Gomes. São Paulo: Penguin/Companhia das Letras, 2018.

SACRAMENTO BLAKE, Augusto Victorino Alves. *Diccionario Bibliographico Brasileiro*. Rio de Janeiro: Imprensa Nacional, 1900. v. 6.

SANTOS, Adriana Monteiro. *O cotidiano da resistência escrava — São Luís do Maranhão (década de 1830)*. Dissertação (mestrado em História) — Universidade Federal do Maranhão, São Luís, 2015.

TELLES, Lorena Feres da Silva. *Teresa Benguela e Felipa crioula estavam grávidas: maternidade e escravidão no Rio de Janeiro (século XIX)*. São Paulo: Ed. da Unifesp, 2022.

VIDE, Arcebispo Sebastião Monteiro da. *Constituições Primeiras do Arcebispado da Bahia*. São Paulo: Tipografia 2 de dezembro, 1853. Disponível em: https://www2.senado.leg.br/bdsf/item/id/222291. Acesso em: 26 ago. 2024.

Fontes documentais

ARQUIVO PÚBLICO DO ESTADO DO MARANHÃO (APEM). "Autos de Justificação do dia de nascimento de Maria Firmina dos Reis". Documento n. 4.171, 25 de junho de 1847.

ARQUIVO JUDICIÁRIO "DESEMBARGADOR MILSON DE SOUZA COUTINHO", DO TRIBUNAL DE JUSTIÇA DO MARANHÃO. "Testamento e Inventário de Catharina Rosa Ferreira de Jesus", 12 de maio de 1886.

Notas

1 Documento n. 4.171. Arquivo Público do Maranhão (Apem). Agradeço a Hugo Enes a transcrição do documento.

2 Embora o primeiro decreto governamental impondo a obrigatoriedade do registro civil de nascimento e morte tenha sido emitido em 1851, sua implementação foi suspensa devido a uma série de revoltas populares, como a do Ronco da Abelha ou Guerra dos Marimbondos. Sobre o tema, veja Oliveira (2005). O Brasil conseguiu efetivamente implementá-lo apenas em 1889, por meio do Decreto n. 10.044, de 22 de setembro de 1888. Até essa data, o assento de batismo se manteve como documento de identidade.

3 Para mais informações, veja a árvore genealógica encabeçada por Engrácia Romana da Paixão em Gomes (2022, p. 178).

4 Para uma síntese deste tema, veja Machado (2018b).

5 Quanto ao caráter social adquirido pelo termo "pardo" no século XIX, veja Mattos (1996); Faria (2009) é ainda mais assertiva em suas conclusões, afirmando que pardo poderia se referir ao filho de casais africanos nascido livre ou, ainda, a afrodescendentes livres.

6 Registro de casamento de Martiniano José dos Reis e Joanna Mathilde Mafra dos Reis em 26 de abril de 1841. Arquivo Diocese de Pinheiro. Livro de registro de casamentos da freguesia de São José dos Pinheiros, fl. 45, transcrito por Gomes (2022, p. 143, nota 4).

7 Dias (1985) inaugura uma nova abordagem a respeito das estratégias econômicas e dos papéis sociais de mulheres escravizadas e libertas no comércio de rua, confrontando o mito da ascensão social dessas comerciantes por meio do amasiamento com homens brancos. De lá para cá, dezenas de novos trabalhos vêm consolidando essa perspectiva.

8 Sobre a morte de Balthazar dos Reis, ver Gomes (2022, p. 56).

9 Veja, por exemplo, Bertin (2004). Picheli (2021) argumenta que a maioria das crianças que assim alcançaram a liberdade não o fez por meio da concessão ou da compra de um homem branco da classe senhorial.

10 João Pedro Esteves é citado como pai de Maria Firmina apenas na certidão de óbito desta, registrada em 11 de novembro de 1917. Disponível em: https://mariafirmina.org.br/wp-content/uploads/2018/07/At_2018_Síntese_Biográfica_Bibliográfica_17_junho_III.pdf. Acesso em 16 set. 2024.

11 Veja, por exemplo, Borralho (2009), Faria (2012) e Jesus (2015). Este último, partindo do Censo de 1872, aponta que a população de São Luís era composta de 62% de pretos e pardos.

12 Publicado originalmente na *Revista Maranhense*, ano 1, n. 3, 1887 (Morais Filho, 1975).

6 JOÃO BAPTISTA GOMES DE SÁ: A TRAJETÓRIA DE UMA LIDERANÇA NEGRA NO PÓS-ABOLIÇÃO CURITIBANO

NOEMI SANTOS DA SILVA

Em suas memórias, o poeta paranaense Júlio Perneta registrou em tom nostálgico uma personalidade de seu tempo que ele dizia estar, nos idos de 1897, esquecida pela sociedade curitibana:

> O João da Fausta, quem não o conhece? Quem não se recordará dos esplêndidos terços que em sua casa, à rua do Mato Grosso, ele realizava nos velhos tempos que tão longe vão, com a solenidade e pompa das grandes festas, e para onde Curitiba, aquela Curitiba bucólica, afluía na sinceridade da sua alma de simples [...] hoje, quando vejo passar o João da Fausta, arrimado ao bordão da desventura, arrastando a existência por entre desconhecidos, desconhecidos que não o amam, que não o respeitam, como um morfético arrasta o corpo chagado por entre a indiferença pública, sinto um apunhalamento de dor e de revolta contra essa lei natural do progresso, do poder do forte sobre o fraco. (*A República*, 1897, p. 28)

O registro emocionado de Perneta trazia à cena um indivíduo fundamental para as mobilizações dos grupos negros organizados no contexto do imediato pós-abolição curitibano: João Baptista de Gomes de Sá (1831-1901), ou "João da Fausta", que esteve entre os articuladores da fundação de uma das agremiações negras mais antigas do país: a Sociedade 13 de Maio de Curitiba; além disso, foi um dos fundadores da mutualista Sociedade Protetora dos Operários. Ademais, era um dos protagonistas dos ritos devocionais desenvolvidos pelas irmandades do Rosário e São Benedito, além da irmandade Bom Jesus dos Perdões, que também ajudou a constituir. Ou seja, uma autêntica liderança que, conforme Perneta, teve seu prestígio ofuscado ao final da vida — pela doença, mas sobretudo pela "indiferença" social. A Curitiba de seu tempo se estruturava como território racializado, ao servir de palco para construções hegemônicas de identidade e memória que pautavam o heroísmo do imigrante europeu — uma escolha identitária ancorada no esquecimento e silenciamento dos setores sociais negros que ainda persiste (Mendonça, 2016).

O João Baptista referido pelo poeta era liberto, filho da escravizada Fausta Maria da Conceição, nascido em Curitiba em 1831. O apelido, "João da Fausta", constituía, portanto, uma referência à mãe. Sobre ela, pouco se sabe além de que era propriedade do reverendo José Joaquim Ribeiro da Silva, tendo obtido a liberdade no decorrer de sua vida. O que igualmente ocorreu a João Baptista, sabendo que a partir da década de 1860 ele já assinava os documentos como liberto (Fabris, 2023).

Outro traço marcante do nosso biografado foi a aquisição do letramento ao longo da vida. Sua assinatura de próprio punho nos documentos oficiais, assim como outras pistas acerca de sua escolarização básica, sugerem que o acesso às letras se deu em seu formato mais básico. Ainda assim, conforme defenderemos neste espaço, a habilidade certamente conferiu passaportes importantes para o prestígio alcançado, fosse na ocupação de cargos de direção nas agremiações que ajudou a constituir, na relação com as elites letradas e ainda nas reivindicações por direitos nas quais se engajou, sobretudo através das sociedades mutualistas (Silva, 2020).

A historiografia que abordou aspectos biográficos de Gomes de Sá ainda é restrita. No relatório "Negros, libertos e associados — Identidade étnica e território cultural na trajetória da Sociedade Operária 13 de Maio (1888-2012)", os pesquisadores Thiago Hoshino e Miriane Figueira realizaram importante levantamento de acervos primários preservados no Clube 13 de Maio. A finalidade era adentrar os aspectos que tornaram tal sociedade um "lugar de memória afrodescendente" na cidade de Curitiba, já que a agremiação permanece em vigência na atualidade (Hoshino e Figueira, 2012). O acesso à documentação primária da Sociedade por parte dos pesquisadores trouxe à tona a relação nominal de sócios-fundadores desse importante espaço de agremiação negra, no qual Gomes de Sá assumiu cargos diretivos. Por sua importância na organização da Sociedade — ele cedeu a própria residência para servir de sede provisória do clube —, João Baptista Gomes de Sá teve sua trajetória novamente trabalhada na pesquisa recente de Pamela Beltramin Fabris. Por meio do fio de sua trajetória, a autora rastreia a importância dos espaços associativos na formação de redes de sociabilidade e solidariedade entre a população negra curitibana, no período entre a escravidão e o pós-abolição. Além disso, toma os mesmos espaços como precedentes importantes da mobilização negra por direitos, por meio da projeção de lideranças no movimento operário, no âmbito da política partidária e institucional (Fabris, 2023).

De maneira similar, neste capítulo, tomaremos a trajetória de "João da Fausta" como pretexto para abordar a importância dos espaços escolares e associativos nas lutas negras por direitos. Daremos ênfase ao direito ao ensino, pleiteado pela população de cor desde o século XIX, conforme veremos.[1] Por meio da trajetória de Gomes de Sá, mostraremos que o letramento e o acesso às escolas foram fundamentais para a aquisição da liberdade e a expansão da cidadania dos grupos negros. Isso se dará em três momentos. Iniciaremos com sua matrícula em uma escola pública noturna em Curitiba, considerando o contexto desses espaços no cenário de reivindicações pelo ensino encampadas por pessoas negras ao final do século XIX. Depois, acompanharemos nosso personagem nas irmandades e associações, nas quais construiu sua visibilidade pública. Recortando aspectos de sua trajetória através do fio das lutas pelo ensino nas quais se engajou, defendemos o argumento de que a educação não constituía apenas um fim em si mesma. O acesso aos códigos letrados por sujeitos de cor foi interpretado como veículo de ações, individuais e coletivas, pela reafirmação da liberdade, o acesso à cidadania plena, contra o racismo e outras estruturas de opressão herdadas da escravidão e reelaboradas no pós-abolição.

João Baptista, aluno da escola noturna municipal

"João Baptista Gomes de Sá, 50 anos, empregado público, natural de Curitiba" e de "condição livre" foram os primeiros registros do professor Antonio Ferreira Ribas ao detalhar os dados sobre os alunos que frequentavam o espaço escolar noturno sob sua regência em 1882 (Deap-PR, 1882, p. 168). O documento compunha o anexo de um ofício que continha a ata de instalação da mesma escola pela Câmara de Curitiba e informava seu funcionamento ao presidente da província, atestando a frequência de 29 matriculados.

Além de João Baptista, outros sujeitos negros, com ou sem passagem pela escravidão, procuraram a escola. Apoliano Torres, Benedito Amalio de Souza e Jeremias Antonio Ribeiro eram os cativos matriculados. Tinham, respectivamente, 26, 28 e 18 anos de idade, e desenvolviam serviços de carpintaria e construção civil. A presença desses cativos nessa experiência de escolarização não era nem um pouco destoante em Curitiba entre as décadas de 1870 e 1880. Inúmeros escravizados buscaram as escolas públicas no período. Tais espaços surgiram de iniciativas variadas, fosse de professores voluntários, das associações mutualistas, das instâncias de governo estadual ou municipal, assim como da reivindicação popular por intermédio de abaixo-assinados, solicitações e negociações (Silva, 2014, 2023). Esse cenário pode em parte ser explicado pelo próprio processo de emancipação. Se, para os escravizados, sacrificar as poucas horas de descanso para estudar era válido no incerto horizonte de liberdade, para libertos, negros livres e outros grupos populares o acesso ao ensino era também cogitado como alternativa para o acesso a direitos — como o voto —, melhorias das condições de vida e trabalho, além de outros elementos mais subjetivos do reconhecimento da liberdade, como respeitabilidade e dignidade (Silva, 2023).

Esses anseios integravam uma cultura política emergida das classes populares que pautava sua atuação na cidadania em sentido pleno, num contexto em que o recrudescimento das chances de cidadania dos setores populares e negros compunha projetos de nação vitoriosos ao final do Império e início do regime republicano. A aprovação da Lei Saraiva, de 1881 (Brasil, 1881), que instituía a alfabetização como elemento importante para o acesso ao voto, assim como a chegada massiva de imigrantes, refletiam as intenções das classes dirigentes de preservar divisões sociais e hierarquias herdadas da escravidão. Na contrapartida desse processo, grupos sociais populares e negros disputaram o direito à educação, construindo projetos contra-hegemônicos de nação que pautavam inclusão e pertencimento (Alberto, 2017).

A abertura da escola noturna pela Câmara de Curitiba acontecia em consonância com um processo de ampliação das escolas de adultos por parte das câmaras municipais do Paraná, que atendiam ao chamado do presidente da província em exercício, o qual clamava por mais participação das municipalidades no projeto de educação popular (Paraná, 1882). Tratava-se, também, de uma resposta às ações demandadas pelos setores populares, durante o conturbado processo de transformações políticas e sociais no final do século XIX. As oportunidades educacionais, contudo, enfrentavam a precariedade e a instabilidade da estrutura de instrução pública da época: falta de recursos, de espaços, ausência da remuneração dos docentes e fechamentos arbitrários. Eventos que, na contrapartida, eram contestados pelo público que frequentava as aulas em sinal de protesto e demarcação de expectativas com o ensino escolarizado.

Assim, muito além de "caso excepcional", a escolarização do liberto João Baptista se conectava a outras lutas pelo ensino ensejadas na tradição da experiência negra.[2] Além dos cativos, ele dividiu os bancos escolares com outros negros livres que, assim como ele, exerciam funções no mercado de trabalho livre. O genérico "empregado público", utilizado na categorização dos alunos pelo professor na redação de seu documento, agregava as categorias do funcionalismo tidas como menos prestigiosas, como vigilantes e contínuos, entre outras. Seu colega de turma, o pardo Firmino Antonio de Paula, era empregado da Câmara, onde exercia o cargo de guarda fiscal (*Diário do Comércio*, 1892, p. 3), posto certamente facilitador da oportunidade educacional que passou a frequentar. João Baptista também havia trabalhado na Câmara desempenhando o cargo de contínuo, mas ainda na década de 1870 passara a exercer a função de oficial de justiça, empregado do foro de Curitiba (*O Paranaense*, 1880, p. 2; Deap-PR, 1874).

Em suas atividades, viu escravizados demandarem ações de liberdade que tornavam seus senhores réus (Hoshino, 2013). Presenciou, portanto, o fervor das lutas por liberdade, inseridas na complexidade do movimento abolicionista, cujo espírito certamente chegava às aulas noturnas, mas também a outros espaços frequentados por João Baptista ao longo de sua trajetória. O ambiente jurídico, além disso, favorecia o contato com a cultura letrada, o que igualmente ocorria na escola noturna, mas também nas agremiações religiosas e mutualistas, como veremos a seguir.

A vida nas irmandades: entre laços e devoções

A matrícula de João Baptista Gomes de Sá na escola noturna municipal em 1882 não parece indicar seu primeiro contato com as letras, ainda que ele tenha sido o primeiro a se matricular para as aulas. A vida pregressa do liberto contou com outros canais de inserção no universo letrado. Além da lida profissional nos foros, certamente envolta por ofícios, intimações, precatórias e processos, a vida religiosa também admitia a valorização dos códigos escritos. João Baptista assinou de próprio punho uma subscrição para uma missa cantada em 1865 (Fabris, 2023). Tratava-se de um procedimento para arrecadar fundos entre os membros das irmandades do Rosário e São Benedito, que visava à fundação de uma terceira irmandade: a do Bom Jesus dos Perdões.

Havia uma espécie de fusão entre as referidas irmandades. Além da ampla adesão da população de cor da cidade — muitos irmãos do Rosário eram também irmãos de São Benedito —, elas utilizavam o mesmo espaço para realizar os cultos e eventos festivos: a igreja do Rosário, situada no bairro São Francisco, conhecida como "Igreja de Nossa Senhora do Rosário dos Homens Pretos de São Benedito". No caso da irmandade do Bom Jesus, o uso da igreja do Rosário se deu apenas no início, já que o empenho dos devotos, entre os quais se destacava Gomes de Sá, culminou com a construção de capela própria nos idos de 1900.

Os primeiros indícios do culto a Rosário e São Benedito em Curitiba datam do século XVIII, época também de edificação da capela do Rosário (1737). A prática de devoção aos santos, no entanto, e sua ampla difusão entre as populações negras, remontam a muito antes, sendo referenciadas na longa experiência negra atlântica (Reginaldo, 2011). A expansão do catolicismo nos territórios de domínio português deu a essas devoções um caráter diaspórico, e conferiu a seus adeptos a oportunidade de ir além do sentido espiritual. Estruturadas com o fim primordial de promover o auxílio mútuo na doença, na pobreza e na morte dos irmãos, as irmandades negras foram instrumentalizadas como veículos identitários, redes de solidariedade e espaço de defesa de direitos. Estudos recentes têm evidenciado as ações das irmandades negras nesse intuito, manifestas, por exemplo, na fundação de escolas em seus domínios e na criação de caixas para a compra de alforrias dos associados, como ocorreu em Campinas (SP), Desterro (SC) e Sabará (MG).[3]

Assim, o uso das irmandades como espaços das sociabilidades negras em Curitiba era amplamente reconhecido. Um vereador da cidade, em discurso de 1857, considerou o culto ao Rosário e São Benedito sinal de que a devoção ia se "refugiando entre os pretos" (Fabris, 2023, p. 71). Tanto que, assim como em outras partes, essa devoção foi associada a outras tradições afro-brasileiras, como era o caso do jongo e das congadas, manifestações culturais que chegaram a acompanhar os festejos dos santos em Curitiba até serem proibidas pela municipalidade em 1877, conforme observou Fabris (2023).

A estruturação desses espaços nutria ainda relação, no mundo terreno, pela própria dinâmica de organização, com a distribuição de poderes internos por meio do voto, que podiam refletir nivelações da vida social (Reginaldo, 2018). A ocupação dos cargos diretivos, portanto, era sinal de prestígio no interior da comunidade devota. João Baptista Gomes de Sá ocupou vários deles, foi mesário nas irmandades do Rosário e São Benedito e procurador na de Bom Jesus dos Perdões. Este último cargo era especialmente relacionado ao seu letramento e à familiaridade com o universo jurídico. Cabia ao procurador a incumbência de prestar auxílio jurídico aos irmãos e lidar com questões administrativas, tarefas para as quais os saberes de escrituração e contabilidade eram imprescindíveis. Por ser um cargo ocupado tradicionalmente por sujeitos letrados, a historiografia chegou a identificar a atuação de procuradores na alfabetização dos filhos de irmãos mais pobres (Malavota, 2013).

A fama de João Baptista pelas igrejas e irmandades, assim como pelos "esplêndidos terços" rezados em sua residência (*A República*, 1897, p. 1), ajudava a constituí-lo como um sujeito notável, dentro e fora da comunidade negra. O prestígio, entretanto, tinha seus limites na sociedade racializada que se reorganizava no pós-abolição. Em 1893, ele se desentendeu com um vigário de nome Alberto Gonçalves, chegando o conflito às páginas da imprensa. Pelos relatos, o protagonismo do liberto nas atividades religiosas vinha incomodando os tradicionais homens da Igreja, que reclamavam de sua excessiva supervisão nos fundos arrecadados, por ocasião dos festejos do Bom Jesus. Além disso, ele teria se sobressaído àquelas autoridades, anunciando os festejos sem autorização e ocupando um espaço que não era seu devido. Afirmava o pároco:

> Julgue por aqui o público [...] a devoção e o desinteresse do tal procurador da Irmandade do S. Bom Jesus, todo metido nas igrejas, e que não tem o menor escrúpulo em ofender e caluniar um ministro de sua religião e seu vigário. Tristíssimos os tempos em que até um João Baptista Gomes de Sá quer assumir a posição de fiscal dos sacerdotes. (*A República*, 1893, p. 3)

Tais campanhas difamatórias certamente compuseram o repertório de fatores que explicam o desprestígio do nosso personagem ao fim da vida, conforme voltaremos a comentar. A vida desse sujeito "metido nas igrejas", contudo, sugere que as irmandades, assim como as escolas, representaram espaços nos quais a população de cor traçava planos coletivos de sobrevivência, solidariedade e proteção. Outro ponto importante é a identificação de possíveis laços entre aqueles sujeitos do passado, que assim como João Baptista trilhavam seus caminhos de liberdade no pós-abolição. Os colegas de turma Barnabé Ferreira Bello, Benedicto Sant'Anna, Firmino Antonio de Paula e Francisco Vidal, entre alunos das escolas noturnas, dividiam na irmandade a socialização que mantinham também na escola e provavelmente nos espaços de trabalho. Expandindo a amplitude desses laços, encontramos os mesmos indivíduos nas associações mutualistas fundadas em Curitiba durante a década de 1880.

Um defensor dos direitos da raça africana: a vida nas associações mutualistas

Em 1883, era fundada uma das pioneiras sociedades operárias da capital paranaense: a Sociedade Protetora dos Operários (SPO). Ela foi produto da articulação de um pedreiro liberto, de nome Benedito Marques: "um rapaz de cor, vindo das falanges escravistas, condoído da sorte dos proletários" (*Diário da Tarde*, 1907, p. 2). João Baptista Gomes de Sá foi o primeiro presidente da associação, figurando em seus cargos diretivos ao longo da primeira década de sua vigência. Mais ainda, ele ajudou a constituir outra sociedade mutualista de pessoas de cor, voltada para as celebrações da abolição e o auxílio mútuo de indivíduos negros: a Sociedade 13 de Maio. Em ambos os casos, João Baptista ofereceu a própria residência para servir de sede provisória das agremiações, intensificando assim a circulação de pessoas no local — que, como vimos, já era bastante frequentado.

As mutualistas operárias foram importantes canais da reivindicação de direitos dos grupos negros no pós-abolição. Por meio delas, a historiografia tem evidenciado as estratégias de luta política, de socialização e de lazer desses segmentos, ajudando a desmistificar a suposta passividade do povo nos assuntos políticos, mas também trazendo outras cores ao movimento operário, classicamente entendido como resultado da articulação de imigrantes europeus (Cord e Batalha, 2014; Ribeiro, 2022). No caso das sociedades em questão, a preocupação com o acesso a direitos contemplava os benefícios previdenciários e de auxílio na doença e na morte, mas também a educação. Ambas as agremiações se destacaram por promover a escolarização aos sócios, assim como a negociar com autoridades e elites letradas para o financiamento de suas iniciativas escolares.

João Baptista, como presidente da SPO, esteve entre aqueles que enviaram um ofício diretamente ao palácio provincial pedindo um professor público para a escola de sócios que passaria a funcionar nas dependências da Sociedade no período noturno:

> Animados pelos sentimentos nobres [...] ousamos dirigir este ofício, que esperamos merecer atenção. A Sociedade Protetora dos Operários, fundada nesta capital, situada à rua da Imperatriz, resolveu em sessão criar uma escola noturna para os seus associados, e não contando com meios para pagar a um professor, deliberou pedir a V. Ex. de ceder um dos professores públicos que lecione ao menos duas vezes por semana. (Deap-PR, 1884, p. 245)

Além de solicitarem o professor público, os signatários indicaram para a função o docente Servulo da Costa Lobo. Por sua vez, este era um dos que regiam aulas noturnas na cidade, tendo inclusive publicado na imprensa um anúncio, no qual convidava trabalhadores para acessarem a instrução à noite, "inclusive os escravos" (*Dezenove de Dezembro*, 1885, p. 3). Assim, não era mero acaso a preferência dos associados pelo professor Servulo. Certamente vinha dos laços já estabelecidos nas aulas noturnas frequentadas por escravizados e libertos, e que tinham servido ao presidente João Baptista para o aperfeiçoamento nos saberes letrados. Por conseguinte, o mesmo docente foi requisitado pelos sócios da "Treze" anos depois (*A República*, 1900, p. 3).

O documento produzido pelos dirigentes da SPO para solicitar um professor também trazia o nome de Ricardo Pereira do Nascimento Jacarandá, vice-presidente da agremiação, provável redator do ofício. Tratava-se de outro componente dos cargos diretivos das irmandades negras aqui já comentadas. Em comum com João Baptista, além da cor da pele, Ricardo Jacarandá — o sobrenome oficializou um apelido depois que ele encontrou um homônimo — era devoto e letrado. Migrou para Curitiba em meados do século XIX, vindo da Bahia, e foi nomeado pelo governo provincial um dos primeiros professores de música da capital. Compositor, foi autor do manual *Pequena arte musical*, além de "regente da banda [de] música do 2º Corpo da Cavalaria" (Fabris, 2023, p. 73-74).

Não se sabe se por desavenças internas ou por incompletude na busca de melhores condições e direitos, João Baptista tomou parte na fundação de mais uma associação mutualista, desta vez não apenas surgida dos interesses de classe dos homens negros, mas movida pelo anseio de celebração da liberdade e de união dos interesses "da raça", conforme indicava o Estatuto do Clube Beneficente 13 de Maio (*A República*, 1896). A Sociedade 13 de Maio foi criada em 1888 como fruto da mobilização de indivíduos negros, entre livres e libertos, que por ocasião da Lei Áurea queriam celebrar a libertação e defender os "direitos dos descendentes da raça africana" (*A República*, 1896). Um propósito certamente mais complexo do que aquele evidenciado nos estatutos da SPO, por ousar denunciar as barreiras de cor interpostas aos sujeitos negros em seus respectivos caminhos de liberdade e cidadania.

Caminhos esses que também passavam pela educação. Desde o primeiro ano de funcionamento da Sociedade, foi notável o empenho dos associados em criar e manter uma escola noturna que pudesse ser frequentada pelos sócios que não dispunham de alfabetização. De início, optou-se pela autogestão do espaço, elegendo o membro com maiores habilitações para a regência. Porém, as instabilidades e dificuldades na manutenção das aulas logo levaram os dirigentes a solicitar apoio ao governo estadual. Mais uma vez, o sócio João Baptista Gomes de Sá, ao lado de outros membros da direção, prestou-se às negociações, acionando redes de sociabilidade e solidariedade previamente construídas no espectro político.

Nesse caso, referimo-nos às redes tecidas entre os sócios-fundadores com segmentos da elite letrada, desde os tempos de luta abolicionista. Associações abolicionistas, como a secreta Ultimatum, formaram um elo entre os distantes universos de escravidão e liberdade na década final do regime, e ajudaram a inserir as demandas dos libertos e escravizados naquilo que seria uma cultura política que pautava a inclusão e a cidadania plena no final do século XIX.[4] No caso de Curitiba, a rede traçada destacava sócios-fundadores da "Treze", como Benedito Candido, e grandes nomes do abolicionismo de elite, como Leôncio Correia e seu tio Idelfonso Correia, o Barão do Cerro Azul. A rede estendida contemplava outros nomes do abolicionismo letrado, sobretudo entre a chamada "geração simbolista" (Bega, 2013), da qual fazia parte o poeta Júlio Perneta — citado no início de nossa narrativa e autor do relato nostálgico sobre João Baptista.

Não por acaso, o poeta Leôncio Correia, deputado em exercício entre 1892 e 1897, foi o escolhido para pautar, na Assembleia do Paraná, a subvenção pública estadual em auxílio da escola noturna da Sociedade 13 de Maio. Além de receber homenagens na associação dos libertos, o poeta chegou a assumir cargos, como o de orador e de professor das aulas de instrução primária (Sociedade 13 de Maio, 1896, p. 16). O recurso obtido em 1896 por meio da articulação do deputado Leôncio Correia era produto de diversas solicitações feitas previamente pelos diretores da Sociedade 13 de Maio — que, enviando seus pedidos ao governo estadual, classificou como "direito" a subvenção requerida.

As ações em torno da escola expressavam os valores mais complexos do grupo, não apenas em relação à educação, mas em torno da cidadania e da liberdade num sentido expandido. Valores que também eram presentes na trajetória do sócio-fundador João Baptista Gomes de Sá. Defender a oferta escolar aos sócios era uma maneira de colocar em prática os propósitos fundamentais da sociedade: celebrar a abolição e reafirmar a liberdade e defesa "dos sagrados direitos dos descendentes da raça africana", conforme indicava o Estatuto do Clube 13 de Maio (*A República*, 1896). Por isso, não apenas a escolarização, mas outras ações educacionais — como a biblioteca, as festas, os trajes, as aparições públicas em desfiles e passeatas — se coadunavam com os objetivos elementares daqueles sócios expressos no regimento interno da agremiação. Anseios que, longe de serem esgotados, com o passar dos anos permaneceram latentes, explicando em parte a sobrevivência do clube até hoje. João Baptista, ainda em vida, viu o número de sócios chegar a mais de duas centenas, entre homens e mulheres. Eles chegaram a discutir a construção de um coreto na residência do sócio-anfitrião, para facilitar as reuniões, o que mostra como o espaço era frequentado (Sociedade 13 de Maio, 1896, p. 28).

Considerações finais: os últimos anos, arrimado ao bordão da desventura

A trama seguida pelos associados para garantir a educação escolar aos seus não se encerrou com a subvenção obtida dos cofres públicos para financiar a escola da Sociedade dos libertos. Outras barreiras eram interpostas na trajetória daqueles que um dia ousaram se escolarizar. O velho João Baptista usou as páginas do jornal *Dezenove de Dezembro* para se pronunciar, explicando o cancelamento da grandiosa festa de celebração do 13 de Maio, que ocorreria na Sociedade, em virtude da prática de recrutamentos forçados:

> Esta sociedade deixa de, como era de seu dever, festejar ao aniversário da Gloriosa Lei de 13 em que foi declarada a extinção geral da escravidão. O motivo de não haver o festejo solene é devido ao recrutamento desenvolvido nesta capital, que muito tem horrorizado o maior número de seus sócios. [...] (*Dezenove de Dezembro*, 1889, p. 3 *apud* Fabris, 2023, p. 34)

O comunicado era o prenúncio de denúncias posteriores feitas pela diretoria da agremiação ao poder público, informando a baixa frequência de estudantes à aula noturna em virtude da violência policial dos recrutamentos (Deap-PR, 1981, p. 18). As abordagens eram motivadas pela necessidade de suprir as reservas do exército. Usava-se do recrutamento policial forçado para levar jovens para o serviço militar, em função dos baixos índices de alistamento voluntário. Na década de 1890, conforme Fabris (2023), o conflito de Canudos se apresentou como fator de acirramento da demanda de alistados, escolhendo a dedo, nos termos da imprensa da época, "pobres caipiras e libertos" para servirem nas fileiras da guerra. Assim, além dos parcos recursos para a manutenção da escola, coube aos primeiros sócios e a sua diretoria encampar enfrentamentos no cenário público para garantir que a oferta da instrução fosse uma realidade.

Por esses e outros motivos, o esplendor e a euforia vivenciados por João Baptista Gomes de Sá nos primeiros anos das Sociedades — foram diversas aparições públicas dos sócios, passeatas, festas e saraus — tinham o contraponto do desgosto da vida racializada e dos boicotes e das batalhas da vida cotidiana. Exonerado do cargo de oficial de justiça, ele assumiu a gerência de um botequim, que passou a funcionar no interior da Sociedade 13 de Maio, quando esta já dispunha de sede própria (*A República*, 1899). Respondeu ao delegado de polícia a acusação de prática de jogos proibidos na Sociedade, alegando que a movimentação noturna do clube era devida à existência das aulas (*Diário da Tarde*, 1900, p. 2).

Terminou seus dias pobre, amparado, contudo, pelas redes de solidariedade construídas na jornada de sua existência. Homem de letras, usou o espaço da imprensa para manifestar gratidão pelo tratamento gratuito dispendido pelo dr. José Gomes do Amaral, "pois que pobre como é o abaixo assinado, só lhe pode pagar beijando a sua mão benfeitora e erguendo ao céu suas preces para que Deus lhe dê mil venturas e felicidades" (*A República*, 1901).

A velhice e morte na pobreza e no esquecimento também foram aspectos da crônica nostálgica de Júlio Perneta com a qual iniciamos este texto. Nas palavras do literato, "João da Fausta, arrimado ao bordão da desventura, arrastando a existência por entre desconhecidos, desconhecidos que não o amam, que não o respeitam, como um morfético arrasta o corpo chagado por entre a indiferença pública" (*A República*, 1897, p. 28).

Essa narrativa pode nos levar a considerar as limitações que as redes de proteção, traçadas no associativismo e na escolarização, tinham no alcance dos bens simbólicos, tão pleiteados em trajetórias individuais e coletivas da população de cor desse contexto. As forças racializadas de construção da memória de apagamento das populações negras do passado, sobretudo no caso curitibano, relegavam ao esquecimento indivíduos notáveis que, sem dúvida, fizeram diferença nas lutas do povo negro na construção dos seus direitos. Todavia, os traços da trajetória desse personagem da Curitiba pós-abolição podem lançar luz às expectativas construídas pelos sujeitos ao lidarem com o futuro incerto do pós-abolição. Ao acessar o letramento e defender a escola, era travado um combate aos estigmas que tanto acompanhavam as histórias de liberdade negra. "Manter a ordem, respeito e decência todas as vezes que a Sociedade [13 de Maio] tem de reunir-se" foram as palavras do sócio-anfitrião ao resumir seu dever como membro da diretoria (Sociedade 13 de Maio, 1896, p. 225).

Referências

Alberto, Paulina L. *Termos de inclusão — Intelectuais negros brasileiros no século XX*. Campinas: Editora da Unicamp, 2017.

Bega, Maria Tarcisa. *Letras e Política no Paraná — Simbolistas e anticlericais na República Velha*. Curitiba: Editora da UFPR, 2013.

Cord, Marcelo Mac; Batalha, Claudio (orgs.). *Organizar e proteger — Trabalhadores, associações e mutualismo no Brasil (séculos XIX e XX)*. Campinas: Editora da Unicamp, 2014.

Fabris, Pamela Beltramin. *Mobilização negra em Curitiba — A formação de redes de solidariedade e a luta por direitos (1888-1910)*. Curitiba: Editorial Casa, 2023.

Hoshino, Thiago de Azevedo Pinheiro. *Entre o espírito da lei e o espírito do século — A urdidura de uma cultura jurídica da liberdade nas malhas da escravidão. Curitiba (1868-1888)*. Dissertação (mestrado em Direito) — Universidade Federal do Paraná, Curitiba, 2013.

_______. "Antecedentes e contexto histórico da segunda metade do século XIX". In: Santos, Brenda Maria L. Oeiras dos; Braga, Geslline Giovana; Pinheiro, Larissa B. L. Gusmão (orgs.). *Dos traços aos trajetos — A Curitiba Negra entre os séculos XIX e XX*. Boletim Casa Romário Martins. Curitiba: Fundação Cultural de Curitiba, v. 37, n. 149, nov. 2019.

Hoshino, Thiago de Azevedo Pinheiro; Figueira, Miriane. *Negros, libertos e associados — Identidade cultural e território étnico na trajetória da Sociedade 13 de Maio (1888-2011)*. Curitiba: Fundação Cultural de Curitiba, 2012.

Malavota, Claudia Mortari. "A irmandade do Rosário de Desterro e seus irmãos africanos, crioulos e pardos". In: Mamigonian, Beatriz G.; Vidal, Joseane Z. (orgs.). *História diversa — Africanos e afrodescendentes na ilha de Santa Catarina*. Florianópolis: Editora da UFSC, 2013.

Medeiros, Alícia Quinhones. "Instrução, trabalho e família no pós-abolição em Santa Maria/RS (década de 1930)". *Revista Aedos*, [s. l.], v. 15, n. 33, 2023.

Mendonça, Joseli Maria Nunes. "Escravidão, africanos e afrodescendentes na 'Cidade mais Europeia do Brasil'" — Identidade, memória e história pública". *Tempos Históricos*, [s. l.], v. 20, p. 218-240, 2016.

Pereira, José Galdino. *Os negros e a construção da sua cidadania — Estudo do Colégio São Benedito e da Federação Paulista dos Homens de Cor de Campinas, 1896 a 1914*. Dissertação (mestrado em Educação) — Universidade Estadual de Campinas, Campinas, 2001.

Perussatto, Melina Kleinert. *Arautos da liberdade — Educação, trabalho e cidadania no pós-abolição a partir do jornal "O Exemplo" (c. 1892-1911)*. Tese (doutorado em História) — Universidade Federal do Rio Grande do Sul, Porto Alegre, 2018.

Reginaldo, Lucilene. *Os Rosários dos Angolas — Irmandades de africanos e crioulos na Bahia setecentista*. São Paulo: Alameda, 2011.

_______. "Irmandades". In: Gomes, Flavio dos Santos; Schwarcz, Lilia Moritz (orgs.). *Dicionário da escravidão e liberdade*. São Paulo: Companhia das Letras, 2018, p. 268-274.

Ribeiro, Jonatas Roque. *Escritos da liberdade — Trajetórias, sociabilidade e instrução no pós-abolição (1888-1930)*. Dissertação (mestrado em História) — Universidade Estadual de Campinas, Campinas, 2015.

______. *A classe de cor — Uma história do associativismo negro em Minas Gerais (1879-1910)*. Tese (doutorado em História Social) — Universidade Estadual de Campinas, Campinas, 2022.

Santos, Jucimar C. dos. *Escolas noturnas para trabalhadores na Bahia (1870-1889)*. Dissertação (mestrado em História Social) — Universidade Federal da Bahia, Salvador, 2017.

Silva, Noemi Santos da. *O batismo na instrução — Projetos e práticas de instrução formal de escravos, libertos e ingênuos no Paraná provincial*. Dissertação (mestrado em História) — Universidade Federal do Paraná, Curitiba, 2014.

______. "Entre letras e lutas — Educação e associativismo no Paraná, na escravidão e no pós-abolição". In: Mendonça, Joseli M. N.; Teixeira, Luana; Mamigonian, Beatriz (orgs.). *Coletânea pós-abolição no Sul do Brasil — Associativismo e trajetórias negras*. Salvador: Sagga, 2020.

______. *Direito de aprender — A educação nas lutas negras por emancipação. Paraná (1853-1910)*. Tese (doutorado em História Social) — Universidade Estadual de Campinas, Campinas, 2023.

Souza, Felipe Azevedo e. *Nas ruas — Abolicionismo, republicanismo e movimento operário em Recife*. Salvador: EdUFBA, 2021.

Fontes documentais

Brasil. Lei n. 3.029, de 9 de janeiro de 1881: "Lei Saraiva; Lei do Censo". *Coleção de Leis do Império do Brasil*, v. 1, pt. 1, 1881. Disponível em: https://www.tse.jus.br/servicos-eleitorais/glossario/termos/lei-saraiva. Acesso em: 28 ago. 2024.

Departamento de Arquivo Público do Paraná (Deap-PR). *Boletim do Arquivo Público do Paraná*, n. 45, PI 7281, cx. 278, 1874.

______. "Relação das pessoas que frequentam a escola noturna municipal". *Boletim do Arquivo Público do Paraná*, n. 658, 1882.

______. "Ofício dirigido ao presidente da província Luiz Alves Leite de Oliveira Belo, pela diretoria da Sociedade Protetora dos Operários, Curitiba, 12/02/1884". *Boletim do Arquivo Público do Paraná*, n. 709, 1884.

______. *Boletim do Arquivo Público do Paraná*, ano 6, n. 9, 1981.

Dezenove de Dezembro, 1885, ed. 27. Biblioteca Nacional. Hemeroteca Digital.

Diário da Tarde, 1900, ed. 421. Biblioteca Nacional. Hemeroteca Digital.

______. 12 jul. 1907. Biblioteca Nacional. Hemeroteca Digital.

Diário do Comércio (PR), 1892, ed. 462. Biblioteca Nacional. Hemeroteca Digital.

Paraná. *Relatório de Presidente da Província — Carlos Augusto de Carvalho*. Curitiba Typographia Perseverança, 1882.

O Paranaense, 1880, ed. 111. Biblioteca Nacional. Hemeroteca Digital.

A República, 7 maio 1893. Biblioteca Nacional. Hemeroteca Digital.

_______. 1896, ed. 197. Biblioteca Nacional. Hemeroteca Digital.

_______. 3 jul. 1897. Biblioteca Nacional. Hemeroteca Digital.

_______. 1899, ed. 71. Biblioteca Nacional. Hemeroteca Digital.

_______. 1900, ed. 113. Biblioteca Nacional. Hemeroteca Digital.

_______. 1901. Biblioteca Nacional. Hemeroteca Digital.

Sociedade 13 de Maio. *Livro de atas, da fundação e instalação do Club 13 de Maio até 22 de Maio de 1896*. Acervo interno da Sociedade.

Notas

1 Em estudo recente, contemplamos os mesmos aspectos defendendo a tese de que as mobilizações negras pelo acesso às escolas foram elemento substancial da construção popular do direito à educação. Veja Silva (2023).

2 Estudos recentes que contemplam a luta da população negra pela educação em escolas públicas noturnas, ou em escolas mantidas por espaços associativos, sustentam o mesmo argumento: Santos (2017), Ribeiro (2015, 2022), Perussatto (2018) e Medeiros (2023).

3 Veja, respectivamente, Pereira (2001), Malavota (2013) e Ribeiro (2022).

4 Sobre o vínculo dos associados da "13 de Maio" com as elites envolvidas no abolicionismo, veja Hoshino (2019). Sobre o abolicionismo popular e a configuração de redes de solidariedade vertical, veja Souza (2021).

7 JOSÉ REBOUÇAS: UM INSPETOR NOS TRILHOS E NAS CORRENTEZAS DO CAFÉ PAULISTANO

ANTONIO CARLOS HIGINO DA SILVA

O famoso poema "José", publicado por Carlos Drummond de Andrade em 1942, refere-se a um indivíduo que, em meio ao ambiente citadino, apresenta-se solitário, silenciado, imóvel, inerte, enfim, quase morto. Contudo, o personagem de Drummond, contemplado pela poesia, não morre! Ele segue na dureza de sua marcha, representando muitos outros "Josés" que sobrevivem à complexa experiência urbana. Mas para onde ele vai? Com essa pergunta, o poeta encerra seus versos convidando o leitor a uma reflexão acerca dos destinos daqueles e daquelas que, anonimamente, procuram desvendar os segredos da cidade a fim de melhor experimentá-la.

Paradoxalmente, esses mesmos versos servem de inspiração para pensar um José que jamais foi inerte ou imóvel, e que deixou relevantes marcas no desenvolvimento urbano do estado de São Paulo. O engenheiro José Pereira Rebouças, não podendo usufruir das mesmas benesses poéticas do personagem de Drummond, morreu em 23 de junho de 1921, tendo sido sua morte e diversas missas fúnebres noticiadas em vários jornais do país, como *A Província* (PE), *O País* (RJ), *O Correio da Manhã* (RJ), *Jornal do Brasil* (RJ) e *Correio Paulistano* (SP). No entanto, como um típico "José", ele seguiu sua marcha na transição do século XIX para o XX, até o último dia de sua vida, forjando projetos e estudos para cidades paulistas. Praticamente esquecido pela historiografia, dados de sua biografia e seus feitos permanecem, majoritariamente, silenciados.

Nascido em 17 de julho 1856, José Rebouças foi irmão mais novo dos célebres André e Antônio Rebouças, também engenheiros. Eles eram filhos do conselheiro de Estado Antônio Pereira Rebouças com a senhora Carolina Pinto Rebouças. Embora se saiba tão pouco a seu respeito, José foi o mais longevo dentre os três irmãos.

Sua vida foi destinada à engenharia desde muito cedo, como pode ser visto no carinhoso registro deixado por André em seu diário no sétimo aniversário de José: "Com essa pequena festa de trabalho festejei o 7º aniversário do meu querido irmão José, ao qual Deus concederá seja muito melhor engenheiro do que eu" (Rebouças, 1838, p. 20).

Mais adiante, em 27 de maio de 1867, quando José estava prestes a completar 11 anos, André mostrou-se mais uma vez afetuoso e atento às demandas da formação fundamental de seu irmão mais novo: "[...] Fui pela manhã ao colégio Marinho recomendar ao diretor que o meu irmão José frequentasse a aula de caligrafia; é um dos grandes benefícios, que devo ao meu excelente Pai, o [de] ter boa letra" (Rebouças, 1938, p. 150).

Esse registro do diário de André Rebouças, feito quando ele tinha 29 anos, menciona o mesmo colégio onde ele e Antônio, a contar do ano de 1852, fizeram parte de sua formação basilar. Esse indício nos aponta uma relevante similaridade na formação dos três engenheiros. Contudo, José concluiria a escola secundária no Atheneu Fluminense e realizaria seus exames finais entre os últimos meses de 1869 e os primeiros de 1870.[1]

No que tange ao ensino superior, André e Antônio completaram seus estudos antes da reforma da Escola Central, tornando-se engenheiros militares. Quanto a José, há registros de que o início de sua formação se deu ainda nos moldes da Escola Central.[2] Mas, devido às mudanças no currículo, embora se tratasse da mesma instituição, ele completou o bacharelado em 11 de março de 1876 na nova Escola Polytechnica.[3]

A conclusão da formação de José Rebouças como engenheiro também pode ser ratificada pela publicação realizada no ano de 1876[4] no *Almanak Administrativo, Mercantil e Industrial do Rio de Janeiro*. Naquela ocasião, seu nome apareceu pela primeira vez na relação dos engenheiros cadastrados na capital monárquica. No mesmo registro, seu endereço residencial situava-se à rua do Passeio, nº 40.[5] Nas edições seguintes do *Almanak*, entre 1877 e 1884, outros endereços no Rio de Janeiro são apresentados ao lado do nome de José, como a rua do Carmo, nº 42, e o hotel Vista Alegre, em Santa Teresa. Enfim, no ano de 1885, constata-se que seu endereço na rua do Carmo passou a servir apenas como uma referência para recados, pois ele havia se mudado para Piracicaba, em São Paulo.

O registro, feito na edição de 1885, apresenta certo atraso com relação às atividades desenvolvidas por José Rebouças no estado de São Paulo. Naquele ano, ele já tinha uma ativa vida profissional com estudos, projetos e a função de inspetor da Companhia Paulista. Logo, a data em questão representa mais uma saída definitiva do Rio de Janeiro do que a real chegada a Piracicaba[6], que seria um dos endereços habitados por ele no estado de São Paulo. Para melhor entender essa trajetória de José, faz-se necessário contextualizar as mudanças que estavam acontecendo no Brasil.

Todavia, antes de avançar nesse sentido, cabe salientar que, em 1877, segundo Pedro Carlos da Silva Telles, em seu livro *História da engenharia no Brasil*, André e José publicaram juntos o *Índice alfabético das madeiras do Brasil*. O manual em questão contém informações sobre 213 tipos de madeira e, até o lançamento do livro de Telles, ocorrido em 1994, ainda era considerado pelo autor o mais completo estudo sobre o assunto.

Do lombo das mulas em direção aos trilhos e correntezas

Depois desse breve parêntese, faz-se necessário retomar a análise sobre o Brasil do século XIX por meio de dois aspectos: o café e as ferrovias. Esses elementos nos ajudam a entender melhor o papel desempenhado por José Rebouças no cenário do desenvolvimento nacional.

No início do século XIX, o Brasil se locomovia por meio de tropas de mulas que marchavam através de picadas, carregando todo tipo de carga. Porém, o aumento exponencial da produção cafeeira foi o principal responsável pela necessidade de estradas de ferro. Assim, a partir de 1835, algumas leis foram promulgadas no intuito de fomentar a implementação do sistema ferroviário no Brasil.

> A primeira concessão que chegou a ser feita para estradas de ferro no Brasil foi a Lei Provincial n. 51, de março de 1836, do Governo de São Paulo, concedendo privilégio a Aguiar, Viúva, Filhos & Cia Ltda., e a Platt e Reid, para a construção de uma estrada de ferro de São Paulo para cidade de Santos e as vilas de Campinas, São Carlos, Constituição (Piracicaba), Itu e Porto Feliz. (Telles, 1994, p. 231)

Embora a concessão mencionada não tenha avançado, a ideia presente nela expressou a direção do eixo ferroviário que se estabeleceria, atendendo aos interesses econômicos dos produtores de café de São Paulo. No entanto, a implementação de tal projeto se dividiria em concessões diferentes.

Por conseguinte, outros projetos e leis surgiram em outras localidades, mas a dificuldade de angariar recursos era grande. Somente depois que o governo imperial garantiu 5% de juros sobre o capital investido, através da Lei n. 641, de 26 de junho de 1852, surgiram as primeiras ferrovias brasileiras. Essa lei também estabelecia, entre outras coisas, que fosse proibido que as estradas tivessem escravos, ou que os aproveitassem nas obras. Contudo, "essa proibição, é claro, só valia para as empresas ferroviárias e as empreiteiras principais; as subempreiteiras e as diversas firmas fornecedoras de serviços sempre empregaram escravos" (Telles, 1994, p. 276).

Diz um anúncio publicado no *Diário de Pernambuco* de 7 de julho de 1857: "A pessoa que tiver escravos e quiser alugar para trabalhar na estrada de ferro, gente forra que queira assujeitar-se, dirija-se à rua estreita do Rosário, n. 23, segundo andar".

A partir da Lei n. 641, constituíram-se as duas primeiras concessões para ferrovias no Brasil. Uma para Recife (7 de agosto de 1852), ligando a capital a Água Preta, e outra para o Rio de Janeiro (13 de dezembro de 1852), ligando a capital, inicialmente, a Petrópolis e, depois, a Três Barras e Porto Novo do Cunha.

A concessão da capital monárquica foi conquistada por Irineu Evangelista de Souza, o Visconde de Mauá, e gestada pela Imperial Companhia de Navegação a Vapor e Estrada de Ferro de Petrópolis — que entrou para a história como a primeira linha de estrada de ferro do Brasil, tendo sua inauguração realizada em 30 de abril de 1854, chegando a Petrópolis apenas em 1879. Ela também marca o primeiro ciclo de estrada de ferro no Brasil caracterizado pela bitola larga (1,60 m), que foi seguido por outras empresas:

- Estrada de Ferro do Recife ao Cabo, inaugurada em fevereiro de 1858, chegando a Una (Palmares) em 1862.
- Estrada de Ferro D. Pedro II, inaugurada em 29 de março de 1858, chegando a Queimado e depois a Belém (Japeri) em 8 de novembro do mesmo ano. Em 1861, foi inaugurado o serviço de trens do subúrbio, entre a Estação Campo (Central) e Sapopemba (Deodoro).
- Estrada de Ferro Cantagalo, inaugurada em abril de 1860, ligava o porto de Caxias (fundo da baía de Guanabara) a Cachoeiras (Cachoeiras de Macacu). Seus prolongamentos estenderam-se até Vila Nova, na raiz da serra, e Nova Friburgo, e foram inaugurados em agosto de 1869 e novembro de 1873, respectivamente.
- Estrada de Ferro da Bahia ao São Francisco, construída para ligar Salvador a Juazeiro ou outro ponto próximo ao rio São Francisco. Seu primeiro trecho foi inaugurado em junho de 1860 em Aratu, chegando a Alagoinha em 1863.

Ainda nesse ciclo de bitola larga surgiram as mais importantes empresas ferroviárias paulistas do século XIX: a São Paulo Railway, que ligou Santos a Jundiaí, eixo de escoação do café, e a Companhia Paulista de Estradas de Ferro, que teve por objetivo dar continuidade ao ramal de Jundiaí até Campinas.

A concessão da São Paulo Railway foi dada ao Visconde de Mauá e a outros capitalistas em abril de 1856 para a construção de um percurso de Santos à vila de Rio Claro, passando por São Paulo e Jundiaí. As obras começaram em Santos no ano de 1860. Devido a fortes chuvas e intercorrências, a inauguração do trecho até São Paulo foi realizada apenas em setembro de 1865, e no referido evento houve um grave acidente com mortos. Em 1867, a estrada foi concluída, chegando a Jundiaí e atingindo a extensão de 139 quilômetros.

Em Campinas, a necessidade de ligação com Santos tornava-se cada vez maior devido ao avanço do cultivo de café. No entanto, os estudos e as discussões realizados no início da década de 1860 tiveram de esperar até 1867, em virtude da Guerra do Paraguai.

Em 1868, um grupo de fazendeiros, políticos e outros homens influentes de São Paulo constituiu a Companhia Paulista. Mas, para a execução da obra, foi necessário que a São Paulo Railway desistisse de parte de sua concessão, que previa a extensão de seus trilhos até Rio Claro. Depois que esse impasse foi resolvido, as obras se iniciaram em março de 1870 e ficaram prontas em agosto de 1872. Os trajetos das duas companhias foram integrados, pois elas tinham a mesma bitola, o que evitava baldeações (Telles, 1994).

Destarte, além do trecho interligando Campinas a Jundiaí através da ferrovia, a Companhia Paulista desenvolveu um serviço de navegação fluvial nos rios Mogi-Guaçu e Pardo. O trecho, com mais de 200 quilômetros de extensão, se tornou possível através de estudos de navegabilidade feitos por José Pereira Rebouças, fato que confere justiça ao seu novo nome: Companhia Paulista de Estradas de Ferro e Navegação a Vapor.

A atuação de Rebouças na Companhia Paulista já se estabelecia desde 1880[7], de maneira que, em 6 de novembro de 1881, ele já havia participado, junto com o engenheiro Almeida Falcão, da inauguração do ramal da estrada de ferro do Porto do Ferreira à vila do Belém do Descalvado.[8] Em 1883, ao concluir sua investigação acerca dos rios Pardo e Mogi-Guaçu, seu relatório foi publicado na *Revista de Engenharia*.[9]

A conclusão das obras da Companhia Paulista marcou o fim do ciclo da bitola larga, que foi gradativamente desestimulada pela legislação ao longo da década de 1870. Mas foram duas medidas lançadas nos anos 1880 que orientaram os rumos das estradas de ferro no Brasil. Em dezembro de 1880, o Decreto n. 7.959 fixou as condições e exigências para a concessão das estradas de ferro e determinou as bitolas admitidas. Três anos mais tarde, em 19 de maio, o Decreto n. 8.947 criou, no Ministério da Agricultura, a Inspetoria-Geral das Estradas de Ferro. Esse órgão era encarregado de fiscalizar as ferrovias brasileiras, detalhando os deveres e as atribuições dos inspetores (Telles, 1994). Um excelente exemplo dessa transformação pode ser constatado na notícia publicada em 24 de fevereiro de 1883 no *Correio Paulistano*, ocasião em que a Companhia Paulista desejava construir um ramal para interligar a estação de Louveira à cidade de Itatiba:

Ramal para Itatiba

Adotada a bitola de 1m entre os trilhos para ramal, que temos de construir entre a nossa estação da Louveira e a cidade de Itatiba, na já referida reunião de 14 de janeiro último, tratou a diretoria, sem a menor demora, de levar essa deliberação ao conhecimento do governo da província a fim de, em novo contrato, se determinar a alteração havida de 1,6m para 1m.

A 6 do corrente mês remetemos ao mesmo governo as plantas respectivas e o orçamento.

Sem demora, também se deu começo à locação da linha do ramal, o que teve lugar a 19 do mesmo mês de janeiro, como vereis no relatório (anexo n. 5) do nosso engenheiro chefe interino, o Sr. Dr. José Pereira Rebouças.

Estamos aguardando as ordens do governo.

Em São Paulo, três companhias se destacaram nesse modelo de empreendimento ferroviário: a Estrada de Ferro Ituana, de 1873, a Mogiana e a Sorocabana, ambas de 1875. "Ainda em 1884, as estradas com maior extensão em bitola estreita eram a Mogiana, com 368 quilômetros, a Leopoldina, com 275 quilômetros, a São Paulo-Rio, com 231 quilômetros, a Sorocabana, com 186 quilômetros, e a Porto Alegre-Uruguaiana, com 179 quilômetros" (Telles, 1994, p. 409).

As companhias Mogiana e Sorocabana também mantiveram serviços de navegação fluvial simultaneamente com o tráfego de seus trens. A primeira utilizou um trecho do rio Grande, enquanto a segunda utilizou os rios Piracicaba e Tietê.

A Mogiana foi a mais bem-sucedida estrada de bitola estreita, ramificando-se em busca de café pelo nordeste paulista e, em 1889, alcançando Uberaba e Poços de Caldas (MG). Já a Sorocabana inaugurou o trecho de São Paulo a Sorocaba em 1875, atingindo Botucatu em 1889.

Por último, a Ituana teve início em 1873, com o trecho de Jundiaí a Itu, chegando a Piracicaba em 1879 e, em 1888, a São Manuel. Em 1892, a Sorocabana e a Ituana se uniram, constituindo a Estrada de Ferro Sorocabana, que se tornou a segunda mais importante estrada de ferro de bitola estreita.

Nos anos 1880, a proximidade entre as linhas das Companhias Mogiana e Paulista fez que a disputa pelo transporte de café assumisse posições litigiosas a respeito das zonas privilegiadas, ou seja, uma faixa de monopólio ao longo das linhas férreas. Segundo Telles (1994, p. 412), "esse litígio valeu um importante trabalho de perícia do engenheiro José Rebouças".

Contudo, afora a condição de perito indicada há pouco, o protagonismo de Rebouças seria muito mais atuante nesse cenário. Logo, outros feitos podem ser atribuídos a ele. Em 1886, ele dirigiu a construção da ponte sobre o rio Piracicaba pela Companhia Ituana.[10] Em 1887, ainda pela Ituana, coordenou o prolongamento de um trecho de 25 quilômetros de Piracicaba a Porto João Alfredo (hoje distrito de Ártemis). Esse trecho tinha o propósito de ligar a via férrea à navegação dos rios Piracicaba e Tietê. Naquele mesmo ano, outra linha, saindo de Porto Martins em direção a São Manuel, com 40 quilômetros de extensão, também esteve sob responsabilidade de José.[11]

No fim da década de 1880, a atuação de José Rebouças nas Companhias Paulista e Ituana, tanto no ramo hidráulico quanto no ferroviário, foi coroada por um novo desafio. Em 31 de dezembro de 1889, Antonio Francisco de Paula Souza pediu demissão da inspetoria-geral da Companhia Paulista para assumir a Superintendência de Obras Públicas de São Paulo. Consequentemente, José Rebouças o substituiu.[12]

Nos anos seguintes, a rede estabelecida entre esses engenheiros pode ter concorrido para as novas atuações de Rebouças no cenário paulista. Em 4 de janeiro de 1892,

José já assinava publicações no *Correio Paulistano* como diretor de superintendência do Serviço de Obras Públicas de São Paulo.[13] Ao fim daquele ano, em 6 de novembro de 1892, ele foi nomeado, juntamente com Theodoro Sampaio e José Pereira Ferraz, para compor uma comissão examinadora das obras de esgoto da cidade de Santos[14] — inspeções que ele exerceria em várias partes do estado.

O exercício da direção na Superintendência de Obras Públicas de São Paulo prosseguiu até o ano de 1896, quando José Rebouças assumiu o cargo de inspetor-geral da Companhia Mogiana, em Campinas.[15] Ao mudar para sua nova cidade, ele se instalou no nº 32 da rua Barreto Leme, ou seja, muito próximo das Oficinas da Companhia Mogiana.

Dois anos depois de estabelecer uma nova rotina, José Rebouças recebeu uma dura notícia vinda de Portugal: a trágica morte de seu irmão André na Ilha da Madeira, em Portugal. José escrevera para seu amado irmão e insistira para que ele voltasse ao Brasil. Mas o estado de saúde muito debilitado e a consciência de que se tornaria um fardo para seu irmão mais novo não permitiu que ele atendesse ao chamado de José e de outros amigos.

> 23 de Novembro de 1897.
> Meu querido irmão José.
> Recebi agora mesmo afetuosa carta de Campinas em 27 de outubro instando pela minha volta ao Brasil. Agradeço de todo o coração os seus fraternais agradecimentos; mas, infelizmente, mais do que nunca, acho-me impedido de realizar os seus bons desejos. Estou com meus recursos quase esgotados e com a saúde em mau estado. Nessas circunstâncias, seria egoísmo de minha parte ir sobrecarregar a família. É exatamente pelo muito amor que lhes tenho que não volto à minha cara pátria. Morreria de remorso se minha residência com vocês fosse motivo para prejudicá-los com alguma vingança jacobina.
> São muito especiais as minhas circunstâncias; é impossível descrevê-las todas; são casos de consciência que só podem ser presentes a Deus. (Rebouças, 1938, p. 446-447)

Nessa carta, constata-se que José pedira ao irmão mais velho que voltasse, mas André apresenta um série de motivos para não retornar. É interessante perceber que, por seu posicionamento político, André temia uma possível vingança contra José. Infelizmente, alguns meses após escrever a carta mencionada há pouco, ele faleceu, em 9 de maio de 1898, e José configurou-se como responsável pelos pertences chegados da Ilha da Madeira e pelo reconhecimento do corpo[16] de André.

Nos anos seguintes, José Rebouças permaneceu na Mogiana inaugurando estações, como aquelas de Venerando e dr. José Eugênio nos ramais Mococa e Guaxupé. Tais estações tinham por finalidade o serviço de passageiros, mercadorias e telégrafos. A contar de 25 de dezembro de 1903, ele assumiu por um ano a chefia da comissão de saneamento de Santos[17], juntamente com o exercício da inspetoria-geral da Mogiana.

Depois de 18 anos exercendo esse cargo na Mogiana, em 13 de fevereiro de 1914, José Rebouças inesperadamente pediu demissão e foi substituído por Jeronymo de Camara Freire.[18] A surpresa foi tanta que se chegou a especular que José seria diretor da Estrada de Ferro Central do Brasil no governo de Venceslau Brás[19], fato que não ocorreu. Não há registros sobre o motivo do pedido de demissão, mas cabe lembrar que em fevereiro de 1913, um ano antes, um grande acidente acontecera com trens da Mogiana, matando seis pessoas e ferindo nove.[20]

O dr. Rebouças está fazendo falta

Em seus últimos anos, José Rebouças afastou-se da vida agitada de inspetor, mas continuou trabalhando. Ele voltou para a capital e instalou-se na rua Vergueiro, nº 43, onde viveu com sua esposa, dona Etelvina Rios Rebouças, suas filhas Etelvina e Carolina e seu filho José Rios Rebouças.

Infelizmente, nessa última fase de sua vida, José Rebouças precisou despedir-se de sua esposa e de seu filho, que faleceu devido a uma peritonite um ano antes do pai.[21] Os últimos registros encontrados acerca de suas filhas, Etelvina e Carolina, informam que elas não desfrutavam de boas condições financeiras.

No entanto, passados alguns anos de sua morte, a memória de José Pereira Rebouças continuou a ser reivindicada devido aos seus feitos. O reconhecimento pelos estudos hidráulicos e ferroviários continuou sendo rememorado com o intuito de apresentar os ganhos adquiridos pela companhia, por seus funcionários e pelas cidades onde trabalhou. Sua dedicação e seu comprometimento são expressos nas publicações em termos que remetem a uma elevada distinção.

Em extenso artigo assinado por R. P. C. no jornal *Getulino*, em 6 de julho de 1924, fica claro que José era tido em alta conta:

> Bom com energia e o mais acrisolado sentimento de justiça, o saudosíssimo dr. Rebouças dedicava o maior afeto à Mogiana e a seus companheiros de trabalho, e vim a confundi-lo com os mais humildes trabalhadores manuais em aterros e desterros, em serviços de pontilhões e mata-burros, em explorações, em construções de serviços de artes etc., e algumas vezes sem sapatos dentro da água a inspecionar serviços e pilares, ou a resistência das diversas pontes e dos muitos pontilhões da notável e importante estrada férrea, da qual ele foi sempre o mais seguro administrador, cercado de bons auxiliares.

Desde sua saída da Mogiana, em 1914, seu estilo único de administrar passou a ser comparado com o da nova gestão. Os funcionários, aqueles muitos "Josés" que se identificavam com Rebouças, começaram a denunciar a decadência do serviço prestado pela Mogiana e o destrato sofrido por eles.

O número 163 do jornal rio-pretense *O Parafuso*, de 1919, afirmava:

> Na Mogiana, o dr. Rebouças está fazendo falta
> A Companhia Mogiana era, ao tempo em que à frente da inspetoria-geral se achava o dr. José Pereira Rebouças, um modelo de organização e de progresso. Depois, porém, que se viu privada dos serviços daquele administrador, entrou num lastimável período de anarquia, e, hoje, já luta com dificuldades de toda ordem. A renda decresceu, e o pessoal, maltratado e mal pago, vai lhe faltando também.
> Em outros tempos, dois engenheiros residentes eram bastante para garantir o bom estado das linhas. Os trens corriam no horário, as estações eram limpas, havia ordem em tudo. Hoje, o chefe da linha, com sete engenheiros residentes [...] e cada qual com um aparatoso de escriturários e contínuos, apenas conseguiu que a Mogiana se tornasse uma perigosa concorrente da Central em matéria de desastres.[22]

Enfim, as reclamações continuam ao longo do artigo. Contudo, mesmo depois de cinco anos da demissão de Rebouças, é possível destacar a identificação dos funcionários com a gestão e com a atenção dispensada por ele às suas demandas. Para além das questões trabalhistas, há também um tom de denúncia ao se referir à degradação da companhia, que emprega um excesso de engenheiros, escriturários e contínuos. Tal situação é agravada pelo fato de que o número maior de profissionais se presta a um trabalho qualitativamente inferior ao que era realizado antes. Diante disso, o autor entende que há uma verdadeira anarquia na companhia, que só deseja ver sua *renda cada vez maior* e *a despesa cada vez menor*.

Para concluir o artigo escrito em 1919, o redator mostra-se conectado aos eventos mundiais, afora seu cuidado com as questões trabalhistas, corporativas e sociais, as quais se expressam na sua preocupação com o aumento salarial, com a depreciação da empresa e com a queda de qualidade no serviço prestado pela concessão. Há na última frase do texto um elo relevante com a Revolução Bolchevique que acontecera do outro lado mundo: "Ah! Se os operários da Mogiana fizessem como os seus colegas lá da Rússia..."

Nessa conjuntura, diversos "Josés" permanecem em seu ímpeto de marcha, como dito por Drummond. Seguem em busca de desvendar os segredos da cidade para, enfim, melhor usufruí-la. Se, de um lado, não vivem eternamente como permite a poesia, de outro, eles se reconhecem e dividem a experiência, assim como a luta pela conquista do espaço urbano. Atentos a tudo ao seu redor, os funcionários da Mogiana constataram algo que ainda resta à historiografia corrigir e afirmar: o dr. Rebouças está fazendo falta!

Referências

ALONSO, Angela. *Ideias em movimento — A geração 1870 na crise do Brasil-Império*. Rio de Janeiro: Paz e Terra, 2002.

CARVALHO, José Murilo. "Cidadania — Tipos e percursos". *Estudos Históricos*, São Paulo, n. 18, p. 337-359, 1996. Disponível em: https://periodicos.fgv.br/reh/article/download/2029/1168/3508. Acesso em: 24 abr. 2024.

GOMES, Flávio. *Negros e política*. Rio de Janeiro: Zahar, 2005.

HOBSBAWM, Eric. *A era das revoluções*. Rio de Janeiro: Paz e Terra, 1977.

HONORATO, Cezar Teixeira. *O polvo e o porto*. São Paulo: Hucitec, 1996.

MATTOS, Hebe. "André Rebouças e o pós-abolição — Entre a África e o Brasil (1888-1898)". In: Natal — RN. XXVII Simpósio Nacional De História, 2013. *Anais [...]*. Natal: Anpuh, 2013.

REBOUÇAS, André. *André Rebouças — Diário e notas autobiográficas*. Texto escolhido e anotações de Ana Flora e Inacio José Veríssimo. Rio de Janeiro: José Olympio, 1938.

SANTOS, Sydney M. G. dos. *André Rebouças e o seu tempo*. Rio de Janeiro: Sindicato Nacional dos Editores de Livros, 1985.

SILVA, Antonio Carlos Higino da. *O cocheiro do carro do progresso — Os desafios da reforma portuária do Rio de Janeiro durante o Segundo Reinado*. Curitiba: Appris, 2023.

TELLES, Pedro Carlos da Silva. *História da engenharia no Brasil*. Rio de Janeiro: Clavero, 1994.

TRINDADE, Alexandro Dantas. "Os irmãos Rebouças e as perspectivas da imigração espontânea no Paraná (1865-1875)". In: 4º Encontro Escravidão e Liberdade no Brasil Meridional, 2009. *Anais [...]*. Curitiba: [s. n.], 2009. Disponível em: https://chasquebox.ufrgs.br/public/eed3d1. Acesso em: 26 abr. 2024.

VERÍSSIMO, Inacio José. *André Rebouças através de sua autobiografia*. Rio de Janeiro: José Olympio, 1939.

Fontes documentais

ALMANACH PROVINCIA DE SÃO PAULO: ADMINISTRATIVO, COMMERCIAL E INDUSTRIAL (SP), n. 5, 1887.

ALMANAK ADMINISTRATIVO, MERCANTIL E INDUSTRIAL DO RIO DE JANEIRO (RJ), n. 33, 1876.

O ARCHIVO ILLUSTRADO: ENCYCLOPEDIA NOTICIOSA, SCIENTIFICA E LITTERARIA (SP), n. 33, 1903.

A EPOCA (RJ), n. 213, 28 fev. 1913.

A NAÇÃO: ORGÃO DO PARTIDO REPUBLICANO FEDERAL (SP), n. 319, 18 jun. 1898.

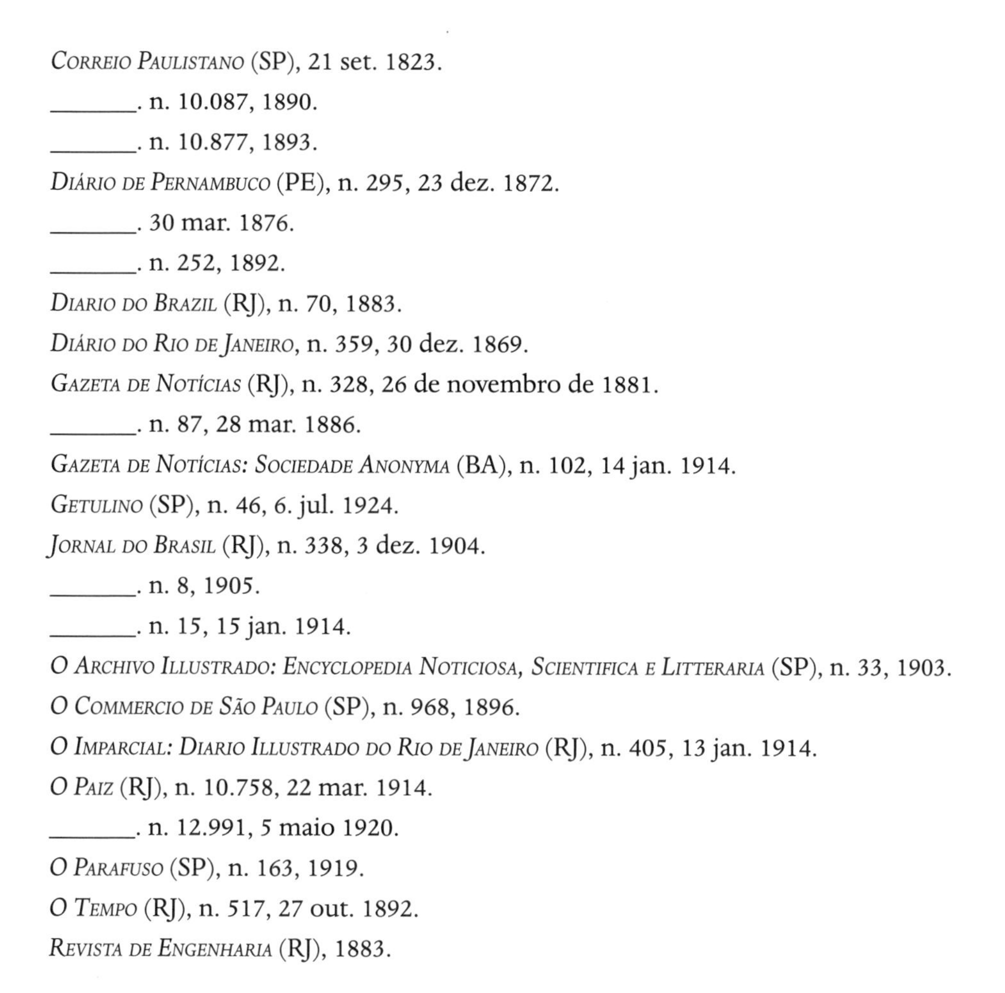

Correio Paulistano (SP), 21 set. 1823.

_______. n. 10.087, 1890.

_______. n. 10.877, 1893.

Diário de Pernambuco (PE), n. 295, 23 dez. 1872.

_______. 30 mar. 1876.

_______. n. 252, 1892.

Diario do Brazil (RJ), n. 70, 1883.

Diário do Rio de Janeiro, n. 359, 30 dez. 1869.

Gazeta de Notícias (RJ), n. 328, 26 de novembro de 1881.

_______. n. 87, 28 mar. 1886.

Gazeta de Notícias: Sociedade Anonyma (BA), n. 102, 14 jan. 1914.

Getulino (SP), n. 46, 6. jul. 1924.

Jornal do Brasil (RJ), n. 338, 3 dez. 1904.

_______. n. 8, 1905.

_______. n. 15, 15 jan. 1914.

O Archivo Illustrado: Encyclopedia Noticiosa, Scientifica e Litteraria (SP), n. 33, 1903.

O Commercio de São Paulo (SP), n. 968, 1896.

O Imparcial: Diario Illustrado do Rio de Janeiro (RJ), n. 405, 13 jan. 1914.

O Paiz (RJ), n. 10.758, 22 mar. 1914.

_______. n. 12.991, 5 maio 1920.

O Parafuso (SP), n. 163, 1919.

O Tempo (RJ), n. 517, 27 out. 1892.

Revista de Engenharia (RJ), 1883.

Notas

1 *Diário do Rio de Janeiro* (RJ), n. 359, 30 dez. 1869.

2 *Diario de Pernambuco* (PE), n. 295, 23 dez. 1872. E ainda: *Diário do Rio de Janeiro* (RJ), n. 352, 23 dez. 1873.

3 Na publicação do *Diário de Pernambuco* de 30 de março de 1876, é possível conferir a relação do bacharéis que colaram grau naquele ano. Veja também: https://bndigital.bn.gov.br/dossies/rede-da-memoria-virtual-brasileira/ciencias/escola-politecnica-ufrj/. Acesso em 17 set. 2024.

4 É necessário considerar que pode ter ocorrido algum atraso (um ano) na publicação do nome de José Rebouças no referido cadastro do *Almanak*, pois suas edições eram anuais.

5 *Almanak Administrativo, Mercantil e Industrial do Rio de Janeiro* (RJ), n. 33, 1876.

6 Tal assertiva pode ser confirmada por meio de publicação encontrada no *Correio Paulistano* de 21 de setembro de 1823, quando, por ocasião do adoecimento de Rebouças, o jornal fez a seguinte publicação: "Tem estado enfermo o ilustrado engenheiro dr. José Pereira Rebouças, há pouco mudado para Piracicaba".

7 *Diario do Brazil* (RJ), n. 70, 1883.

8 *Gazeta de Noticias* (RJ), n. 328, 26 de novembro de 1881.

9 *Revista de Engenharia* (RJ), 1883.

10 *Gazeta de Notícias* (RJ), n. 87, 28 mar. 1886; *Revista de Engenharia* (RJ), n. 135, 1886.

11 *Almanach Provincia de São Paulo: Administrativo, Commercial e Industrial* (SP), n. 5, 1887.

12 *Correio Paulistano* (SP), n. 10.087, 1890.

13 *Correio Paulistano* (SP), n. 10.877, 1893.

14 *Diário de Pernambuco* (PE), n. 252, 1892; *O Tempo* (RJ), n. 517, 27 out. 1892.

15 *O Commercio de São Paulo* (SP), n. 968, 1896.

16 *A Nação: Orgão do Partido Republicano Federal* (SP), n. 319, 18 jun. 1898.

17 *O Archivo Illustrado: Encyclopedia Noticiosa, Scientifica e Litteraria* (SP), n. 33, 1903; *Jornal do Brasil* (RJ), n. 282, 1904; *Jornal do Brasil* (RJ), n. 338, 3 dez. 1904; e *Jornal do Brasil* (RJ), n. 8, 1905.

18 *Gazeta de Noticias: Sociedade Anonyma* (BA), n. 102, 14 jan. 1914; *O Imparcial: Diario Illustrado do Rio de Janeiro* (RJ), n. 405, 13 jan. 1914; *Jornal do Brasil* (RJ), n. 15, 15 jan. 1914.

19 *O Paiz* (RJ), n. 10.758, 22 mar. 1914.

20 *A Epoca* (RJ), n. 213, 28 fev. 1913.

21 *O Paiz* (RJ), n. 12.991, 5 maio 1920; *Getulino* (SP), n. 46, 6. jul. 1924.

22 *O Parafuso* (SP), n. 163, 1919.

8 MARIA ODÍLIA TEIXEIRA: GÊNERO E MEDICINA NA BAHIA

MAYARA SANTOS

Em 2019, a foto de 12 formandos em medicina pela Universidade Federal do Recôncavo (UFRB) viralizou e chamou a atenção de todo o Brasil. O motivo: todos eles eram negros (Lessa, 2019). Algo bastante incomum para a realidade brasileira, pois, ainda que o percentual de formação de médicos e médicas negros tenha se elevado na última década — reflexo, sobretudo, das políticas de cotas nas universidades —, de forma geral, a medicina é considerada branca (Scheffer *et al.*, 2020, p. 112). Assim, a foto é inegavelmente imponente, não só pela postura orgulhosa dos fotografados, mas sobretudo por retratar o fenótipo da maioria da população do país. Observando essa imagem, conseguimos ver o invisível: histórias de resiliência, enfrentamento ao racismo, aquilombamento e de muitos projetos coletivos.

Em 1909, exatamente um século antes dessa foto, formou-se na Faculdade de Medicina da Bahia (Fameb) a primeira médica negra do Brasil, Maria Odília Teixeira. Sua trajetória é uma grande oportunidade de acompanharmos um universo em plena mutação, pois Odília estava inserida em vários contextos em que o debate sobre esse novo país, após a abolição, estava acontecendo, sendo projetado e disputado. Somando-se a isso, sua condição racial e de gênero nos permite "calibrar" nossa lente para recortes que nem sempre foram privilegiados na historiografia brasileira. Afinal, como deve ter sido ser uma médica negra no Brasil do começo do século XX? Vamos a essa vida, a essa mulher.

A menina Odília num mundo em transformação

Nascida em 1884 na cidade de São Félix, no Recôncavo Baiano, Odília teve sua formação familiar marcada por uma característica advinda desde o período colonial brasileiro: era filha de uma união extraoficial e inter-racial (Azevedo, 1955). Sua mãe, Josephina Luiza Palma, era filha de uma ex-escravizada alforriada; já seu pai, José Pereira Teixeira, era médico, branco e filho de uma tradicional família do Recôncavo, sendo seu tio um dos primeiros cátedras da Fameb. Assim, de um lado Maria Odília carregava consigo ascendência negra e escravizada de sua avó; e, de outro, a origem branca e senhorial de seu pai (Lavigne, 2015).

De acordo com José Léo Lavigne, filho de Maria Odília, os seus avós "se conheceram em Cachoeira e [ele] se apaixonou por ela e ela viveu com ele, naquela época eles não se casaram, era amante dele, viveu companheira, mas era uma mulher boníssima" (Lavigne, 2015, p. 5). Nesse arranjo familiar sem a oficialização da união, o casal construiu um núcleo familiar com cinco filhos, tendo pelo menos quatro deles alcançado grande grau de instrução. Além de Odília ter estudado medicina, seu irmão mais velho, Tertuliano Teixeira, tornou-se rábula; José Pereira Teixeira Filho se tornou advogado; e o terceiro irmão, seu companheiro de profissão e de bancos escolares, Joaquim Teixeira, tornou-se médico. A única para a qual não encontramos fontes que apontem alguma formação foi Maria Etelvina, sua irmã mais nova. Assim, ainda que não tenha reconhecido oficialmente sua união com Josephina Palma, só tardiamente identificada como matriarca da família, José Pereira legitimou todos os seus filhos e filhas. O casal investiu num projeto familiar coletivo que escolheu a instrução em profissões elitizadas como principal objetivo a ser alcançado (Santos, 2019).

Entre o vaivém do trem que cortava as duas cidades-irmãs do Recôncavo, Cachoeira e São Félix, Maria Odília cresceu com o mundo à sua volta em transformação. Com apenas 4 anos de idade vivenciou, ainda que sem entender, a abolição da escravatura no Brasil, fato que sem dúvida modificou o seu cotidiano, pois o Recôncavo era um dos principais centros produtores açucareiros da Bahia e havia se constituído a partir da escravidão (Fraga Filho, 2009). Durante a última década do século, observou e decerto acompanhou o avanço das pautas relacionadas às mulheres no mundo, como a luta pelo acesso à educação e ao voto. Somente no ano de 1879, através da reforma Leôncio de Carvalho, foi possível que as mulheres acessassem o ensino superior no Brasil (Brasil, 1879). Odília, ainda menina, estava atenta a essa escotilha.

Acompanhando a reforma educacional a partir de 1883, o Ginásio da Bahia implementou o curso secundário para as mulheres. Isso possibilitou que Odília frequentasse os bancos escolares da famosa instituição de ensino baiana. Assim, através dos conhecimentos adquiridos, ela teria a chance de ingressar no curso de medicina, o que exigia elevado nível de ilustração. Uma das principais exigências era o domínio prévio de temas como "língua portuguesa, latim, grego, francês, inglês, alemão, matemática elementar, história universal, geografia, corografia e história do Brasil, biologia (compreendendo a história natural descritiva e a geologia [...])" (Lima, 2003, p. 25). Só a habilitação exigida para avançar nos estudos era uma grande tarefa, pois, majoritariamente, a formação esperada para as meninas das elites ainda era voltada para um modelo patriarcal de educação feminina, sendo as prendas domésticas o seu principal esteio (Reis, 2000, p. 65).

Além de conhecer a fundo esses conteúdos, a jovem Odília deveria contar com outros fatores para avançar em seus estudos. O primeiro seria a vultosa soma de 50 mil réis para cada ano de sua formação, que duraria seis anos. Isso só aconteceu por meio do patrocínio de seu irmão mais velho, o rábula Tertuliano Teixeira. O segundo possível impedimento era o aval de seu pai para adentrar o curso de medicina. Ao que as fontes apontam, bem como o que remonta a memória familiar, José Pereira era um intelectual, e sempre considerou que sua filha, como os irmãos, pudesse avançar nos estudos.

A essa altura, outras mulheres já tinham alcançado o feito de se formar em medicina no Brasil. As chamadas pioneiras tiveram muitos desafios no cenário que encontraram nas faculdades de medicina do Rio de Janeiro e da Bahia, entre eles o ambiente altamente masculinizado, sendo muitas delas as únicas mulheres em turmas com mais 40 homens. Por outro lado, desenvolveram estratégias para entrar e se manter nesses espaços, como estudar ao lado de irmãos, garantindo assim uma espécie de tutela que as liberasse para cursar a faculdade, sobretudo diante de suas famílias. Outra tática compartilhada foi a de conseguir algum tipo de custeio através de familiares ou ilustres para promover seus estudos (Rago, 2000).

Maria Augusta Generoso teve talvez o mais famoso desses patrocinadores, o imperador D. Pedro II. A médica desenvolveu seus estudos fora do Brasil com a ajuda e o incentivo de seu pai, representante da Bristol Company, que após a falência da empresa não conseguiu mais arcar com as despesas da filha. Assim,

> por intermédio do comendador Augusto César de Oliveira Roxo, o imperador D. Pedro II ficou sabendo do fato e estipulou, por decreto de janeiro de 1878, uma bolsa de 1.500$000 réis mensais para pagar a faculdade e 300$000 réis anuais para cobrir os gastos das suas despesas gerais. (Trindade e Trindade, 2011, p. 28)

Maria Odília, observando todas essas possibilidades — e seus prós e contras —, contou com as vitórias coletivas que as mulheres haviam alcançado ao longo do século XIX, ao passo que utilizou das suas vantagens individuais para seguir no mundo das letras rumo ao curso de medicina. Certamente, somada a tudo isso, a sua cor contava como mais um fator a ser levado em consideração, pois a jovem estudante sabia que não passaria despercebida aos olhares de seus colegas e professores. Era uma mulher negra num "mar" de homens brancos. O projeto republicano brasileiro não tinha como compromisso reparar os danos causados à população negra pelos séculos de escravidão (Albuquerque, 2010). Odília começava a enfrentar outro grande desafio.

A Fameb e o seu *modus operandi*

Ainda sem ter adquirido seu diploma de letras e ciências no Ginásio da Bahia, Maria Odília foi com seu pai à Fameb para se matricular no curso de medicina. O ano era 1904, e através de uma petição a jovem adquiriu seu passaporte para o prestigiado curso. Odília encontrou um ambiente de efervescência, como historicamente a Fameb sempre foi desde a sua fundação, ocorrida em 1808. Ali, variados temas tinham sido discutidos a fim de servir de farol para o estado , e de certa forma de molde para a opinião pública (Costa, 1997).

Desde o início do século XIX, a Fameb teve estudantes negros em seus quadros. Atualmente, através da pesquisa que desenvolvemos para tese de doutoramento, já mapeamos 23 médicos negros formados ao longo do século XIX e início do século XX. Porém, o ineditismo da experiência de Maria Odília se dá, sobretudo, por ela ser a primeira mulher negra a estudar medicina não só na Fameb como no Brasil. Completando esse cenário, durante os seis anos de curso, Maria Odília só observou a presença de cinco mulheres nas dependências da faculdade. Essas mulheres fizeram o curso de parteira, que em média durava apenas um ano; logo, Odília estava inserida num universo extremamente masculino. Decerto, a presença de seu irmão, que a essa época já desenvolvia o terceiro ano de medicina, pode ter sido seu único ponto de apoio inicial para permanecer nesse espaço.

Acrescido a esse contexto, a faculdade passava por uma erupção de estudos balizados pelo racismo científico. Um demarcador importante para entendermos a força desses estudos no período é a consolidação da chamada "Escola Raimundo Nina Rodrigues" dentro da instituição. Àquela altura, o médico catedrático em medicina legal desde 1895 tinha alcançado enorme proeminência em sua carreira dentro e fora do Brasil. Esse foi o principal propulsor para a escalada de teses doutorais que versavam sobre temas médico-legais, muito deles influenciados pelos princípios de Cesare Lombroso, psiquiatra que defendia que era possível identificar criminosos por meio de seus aspectos físicos, genéticos e até mesmo estéticos. Suas teorias balizaram estudos brasileiros que se amparavam no racismo científico e na eugenia (Costa, 1997, p. 151).

Infelizmente, Maria Odília não deixou nenhum registro, diário, carta ou relato sobre sua passagem pela faculdade de medicina. Segundo seu filho José Léo Lavigne, a mãe evitava até mesmo falar sobre isso, e nunca fez qualquer tipo de reclamação ou comentário sobre o tema (Lavigne, 2015). Porém, entendemos que é impossível que, àquela altura, Odília não tenha sentido quanto seus marcadores de raça e gênero eram inegáveis numa conjuntura desfavorável à sua presença. Não podemos deixar de considerar que a estudante também tinha características que pudessem ajudá-la, como a formação prévia em ciências e letras; a distinção vinda do dinheiro de sua família, sobretudo de seu irmão; e, principalmente, ter um pai branco e médico formado na mesma instituição. Ainda assim, sua cor, diretamente ligada à ascendência escrava, não poderia ser apagada (Mattos, 1998).

Algumas pistas nos ajudam a acreditar nesse raciocínio. A primeira é o artigo feito para homenageá-la em razão de sua formatura. Chama atenção a maneira como são descritos os traços de sua personalidade e sua passagem pela Fameb:

> É belo vê-la na simplicidade, fidalga de seu traje costumeiro, sobrolhos carregados, sem mostras de rancor, o olhar dizendo tudo o que se acostela no seu mundo psíquico, pesando o passo, num relevo de esperta, fugindo ao bulício que possa fazer a sua passagem. (Dutra *apud* Lavigne, 1971, p. 112)

No trecho reproduzido, observamos a maneira como a médica foi descrita. Entre os adjetivos destacam-se "simplicidade" e certa benevolência, pois Odília não dava "mostras de rancor"; além de fugir "ao bulício". O que o interlocutor não explica é o motivo pelo qual Odília deveria ter rancor, ou por que se resguardava na simplicidade, muito menos o motivo de fugir a bulícios, ou seja, qualquer tipo de inquietação à sua presença. Entendemos que seu gênero e cor eram determinantes para esse comportamento.

A partir de um olhar interseccional[1], podemos nos aproximar da trajetória de outras pioneiras, o que nos traz mais indícios da forma como acontecia a permanência das mulheres nesses espaços. A primeira médica a se formar no Brasil foi a gaúcha Rita Lobato, na Fameb, em 1887. Sua biografia e seu feito foram amplamente estudados e documentados, o que nos permite saber como foi a dinâmica enfrentada por ela durante os anos de estudo. Um dos relatos que nos chamou mais atenção foi o de que Rita "tomava poucas notas ou, vezes outra, nenhuma, uma atenção absoluta às lições, gravando, por termo, na memória, tudo que ouvia sempre de cabeça baixa" (Silva *apud* Vanin, 2008, p. 213). A médica, assim como Odília, estudou num espaço masculinizado e também contou com a tutela do irmão nos bancos escolares da faculdade, tanto no Rio de Janeiro quanto na Bahia, além de recorrer, como demonstrou o relato, à discrição, ao silêncio e até mesmo a um aparente tipo de recato ao assistir às aulas.

A partir desse panorama, temos um vislumbre de como esse espaço de saberes não era nem um pouco convidativo às mulheres que ousaram avançar nos estudos numa profissão tão prestigiada como a medicina. Em outra perspectiva, também podemos conjecturar que, a partir de táticas que à primeira vista chegam a parecer subservientes, essas mulheres na verdade entendiam os códigos de conduta que teriam de seguir para permanecer ali e alcançar o tão sonhado doutoramento. O desafio era enorme, mas maior que ele foi a tenacidade para (re)elaborar formas de existir onde não gostariam que elas nem sequer estivessem.

Nos seis anos de faculdade, Maria Odília estudou cerca de 29 matérias, mas seu principal compromisso era o de defender uma tese para conquistar o título de doutora. As reclamações dos alunos eram inúmeras, pois muitos entendiam que a produção da tese constituía uma obrigatoriedade inútil. Por outro lado, vários fizeram dessa obrigação um mote para desenvolver estudos profundos sobre temas considerados relevantes no período. Mais tarde, esse afinco poderia lhes conferir certo grau de prestígio caso seguissem carreira acadêmica. No caso de Maria Odília, sua escolha foi a ousadia, pois ela foi a primeira mulher a defender um estudo que versasse sobre cirrose alcoólica, fugindo assim de temas considerados "doenças de mulheres" ou da infância (Jacobina, 2013, p. 116).

Figura 1 — Capa da tese doutoral de Maria Odília Teixeira

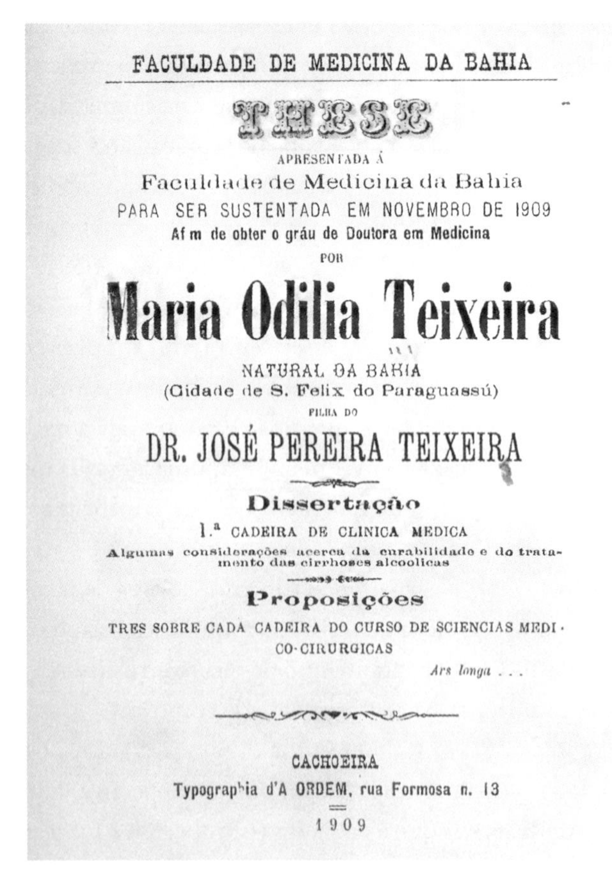

FACULDADE DE MEDICINA DA BAHIA

THESE

APRESENTADA Á

Faculdade de Medicina da Bahia

PARA SER SUSTENTADA EM NOVEMBRO DE 1909

Afim de obter o gráu de Doutora em Medicina

POR

Maria Odilia Teixeira

NATURAL DA BAHIA

(Cidade de S. Felix do Paraguassú)

FILHA DO

DR. JOSÉ PEREIRA TEIXEIRA

Dissertação

1.ª CADEIRA DE CLINICA MEDICA

Algumas considerações acerca da curabilidade e do tratamento das cirrhoses alcoolicas

Proposições

TRES SOBRE CADA CADEIRA DO CURSO DE SCIENCIAS MEDICO-CIRURGICAS

Ars longa . . .

CACHOEIRA

Typographia d'A ORDEM, rua Formosa n. 13

1909

Fonte: Universidade Federal da Bahia. Disponível em: http://repositorio.ufba.br/ri/handle/ri/31994. Acesso em: 2 set. 2024.

Em sua tese, Maria Odília escolheu discutir um tema que há muito já aparecia em estudos médicos. Em muitos desses trabalhos, o alcoolismo e seu tratamento estavam ligados à chamada degeneração da raça. Assim, nas teses médicas, eram comuns as correlações da doença com a população negra. Odília buscou um viés novo para seu estudo, pois objetivou enfatizar o tratamento da moléstia, recorrendo a métodos considerados modernos à época. Diferentemente de outros estudiosos do tema, a médica procurou defender a eficiência da ciência moderna perante a doença, além de apontar a possibilidade de cura do paciente, como observamos neste trecho de sua tese:

> De tudo isto resulta que a ciência clínica não deve quedar-se nunca em face de uma cirrose, conformada em desvanecida e improdutiva contemplação do muito que já fizera; ou escusada e esquiva em injustificada inércia, em tímido retraimento, por que novas dificuldades lhe surjam. (Teixeira, 1909, p. 6)

Outro ponto importante em seu texto é o silêncio, pois, ao contrário de inúmeros estudos do período, Odília se absteve de fazer um debate que incluísse a raça como componente. Tendo em vista o tema escolhido e a produção anterior sobre ele, não podemos deixar de notar que esse suposto silêncio pode ter sido uma tentativa de se furtar a uma polêmica ao fim de seu percurso formativo. Depois de seis anos dentro da Fameb, decerto a médica não só entendia como dominava as possibilidades de distensão a que ela poderia chegar. Talvez Idília tenha calculado que o pioneirismo do seu estudo já poderia chamar atenção demais para a sua presença. Mais uma vez, a médica avaliou seus passos num ambiente que lhe era desfavorável.

Após a defesa de sua tese no fim de 1909, Maria Odília enfim alcançou o aguardado sonho de se tornar médica. A imprensa da cidade de Cachoeira não se furtou de veicular o grande acontecimento: "Transmitimos, com efusão da alma, sinceros parabéns à distinta conterrânea, que vem de terminar o seu curso acadêmico com brilho incomum [...]" (*A Ordem*, 1909, p. 3). Ainda na matéria, seu pai e seus irmãos são parabenizados pela conquista da médica, porém sua mãe e sua irmã mais nova nem sequer são mencionadas. O silenciamento da matriarca persistiu não só na imprensa, mas em boa parte da documentação encontrada sobre Odília e sua família. Esse quadro só mudou quando Josephina Palma atingiu a velhice e passou a ser reconhecida como companheira de José Teixeira (Lavigne, 2009, p. 116).

Vencendo esse enorme desafio, tal qual outras pioneiras, e com o celebrado diploma em mãos, começava uma segunda batalha para a médica: o mundo do trabalho. Ainda que com o título, as notas e as parabenizações pelo seu feito, à frente de Odília havia um novo campo a vencer, pois ainda era muito incomum que mulheres exercessem a profissão médica. Para isso, ela mais uma vez observou e executou estratégias compartilhadas com outras pioneiras, ao passo que também utilizou possibilidades que seu contexto social e familiar forneciam.

Figura 2 — Maria Odília com sua beca de formatura

Fonte: Escola de Saúde Pública de Salvador. Disponível em: https://esps.saude.salvador.ba.gov.br/memorial-maria-odilia-teixeira/. Acesso em: 2 set. 2024.

Maria Odília e o mundo de Hipócrates

Após sua formatura, Maria Odília voltou à sua cidade natal para dar início à carreira como médica. No entanto, inicialmente ela passou seu primeiro ano clinicando na cidade de Ilhéus junto com o irmão e o pai (*A Ordem*, 1910, p. 2). A mudança se deu por José Teixeira não estar bem de saúde, precisando se tratar da sua asma crônica, o que também permitiu que Odília e o irmão desenvolvessem clientela em outra cidade. Um ano depois, a família voltou ao Recôncavo, o que fez que a médica iniciasse atendimentos médicos em sua localidade natal. Nesses primeiros anos, observamos que por muitas vezes Maria Odília aparece atendendo ora com o pai, ora com o irmão, ou mesmo com outro médico. A tática usada por ela era muito comum entre médicos iniciantes, que, já tendo alguém da família na profissão, buscavam utilizar desse capital para adquirir experiência e freguesia.

Não era incomum que se dissesse que as médicas procuravam emular os homens, e assim não cumprir o dever esperado para si: o de se casar e cuidar da prole. Dessa forma, as pioneiras da medicina precisaram encontrar diferentes caminhos para se inserir na profissão. Rita Lobato clinicou por anos ao lado do marido, que também era médico; Francisca Praguer, médica baiana, dividiu com o companheiro o mesmo ofício. Isso não só permitiu um ponto de segurança para dar início aos seus atendimentos, mas também colaborou para a manutenção de suas carreiras, já que parece ter havido empatia de seus pares para que ambas se consolidassem na medicina. Nem todas tiveram essa possibilidade, como é o caso de Ítala Silva, segunda médica negra formada na Fameb. Por não contar com um capital familiar que pudesse inseri-la na medicina, findado o curso, a sergipana optou por rumar para o Rio de Janeiro, onde desenvolveu clínica médica voltada para a obstetrícia até o fim de sua vida (Fortuna, 2014).

Para construir sua carreira, Maria Odília aliou os recursos do pai, médico prestigiado, com a notoriedade conseguida com sua formação ímpar. Sua presença no jornal *A Ordem* é observada em diversos momentos entre 1911 e 1914, a partir dos mais variados agradecimentos aos seus serviços. Destacou o jornal:

> Achando-me completamente livre da atroz moléstia que me perseguiu a ponto de ser obrigada a recolher-me ao leito, graças à estudiosa, distinta e humanitária dra. Odília Teixeira, venho por meio da imprensa agradecer-lhe a maneira cavalheirosa e desinteressada com que se portou. Para imortalizar esse meu reconhecimento, não só por ter conhecido o valioso coração, como também pela coragem e sapiência que trazia como bússola, entrego-lhe a minha eterna e reconhecida gratidão. (*A Ordem*, 1913, p. 2)

Assim como o agradecimento feito por Adelaide Nobre, a médica é reiterada vezes destacada como "distinta e humanitária". Esses adjetivos também eram atrelados a outros membros de sua família, como seu irmão Joaquim Teixeira. Não sabemos se essas menções se devem, além dos exitosos serviços, também aos possíveis préstimos de caridade, prática comum no caso de médicos recém-formados. Odília, inserida nesse contexto e por certo contando com a experiência do pai, pôde lançar mão desse recurso para sedimentar sua clínica.

Depois de alguns anos de trabalho, em que, além de fama, adquiriu uma larga cartela de clientes, Maria Odília partiu para uma nova empreitada. Quando da aposentadoria da médica Francisca Praguer, auxiliar de cadeira de ensino da Fameb, Odília recebeu o convite para ocupar esse cargo. Na prática, ela seria uma espécie de professora na Maternidade Climério de Oliveira (MCO), que funcionava como extensão da Fameb, era administrada pela mesma instituição e oferecia atendimentos e partos para o exercício dos estudantes de medicina (Amaral, 2005). Por conta disso, a médica é atualmente reconhecida como a primeira professora negra da Faculdade de Medicina da Bahia.

A notícia de sua nomeação causou alvoroço nas cidades-irmãs, sendo veiculada diversas vezes no jornal local. Seu irmão José Pereira a acompanhou até Salvador para a tomada de posse do cargo; posteriormente, o pai, a mãe e a irmã se mudaram para a capital do estado para ficar ao lado dela. A fim de que isso fosse possível, seu pai mais uma vez utilizou de seu capital e prestígio para conseguir uma nomeação em um cargo similar ao da filha, além de adquirir um imóvel de valor considerável em Salvador, comprado em nome de Josephina Palma. A partir desses indícios, observamos que essa mudança converteu-se em um projeto familiar em torno de um grande salto na carreira da médica (Santos, 2019).

Nos três anos em que atuou na MCO, Odília teve a oportunidade de dividir seu conhecimento com os estudantes que por ali passaram, e ainda de estreitar o contato com o universo da ginecologia e obstetrícia. A maternidade atendia um público diverso, que inclusive era separado por alas. No entanto, grande parte desses atendimentos era destinada a mulheres pobres e negras (Amaral, 2005, p. 71). Não é difícil imaginar que, nesse contexto, e a partir dos marcadores que as aproximavam, a médica prestasse um atendimento mais humanizado a essas mulheres — que, na maioria das vezes, estavam em posição de vulnerabilidade.

Depois de vários pedidos de licença e afastamentos, em 1917 a médica solicitou exoneração do seu cargo na Fameb. O motivo dos reiterados afastamentos e da posterior exoneração foi a saúde do seu pai, que conviveu durante toda a vida com asma crônica. Naquele momento, seus irmãos José e Joaquim tinham se mudado para o Mato Grosso, a fim de tentar novas posições na carreira, e seu irmão mais velho, Tertuliano, já estava casado. Assim, a médica assumiu os cuidados com o pai, ao lado da irmã e da mãe. Na busca de um tratamento que atenuasse a doença de José Teixeira, a família mais uma vez mudou-se, dessa vez para a cidade de Irará, no interior da Bahia (Lavigne, 2015).

Maria Odília e a família

Enquanto ainda morava em São Félix, Maria Odília conheceu, através de seu pai, o advogado Eusínio Lavigne. Entre os predicados que colecionava, Eusínio era considerado um grande partido para a época, pois, além do físico considerado admirável, por

Figura 3 — Maria Odília, o marido e os filhos

Fonte: Acervo da família.

ser um homem branco de olhos azuis — o que reiterava uma visão eurocêntrica dos corpos —, era filho de uma das famílias mais tradicionais de Ilhéus, os Lavigne, donos de três fazendas de cacau. A amizade com o advogado logo foi se estreitando, sendo ele uma figura constante entre a família Teixeira. Tempos depois, Eusínio decidiu pedir Odília em casamento — pedido que, para o espanto de muitos, ela não aceitou. O êxito só foi possível depois da insistência e ajuda de José Teixeira e de uma amiga próxima. Segundo o próprio Eusínio, "não me foi fácil obter, receosa de preconceitos raciais" (Lavigne, 2009, p. 135).

Os "receios" de Odília certamente vinham de uma leitura social que ela fazia de como os casamentos inter-raciais eram vistos no período, mas principalmente da experiência de sua família. Além de seus pais, que nunca oficializaram a união, seu irmão

Tertuliano também enfrentou diversos obstáculos vindos de seu sogro, que morreu tentando impedir o enlace entre sua filha, que era branca, e o rábula (Lavigne, 2009). O silenciamento e a falta de reconhecimento sofridos pela mãe durante a sua vida devem ter pesado para a negativa inicial da médica.

Além da questão racial, à época a médica, com 37 anos, era considerada uma mulher que tinha poucas chances de se casar — diferentemente do advogado, que com a mesma idade ainda era visto como uma excelente opção para um enlace. Outra característica que contava contra o casamento era o fato de Odília desempenhar uma profissão tida como masculina.

O casamento civil ocorreu na casa de Tertuliano, na cidade de Irará. Em seguida, os recém-casados partiram para a festa, que ocorreu em uma das propriedades da família de Eusínio. No entanto, mesmo avisando a família sobre a cor e a profissão de Odília, foi espantoso para Leonina Augusta, mãe de Eusínio, receber sua nora. Ao observar a chegada de Odília, "escureceu-lhe a visão, atingida por aquela visionação aterradora, [*sic*] caindo sentada na poltrona em frusta escotodinia, após exclamar em tom de incredulidade: 'Meu Deus! Mas é negra mesmo!'" (Lavigne, 2009, p. 47). Apenas tempos depois, quando ocorreram vários revezes de saúde com o pai e o irmão de Eusínio, Maria Odília e sua sogra se aproximaram (Lavigne, 2015, p. 13). No entanto, nunca saberemos até que ponto a médica teve de negociar, ser resiliente e até mesmo inabalável ante o notório racismo de sua sogra e, quiçá, de outros integrantes da família.

Todo esse contexto nos ajuda a entender alguns dos motivos para que Maria Odília, àquela altura com doze anos de profissão, decidisse encerrar a carreira depois de se casar. Como vimos, infelizmente a médica não deixou registros sobre sua experiência na medicina ou na vida familiar. Logo, nossa tentativa sempre foi de nos aproximarmos dessa experiência. Decerto nunca saberemos o motivo cabal que a levou a desistir de uma carreira tão proveitosa; no entanto, não é difícil entender que, ao ser inserida na sociedade ilheense como esposa de um ilustre advogado e numa união inter-racial, desenvolver a medicina não seria tarefa fácil. Nesse tema, a narrativa familiar conta que Eusínio foi contra a decisão da médica de encerrar a carreira, sendo esse um assunto de discussão entre os dois, ao passo que a própria Odília supostamente defendia que se casara para cuidar da família e, portanto, a profissão não mais lhe caberia (Lavigne, 2015).

Para além do desenho dessa conjuntura, que parece completamente desfavorável à permanência na medicina, o distanciamento também nos permite pensar em Odília como uma mulher em sua totalidade. Assim, é possível conceber que a médica tivesse tecido acordos, silenciosos ou não, com Eusínio, a fim de que a manutenção de sua família, nos moldes da sociedade em que ela vivia, fosse a coisa mais importante para o casal. Também é possível que abandonar a carreira tenha sido uma "escolha" sua, pois, com 37 anos, Odília pode ter quisto privilegiar a construção de sua prole, tendo buscado a realização de outro sonho: sua família.

O casal viveu junto até a morte, que primeiro chegou para Maria Odília, em 1971, e, dois anos depois, para o seu marido. Tiveram dois filhos; dividiram dores, como a perda de entes da família; sofreram com querelas políticas, sendo Eusínio preso em 1937; viram os netos crescerem; auxiliaram-se mutuamente (por exemplo, todos os textos do advogado eram revisados e editados por Odília); e, por fim, envelheceram lado a lado.

Legado

Hoje, a família de Maria Odília chegou à marca de seis gerações de médicos e médicas. Esse é, sem dúvida, um dado que chama a atenção. Mas, muito além de ter ajudado a perpetuar e inserir membros de sua família na medicina, Maria Odília teve uma trajetória singular. Essa singularidade se dá sobretudo por seu feito e sua cor, pois, mesmo estando inserida no universo das médicas pioneiras que lutaram ao longo do século XIX para acessar o ensino superior no Brasil, Odília foi a primeira mulher negra a atingir essa conquista, tonando-se a primeira médica negra do país.

Sua realização é ainda mais notável quando constatamos que, segundo o Conselho Federal de Medicina, a população negra continua sub-representada na categoria. Os dados apontam que, entre os formandos do ano de 2019, 24,3% se declararam pardos, 3,4%, pretos, e 67,1%, brancos (Scheffer *et al.*, 2020). Mais de cem anos depois da formatura de Maria Odília Teixeira, ainda é difícil depararmos com médicas negras em consultórios e hospitais. Além de a medicina continuar branca em dados absolutos, o imaginário social ainda considera quase impossível que uma pessoa negra seja médico ou médica. Todo esse cenário se materializa num tema muito caro à população negra: a impossibilidade de sonhar com profissões ainda elitizadas, como a medicina. Conhecer a trajetória de Maria Odília pode ser um passo inicial para que possamos, enfim, retomar sonhos de outros tempos, mas que podem ser e são da nossa gente.

Referências

ALBUQUERQUE, Wlamyra. "A vala comum da 'raça emancipada' — Abolição e racialização no Brasil, breve comentário". *História Social*, Campinas, n. 19, p. 91-108, 2010.

AMARAL, Marivaldo Cruz do. *"Da comadre para o doutor" — A maternidade Climério de Oliveira e a nova medicina da mulher na Bahia Republicana (1910-1927)*. Dissertação (mestrado em História) — Universidade Federal da Bahia, Salvador, 2005.

Azevedo, Thales de. *As elites de cor numa cidade brasileira — Um estudo de ascensão social & classes sociais e grupos de prestígio*. São Paulo: Brasiliana; Companhia Editora Nacional, 1955.

Brasil. Decreto n. 7.217, 19 de abril de 1879. *Collecção de Leis do Império do Brazil de 1879*, tomo XXVI, parte I, tomo XLII, parte II, 1879.

Costa, Iraneidson Santos. *A Bahia já deu régua e compasso — O saber médico legal e a questão racial na Bahia, 1890-1940*. Dissertação (mestrado em História) — Universidade Federal da Bahia, Salvador, 1997.

Fortuna, Cristina Maria Mascarenhas. *Memórias históricas da Faculdade de Medicina da Bahia. 1916-1923; 1925-1941*. Anexo 2. Salvador: Faculdade de Medicina da Bahia, 2014.

Fraga Filho, Walter. "Migrações, itinerários e esperanças de mobilidade social no Recôncavo baiano após a Abolição". *Cadernos AEL*, Campinas, v. 14, n. 26, 2009.

Jacobina, Ronaldo Ribeiro. *Memória histórica do centenário da Faculdade de Medicina da Bahia (2008) — Os professores encantados, a visibilidade dos servidores e o protagonismo dos estudantes da Fameb*. Salvador: Faculdade de Medicina da Bahia, 2013.

Lavigne, Eusínio. *Os meus 87 anos outros assuntos*. Salvador: Mensageiro da Paz, 1971.

Lavigne, José Léo. *Eusínio Lavigne — Paradigma de honradez*. Ilhéus: [s. n.], 2009.

_______. *José Léo Lavigne — Depoimento [maio 2015]*. Caldas do Jorro, Bahia, 2015. Áudio MP3 (51m07s). Entrevista concedida para elaboração do projeto de mestrado da entrevistadora.

Lessa, Edvan. "Medicina preta — Primeira turma de médicos da UFRB entra para a história". *Correio*, Salvador, 22 set. 2019. Disponível em: https://www.correio24horas.com.br/amp/nid/medicina-preta-primeira-turma-de-medicos-da-ufrb-entra-para-a-historia/. Acesso em: 2 set. 2024.

Lima, Déborah Kelman. *"O banquete espiritual da instrução" — O Ginásio da Bahia, Salvador: 1895-1942*. Dissertação (mestrado em História) — Universidade Federal da Bahia, Salvador, 2003.

Mattos, Hebe Maria. *Das cores do silêncio — Os significados da liberdade no sudeste escravista*. Rio de Janeiro: Nova Fronteira, 1998.

Rago, Elisabeth Juliska. "A ruptura do mundo masculino da medicina — Médicas brasileiras no século XIX". *Cadernos Pagu*, Campinas, n. 15, 2000.

Reis, Adriana Dantas. *Cora — Lições de comportamento feminino na Bahia do século XIX*. Salvador: Centro de Estudos Baianos, 2000.

Santos, Mayara Priscilla de Jesus dos. *Maria Odília Teixeira — A primeira médica negra da Faculdade de Medicina da Bahia (1884-1937)*. Dissertação (mestrado em História) — Universidade Federal da Bahia, Salvador, 2019.

SCHEFFER, Mário *et al*. *Demografia médica no Brasil 2020*. São Paulo: Faculdade de Medicina da Universidade de São Paulo (FMUSP); Conselho Federal de Medicina (CFM), 2020.

TEIXEIRA, Maria Odília. *Algumas considerações acerca da curabilidade e do tratamento das cirroses alcoólicas*. Tese (doutorado em Medicina) — Faculdade de Medicina da Bahia (Fameb), 1909. Disponível em: http://repositorio.ufba.br/ri/handle/ri/31994. Acesso em: 2 set. 2024.

TRINDADE, Ana Paula Pires; TRINDADE, Diamantino Fernandes. "Desafios das primeiras médicas brasileiras". *História da Ciência e Ensino: construindo interfaces*, São Paulo, v. 4, p. 24-37, 2011.

VANIN, Iole Macedo. *As damas de branco na biomedicina baiana (1879-1949) — Médicas, farmacêuticas e odontólogas*. Tese (doutorado em História), Universidade Federal da Bahia, Salvador, 2008.

Fonte documental

A ORDEM. Cachoeira (BA), 1909-1914.

Nota

1 Conceito pensado pela jurista e intelectual Kimberlé Crenshaw, que procura pensar as intersecções ou sobreposições de identidades em cada indivíduo. Para tanto, são observadas diversas categorias, como classe, gênero, geração, raça/etnia e orientação sexual.

9 EDUCADORES NEGROS NA CORTE IMPERIAL: AS TRAJETÓRIAS DE PRETEXTATO DOS PASSOS E SILVA E ISRAEL ANTÔNIO SOARES

HIGOR FERREIRA

O exercício de demandar acesso à instrução formal não era estranho à população brasileira do século XIX. Reconhecer esse fato é importante na medida em que nos permite pensar o ingresso escolar não como mera imposição do Estado imperial brasileiro, que àquela época já propunha determinado projeto civilizador, mas como o desejo de indivíduos e famílias que compreendiam a escola — e os seus saberes — como instrumentos de projeção social. Em outras palavras, mais do que um horizonte do Estado, a educação escolar era um projeto familiar alimentado por pessoas que entendiam que aquilo que era ensinado nos ambientes formais de ensino tinha valor social e poderia, assim, fazer diferença na vida das gerações mais jovens.

Pensando especificamente no caso da cidade da Corte — centro do poder imperial —, algumas dessas demandas de instrução partiram de pessoas notadamente negras, as quais, por sua vez, podiam estar sob a égide da liberdade (livres e libertas) ou do cativeiro (escravizadas). Tal distinção é fundamental. Afinal, para os que se encontravam livres das amarras diretas do escravismo, o acesso à educação mostrava-se mais tangível, uma vez que a legislação da época — nacional, provincial ou municipal — não impedia a matrícula e a frequência escolares de pessoas de cor, desde que livres ou libertas[1] (Barros, 2016; Ferreira, 2020).

Tal fato, contudo, não deve ser tomado como sinônimo de uma suposta inexistência de inconvenientes ao ingresso e acolhimento negro nos ambientes escolares. Isso porque, embora não houvesse objeções legais concretas à presença negra nas escolas, é impossível ignorar a persistência de uma série de outros obstáculos e desafios com os quais essa parcela da população precisava lidar. Nesse sentido, destacam-se tanto os empecilhos mais objetivos e de ordem material — carências econômicas e sanitárias, necessidade de ingressar muito cedo no mercado de trabalho, insuficiência da malha escolar pública — quanto os de ordem simbólica — preconceito, mau tratamento no ambiente escolar, descaso dos professores etc.

No que diz respeito à parcela escravizada da população, o quadro era ainda pior. A esta o Estado brasileiro não oferecia qualquer nível de instrução escolar, de modo que praticamente todo o aprendizado que ela obtinha provinha de iniciativas de ensino informais e autônomas. Assim, no mais das vezes, cabia aos próprios escravizados mobilizar pessoas e instrumentos de ensino que os ajudassem a desenvolver os saberes mais básicos e comuns ao universo escolar, ou seja: ler, escrever e realizar operações matemáticas — conhecimentos que estruturavam o currículo escolar das séries iniciais, à época conhecidas pelo nome de primeiras letras.[2]

Vale também destacar que aos senhores era facultado o direito de instruir os seus cativos em toda sorte de saberes, fossem estes escolares ou não. Embora o ato pareça inusitado, ele era muitas vezes justificado sob a lógica econômica. Isso porque cativos que tinham qualificações laborais e intelectuais específicas acabavam sendo mais valorizados no setor de serviços, o que os tornava mais rentáveis à classe senhorial. A esse respeito, o autor e pesquisador Luiz Carlos Soares (2007, p. 115) nos mostra especificamente que, no Rio de Janeiro, "alguns senhores, desejando um maior rendimento, ensinavam até mesmo o francês e o inglês às suas mucamas, alugando-as às famílias europeias que fixavam residência na cidade e necessitavam de amas-secas habilidosas e que pudessem entender bem as suas ordens".

Nesse sentido, também é interessante a descrição feita pelo vice-diretor geral da Instrução Pública de Minas Gerais, chantre Antonio José Ribeiro Bhering (*apud* Veiga, 2008, p. 510), o qual afirmara, em um relatório produzido em 1851, que "em todas as fazendas há mestres particulares da família. Os próprios escravos têm seus mestres. Não é raro encontrar-se nas tabernas das estradas, nas lojas de sapateiros e alfaiates dois, três, quatro e mais meninos aprendendo a ler".

O reconhecimento de que os senhores podiam se dispor a instruir os seus cativos — prioritariamente em ofícios laborais, e em menor medida nas letras — não deve, portanto, ser interpretado como ato de benevolência e sensibilidade pessoais, mas como provável estratégia de mercado. Pensando com a lógica dos cativos, no entanto, tal oportunidade — ainda que muitas vezes nascida de mera expectativa pecuniária senhorial — acabava se recobrindo de alguma importância, na medida em que poderia eventualmente contribuir para concretizar seus projetos pessoais e coletivos. Ou seja, enquanto aos senhores a instrução da escravaria se justificava, em grande medida, por lógicas econômicas, em meio aos escravizados ela poderia receber muitos outros sentidos, relacionando-se inclusive com horizontes de libertação e expectativas de ascensão material, além de projeções pessoais de natureza simbólica. Em outras palavras, cada parte interagia e interpretava aquele contexto à luz dos próprios interesses e realidades.

Seja como for, apesar das peculiaridades que diferiam o universo livre do escravizado, havia em meio à população negra a clareza de que era necessário superar todo um conjunto de constrangimentos — além de estigmas relacionados à cor — para obter instrução, sobretudo quando de natureza escolar. Por isso, era fundamental que essas camadas da sociedade desenvolvessem a capacidade de identificar eventuais brechas, mobilizar laços e se articular com outras pessoas que poderiam pavimentar o caminho para o sucesso. No âmbito educacional, isso era traduzido, por exemplo, na organização de iniciativas de ensino — escolares ou a ela análogas — em torno de professores negros que fossem mais sensíveis às demandas de crianças, jovens e adultos de cor que pretendiam se apropriar da linguagem e dos saberes escolares. Afinal, em uma sociedade marcada por altos níveis de analfabetismo (Montano, 2022), além de profundos conflitos no âmbito da origem/raça, a construção de experiências autônomas de ensino, comandadas por docentes com traços fenotípicos pretos/pardos, constituía uma importante estratégia no processo de acolhimento e projeção educacional de estudantes de cor.

Pensando no espaço da cidade do Rio de Janeiro da segunda metade do XIX, alguns professores foram especialmente importantes nesse processo, destacando-se em decorrência da sua fundamental participação na vida escolar negra. É o caso de Pretextato dos Passos e Silva (Silva, 2000, 2002; Ferreira, 2018, 2020) e Israel Antônio Soares (Florentino, 2013; Florentino e Góes, 2017; Silva, 2017; Ferreira, 2020), ambos sujeitos autoproclamadamente negros que organizaram e praticaram a docência em iniciativas educacionais — quase contemporâneas — que não apenas acolheram a população preta e parda, mas foram prioritariamente desenvolvidas junto a ela, articulando interesses de pessoas livres, libertas e escravizadas.

Dada a relevância dos seu protagonismo no campo educacional, e considerando o lastro das pesquisas mais recentes, exploraremos aqui a trajetória de ambos a fim de refletir a respeito de suas vidas, atuações e conexões no quadro sócio-histórico da Corte. Dessa forma, será possível não apenas perscrutar suas experiências pessoais como também articulá-las ao universo educacional da cidade do Rio de Janeiro.

Pretextato dos Passos e Silva: a escolarização como projeto de liberdade

Em estudo pioneiro, a pesquisadora Adriana Maria P. da Silva (2000, 2002) localizou o professor Pretextato dos Passos e Silva por meio de um dossiê — com abaixo-assinados, atestados e uma carta de próprio punho — que ele remetera, entre os anos de 1855 e 1856, à Inspetoria da Instrução Pública da Corte, órgão que regulava o ensino escolar na cidade. Seu objetivo era claro: obter o deferimento para a manutenção das atividades da escola primária particular (*primeiras letras*) da qual era organizador e docente desde 1853.

Para tanto, Pretextato precisava convencer as autoridades públicas de que a instituição funcionava de acordo com as prescrições governamentais definidas pelo *Regulamento da reforma do ensino primário e secundário do município da Corte*, instituído por intermédio do Decreto de Couto Ferraz (Decreto n. 1.331-A, de 17 de fevereiro de 1854), o que garantiria o seu direito a pleno funcionamento. Afora isso, Pretextato ainda pretendia convencer Eusébio de Queirós[3] — inspetor-geral da Instrução Primária e Secundária da Corte — a dispensá-lo dos exames profissionais que dali em diante seriam exigidos dos professores que desejassem permanecer no magistério.

Os exames de habilitação ocorreriam na sala dos doutoramentos da Escola Militar, sendo aplicados a professores e diretores a partir do dia 30 de abril de 1855, conforme identificado em dois diferentes informes presentes nas edições de 28 e 30 de abril no *Jornal do Comércio* (Ferreira, 2018). Porém, muito embora o seu nome constasse na lista de convocados, tudo indica que o seu exame simplesmente não fora aplicado. Teria ele faltado? Teria sido temporariamente liberado? Teriam os exames sido adiados? Não há como afirmar com plena certeza. Fato é que Pretextato não os prestou à ocasião, conforme é possível aferir por meio de uma das cartas presentes no dossiê e que por ele fora enviada em fevereiro de 1856 — dez meses após a convocação original. Nela, o referido professor continuava requerendo dispensa dos mesmos exames, o que revela que a pendência ainda perdurava.

A emissão de pedidos de liberação desses exames era prática corriqueira entre os professores, o que demonstra que Pretextato estava a par dos procedimentos e mecanismos mobilizados pelos docentes em ocasiões dessa natureza. Para justificar sua dispensa, ele recorrera a uma argumentação muito pessoal, alegando que era "assaz acanhado para em público responder com prontidão todas as perguntas de um exame" (Arquivo Nacional do Rio de Janeiro. IE 1 397), motivo pelo qual entendia que a sua liberação seria o melhor desfecho para a situação.

Diante dessas informações preliminares, o caso envolvendo Pretextato e sua escola aparenta ser bastante genérico, mostrando-se similar ao de tantos outros professores e instituições de ensino que cotidianamente mobilizavam esforços no sentido de se adequarem aos ditames do poder público. No entanto, um olhar mais atencioso às fontes tende a evidenciar que, em meio a esse caso pretensamente ordinário, escondia-se uma iniciativa escolar dotada de traços singulares, sobretudo se considerada a identidade racial dos seus proponentes e participantes. Afinal, conforme os documentos, tanto Pretextato quanto o corpo discente da escola eram negros. Pretextato se autodeclarava preto, ao passo que seus estudantes eram designados como pretos e pardos — o que, para o padrão da época, era uma forma de registrar não apenas as cores, mas também as origens, uma vez que tais terminologias eram comuns às famílias marcadas pelo cativeiro.

Dada a realidade sócio-histórica do Rio de Janeiro oitocentista, é impossível não ser imediatamente instigado por tais informações. No entanto, os aspectos curiosos não se encerram aí. Com efeito, o cenário fica ainda mais interessante quando consideradas as circunstâncias que suscitaram todo o processo de organização da escola. Mais informações a esse respeito estão presentes em um dos abaixo-assinados enviado pelos pais dos alunos à Inspetoria no dia 11 de janeiro de 1855.

Conforme o documento, a abertura da escola teria sido resultado de uma demanda originária dos próprios pais, os quais estavam insatisfeitos com a falta de progresso educacional dos meninos, que — embora já frequentassem aulas — não estavam obtendo êxito na aprendizagem. Ou seja, não era um problema de oferta educacional, mas de aproveitamento escolar. Em meio a esse cenário, Pretextato surgia justamente como a alternativa adequada, visto que poderia ensinar "os meninos de cor preta" a "ler alguma coisa desembaraçado, escrever quanto se pudesse ler, fazer as quatro espécies de conta e alguma coisa de gramática". Sensível às súplicas parentais, Pretextato decidiu então inaugurar na própria casa, situada no nº 313 da rua da Alfândega — freguesia de Santíssimo Sacramento, centro do Rio de Janeiro —, uma escola particular para atender às famílias da região.

Segue o registro na íntegra:

> Nós abaixo-assinados, vendo que os meninos de cor preta pouco ou nenhum adiantamento obtêm nas atuais aulas, instamos e pedimos ao ilustríssimo senhor Pretextato dos Passos Silva, a fim de que o mesmo senhor se incumbisse de ensinar nossos filhos, contentando-nos com que eles soubessem ler alguma coisa desembaraçado, escrever quanto se pudesse ler, fazer as quatro espécies de conta e alguma coisa de gramática. O dito senhor, anuindo ao nosso pedido, abriu em sua casa uma escola para a qual entraram nossos filhos, e alguns tinham de entrar neste ano. Por cujo motivo nós lhe estamos muito obrigados e muito satisfeitos com o seu ensino, moralidade e bom comportamento. Todos nós fazemos votos para que o mesmo senhor continue a dirigir a dita escola, porque só assim nossos filhos saberão alguma coisa, ainda que não seja com perfeição, ao menos melhor do que até agora. E por ser tudo isso verdade, nós assinamos. Rio de Janeiro, 11 de janeiro de 1855. (Requerimento *apud* Silva, 2000, p. 120 ; Arquivo Nacional do Rio de Janeiro. IE 1 397)

Avaliando o teor da carta, é possível depreender que os pais notoriamente compreendiam que a questão da cor/raça exercia determinado papel naquela sociedade. A despeito disso, em momento algum do abaixo-assinado eles procuraram avançar sobre a temática. Não houve, por exemplo, uma explicação mais concreta de por que faziam questão de demarcar a cor dos meninos atendidos por Pretextato. Seria essa uma forma de correlacionar a falta de êxito nas aulas pregressas com uma possível perpetuação de práticas de preconceito racial? Estariam os pais alegando que os antigos professores reforçavam estigmas relacionados à cor/origem nos ambientes de ensino? Seria esse o motivo que os levara a confiar a educação dos filhos a um professor autodeclarado preto, tal como Pretextato?

Tais dúvidas permaneceriam em aberto não fosse por uma documentação complementar enviada no ano seguinte pelo próprio Pretextato. Nela, os suplicantes fornecem mais detalhes a respeito do cenário escolar da freguesia e das dinâmicas de cor/raça operadas nos ambientes de ensino.

> Diz Pretextato dos Passos e Silva que, tendo sido convocado por diferentes pais de famílias para que o suplicante abrisse em sua casa uma pequena escola de instrução primária, admitindo seus filhos da cor preta e parda; visto que em algumas escolas ou colégios os pais dos alunos de cor branca não querem que seus filhos ombreiem com os de cor preta, e bastante se extimulhão[4]; por essa causa, os professores repugnam admitir os meninos pretos, e alguns destes que admitem, na aula não são bem acolhidos; e por isso não recebem uma ampla instrução, por estarem coagidos; o que não acontece na aula escola do suplicante, por este ser também preto.
> Por isso, anuindo o suplicante a esses pedidos, dos diferentes pais e mães dos meninos da dita cor, deliberou abrir em sua casa, na Rua da Alfândega, nº 313, a sua Escola de Primeiras Letras, e nela tem aceitado esses ditos meninos, a fim de lhes instruir as matérias que o suplicante sabe, as quais são leitura, doutrina, as quatro principais operações de aritmética e escrita, pelo método de Ventura.
> O suplicante e excelentíssimo senhor, se bem que não ignora estas matérias, contudo, é assaz acanhado para em público responder com prontidão todas as perguntas de um exame; e é essa a razão porque vem perante Vossa Excelência implorar a graça de o dispensar desse ato, que não recusaria se não conhecesse a sua falta de coragem e de desenvolvimento momentâneo; quanto sobre sua conduta, e reputação que goza na sociedade, nos documentos juntos, Vossa Excelência verá essa prova autêntica, não só de seu respectivo inspetor de quarteirão, como de muitas pessoas conceituadas e bastante conhecidas nesta Corte, portanto.
> Rio de Janeiro ___ de fevereiro de 1856.
> Pretextato dos Passos e Silva
> (Arquivo Nacional do Rio de Janeiro. IE 1 397)[5]

Ao explorar as questões concernentes à abertura da sua escola, bem como à recepção dos seus alunos nas escolas circunvizinhas, Pretextato acabou descrevendo a existência de obstáculos com os quais os meninos pretos e pardos tinham de lidar ao se inserirem no universo escolar. Nesse sentido, o professor ressaltava a carga de animosidade por eles enfrentada cotidianamente, fruto sobretudo de tensões constituídas em torno de questões de cor e origem. Segundo o seu relato, isso fazia que os meninos se sentissem coagidos, o que os atrapalhava no momento de assimilar o conteúdo ministrado pelos antigos professores, os quais se mostravam complacentes com os assédios praticados. Em suma, a insustentabilidade das tensões sociorraciais levou os pais a recorrerem a Pretextato, imaginando que assim os meninos poderiam usufruir de um ambiente escolar mais estimulante e acolhedor.

Analisando as assinaturas dos pais nos documentos enviados à Inspetoria, surgem ainda outros pontos interessantes. É possível verificar que alguns desses peticionantes tinham o nome antecedido pela expressão "a rogo de" — sinônimo de "a pedido de" —, o que denotava que eles provavelmente não eram capazes de escrever, sendo necessário que alguém redigisse em vosso favor. Afora isso, alguns dos requerentes não tinham sobrenome, característica comum entre indivíduos em condição escravizada e traço eventualmente possível entre pessoas libertas. Assim, entre os pais havia analfabetos, além de pessoas umbilicalmente ligadas ao mundo da escravidão, entre os quais escravizados e/ou forros (Silva, 2002).

Dessa perspectiva, o desejo de projetar os meninos em nível educacional estava notoriamente vinculado à expectativa de liberdade. O acesso à instrução significava, portanto, uma forma de desatrelamento de um passado familiar escravista forjado por maiores restrições. Assim, o provável anseio desses pais não era apenas o de garantir aos filhos o acesso a certos saberes, mas o de impedir que eles sofressem das mesmas privações com as quais tiveram que lidar. Ou seja, assegurar a instrução escolar seria uma forma de conferir a essas crianças um horizonte de possibilidades mais abrangente do que o de seus progenitores. Daí se depreende a relevância e a centralidade da figura do professor Pretextato, pessoa que poderia prover os meninos de algo que os pais eram, em muitos casos, incapazes de oferecer.

Felizmente para os pais e seus filhos, Eusébio consentiu com o pedido dos requerentes ainda no primeiro semestre de 1856, o que permitiu que a escola continuasse em funcionamento — um desfecho favorável que pôs fim às preocupações burocráticas mais imediatas. Para Pretextato — em âmbito particular —, a anuência governamental representava também a conclusão de um processo permeado de significados econômico-laborais. Afinal, embora não haja indicações claras a esse respeito, há motivos para crer que os pais o remuneravam pelo atendimento escolar prestado. Infelizmente, não há referências concretas a esse respeito no dossiê, tampouco nos jornais, espaço ao qual Pretextato aparentemente não recorreu para anunciar sua escola, conquanto fosse prática habitual entre as instituições de ensino que ofereciam os seus serviços na cidade. Seja como for, era comum que os serviços educacionais — oferecidos por instituições de ensino ou preceptores domésticos, que iam à casa dos seus estudantes para lecionar — fossem remunerados, não havendo motivos para crer que com Pretextato fosse diferente.

Depois desses acontecimentos, a escola se manteve ativa por quase duas décadas, havendo registros do seu funcionamento até 1873. A despeito disso, a longevidade do empreendimento educacional não impediu que Pretextato fosse despejado, naquele mesmo ano, por falta de pagamento à Santa Casa de Misericórdia. À época, a escola já operava em outro endereço — rua da Alfândega, nº 347 —, não havendo ainda explicações quanto ao motivo de sua mudança, tampouco a respeito do momento em que ocorrera. Porém, em vista da ação de despejo, é de supor que o quadro econômico já não era dos melhores. O fato é no mínimo curioso, sobretudo diante do conhecimento de que Pretextato havia conseguido constituir uma turma com 15 alunos — dos quais 14 nacionais e um estrangeiro — no ano precedente ao encerramento das atividades, conforme registrado em ofício policial emitido em 1872 (Silva, 2002). Apesar disso, as atividades foram aparentemente encerradas, não havendo quaisquer novas informações sobre a escola depois dessa data. Ela simplesmente sumiu do radar.

Mas e quanto a Pretextato? O que aconteceu com o estimado professor depois disso? Há notícias sobre a sua vida para além dos limites da sala de aula? Quem era nosso biografado para além da sua identidade laboral? Que outras identidades o forjavam? Há outras informações a seu respeito?

Mais que um professor: o sujeito Pretextato

A partir de um registro expedido pela Junta Municipal da Corte, presente na edição de 26 de julho de 1876 do *Diário do Rio de Janeiro*, foi possível identificar alguns traços específicos concernentes à vida pessoal de Pretextato. Os dados expostos são fruto de um levantamento para identificar os cidadãos aptos a participar do próximo pleito eleitoral. Ele consta como elegível, o que revela, além de tudo, que não era liberto, mas um homem nascido livre. Afora a indicação de que atuava como professor — o que lhe garantia rendimentos anuais de 2$000 —, é também assinalado como homem solteiro de 55 anos de idade. Assim, conclui-se que nascera em 1820 ou 1821. O raciocínio é simples. Caso já tivesse celebrado aniversário naquele ano, a conclusão lógica é a de que o seu nascimento só poderia ter ocorrido em 1821; em contrapartida, caso ainda fosse celebrá-lo, a data precisaria recuar para 1820.

De qualquer forma, o fato sabido é que Pretextato havia nascido em um dos anos iniciais da década de 1820, o que nos permite concluir que ele abrira a sua escola quando tinha pouco mais de 30 anos.

No que diz respeito ao âmbito familiar, Pretextato era aparentemente desprovido de vínculos mais estreitos: solteiro, sem filhos e sem qualquer registro de filiação parental que até então tenha sido possível localizar. Com efeito, não há meios de acessá-lo por intermédio da família. Diante disso, inúmeras perguntas seguem em aberto e sem resposta. Pretextato teve longa convivência com seus pais e/ou avós? Se sim, por quanto tempo? Quais eram as circunstâncias sociais próprias de sua família? Seus progenitores de primeira e segunda gerações eram livres, libertos ou escravos? Quando e com quem ele aprendera a ler e escrever? Teria frequentado alguma escola ao longo da infância? Por qual motivo não contraiu matrimônio? Tudo incerto. Quanto ao seu passado, não há muito mais a dizer.

O que mais se pode conhecer a respeito de Pretextato está presente em alguns periódicos da cidade. Há, nesse sentido, ao menos duas outras indicações relacionadas à sua vida sobre as quais vale nos debruçarmos. A primeira delas está presente no *Almanaque Laemmert* de 1859, periódico tradicional do Rio de Janeiro em que eram publicados anúncios de serviços da cidade, decretos, informações políticas e dados afins. Pretextato é ali mencionado na condição de primeiro secretário da "Sociedade Mercenaria Beneficente". O anúncio é escasso em informações, havendo apenas os nomes dos seus referidos gestores. Apesar disso, a mera indicação de que Pretextato esteve comprometido com uma sociedade de ofícios abre caminhos para pensarmos a respeito de outras atuações que pode ter estabelecido junto aos meninos da região. Teria ele também oferecido lições manuais? Ainda que sua função possa ter sido exclusivamente administrativa, não teria ele se apercebido da importância de trabalhar simultaneamente com outra frente que preconizasse os ofícios mecânicos? A marcenaria teria ocupado algum lugar na sua escola de primeiras letras?

Ainda não há meios para responder a essas perguntas. De todo modo, saber que Pretextato esteve de algum modo envolvido com os ofícios mecânicos é um elemento que tende a acrescentar interessantes nuanças investigativas em futuras investidas acadêmicas. Sabendo da força desempenhada pelo associativismo no decurso do século XIX, assim como do lugar ocupado pelo trabalho mecânico na vida das classes mais desfavorecidas, é possível pensar que Pretextato possa ter, em alguma medida, explorado uma fronteira entre a alfabetização, o letramento e o ensino manual junto aos meninos da freguesia de Sacramento. Cabem novas pesquisas.

Por fim, a derradeira referência de Pretextato nos jornais diz respeito à morte do já sexagenário professor. O anúncio foi feito na edição de 3 de março de 1886 do jornal

Gazeta de Notícias. A publicação convidava os irmãos da Ordem Terceira de Nossa Senhora das Mercês a participar de uma missa em favor de sua alma:

> V. O. Terceira de Nossa Senhora das Mercês, ereta na Igreja do Parto
> De ordem do caríssimo irmão comendador e definitório, convido todos os irmãos e irmãs da Ordem, bem assim [como] os parentes e amigos de nossos finados irmãos, ex-síndico Manuel Candido Nunes, e ex-secretário Pretextato dos Passos e Silva, a assistirem as missas que em sufrágio de suas almas serão celebradas hoje, 3 do corrente, pelas 8 e 1/2 horas da manhã, na Igreja do Parto.
> Secretaria da Ordem. 3 de março de 1886. — O secretário, F. Ramos.

A notícia não reforça o tempo póstumo da missa, o que não permite afirmar de modo categórico quando ocorreu o falecimento. Porém, o anúncio continua sendo fundamental, na medida em que não apenas confere toques finais à vida do personagem como também oferece indicações quanto às suas articulações sociorreligiosas, visto que evidencia que, em dado momento, assumira o posto de secretário da Ordem Terceira de Nossa Senhora das Mercês.

O conjunto de todas essas informações prévias ajuda a conferir melhores vislumbres a respeito do indivíduo Pretextato. Um homem preto, instruído, livre, residente em uma freguesia em que 40% da população era escravizada/forra — ao menos até 1849, considerando o censo de Haddock Lobo — e que se dispôs a ensinar outros meninos pretos e pardos em uma escolar particular por ele inaugurada. Uma figura instigante que ajuda a reforçar a ideia de que a luta contra a escravidão e seu legado foi, antes de tudo, uma militância amplamente difundida no seio da sociedade brasileira, sendo assumida por figuras que — ainda que menos conhecidas — foram fundamentais para compor as forças em favor da causa abolicionista.

Israel Antônio Soares: da despretensiosa conversa à grandiosa biografia

Em uma de suas andanças pela rua do Ouvidor, Israel Antônio Soares fora avistado e interpelado por Ernesto Senna.[6] Tal como em tantos outros encontros fortuitos entre pessoas conhecidas, a ocasião propiciou o início de uma conversa. Para Ernesto — que à época já coletava registros a respeito de fatos e pessoas importantes do Rio de Janeiro —, o acaso representava uma grande oportunidade. Afinal, Israel Antônio Soares simbolizava como poucos a luta abolicionista protagonizada nas décadas finais do século XIX, o que o tornava uma figura memorável e literariamente sedutora.

Ciente da relevância política do seu interlocutor, e desejoso de registrar para a posteridade algo a respeito de "um dos mais notáveis batalhadores em prol da liberdade de seus irmãos", Ernesto prontamente transformou o diálogo com Israel em entrevista, produzindo por fim uma breve biografia a seu respeito. O resultado foi apresentado em 1900 — provavelmente o mesmo ano em que o diálogo ocorreu — e eternizado por Senna em um capítulo presente na obra *Rascunhos e perfis*, que permitiu uma interessante imersão na trajetória e atuação política do renomado abolicionista (Senna, 1983).

Liberdade fracassada

Nascido em agosto de 1843, Israel Antônio Soares foi mais um dos muitos jovens oriundos de famílias escravizadas na cidade do Rio de Janeiro. Seus pais, Luiza e Rufino — negros de nação mina e monjolo, respectivamente —, eram ambos africanos, islâmicos e escravos de um senhor chamado Joaquim José da Cruz Seco.

Segundo inventário produzido em 1842 — ano precedente ao nascimento de Israel —, Luiza tinha 28 anos de idade e exercia a função de engomadeira, sendo estimada em 350$000. Rufino, por sua vez, tinha 40 anos de idade e atuava como cozinheiro, sendo estimado em 600$000. Era notoriamente o caso de uma família subordinada ao cativeiro e diretamente associada às atividades domésticas e ao mercado ao ganho praticado na cidade do Rio de Janeiro.

Ciente dos comedimentos inerentes ao mundo escravista, Luiza pretendia livrar não apenas Israel, mas também a irmã dele, da condição cativa na qual se encontravam. Ao privilegiar a libertação dos filhos à própria, Luiza expunha sua clara intenção de fazer o possível para conferir um melhor horizonte de expectativas a seus descendentes, considerando tanto seus filhos quanto possíveis netos. Em vista desse cenário, a obtenção de recursos através do mercado ao ganho acabava emergindo como fator fundamental, uma vez que o pecúlio ali amealhado poderia conferir concretude ao projeto familiar da alforria. Ou seja, embora atuasse no universo escravista, sua modalidade de trabalho lhe permitia sonhar com dias melhores.

Em 1856, quando Israel já era adolescente, sua mãe acumulou os recursos necessários para adquirir uma carta de alforria. A notícia era excelente, mas em simultâneo escancarava um problema que deveria ser resolvido no interior da família. Isso porque o valor obtido não era suficiente para libertar a ambos os filhos, sendo necessário preterir um deles em favor do outro. Uma verdadeira "escolha de Sofia" que acabou dividindo posicionamentos e ocasionando entrevero familiar.

De acordo com Israel, à época Luiza já era casada com outro homem — seu padrasto —, havendo entre eles uma divergência sobre qual dos filhos deveria ter a primazia da libertação. Segundo o padrasto, Israel deveria ser priorizado, por ter a pele mais retinta. Em contrapartida, Luiza entendia que alforriar a filha seria a decisão mais estratégica. Ela entendia que a emancipação libertava também o seu ventre, fazendo que sua futura prole já nascesse livre do cativeiro, argumento com o qual o próprio Israel concordava. Pesados os argumentos, decidiu-se pela libertação da moça, pela qual a família desembolsou um conto de réis. Quanto a Israel, ficara estabelecido que este deve deveria ser agraciado pela família em momento futuro, diante de nova oportunidade.

A sequência planejada, contudo, não se mostrou tão bem-sucedida. A despeito dos esforços, Luiza nunca conseguiu por seus empenhos livrar Israel da escravidão. Diante disso, não coube a ele outra solução que não a de administrar a existência em meio às agruras do cativeiro. Sua liberdade só viria anos mais tarde, obtida por meio de acordos pessoais que não envolveram sua mãe. Esta infelizmente morreria sem ver o filho livre. Seu falecimento ocorreu em 1880, pouquíssimo tempo antes de Israel alcançar a liberdade já como homem adulto.

Um jovem escravizado que lê

Apesar das claras restrições, Israel encontrou meios para se instruir ainda jovem. Segundo sua breve descrição, seu aprendizado não se deu com aulas ministradas em escolas, mas por meio da leitura de "jornais velhos no canto da cozinha" (Senna, 1983, p. 145). Muito embora ele não se atenha aos detalhes desse processo de aprendizagem, é de imaginar que a instrução que recebera tenha ocorrido em situações e ambientes de ensino informais, os quais mesclavam elementos de autodidatismo e contribuições de terceiros. Nesse sentido, vale destacar que o próprio Israel fornece a indicação nominal de um sujeito que notoriamente assumiu certo protagonismo educacional em sua vida: o farmacêutico Marcelino Ignacio de Alvarenga Rosa.

Segundo referência presente no *Almanaque Laemmert* de 1863, Marcelino era proprietário de uma botica (farmácia) que funcionava no nº 55 da praia de São Cristóvão, estabelecimento que ficava próximo do local no qual Israel residiria a partir de 1857, quando já somava 14 anos de idade. Do nº 41, onde à época morava, à farmácia a distância era curta, provavelmente de poucos passos, o que permitiu que suas trajetórias se cruzassem e constituíssem uma relação que os impactou profundamente. Nas palavras de Israel (*apud* Senna, 1983, p. 141),

> a esse cidadão [Marcelino] devo o pouco conhecimento que tenho da vida. Foi com ele que acompanhei toda a questão do Ventre Livre e era com sofreguidão que lia os discursos de João Mendes, Pinto de Campos, Pereira Franco, Junqueira e do sublime Rio Branco.

Não fica esclarecido o nível de envolvimento educacional que Israel estabelecera com Marcelino; todavia nosso biografado explica que fora por intermédio de seu auxílio que ele desenvolveu a habilidade para a leitura. Em dado momento, o próprio Israel menciona Marcelino carinhosamente como "meu amigo e mestre", reconhecendo sua ativa colaboração. É interessante notar que o boticário não é assinalado como seu alfabetizador — ainda que possa ter assumido esse papel —, mas como um mentor que o ajudou a desenvolver uma leitura mais ampliada e abrangente de sociedade. Em outras palavras, Marcelino contribuiu no âmbito do letramento político de Israel.

A questão notoriamente suplantava o domínio imediato dos códigos escritos. Israel era incentivado a ler não apenas as letras, mas a refletir a respeito dos discursos a elas subjacentes, algo que fatalmente o moldou e exerceu influência nos seus posicionamentos políticos futuros.

De leitor a professor

Anos se passaram e os papéis se inverteram. De aprendiz a mestre: Israel havia decidido compartilhar os seus saberes com aqueles que careciam de instrução e formou um curso noturno no mesmo endereço em que sua mãe havia estabelecido uma casa de quitandeira: no nº 19 da rua Almirante Mariatte, que mais tarde teve o nome alterado para S. Luiz Durão. Israel (*apud* Senna, 1983, p. 143) lista os nomes de alguns dos indivíduos para os quais lecionara:

> Entre os meus alunos posso citar alguns: Abel da Trindade, Pedro Gomes, Marcolino Lima, Justino Barbosa, Joaquim Vicente, Venâncio Rosa, Estanisláu, Fausto Dias, Vitor de Souza, Tomé Pedro de Souza, Martinha Benedita, Antônia, Eugênia, Rosa, Vitória e Joana, escravos e ex-escravos. Entre estes alguns há que aprenderam depois mais alguma coisa e hoje governam sua vida muito bem.

Israel foi capaz de relatar nominalmente 16 dos seus antigos alunos. O fato impressiona, em vista do tempo transcorrido entre o momento da entrevista e os fatos ali descritos. De acordo com Israel, essas aulas teriam ocorrido em algum momento entre as décadas de 1870 e 1880, momento em que ele ainda somava algo em torno dos 30 ou 40 anos de idade. Embora não seja possível definir precisamente o ano em que o curso foi iniciado ou encerrado, a indicação dessas datas aproximadas deve-se à afirmação de que as atividades por ele propostas teriam ocorrido praticamente na mesma época em que havia sido formada uma sociedade de dança chamada Bela Amante, grupo composto integralmente por escravos — tal como ele — e que fora inaugurado no início da década de 1870.

É impossível desprezar a força e o significado da memória que Israel constituiu em torno dos seus alunos. Afinal, ela é um indício de que aquelas relações foram provavelmente forjadas por algum grau de afetuosidade. Assim, a lembrança é expressiva na medida em que denota que aquelas pessoas não representavam apenas um número, mas eram dotadas de valor individual, sendo dignas de recordação.

Apesar disso, Israel lamentavelmente não dá maiores detalhes quanto à relação que estabelecera com seus alunos. Nesse sentido, ele não explica o que o levou a organizar o curso e o papel que os estudantes tiveram nesse processo, tampouco o que era ensinado. Diante disso, uma série de perguntas permanecem completamente sem resposta: como os alunos chegaram a Israel? A montagem do curso foi fruto de uma iniciativa pessoal, de uma demanda dos alunos ou resultado de ambas as coisas? Os alunos foram instruídos todos na mesma época ou ao longo de diferentes períodos? De que modo as relações entre os vários indivíduos envolvidos nessa iniciativa educacional constituíram os arranjos para a criação desse espaço de aprendizado? Qual era a periodicidade das aulas? Os alunos recebiam ou utilizavam algum compêndio escolar específico? Quantos estudantes eram simultaneamente instruídos por Israel? Qual era a metodologia de ensino? O curso funcionava a partir da abertura de turmas regulares? O currículo escolar oficial aplicado nas escolas públicas do Rio de Janeiro servia de amparo para definir as disciplinas do curso noturno? Qual era a faixa etária dos alunos?

Essas e outras perguntas referentes à organização e sistematização das atividades não podem ser respondidas a partir da narrativa de Israel. Ademais, não há sequer como saber se ele estava autorizado pelo poder público a estabelecer um curso nos moldes formais. De todo modo, avaliando o perfil dos seus alunos, bem como a aparente simplicidade da sua iniciativa, há mais indícios para afirmar que as aulas funcionavam na informalidade do que ao contrário. Isso porque, como ele mesmo apontava, alguns dos estudantes contemplados pelo curso eram escravizados, o que — ao menos até a reforma de Leôncio de Carvalho, em 1879 — ainda era um fator de impedimento para o acesso à escola.

A opção de ensinar esses homens e essas mulheres que estavam de algum modo subordinados às amarras do escravismo — fosse na condição de escravos ou libertos — reflete o desejo de Israel de fornecer aos seus alunos os meios necessários para que eles conseguissem se afastar da experiência do cativeiro, fazendo da instrução um instrumento de emancipação. A indicação de que entre eles havia "alguns que aprenderam depois mais alguma coisa e hoje governam sua vida muito bem" pode ter sido, portanto, mais do que uma mera constatação dos resultados obtidos através daquela experiência, mas uma demonstração da forma como ele próprio atribuía significados à instrução, entendendo-a como ferramenta capaz de oferecer — dentre outras coisas — maior poder de autonomia àqueles que a detém. Ou seja, ainda que a instrução talvez não conferisse garantias de pleno sucesso nas mais diversas áreas da vida, ao menos ela permitiria que tais indivíduos administrassem a própria existência, seus negócios e seus afazeres de modo mais adequado aos seus interesses. Consideradas as circunstâncias às quais estavam submetidos, isso já poderia significar o rompimento de algumas barreiras impostas pelo escravismo, o que os colocava em posição simbolicamente mais fronteiriça com o mundo dos livres.

Aproximar-se da liberdade, ou afastar-se do cativeiro, portanto, tinha tanto ou mais que ver com a possibilidade de experimentar certas dimensões específicas da vida social do que com o mero recebimento de uma carta de alforria, não obstante sua incontestável importância (Chalhoub, 1990). Com efeito, os escravizados que viviam sob menos restrições — fosse por resultado de conquista, acordo ou até mesmo complacência senhorial — certamente sentiam-se mais próximos da vida da liberdade do que aqueles subordinados a relações de dominação mais implacáveis. Desse modo, ainda que suas circunstâncias jurídicas apontassem para uma suposta paridade de condições, as experiências cotidianas por eles vivenciadas não necessariamente reforçavam essa similaridade. Em termos práticos, isso significa dizer que, enquanto alguns conseguiam comer, se vestir, morar, trabalhar e transitar geograficamente com maior desprendimento, tantos outros não tinham igual sorte. Dados os constrangimentos com os quais conviviam, ter a chance de usufruir de bens e experiências aparentemente ordinárias — inclusive de ler, escrever e contar — poderia verdadeiramente representar uma espécie de triunfo.

Essa mesma concepção pode ser aplicada na compreensão do que era a liberdade na vida de libertos e livres de cor. Afinal, embora fossem formalmente livres das amarras senhoriais, isso nem sempre se traduzia em uma vivência desprovida de transtornos diretos ou coações veladas. Tendo em vista a persistência das mais diversas formas de repressão presentes nas sociedades escravistas, e dadas as circunstâncias próprias de um cotidiano permeado pela lógica do cativeiro e suas práticas, é possível que esses segmentos tenham se sentido socialmente coagidos em diferentes ocasiões. Dessa perspectiva, uma série de complicadores podia dificultar, ou até mesmo obstruir, a concretização de alguns dos seus projetos de ordem pessoal, coletiva ou familiar. Assim, a despeito da inexistência de um vínculo direto com a escravidão, havia momentos em que a sensação de cerceamento lhes remetia a um forte sentimento de submissão. Ou seja, para esses setores não bastava meramente vencer a sujeição imposta pelo cativeiro, mas ascender a fim de conquistar um nível de autonomia mais considerável, o que consequentemente atenuaria a impressão de sufocamento gerada pela estrutura escravista e suas heranças. A liberdade, assim, era uma espécie de conquista diária, exigindo consciência ativa e mobilização constantes.

O poder replicador da instrução

Uma das principais características do conhecimento é a sua possibilidade de replicação. Isso significa dizer que, quando um membro de uma comunidade passa a deter um novo saber, ele se estabelece como alguém que pode potencialmente compartilhá-lo com um número maior de pessoas. Esse processo, contudo, é profundamente influenciado por fatores tanto objetivos quanto subjetivos. Em termos práticos, o ensino pode ser facilitado ou dificultado por questões pragmáticas, tais como a ausência ou presença de mestres, disponibilidade de material e tempo, assim como por questões passionais, tais como preconceitos, interesses e desinteresses, além de restrições informais. Desse modo, ao pensar nas possibilidades de promoção do saber em uma sociedade marcada pelo escravismo e pelo estigma da cor, é preciso considerar em conjunto a ampla relevância de todos esses fatores, motivo pelo qual a formação de replicadores de conhecimento inscritos na comunidade negra deve ser vista, sobretudo naquele contexto, como primordial para o sucesso educacional da população de cor.

Contemplar a vida e trajetória de Israel Antônio Soares ajuda a fortalecer ainda mais essa ideia. Afinal, o conhecimento que desenvolvera junto a Marcelino acabou sendo não apenas aprimorado, mas coletivamente compartilhado com outras pessoas cuja origem e tipo físico eram de algum modo identificados com o seu. Todos esses indivíduos, por sua vez, tornavam-se agentes sociais mais informados, mais bem qualificados para compreender o cotidiano que os cercava, mais aptos para fazer escolhas com as ferramentas de que dispunham, além de capazes de compartilhar com outras pessoas — cônjuges, filhos, parentes, amigos, parceiros de profissão, companheiros de fé — esses mesmos saberes. Ou seja, ao se instruir alguém, abre-se margem para o desenvolvimento de novas redes de saber que se espalham organicamente pela sociedade, potencializando novos mestres que outrora eram alunos, assim como novos alunos que podem vir a ser mestres.

Estando presente nas duas pontas do processo de ensino-aprendizagem, Israel teve a oportunidade de compartilhar com membros da comunidade negra e escravizada tudo aquilo que havia previamente aprendido. Desse modo, sua atuação claramente o estabelecia como mais um dos muitos nós presentes nas amplas redes de reciprocidade, assistência e ensino que vinham sendo coletivamente costuradas ao longo daqueles anos.

Diante dessa perspectiva replicadora, torna-se especialmente difícil mensurar os virtuais efeitos da atuação de Israel naquela sociedade. Porém, do ponto de vista mais imediato, os resultados de seus esforços podem ser mais claramente percebidos através da análise da vida pessoal de seus dois filhos, Antônio Israel Soares e Israel Antônio Soares Júnior. Sob a influência de Israel — assim como de Antônia Soares, sua esposa —, ambos se tornaram indivíduos socialmente engajados, além de detentores de saberes e potencialidades que os colocaram em evidência nas suas respectivas áreas de atuação.

Antônio Soares, o primogênito, foi concebido como escravo tal como seus pais. Ele nascera no dia 17 de novembro de 1869, momento em que — de acordo com o registro biográfico — seus progenitores ainda estavam subordinados ao cativeiro. A despeito disso, não há informações quanto à experiência de Antônio no cativeiro. Com efeito, ainda não se sabe por quanto tempo ele permaneceu nessa condição, tampouco se a liberdade por ele alcançada foi fruto de uma benesse concedida por terceiros, resultado de uma ação mediada pelos pais ou algo que envolveu ambos os cenários.

Por ora, as melhores informações disponíveis a seu respeito referem-se à fase da vida adulta. A exemplo do pai, Antônio se engajou na luta abolicionista. Afora isso, tornou-se operário e passou a se comprometer diretamente com essa causa, chegando até mesmo a ocupar, em 1895, o cargo de presidente do Partido Operário Socialista. Nota-se, portanto, que ele não apenas dominava o saber manual, como também detinha conhecimentos que lhe permitiam atuar na direção das suas inclinações políticas.

Em vista da realidade na qual Israel estava inserido nos anos que cobriram a infância de Antônio, é de imaginar que esse repertório de habilidades e competências começou a ser incentivado no menino desde a sua mais tenra idade. Cabe lembrar que o curso noturno de Israel fora inaugurado justamente na década de 1870, o que provavelmente fazia que Antônio fosse muito mais suscetível à alfabetização. Assim, o ainda menino Antônio Soares pode ter tido a oportunidade de aprender com o pai aquilo que Israel aparentemente jamais conseguira receber e assimilar dos seus progenitores. Avançando nesse exercício de imaginação histórica, é possível até mesmo imaginar o pequeno Antônio ouvindo — de modo intencional ou completamente despretensioso — o seu pai lecionando uma série de pessoas que circulavam em sua casa, algo que pode tê-lo feito se acostumar desde muito cedo com a ideia de transitar em ambientes permeados de saber e reciprocidade.

Muitos anos mais tarde, Antônio ainda teria a oportunidade de ver seu pai demonstrar novo fôlego de engajamento com a educação. Em agosto de 1900, Israel assumiria um papel importante no incentivo à abertura de uma escola e de uma biblioteca que funcionariam na Igreja de Nossa Senhora do Rosário e São Benedito, irmandade da qual foi, por muitos anos, presidente.[7]

De acordo com o anúncio veiculado no dia 8 de agosto na *Gazeta de Notícias*, a escola funcionaria no período diurno e teria como público-alvo crianças, tanto do sexo masculino quanto do feminino, que estivessem inseridas na faixa etária de 6 a 12 anos de idade. A direção escolar ficaria a cargo do dr. Moreira Pinto, o qual seria responsável por organizar as aulas do curso primário. Seriam também oferecidas lições de catecismo, as quais estariam sob a responsabilidade do capelão da própria irmandade. Quanto a Israel, não há qualquer indicação de que ele teria algum envolvimento docente com a instituição. No entanto, embora longe das salas de aula, ele foi o responsável por oferecer um aporte financeiro de 50$000 réis à escola, conforme citado na própria notícia.

No que concerne à escola e seu funcionamento, ainda não se sabe por quanto tempo ela permaneceu ativa, quais foram os desafios que precisou enfrentar, tampouco quem foram os seus alunos. Sabe-se, no entanto, que nenhum dos filhos de Israel tinha idade para estudar na instituição patrocinada pelo pai.

À época, Antônio já passava dos 30 anos, enquanto Israel Antônio Soares Júnior estava na iminência de completar 14. Nascido em 25 de setembro de 1886[8], o filho mais novo de Israel aos poucos se desenvolvia e se encaminhava para um universo muito diferente daquele vivenciado pelo seu irmão e pelos pais. De todo modo, mesmo diante da iminência de ingressar em um território tão diferente daquele que havia sido desbravado pela sua família, não há dúvidas de que as teias de conhecimento também o atravessaram de modo muito particular.

Israel Júnior formou-se farmacêutico e médico. Assim, enquanto o seu irmão mais velho seguiu a vida calejando as mãos em máquinas, ele teve a oportunidade — até então ímpar — de revesti-las com luvas. A despeito da posição mais prestigiosa, Israel Júnior manteve a mesma proximidade habitual com os parentes, habitando no bairro de São Cristóvão — local onde se estabeleceu por toda a vida — e atuando junto com o pai na irmandade de Santo Elesbão e Santa Efigênia.

O empenho do casal Israel e Antônia Soares notoriamente frutificava em sua parentela. Com efeito, ambos os filhos estavam bem criados e desbravavam — cada um a seu modo particular — universos completamente diferentes daqueles aos quais seus pais e avós haviam pertencido.

Por isso, é de imaginar a tristeza de Israel Soares quando — por duas vezes — teve de deparar com a realidade de que não poderia acompanhar o desenvolvimento nem usufruir da companhia de seus filhos por tanto tempo quanto desejaria. Conforme indicações de periódicos, os dois rapazes faleceram precocemente: Antônio em 1902 e Israel Júnior em 1913. A morte deste gerou até mesmo certa ressonância na imprensa local, tendo ele sido destacado como figura de uma potência intelectual que — lamentavelmente — jamais chegaria a florescer por completo:

Dr. Israel Soares Júnior

Eis um nome que talvez viesse a atingir à celebridade nos domínios da ciência, se um golpe brutal da Parca[9] não lhe houvesse tão cedo arrebatado a vida. De origem humilde, tendo a cor própria dos descendentes da raça africana, o Dr. Israel Soares, cuja maior aspiração era formar-se em medicina, para que tinha decidida inclinação, conseguiu, com grandes sacrifícios, obter o desejado diploma [...]. Após a sua formatura em medicina, o que vale dizer após a realização do seu mais caro ideal, o Dr. Israel Soares, cujo diploma representava bem uma série ininterrupta de esforços, não teve, infelizmente, senão pouco tempo de vida. A morte não lhe permitiu colher os frutos dos sacrifícios realizados com prazer para fazer-se homem. O pouco tempo que viveu bastou-lhe, porém, para, pelo talento e a cultura científica que possuía, como pela franca inclinação que tinha para a carreira médica, deixar um nome que todos acatarão sempre como o de um competente. Por motivo do seu recente falecimento, a Irmandade de S. Benedito e Rosário faz celebrar hoje, às 9 horas, missas em todos os altares da igreja. (*A Imprensa*, 19 de agosto de 1913, p. 4 *apud* Silva, 2017, p. 14)

Israel ainda viveria mais alguns poucos anos, vindo a falecer no dia 21 ano de 1916. Deixou a esposa e também um longo legado. Ao longo de todo o período da sua vida, a causa abolicionista, expressa em múltiplas dimensões, tornou-se uma marca indelével e que gerou efeitos diretos e indiretos na experiência histórica de uma quantidade inimaginável de pessoas.

Referências

BARROS, Surya Pombo de. "Escravos, libertos, filhos de africanos livres, não livres, pretos, ingênuos — Negros nas legislações educacionais do XIX". *Educação e Pesquisa — Revista da Faculdade de Educação da USP*, São Paulo, v. 42, p. 591-605, 2016.

CHALHOUB, Sidney. *Visões da liberdade — Uma história das últimas décadas da escravidão na Corte*. 1. ed. São Paulo: Companhia das Letras, 1990.

FERREIRA, Higor Figueira. "Em tintas negras — Educação, ensino e a trajetória de Pretextato dos Passos e Silva na corte imperial: novas evidências". *Revista ABPN*, Curitiba, v. 10, p. 26-42, 2018.

_______. *Com tintas de liberdade — Professores, raça e cartografias da educação na corte imperial*. Tese (doutorado em História Comparada) — Universidade Federal do Rio de Janeiro, Rio de Janeiro, 2020.

FLORENTINO, Manolo. "No rastro de uma barba — A história atrás de passos apagados". In: FRANÇA, Susani Silveira Lemos (org.). *Questões que incomodam o historiador*. São Paulo: Alameda, 2013, v. 1, p. 223-272.

Florentino, Manolo; Góes, José Roberto. "Aspectos da comunidade islamita negra do Rio de Janeiro no século XIX". *Trashumante: Revista Americana de História Social*, v. 10, p. 8-30, 2017.

Montano, Leandro Duarte. *Leituras para além dos livros — O currículo vivo através de experiências educacionais e políticas de afrodescendentes e negros no Rio de Janeiro da segunda metade do século XIX*. Tese (doutorado em Educação) — Universidade Federal do Rio de Janeiro, Rio de Janeiro, 2022.

Moura, Clóvis. *Dicionário da escravidão negra no Brasil*. São Paulo: Edusp, 2004.

Senna, Ernesto. *Rascunhos e perfis*. Brasília: Editora da UnB, 1983.

Silva, Adriana Maria Paulo da. *Aprender com perfeição e sem coação — Uma escola para meninos pretos e pardos na Corte*. Brasília: Plano, 2000.

______. "A escola de Pretextato dos Passos e Silva — Questões a respeito das práticas de escolarização no mundo escravista". *Revista Brasileira de História da Educação* [s. l.], n. 4, p. 145-166, jul.-dez. 2002.

Silva, Alexandra Lima da. "Pela liberdade e contra o preconceito de cor — A trajetória de Israel Soares". *Revista Eletrônica Documento/Monumento*, v. 21, p. 1-17, 2017.

Soares, Luiz Carlos. *O "povo de Cam" na capital do Brasil — A escravidão urbana no Rio de Janeiro do século XIX*. Rio de Janeiro: 7 Letras, 2007.

Veiga, Cynthia Greive. "Escola pública para os negros e os pobres no Brasil — Uma invenção imperial". *Revista Brasileira de Educação*, Rio de Janeiro, v. 13, p. 502-517, 2008.

Fontes documentais

A Imprensa. Rio de Janeiro, 19 ago. 1913.

Almanaque Laemmert. Rio de Janeiro, 1859, p. 425.

Arquivo Nacional do Rio De Janeiro (ANRJ). *IE 5 130* — Ensino Primário.

______. *IE 1 397* — Arranjo Boullier. Série Educação. Gabinete do Ministro. Ministério do Império. Requerimentos sobre instrução pública em ordem alfabética — 1850/1890. Documentação avulsa.

Diário do Rio De Janeiro. Rio de Janeiro, 26 jul. 1876, p. 3.

Gazeta de Notícias. Rio de Janeiro, 17 ago. 1905, p. 2.

______. Rio de Janeiro, 3 mar. 1886, p. 2.

______. Rio de Janeiro, 8 ago. 1900, p. 2.

Jornal do Comércio. Rio de Janeiro, 13 jul. 1860, p. 2.

______. Rio de Janeiro, 19 maio 1863, p. 4.

______. Rio de Janeiro, 2 maio 1860, p. 2.

______. Rio de Janeiro, 20 set. 1863.

______. Rio de Janeiro, 22 out. 1863, p. 4.
______. Rio de Janeiro, 26 out. 1863, p. 4.
______. Rio de Janeiro, 28 abr. 1855, p. 2.
______. Rio de Janeiro, 30 abr. 1855, p. 3.
______. Rio de Janeiro, 5 out. 1863, p. 4.
______. Rio de Janeiro. 1º dez. 1864, p. 4.
O Paiz. Rio de Janeiro, 25 set. 1910, p. 4.
Relatório que ao ilustríssimo e excelentíssimo senhor Doutor José Ricardo de Sá Rego, presidente desta província, apresentou o vice-diretor da Instrução Pública, chantre Antonio José Ribeiro Bhering, em 1851. Ouro Preto: Typographia Social, 1852.

Notas

1 Tal veto era claramente exposto em alguns dos principais regulamentos e leis educacionais destinados à cidade da Corte (*Regulamento para a reforma do ensino primário e secundário do município da Corte de 1854*), bem como à província como um todo (Lei n. 1, de 1837, e *Regulamento sobre instrução na província do Rio de Janeiro de 1849*), o que reforçava a distância material e simbólica que havia entre os mundos do cativeiro e da liberdade. A proibição aos escravizados só deixou de ocorrer na reforma Leôncio de Carvalho, de 1879.

2 O Estado brasileiro procurou forjar o ensino escolar, já nas suas primeiras décadas, sob a lógica do "ler, escrever, contar e crer". Assim, português e matemática eram basilares. O ensino religioso — fundamentado na fé católica apostólica romana — cumpria, por sua vez, uma função moralizadora. Por fim, dadas as distinções de gênero concebidas à época, havia também o oferecimento de aulas de prendas domésticas — tais como coser e bordar — às meninas.

3 Queirós assumiu o cargo em setembro de 1855. Assim, alguns documentos do dossiê precedem a sua presença na Inspetoria. A despeito disso, o pedido de dispensa dos exames profissionais já ocorria quando da gestão de Eusébio. Afora isso, é importante registrar que foi o próprio Eusébio o responsável por avaliar os documentos e decidir quanto ao futuro da escola.

4 O mesmo que incitar, irritar, ofender.

5 Embora não seja o mais antigo, esse documento consta como o principal do dossiê. Todos os demais estavam a ele anexados

6 Ernesto Senna (1858-1913) nasceu no Rio de Janeiro. Foi coronel da Guarda Nacional e redator do *Jornal do Commercio*. Atuou, entre outras coisas, como repórter, sendo figura estimada por ministros, senadores, deputados, militares e sacerdotes (Senna, 1983, contracapa).

7 A irmandade de Nossa Senhora do Rosário e São Benedito dos Homens Pretos foi uma das mais antigas do Rio de Janeiro, tendo papel destacado na libertação de escravos. Assim como muitas outras espalhadas pelo Brasil, essa irmandade fora fundada sob a invocação de Nossa Senhora do Rosário. Sua associação — em uma mesma irmandade — com São Benedito deve-se ao fato de este santo ter sido um escravo negro. Desde o dia 27 de novembro de 1779, a irmandade foi beneficiada com uma provisão régia que lhe conferia a possibilidade de alforriar, mediante indenização do valor, os escravos que eram maltratados pelos respectivos senhores ou que quisessem vendê-los por castigo. O capítulo 1º, que versa sobre os deveres da irmandade, estabelece como objetivo libertar da escravidão os "irmãos cativos", tendo para isso fixada a norma de sorteio, sendo o dinheiro tirado do "caixa da igreja", conforme indicado no capítulo 24. Além das alforrias que obtinham publicamente, praticavam serviços secretos, subvencionavam a imprensa abolicionista e frequentemente ajudavam José do Patrocínio. Em função da sua intensa atuação, Israel Antônio Soares chegou a ser reconhecido como o indivíduo que representava a verdadeira alma da irmandade (Moura, 2004, p. 216-217).

8 Há uma nota de congratulação pelo seu aniversário no jornal *O Paiz* de 25 de setembro de 1910. Cruzando essa informação com a indicação de que ele havia morrido antes de completar 27 anos, é possível concluir que ele nascera no ano de 1886.

9 Na mitologia clássica, cada uma das três deusas (Cloto, Láquesis e Átropos) que determinam o curso da vida humana.

10 DOIS POETAS NEGROS: PEDRO CUMBA JUNIOR E LINO GUEDES

MÁRIO MEDEIROS

Ainda nos anos 1970, Oswaldo de Camargo, autor de uma extensa obra sobre literatura negra, chamava atenção sobre a necessidade de pesquisar a história da produção literária de autoria negra brasileira. Cumba Junior é um rastro sulcado na areia da memória, mencionado em linhas de um jornal contra a ditadura num momento inaugural de um projeto literário negro (Camargo seria um dos criadores da série *Cadernos Negros*, em 1978, com Cuti, Hugo Ferreira e Mário Jorge Lescano).

Nova e mais recentemente, Pedro Cumba Junior foi lembrado por aquele pesquisador (Camargo, 2019, p. 40). E, em meus estudos, localizei textos sobre o escritor entre os anos 1900 e 1930 em jornais não negros — inclusive seu retrato —, em duas edições da revista santista *A Fita* de 1914. Os temas de sua poesia são parnasianos, escritos de forma clássica. Evocações sensuais, a busca do amor impossível, a apreciação da natureza, sobretudo do mar — denunciando sua origem no litoral —, a visão das ninfas etc. Aparentemente, nenhuma menção explícita à condição negra. Mas ele é, inegavelmente, um escritor negro paulista nas primeiras décadas do século XX, menos de 30 anos passada a Abolição. E tal condição negra poderia ser expressa de diferentes formas.

Cumba Junior era funcionário público dos Correios e Telégrafos em São Paulo e, posso supor, nascido no final do século XIX. De acordo com o *Almanaque Laemmert*, entre 1915 e 1935, ele atuou como amanuense, chegando à posição de segundo oficial na sétima seção do serviço público federal. Na capital paulista, trabalhou em endereços como a rua Visconde do Rio Branco, nº 12, e o Largo do Palácio, nº 9 (no atual Pátio do Colégio, na Sé). Em 1931, ele residia à rua Marcos Arruda, nº 121, situada na região do Belém.

Vivendo no centro da capital paulista em momento importante da expressão da modernidade e trabalhando em um dos meios tecnológicos símbolo desse período, é possível encontrar fragmentos de menção a ele até os anos 1950. Não importa se era um grande poeta ou não. Ele estava lá. Porém, imerso em algo que passou a ser definido como Pré-Modernismo. E, como quase tudo que caiu nessa vala comum, é difícil resgatar ou mensurar sua importância sem pensar que talvez não valha a pena, que seja de valor menor.

Em 4 de maio de 1917, o jornal paulistano *A Gazeta*, à página 4, publicou uma nota fúnebre, algo comum:

> Faleceu hoje pela manhã, a exma. sra. d. Umbelina da Silva Cumba, progenitora do sr. Pedro Cumba Junior, funcionário da Repartição dos Correios, e da senhorita Ondina da Silva Cumba. O enterro realizar-se-á hoje, às 16 e meia horas, subindo o féretro da rua Tupy, nº 187, para o cemitério do Araçá.

Localizamos a casa da família nas imediações do bairro central de Santa Cecília. Não há menção ao pai de Pedro, que poderia já ter falecido ou não ser conhecido. O percurso até o cemitério do Araçá atravessa bairros importantes da cidade e termina em um campo de sepulcro criado em 1887 para diferentes famílias de imigrantes, de extrações de classe variadas, que não seriam enterrados no cemitério da Consolação, ocupado por paulistas tradicionais. Além do cemitério dos imigrantes, o do Araçá era uma opção mais econômica para algumas poucas famílias negras, tais quais a de Cumba Junior.

Nos anos anteriores e vindouros, o funcionário dos Correios Pedro Cumba Junior apareceria em diferentes menções em jornais e revistas. Já em 1907, na revista *O Malho*, ele recebe uma crítica desfavorável a um de seus poemas, cujos versos publicados diziam: "Lembras-te, oh! viagem dos meus sonhos/ Oh! cândida, oh! sedutora flor/ Daqueles tempos tão risonhos/ Em que tu juravas-me eterno amor".[1] Além de trabalhador da repartição, e escriba de versos saudosos, Cumba Junior aparece como poeta e colaborador de publicações como a *Revista Feminina*, "a querida publicação das senhoras paulistanas", o que seria noticiado no *Correio Paulistano* (1917, p. 6).

Entre fatos diversos — o acidente entre um homem e um bonde na rua Lavapés, a apreensão de livros pornográficos na Livraria Acadêmica no largo do Ouvidor, a realização da festa do Yom Kipur na comunidade judaica, os pedidos de apoio à Associação Protetora dos Morféticos, entre outros —, aparecia a nota de que Cumba Junior, junto com outros autores homens, colaborava com a *Revista Feminina*, dedicada a "trabalhar pelo levantamento do espírito feminino". O que autorizaria o amanuense dos Correios a isso? Ele já havia sido identificado nessa função em seção específica dedicada à repartição em 27 de setembro de 1924, no *Correio Paulistano*, quando requereu, para fins de licença, sua inspeção de saúde. Como sabemos, havia quase uma década nessa função, desde 1915. Quanto anos teria Pedro Cumba Junior? Nenhuma pista é informada.

Dois anos depois, em 1926, no jornal da imprensa negra *O Getulino — Órgão da defesa dos homens pretos do Brasil* —, o amanuense Cumba Junior era anunciado como autor de um novo livro, intitulado *Holocaustos*:

> Do número de março da *Revista Postal Brasileira*, do Rio de Janeiro, colhemos as linhas que se estiram abaixo, que passamos desvanecidos aos nossos leitores:
> "Nosso colega Cumba Junior, amanuense dos Correios, em São Paulo, vai dar publicidade a um novo livro de versos. Ha de ser mais um triunfo a enriquecer a bagagem do festejado poeta. Seu estilo fácil e elegante burilará mais uma vez os sentimentos do artista consagrado que ele já é. Em *Holocaustos*, que é o título do seu trabalho, Cumba Junior ratificará o conceito que desfruta em nosso meio o seu admirado valor intelectual". (p. 1)

Não há indícios de que *Holocaustos* tenha sido publicado, tampouco de qual maneira. Contudo, o conceito de que desfrutava o escritor na comunidade negra estava alicerçado em poemas publicados havia mais de dez anos, em revistas que não eram voltadas exclusivamente para o meio negro, como *O Malho*, *A Fita* e *O Pirralho*. Nessas revistas já é possível, a partir de 1907, localizar poemas de Cumba Junior. Dezenove anos separam a Abolição dessas edições, e talvez o autor tenha sido um descendente de libertos ou ex-escravizados. No período da liberdade formal, os três primeiros poemas que encontramos publicados por ele são sonetos clássicos que têm como títulos "A fé", "A esperança" e "A caridade", rimando no esquema alternado final A B A B, CDC CDC, compondo na página da revista santista uma trilogia. Dela, destaquem-se os trechos dedicados ao poema "A esperança":

> És tu que no perigo insufla-nos confiança/ E aos Vencidos da Vida exclamas resoluta/ — Confia no Futuro! Avante! Espera! Luta!/ Quem luta sempre vence e quem espera alcança!/ [...] Quando a negra borrasca o firmamento enluta/ O arco-íris precursor de próxima bonança,/ E o que era antes tufão em calma se transmuta! [...] (Cumba Junior, 1913)

Trata-se de uma temática que ainda nada anuncia a respeito de um eu lírico negro ou a um interlocutor negro; no entanto, tem-se a publicação de poemas de incentivo, talvez geral, que evoluem para versos sensualizados, no mesmo esquema organizado por sonetos. Denominados "Súplica", fariam parte do livro *Holocaustos*, cuja publicação uma década após ainda se aguardaria.

> Quero, sôfrego, unir à minha a tua boca,/ Na convulsão febril de uma volúpia louca,/ E, sedento de amor e ávido de desejo,/ Nela depor um longo e voluptuoso beijo./ Quero mais que bei-

jar: sugar como uma abelha,/ A tua boca em flor, esplendida, vermelha,/ [...] Sim! E que minha boca ofegante, insaciável/ Deslize sobre tua odorosa epiderme/ Persistente, voraz, coleante [...] Ó, corpo escultural que inspira os meus cantos [...]/ Ó, minha Bem-Amada, ao menos me consente/ Que, sôfrego, eu te beije, apaixonadamente/ Num ósculo sensual, erótico, sem fim/ A boca, as mãos, o colo, o corpo inteiro, enfim. (Cumba Junior, 1914)

Saberiam as leitoras e os leitores de *A Fita* que se tratava um autor negro? Ele não estava escrevendo nada original na história literária, apenas sonetos dedicados a uma musa real ou imaginária, aspirando vontades carnais ou etéreas. O mesmo cotidiano estava anunciado em outros versos seus, dedicados ao ato de fumar um cigarro, odes ao amor entre o mar e a lua ou à vida boêmia — temas que também seriam consagrados por outros poetas, anteriores e posteriores a ele. Mas eis que aparecem seus retratos em ao menos duas ocasiões. Na primeira, ao lado do poema dedicado ao mar, em março de 1914. Na segunda, o mesmo retrato é reeditado por ocasião do anúncio de uma premiação literária. E é aí que se tem a distinção mais evidente. Entre os bigodes desenhados e cabelos lustrosos dos seus congêneres, ao lado de seus ternos destacados, da pele branca e de alguns sobrenomes sonoros, aparece simplesmente Cumba Junior, o amanuense dos Correios, homem negro vencedor de um primeiro concurso de poesia lírica organizada pela Associação Feminista Santista[2], escritor de versos sensuais e dedicados ao cotidiano livre.

Cumba Junior é um antepassado esquecido de escritores negros. Está situado no período pré-modernista, escrevendo poesia que seria logo mais considerada ultrapassada e passadista — na forma e no conteúdo —, especialmente a partir de 1922. E, dessa maneira, tentava se inserir no mundo das letras ao qual aspirava. Sonhos de um homem negro e sua condição humana.

Talvez tivesse como seu antepassado literário Cruz e Sousa, o poeta simbolista negro de Desterro, pela maneira como escrevia e pelos temas empregados. Mas aqui se trata apenas de suposição, pois o passo adiante dado pelo poeta simbolista não foi alcançado em Cumba Junior: a explicitação da experiência da negritude. Passo que seria radicalizado em Lino Guedes, que foi seu contemporâneo e estava prestes a publicar seu primeiro livro nos anos 1920. Talvez ambos tenham se conhecido e se cruzado pelas ruas da cidade. Nada custa supor. Sem dúvida sabiam de sua mútua existência, haja vista a nota publicada no jornal que Benedito Florêncio, Guedes e Gervásio dirigiam — cujo título, *O Getulino*, homenageava outro escritor e antepassado deles, Luiz Gama.

Terá havido outros e outras como Pedro Cumba Junior? É provável. E o que mais se pode dizer dele? Praticamente nada, como as linhas de 1959 que o colocam como um daqueles velhos funcionários, "jornalistas, escritores e poetas cujas obras ficaram inédi-

Figura 1 — Cumba Junior entre autores brancos

A FITA

JOGOS FLORAES

Resultado do Concurso Artistico-Litterario

CUMBA JUNIOR
1.º premio de Poesia Lyrica

OCTACILIO GOMES
1.º premio de Poesia Satyrica

S. GONÇALVES LEITE
1.º e 2.º premios de Poesia Patriotica

DR. ADOLPHO PORCHAT DE ASSIS
1.º premio de Phantasia
(Prosa)

OSCAR FERREIRA
1.º premio de Canção Popular
(Musica)

DELFINO STOCKLER DE LIMA
1.º premio, Conto de Costumes Nacionaes (Prosa)

Em o nosso proximo numero daremos os retratos dos srs. Jorge de Albuquerque, 1.º premio de Novella e Elias Lobo Netto, 2.º premio de Musica.

Fonte: *A Fita,* Santos, 6 de agosto de 1914, n. 68.

tas: Olímpio Lima, Francisco Pereira, João Luso, Emílio Ruede [...] Cumba Junior, Fábio Montenegro, Henrique Montandon e quantos outros" (*Revista Humanitária*, 1959, p. 13) Quantos deles negros? Cumba Junior é um entre outros que, segundo o *Diário Oficial da União*, encontrava-se aposentado, desde fevereiro de 1954, pelo Ministério da Viação e Obras Públicas.[3] Não foram localizadas informações sobre quantos anos ele teria ou sobre seu fim.

Mas o que é tão importante agora é saber que ele existiu e deixou suas marcas, mesmo que sejam rastros. Mais importante ainda é vermos seu retrato e sua prática literária num momento ainda tão próximo da Abolição. A experiência moderna tem muitas faces, e ela pode ter sido vivida de diferentes maneiras. Estamos falando da condição humana de um negro que queria apenas existir, ser lido e reconhecido, pois publicou seu pensamento.

"Como um cordel posto a prumo": Lino Guedes, 1913-1969

Há uma experiência da modernidade como época histórica e luta por direitos civis, sociais e políticos da qual o mundo negro faz parte no Brasil. Cumba Junior publicava seus textos numa década que já acompanhava havia anos as experiências em jornais da imprensa negra paulista e de associações negras no começo do século XX. Teria ele

Figura 2 — Fotografia do jovem Lino Guedes, publicada em jornais da imprensa negra

Fonte: Leite e Cuti (1992, p. 86).

passado por alguma experiência dessas? Ainda não há pistas sobre isso. Contudo, o fato de um possível livro seu ter sido saudado no jornal negro *O Getulino* diz bastante sobre como ele era visto ou conhecido por parte da comunidade negra ativista e também pelos criadores do jornal, os escritores Gervásio de Morais e Lino Pinto Guedes.

Quase tudo sabido sobre Lino Pinto Guedes (1896-1951) tateia insuficientemente as relações entre contexto e condições sociais de produção de sua obra (Silva, 2017). A data de seu nascimento ainda é alvo de disputas; sua vida familiar em Socorro (SP), como descendente de escravizados, dos trajetos pelo interior paulista até a chegada à capital; de que maneira logrou publicar suas obras, entre os anos 1920 e 1950, como escritor autoidentificado negro e militante — tudo isso tem uma fortuna crítica exígua.

Exemplares de seus livros constituem raridades. Sua obra não foi reeditada. A divulgação dos trabalhos de Guedes ocorreu por meio do interesse de uma militância cultural negra paulistana que conviveu com ele ou por ele se interessou, a exemplo de José Correia Leite, Paulo Colina e Cuti, Quilombhoje Literatura e Oswaldo de Camargo (Colina, 1982; Leite e Cuti, 1992; Camargo, 1986, 1987, 2016; Quilombhoje, 1985), que o inseriram em antologias e estudos críticos de literatura negra brasileira. Há também o interesse de poucos cientistas sociais ou críticos literários pelo autor (Bastide, 1973; Bernd, 1987; Brookshaw, 1983; Duarte, 2011), ou de pesquisas específicas na área de história (Domingues, 2010; Miranda, 2005; Gonçalves, 2012).

Trata-se de um autor negro que, entre os anos 1920 e 1950, publicou seus livros por conta própria ou por meio de gráficas e editoras, trazendo ao público uma poesia em que o negro, seu passado e presente, bem como seus modos de vida, é o personagem central, narrando uma *história coletiva* desse grupo. Ele foi um dos fundadores e ajudou a manter um jornal voltado para os homens de cor no interior de São Paulo, *O Getulino*. E, distante apenas 40 anos da Abolição formal da escravatura, já era revisor em periódicos importantes da capital paulista, mas também mencionado em notas de jornais como *poeta* e, por vezes, *poeta preto*, *poeta da raça negra*.

No Suplemento Literário de *O Estado de S. Paulo*, o jornalista Cunha Motta, escrevendo suas memórias sobre a cidade de São Paulo e sobre o ofício nas redações do passado, a certa altura do texto faz um perfil racista:

> [...] O chefe de revisão do "Diário de São Paulo", Lino Guedes, estava longe de ser um desses homens que despertam simpatia à primeira vista. Negro de lábios grossos, nariz achatado e feições características da raça, pouco expansivo, gestos nervosos, falando apenas o essencial e raramente fixando o interlocutor, não inspirava confiança.
> Vendo-o, ninguém poderia suspeitar de que naquela figura aparentemente ríspida e vulgar se escondia um poeta delicado, que cantava a tristeza do homem de cor e lamentava a sorte das

criancinhas negras. [...] Contrariando seu temperamento sombrio, procurava ser gentil e acabou convidando-me para almoçar um domingo em sua casa, na rua Batatais, ocasião em que me ofereceu um livrinho de versos com amável dedicatória. Tive oportunidade, então, de observar a enorme sensibilidade humana de Lino Guedes, compreendendo a alma que se debatia naquele arcabouço físico tão desajeitado. [...] (Motta, 1969, p. 4)

Diferentes pontos chamam atenção, mas o principal é o racismo do memorialista ao apresentar a figura desprovida de simpatia, entalhada pelas "características da raça", "ríspida e vulgar", "que não inspiraria confiança". O homem negro abrutalhado, física e emocionalmente, em meio a condições insalubres de trabalho, que deveria, então, acomodar um aspirante branco, interiorano e pobre naquele lugar — e que, pode-se inferir, com o tempo, poderia lhe galgar posições dentro da imprensa e daquele jornal com as quais Guedes não poderia contar.

Apesar do tom preconceituoso do texto, encoberto pela aparente delicadeza da memória pessoal, as recordações de Motta oferecem um dos poucos retratos *a quente* de alguém que convivera com Guedes. Situa-o em seu ofício, num jornal paulistano de importância; descreve-o; localiza sua moradia na cidade de São Paulo; qualifica-o como poeta, mesmo que desprovido das qualidades estéticas de João da Cruz e Sousa; e não esquece de chamá-lo de *poeta negro*.

Cunha Motta oferece uma recordação de Guedes passados 46 anos da abolição da escravidão. Segundo documento expedido em 28 de dezembro de 1950, em que Guedes pede sua aposentadoria por invalidez, fixa-se uma nova data de nascimento: 27 de junho de 1896.[4] Teria ele cerca de 38 anos, portanto.

Filho dos ex-escravizados, talvez libertos, José Pinto Guedes e Benedita Eugênia Guedes, órfão de pai aos 2 meses, tinha uma única irmã, de nome Gracinda Guedes. De acordo com o professor e historiador Petrônio Domingues (2010), sua família teria sido protegida pelo chefe político local — e antigo senhor de escravos em Socorro (SP) —, o coronel Olympio Gonçalves dos Reis (Siqueira, 2005).

Supor proteção ajuda-nos a pensar em alguns dados iniciais da vida de Guedes. Ele foi flagrado com 17 ou 18 anos, junto de outros estudantes, passando férias em São Paulo: "Em gozo de férias, acham-se nesta cidade os estudantes Brasilino de Lima Junior, Jospe da Costa Antonio Mangolli, Felicio Vita Junior, Raphael de Salles Pulino, Aristides Pulino, Adelino Carvalho Junior, Lino Guedes e José Santoro" (*Correio Paulistano*, 1913, p. 9).

Nos anos seguintes, ao reportar a presença de estudantes socorrenses na cidade de São Paulo, o jornal menciona o nome deles e de seus pais. Guedes é sempre colocado em penúltimo ou último lugar, e a identidade de seus pais não é fornecida (*Correio*

Paulistano, 1914, p. 4; 1915, p. 4). A ausência de menção aos nomes dos pais de Guedes é tão significativa quanto a presença do seu nome entre os filhos dos doutores e portadores de patentes daquela cidade. De um lado, uma camada social que queria se distinguir através de telegramas enviados ao tradicional jornal da capital, noticiando fatos comezinhos. De outro, um filho de ex-escravizados — nas entrelinhas dos telegramas —, um filho de ninguém importante.

O suposto apadrinhamento por um senhor de terras local como o coronel Reis não implicaria, necessariamente, a negação de suas origens ou a ausência de consciência de questões relativas ao seu grupo social. Do pouco que se conhece da biografia de Guedes, afirma-se que o coronel Reis teria sido o responsável por custear seus estudos, inclusive enviando-o para Campinas, para que pudesse frequentar a Escola Normal da cidade (Domingues, 2010). Campinas foi o município com o segundo maior número de escravizados do estado de São Paulo, o que lhe legou uma população negra volumosa. Também foi um centro significativo de associações negras, tanto recreativas como reivindicativas, contemporâneas ao momento em que Guedes chega à cidade (Maciel, 1987).

Dessa maneira, torna-se compreensível a informação publicada no jornal *O Estado de S. Paulo*, na seção "Notícias do Interior", transcrita a seguir:

> **Entre os homens de cor** — CAMPINAS, 11 — As diversas sociedades compostas de homens de cor desta cidade vão editar em brochura os discursos e conferencias do sr. Lino Guedes, feitos em S. Paulo e aqui, com o intuito de aproximar cada vez mais as relações de amizade entre os homens de cor paulistanos e campineiros.
> Esses trabalhos, coordenados, receberão o título de "Esboços". (*O Estado de São Paulo*, 1919, p. 2)

Em 1919, por volta dos 23 anos, Guedes já se encontra em Campinas e é reconhecido como alguém digno de falar em nome dos negros da cidade. Além disso, figura como uma ponte entre as associações negras paulistanas e campineiras, que estabelecem esforços de cooperação.

> [...] Campinas, 13 — [...] Em sua sede oficial o "Centro 13 de Maio" realizou uma sessão comemorativa da Lei Áurea, que esteve muito concorrida. [...] No palco do teatro Cassino o "Grêmio Dramático Luiz Gama" efetuou um espetáculo de gala, em regozijo à data 13 de maio. [...] A Associação Protetora dos Brasileiros Pretos também organizou em sua sede social um grande festival, que obedeceu a um programa atraente. [...] Em comemoração à data, foi hoje distribuído um número especial do jornal "A Protetora", sob a direção dos srs. Gonçalo Guedes e Lino Guedes. (*Correio Paulistano*, 1922, p. 4)

Para os jornais paulistas e os representantes das camadas dominantes, as comemorações do 13 de Maio abriam espaço, até o Estado Novo, para celebrações e para a exortação de grandes nomes abolicionistas e republicanos, bem como a celebração de um tipo de *boa consciência* nacional, consagrada no gesto de *Isabel, a Redemptora*. Para a comunidade negra, a leitura do processo se dava de outra forma. A criação de jornais da imprensa negra atesta um progressivo recrudescimento da consciência da exploração e do abandono, bem como uma crítica do processo abolicionista e republicano, que resultou na marginalização do negro como cidadão.

> **"O Getulino"**
> Comemorando a data de hoje, apareceu o primeiro número desse jornal que se editava em Campinas e passa agora a ser publicado aqui.
> Sob a direção de Lino Guedes, Agnello Rodrigues e Gervasio de Moraes, dedica-se a nova publicação à defesa dos homens pretos do Brasil. O primeiro número já é de esperanças e vigor, interessante e bem colaborado. Parabéns. (*Folha da Manhã*, 1926, p. 1)

A presença de notícias sobre ações de associações negras e seus intelectuais opera como uma espécie de *apesar de tudo*, em que a "raça" sofrida foi capaz de sobrepujar as "dificuldades" (a palavra *escravidão* figura pouco nessas linhas), mostrando-se capaz de *ser gente*. Algo semelhante se dá com a notícia do primeiro livro de Guedes, no ano seguinte, também por ocasião do 13 de Maio.

> **Livros Novos**
> **"O CANTO DO CISNE PRETO" — de Lino Guedes — Typ. Áurea — São Paulo, 1927.**
> O sr. Lino Guedes reuniu, em pequeno e elegante volume, as suas composições poéticas, que, no dizer do respectivo prefaciador, são "um ensaio de literatura negra". Não há quem resista à vontade de transcrever um trecho do prefácio, que é encantador: "Uma tristeza ingênita, colossal, provinda das solidões africanas e, súbito, entre os lábios grossos e carnudos, um sorriso a descobrir as fileiras sadias dos dentes aperolados: eis o "Canto do cisne preto". [...] (*Correio Paulistano*, 1927, p. 4)

No transcorrer de um ano, há notícia de um jornal em homenagem a Luiz Gama — cujo nome literário era *O Getulino* — durante as comemorações da Abolição. Outros dois fatos: a menção à ideia de *literatura negra*, já em 1927, associada diretamente ao lançamento de uma obra de um autor negro brasileiro, tendo Guedes como elemento unificador deles.

"Laly", a alcunha literária de Guedes, é de origem desconhecida. *O canto do cisne preto* inaugura suas publicações, com capas de livros que marcam uma ideia de experiência negra. A obra foi prefaciada pelo jornalista Judas Isgorogota (pseudônimo de Agnelo Rodrigues de Melo), atuante no *Jornal do Commercio*, no qual Guedes também trabalhava como revisor. *O canto do cisne* remete a uma expressão dúbia: a crença antiga de que a ave branca era um pássaro que não podia emitir sons como outras, fazendo-o somente ao morrer, em ato final, sendo sinônimo de "última grande obra" de um artista. Guedes muda a perspectiva: o cisne em questão é preto e não se encontra à beira da morte, mas em estreia, aos 31 anos. O livro é dividido em duas partes: "Ditinha", versos afetivos para uma personagem negra; e "Cortiço", cenas da vida negra nesse tipo de habitação. No prefácio, Isgorogota sugere ideias que colocam Guedes no âmbito da modernidade negra articulada com a circulação internacional de ideias:

> *O canto do cisne preto* é um ensaio de literatura negra; daí este é o primeiro livro intrinsecamente getulino que se faz no Brasil. [...] Em suas páginas palpita a poesia ignorada do homem preto. [...] Lino Guedes é um encantado: para ele, ser preto não é ser Caim, é ser um Abel martirizado... É com tal sentimento que ele tenta a estilização da faceta negra do pensamento nacional [...] No Brasil, há um lugar vago para René Maran: candidate-se!

A menção a René Maran (1887-1960) é muito interessante se articulada à apreciação do livro como um ensaio de literatura negra. Em 1921, Maran, escritor martinicano negro, recebeu o prestigioso prêmio Goncourt por seu romance *Batouala*. Ele foi o primeiro escritor negro a receber essa distinção, o que provocou um escândalo considerável, especialmente por sua crítica ao colonialismo francês. O lugar vago para um Maran local, portanto, está ligado tanto a assumir a condição existencial negra como à crítica social, sobretudo ao racismo. E ambos estão presentes fartamente em *O canto do cisne preto*.

Os versos rimam de maneira simples, com forte cunho orientador para a vida negra, em que o eu lírico, em geral masculino, retrata a vida cotidiana, amorosa, seus desejos afetivos, ou ainda as cenas de trabalho, discriminação ou desventuras que aconteceram consigo ou com outros tão pretos quanto ele. Esse eu lírico em geral se dirige à sua musa, a amada Ditinha, uma mulher negra "pura", "inocente", preta e que padece do drama de não saber ler — portanto, precisa ouvir os poemas da boca do poeta. Ela é sua musa e com ela quer casar para levar uma vida "honesta". Todos esses temas têm uma razão de ser, fortemente calcada na experiência social negra do começo do século XX, e flagram, a partir do individual, um drama coletivamente partilhado.

"Quando leres este livro/ Que eu fiz para tua graça/ Roga ao bom Deus, ó Ditinha,/ pela redenção da raça/ Que Ele olvidou! Pede, ó santa,/ Para que um dia Ele faça/ Com que a fênix moderna,/ Liberta de toda a jaça/ Tal como a fênix antiga/ Das próprias cinzas renasça", anuncia ele no poema "Oferenda" (Guedes, 1927, p. 11). A fênix moderna que se liberta da mácula é a "raça negra", mal assinalada pelo racismo e por toda sorte de discriminação e desconfiança, inclusive sobre seus costumes e sua relação com a vida civil.[5]

Essa preocupação com a decência aos olhos dos outros aparece como uma constante entremeada por afeto. "Ditinha" é o nome do poema em que é a destinatária de versos tais em que o eu lírico afirma: "Penso que talvez ignores,/ Singela e meiga Ditinha/ Que desta localidade/ És a mais bela pretinha/ Se fosse profanar-te/ Chamar-te-ia... francesinha/ [...] Eu peço constantemente/ A Deus que um dia nos ponha/ Numa casinha sem gente..." (Guedes, 1927, p. 15). A mais bela pretinha não pode ser uma francesinha, e aqui há uma dubiedade entre a ideia de pele branca ou ainda de trabalho sexual na sociedade, o imaginário da prostituição (Santos Júnior, 2020). Ademais, são intrigantes as estrofes finais, sobre ocupar uma casa desabitada, sugerindo assim que não seria uma casa coletiva, um cortiço — habitação social dos pobres e trabalhadores que, aliás, será tema da segunda parte do livro.

O amor do eu lírico corre as horas na velocidade moderna do automóvel, como "uma chispada/ imitando uma fordinha" (Guedes, 1927, p. 25). Há uma oscilação entre os versos dedicados à negra Ditinha da primeira parte e as cenas surpreendidas nos cortiços de que fala o poeta. Não são retratos de qualquer degradação moralista, pelo contrário: trata-se de imagens de gente trabalhadora, negra, em contato com experiências diversas, com imigrantes (portugueses) e lutando para sobreviver — inclusive com amor, que é reprovado quando inter-racial, pois certamente será condenado ou ainda terminará mal, sobretudo para a mulher negra. Aqui aparecem personagens como Zabé, intitulada "Flor do Cortiço", alvo de cobiça de um vendeiro, ironicamente grafado como "*respeitável* português". A resposta da mulata Zabé: "E o que ela lhe houvera dito:/ — Vê lá, mondrongo, eu não minto! Não troco por dez portugas/ Um preto mesmo retinto.../ Ao ver um me tremo toda; Ai Jesus! não sei que sinto..." (Guedes, 1927, p. 33).

Os personagens agora são um retrato coletivo, e junto de Zabé figuram Rosa, Aracy, nhá Tuca, Bastiana, Maria, Lila, Catharina, nhá Dita, Inocência e Felícia, entre outras, que trabalham no mercado, costuram para fora e compram roupas no *Mappin*; algumas não toleram o automóvel *Ford* e são alvo de paixões que terminam no *Juquery*; morrem subitamente, são exploradas no trabalho, enganadas por amantes brancos, engravidadas e deixadas à própria sorte no caminho. São cenas da modernidade negra paulistana, experienciada majoritariamente por mulheres no espaço público e privado, de magazines como a icônica loja de departamentos paulistana Mappin (1913-1999) ao trágico hospício do Juqueri (1898-2021). O retratista dessa vida é um eu lírico que se supõe ser negro e alerta sobre alguns desses perigos, sobretudo quando do contato dessas mulheres com homens brancos, portugueses que moram ou rondam a vida dos cortiços. Ou ainda de homens negros que se enamoram por mulheres não negras: "Mas vocês por uma branca/ Dão tudo, tudo, até a vida/ Seja boa ou seja tranca/ Só pelo gosto de ouvir:/ — É casado com um branca..." (Guedes, 1927, p. 45).

Ao longo de 1930, é possível mapear o autor envolvido, junto de outros ativistas negros, com as tentativas de comemoração do centenário do abolicionista negro Luiz Gama. Enquanto no *Correio Paulistano* (de maio a agosto daquele ano) isso é noticiado por meio de notas mínimas, em que se pode flagrar Guedes pronunciando palestras sobre a vida e obra do autor e ativista que admirava — chamado por ele de "escravo e libertador" —, na *Folha da Manhã* haverá uma cobertura um pouco mais detalhada, que alcançará o movimento para erguer, em praça pública, uma herma em prol do Abolicionista Negro — o que aconteceria em 1931.

> Foi ontem solenemente comemorado nesta capital o primeiro centenário do nascimento do grande vulto nacional Luiz Gonzaga Peixoto da Gama [*sic*] — o propagandista da abolição.
> Às 8 horas celebrou-se com o ritual de costume, missa solene na igreja do Rosario, assistindo os representantes das sociedades e órgãos da grande raça negra e inúmeros admiradores do ilustre abolicionista.
> O "Clarim da Alvorada" dedicou quase todo o número de ontem ao culto de sua memória [...] Hoje, no cinema Odeon, num dos intervalos das sessões noturnas, o sr. Lino Guedes, secretário da Comissão Organizadora das Homenagens, fará uma palestra sob o título: "Escravo e libertador". [...][6]

Os esforços para erguer a herma de Gama se estenderam por mais de um ano. A cristalização da memória pública do protagonismo negro contra a escravidão, num local de extrema importância no desenho da capital paulista — a herma está ainda hoje no Largo do Arouche, defronte do prédio da Academia Paulista de Letras —, é algo que mobilizou sobremaneira o associativismo negro e sinaliza tentativas de valorizar um passado no qual aquele grupo social não tenha sido apenas objeto, mas sujeito; não somente a "raça sofrida", mas heroica, com seus ícones.

A década de 1930 é um ponto alto da carreira de Guedes e de sua exposição como sujeito público. No âmbito da Frente Negra Brasileira, através das notícias de suas reuniões, sabe-se que ele participava daquela congregação, tendo sido o compositor da "marcha 'Palmares', de autoria do poeta negro Lino Guedes e música do sr. Isaltino B. Veiga do Santos, secretário geral da Frente Negra Brasileira".[7]

É possível localizá-lo também como declamador da Rádio Educadora Paulista, por ocasião do 13 de maio de 1932, em que, na programação publicada em jornal, o poeta aparece em ao menos dois momentos, com "algumas palavras", "Banzo — declamação pelo autor" e "O grito de Cã — poesia pelo autor" na chamada das 21h: "Hora 13 de Maio — Programa organizado pelo 'Progresso' e comemorativo da data da Abolição" (conforme a programação em *Folha da Noite,* p. 4 e *Folha da Manhã*, p. 11), bem como sua participação como sócio da Associação Paulista de Imprensa, em função de uma nota pública assinada em apoio a profissionais de jornal que deveriam ocupar cargos representativos na Assembleia Legislativa de São Paulo.[8]

Seu volume de poemas, *Urucungo*, saiu em 1936, pela editora gráfica Cruzeiro do Sul. Homônimo do livro de 1932 de Raul Bopp, o *Urucungo* de Guedes não faz qualquer menção ao poeta modernista. Retomado o título e ressignificada a palavra para o poeta Lino Guedes, quatro anos depois, misturando memórias lamuriosas — embaladas pelo urucungo, outro nome para o berimbau tocado pela personagem do livro, Pai João —, diversos poemas tratam do tempo da escravidão, cheios de dor e sentimentos. A capa é assinada pelo caricaturista Rosasco[9] e inicia as "Coleções Hendí", nome de sua filha.

O grande protagonista de *Urucungo* é Pai João, que recorda passagens do período escravista que o entorno insiste em esquecer, embalado pelo urucungo. A associação não é gratuita. O urucungo é um instrumento de arco e pode funcionar como uma metáfora para a memória (Rodrigues, 2020), um arco de recordação que acompanha o personagem ao longo dos poemas, que o faz viver simultaneamente o passado e o presente, entremeados por suas desilusões amorosas e críticas sociais, como nos trechos do poema homônimo: "Pai João! Sombra erradia/ De um não distante passado,/ Vive ainda olvidado/ Quando lembrado devia/ Pai João! Braço possante,/ Coração grande e sincero!/ Preto nascido do limo/ Que levou, como um gigante, /A Pátria ao mais alto cimo!" (Guedes, 1936, p. 21-22). Ele continua a observar o presente em "O poema das mãos enegrecidas": "O neto de Pai João/ logo após a Abolição/ Não pensou em se vingar/ De quem tanto o escravizara/ [...] E o neto de Pai João/ Sofreu a desilusão/ de ficar por toda a vida/ — Como a pedir uma esmola/ para a mísera sacola —/ Com a sua mão estendida" (Guedes, 1936, p. 59-60).

Não há ingenuidade nos poemas de Guedes, a não ser que sejam lidos com desfaçatez e indiferença. A forma simples dos versos não oculta seu conteúdo crítico. É algo para ser lido e talvez compreendido rapidamente por um público negro ideal. Há uma função social da rima, que deve cumprir seu papel de se fixar na mente do leitor ou ouvinte, para que se repita, passe adiante, seja absorvida e compreendida, levando à reflexão e à ação perante o sentido do texto. As personagens brancas desses poemas quase sempre estão posicionadas no polo da irresponsabilidade perante a condição negra. A modernidade para os negros, portanto, é eivada pela discriminação e pelo desprezo. Caberia aos netos de Pai João, assim, instruir-se, regrar a própria vida, irmanar-se e lutar.

Publicado em 1937, seu livro *Negro preto cor da noite* tem a capa novamente assinada por Rosasco. Esse é também um dos versos famosos de Guedes presente nesse livro, que expressa uma crítica ao comportamento mundano negro. A mesma crítica aparece em "Dedicatória":

> Oh, negrada, distorcida!/ que não quer não, outra vida/ Melhor que esta de chalaça,/ por entre fumo e cachaça [...] O que aqui está escrito/ Não conseguirá saber/ porque ninguém sabe ler.../ Isto muito desconsola,/ Oh, getulina pachola/ que transforma o velho Piques/ na estranha zona dos chics/ dos truco-fechas, dos bambas/ e dos sarados nos sambas/ [...]/ este livrinho — um entulho/ à sua malemolência,/ o qual falará da dor/ desta infeliz gente negra,/ gente daqui da pontinha/ desgraçada gente minha/ A gente do meu amor! (Guedes, 1937, p. 13-16)

A dedicatória é provocativa e afetuosa, retomando os temas que o poeta acha importantes para a sua gente, ao passo que identifica os espaços de sociabilidade negra e seus problemas de discriminação na cidade. O antigo Largo do Piques — na região central da cidade — foi um local de comércio de escravizados e, posteriormente, de convivência negra, ligando o mundo dos sambas e do princípio dos cordões negros. Os negros, trabalhadores ou desocupados das regiões adjacentes (como Barra Funda, Glicério, Lavapés) eram malvistos por circularem nesses espaços (Britto, 1986; Simson, 2007).

Serão essas pessoas negras as destinatárias do seu poema intitulado "Novo rumo!":

> Negro preto cor da noite,/ nunca te esqueças do açoite/ Que cruciou tua raça./ Em nome dela somente/ Faze com que nossa gente/ um dia gente se faça!/ Negro preto, negro preto/ sê tu um homem direito/ como um cordel posto a prumo!/ É só do teu proceder/ que, por certo, há de nascer/ a estrela do novo rumo! (Guedes, 1937, p. 17-18)

O livro segue dividido em seções: "Mocambos" e "Batuque na cozinha", com cenas da vida cotidiana negra, revelando afetos e discriminações, caso do provocativo "Será?!...": "Tudo pode acontecer/ Mas esta de me dizer/ Que a um branco... eu seja igual.../ Negro cansado de guerra/ Que conhece a sua terra, / Acha a pilhéria genial..." (Guedes, 1937, p. 43). E as duas últimas partes, "Barracão de Pirapora" e " Bagunça", remetem à ideia de berço do samba paulista com os romeiros de Pirapora, como seria cunhado por Mário de Andrade em seu artigo "O samba rural paulista" (Andrade, 1941).

Em 1937, dois acontecimentos colocam Guedes em destaque. Primeiro, a comemoração ao 90º aniversário de Castro Alves, do qual a Frente Negra Brasileira é convidada a participar e em que Guedes figura como orador com seus versos, evento ocorrido no Theatro Municipal de São Paulo[10]. Em segundo, a homenagem da Frente Negra Brasileira à cantora lírica, negra e estadunidense Marian Anderson, em que novamente Guedes foi orador de destaque, pondo sua poesia a serviço da causa negra e em diálogo transnacional. Esses acontecimentos mostram a importância conferida ao poeta em meio aos esforços do grupo negro para qualificar a memória coletiva na qual o negro apareça como protagonista, no passado e em seu presente, em âmbito nacional ou estrangeiro. Sobre as notícias acerca da homenagem a Anderson, vale reproduzir os seguintes excertos:

> A presença em São Paulo, de passagem para Buenos Aires, da cantora negra norte-americana Marian Anderson revolucionou os nossos meios artísticos. O Theatro Municipal apanhou público numeroso e seleto. A Frente Negra Brasileira, expressão de valor dos nossos patrícios de cor, prestou significativa homenagem à ilustre cantora visitante [...] Sábado à tarde, Marian Anderson, acompanhada de seu empresário, o sr. Franz Worwitz, visitou a sede central da "Frente Negra Brasileira" [...], sendo saudada pelo presidente, sr. Justiniano Costa, servindo de tradutor o dr. [Arlindo] Veiga dos Santos. Fizeram-se ouvir, em números musicais, a menina Dirce Marcondes, o cantor Mario Santiago, Oswaldo Martins, Rubens Costa e Celina Vieira, a duas vozes, e o poeta negro Lino Guedes recitou em francês "Curiosité". [Marian Anderson recebeu um estojo em cartão de prata com a seguinte dedicatória]: "A Marian Anderson, homenagem dos negros do Brasil. Frente Negra Brasileira. São Paulo. Junho — 1937". [...] Profundamente emocionada, a homenageada respondeu [...] que em toda a sua excursão artística pelo mundo, era a segunda vez que recebia homenagens assim de seus irmãos de raça, sendo que a primeira fora em Paris. [...] A sua permanência no Brasil era curta, mas esperava e tinha certeza de retornar com mais vagar a São Paulo, e viver mais tempo entre os seus irmãos de raça, cujo valor intelectual ela já ouvira falar em sua terra. [...][11]

Anderson (1897-1993) já era uma importante cantora lírica de carreira internacional e ativista antirracista. Foi uma das primeiras cantoras líricas negras estadunidenses e uma das mais destacadas do século XX, estando em atividade entre 1925 e 1965. Em 1937, estava em turnê internacional, passando pela América do Sul após um período distintivo na Europa, onde foi consagrada e reconhecida por compositores e maestros como Jean Sibelius e Arturo Toscanini. Ao mesmo tempo, denunciava e combatia as leis segregacionistas em seu país. Portanto, as homenagens dos ativistas negros paulistas estão informadas e interessadas tanto no prestígio da cantora como no trânsito das ideias antirracistas.

Em 1938, o Cinquentenário da Abolição, em São Paulo, foi objeto de debates promovidos pelo Departamento de Cultura (sob direção de Mário de Andrade até 1937). O projeto de Andrade previa a participação de associações e intelectuais negros da cidade, Lino Guedes incluso, como fica demonstrado:

> A passagem do primeiro cinquentenário da abolição do regime servil no Brasil merecerá, a 13 de maio próximo, comemorações públicas, promovidas pelo Departamento de Cultura da Municipalidade de São Paulo, que recebeu para este fim apoio das associações de raça negra existentes nesta capital. [...] consta uma série de conferências, a cargo de intelectuais de nome. Dia 28 do corrente falará o sr. Roberto Simonsen. Dia 29 do corrente, 3 e 4 de maio, o sr. Arthur Ramos [...] Dia 12 de maio, o sr. Cassiano Ricardo, e dia 8, o sr. Francisco Lucrécio. [...] As associações negras, por sua vez, farão realizar várias conferências, que estarão a cargo dos intelectuais Arlindo Veiga dos Santos, Lino Guedes, Guaraná Sant'Anna, Fernando Goes, Raul Amaral, Silvério Lima e Sebastião Scheffini. Essas palestras serão no Departamento de Cultura e no Palácio Trocadero.[12]

Notícia do *Correio Paulistano* (10 de maio de 1938, p. 7) anuncia que Lino Guedes e Fernando Goes pronunciaram, no Theatro Municipal, suas conferências sobre "a Abolição e problemas correlatos". Já no Trocadero, Veiga dos Santos tratou de "Uma doutrina para o negro"; Lucrécio, d'"A liberdade e o negro"; Raul do Amaral fez uma "Síntese da vida de Luiz Gama"; Silvério de Lima abordou a "Influência do negro na formação econômica e política do Brasil"; enquanto Antonio Pereira dissertou sobre o tema "Uma raça infeliz".

Em conclusão

Guedes narra o passado da escravidão, tendo o mote da memória e da exposição de feitos de resistência e bravura como pontos fortes, aliado a um estado de melancolia de seus personagens e à observação do comportamento mundano. O passado vigia os atos daquele presente negro, condicionando-o a uma vida reta e exemplar, exigindo-se respeito ao negro que se fizesse respeitar (que não fumasse, bebesse ou vivesse em cordões e bailes; que casasse e fizesse esforços para comprar casa, organizando a família negra, saindo de porões e cortiços; que estudasse e elevasse o nome dos negros).

Creio ser necessário repensar essa perspectiva. No tempo da escrita mais profícua de Guedes e de atuação de associações como a Frente Negra Brasileira (1931-1937), a cidade de São Paulo foi abalada por casos de crimes atribuídos a negros, os quais foram retratados como *monstros*, alvos de críticas morais, de medições antropomórficas e debates legais, metonímicos de todo o grupo social. Refiro-me ao "caso do Preto Amaral" (1927) e ao "crime do restaurante chinês" (Fausto, 2009), que foram exemplares de toda a sorte de preconceito racial e discriminações cotidianas e científicas à população negra (Campos, 2003; Tiede, 2006). Ou ainda dos abusos contra os corpos de pessoas negras, a exemplo da "múmia" Raimunda na Faculdade de Direito da Universidade de São Paulo (USP), onde trabalhava Frederico Baptista de Souza, colega de Guedes no jornalismo na imprensa negra.[13]

Guedes, com seus poemas, e seus pares, com o ativismo, soam como um movimento de defesa-ataque: distinguem-se desses e de outros estereótipos, defendendo seu grupo e apontando um caminho de retidão e sobrevivência — pela poesia, educação e ação política — para atacar o racismo vigente. A modernidade da qual ele e seus pares faziam parte era implacável com relação à experiência negra, em termos de discriminação e apontamento de desvios. Isso não pode ser esquecido.

Apesar do reconhecimento obtido nos anos 1920 e 1930, a exposição de Guedes ao longo da década de 1940 foi menor, assim como a publicação de seus poemas em livros. Ele faleceu em 3 de março de 1951, por insuficiência cardíaca, e foi sepultado no cemitério do Araçá, em São Paulo.[14] Ao que parece, sem homenagens subsequentes do meio literário, jornalístico ou das associações negras, embora, anos depois, tenha nomeado uma rua em São Paulo.[15] Em 12 de janeiro de 1956, o prefeito de São Paulo, através da Câmara Municipal, ratificou em lei as decisões daquela casa de dezembro de 1955, em que, entre outras, criou-se a *"RUA LINO GUEDES (Jornalista-poeta, 1895-1951) — a atual Rua '21'"*. Segundo a prefeitura de São Paulo, a rua Lino Guedes está submetida ao distrito Cursino.

Por meio de Guedes também se flagra um processo de protagonismo do negro na sociedade paulista pós-Abolição. Trata-se de um percurso sinuoso, marcado por imagens preconceituosas contra o negro, com as quais esse sujeito tem de se haver. Mas nelas temos um quadro muito maior e mais vigoroso: o do esforço coletivo de intelectuais e ativistas negros em ser protagonistas de sua história nas primeiras décadas do século XX.

Referências

ANDRADE, Mário de. "O samba rural paulista". *Revista do Arquivo Municipal*, São Paulo, Departamento de Cultura, n. 37, 1941.

BASTIDE, Roger. *Estudos afro-brasileiros*. São Paulo: Perspectiva, 1973.

BERND, Zilá. *Negritude e literatura na América Latina*. Porto Alegre: Mercado Aberto, 1987.

Britto, Iêda Marques. *Samba na cidade de São Paulo (1900-1930) — Um exercício de resistência cultural*. São Paulo: Faculdade de Filosofia, Letras e Ciências Humanas da Universidade de São Paulo, 1986.

Brookshaw, David. *Raça & cor na literatura brasileira*. Porto Alegre: Mercado Aberto, 1983.

Camargo, Oswaldo de. *A razão da chama — Antologia de poetas negros brasileiros*. São Paulo: GRD, 1986.

______. *O negro escrito*. São Paulo: Secretaria Estadual de Cultura, 1987.

______. *Lino Guedes, seu tempo e seu perfil*. São Paulo: Ciclo Contínuo, 2016.

______. *Negro disfarce*. São Paulo: Ciclo Contínuo, 2019.

Campos, Paulo Fernando de Souza. "'Os crimes do monstro negro' — Representações da degenerescência em São Paulo". In: XXII Simpósio Nacional de História, 2003. *Anais [...]*. João Pessoa: Anpuh, 2003.

Colina, Paulo. *Axé — Antologia contemporânea de poesia negra brasileira*. São Paulo: Global, 1982.

Cumba Junior, Pedro. "A esperança". *A Fita*, Santos, dezembro, 1913.

______. "Súplica". *A Fita*, Santos, janeiro, 1914.

Domingues, Petrônio. "Lino Guedes — De filho de ex-escravo a 'elite de cor'". *Afro-Ásia*. Salvador, n. 41, 2010.

Duarte, Eduardo de Assis (org.). *Literatura e afrodescendência no Brasil — Antologia crítica*. Belo Horizonte: Editora da UFMG, 2011. v. 1 (Coleção Os Precursores).

Fausto, Boris. *O crime do restaurante chinês — Carnaval, futebol e justiça na São Paulo dos anos 30*. São Paulo: Companhia das Letras, 2009.

Gonçalves, José Roberto. *O Getulino — Um jornal de carapinha*. Tese (doutorado em História) — Pontifícia Universidade Católica, São Paulo, 2012.

Guedes, Lino. *O canto do cisne negro*. São Paulo: Typographia Aurea, 1927.

______. *Urucungo*. São Paulo: gráfica Cruzeiro do Sul, 1936. Disponível em: https://drive.google.com/file/d/1AXT3WSJx_rPdgC039jeISzLF3THtXfPV/view. Acesso em: 4 set. 2024.

______. *Negro preto cor da noite*. São Paulo: Gráfica Cruzeiro do Sul, 1937. Disponível em: https://drive.google.com/file/d/1cVkfYiP1EsbRb3R6-OM9DNscGs1cKLV1/view. Acesso em: 4 set. 2024.

Leite, José Correia; Cuti. *... E disse o velho militante José Correia Leite*. São Paulo: Secretaria Municipal de Cultura, 1992.

Maciel, Cléber. *Discriminações raciais — Negros em Campinas (1888-1921)*. Campinas: Editora da Unicamp, 1987.

Miranda, Rodrigo. *Um caminho de suor e letras — A militância negra em Campinas e a construção de uma comunidade imaginada nas páginas do Getulino (Campinas, 1923-1926)*.

Dissertação (mestrado em História) — Universidade Estadual de Campinas, Campinas, 2005.

Motta, Cunha. "São Paulo de outros tempos". Suplemento Literário, *O Estado de S. Paulo*, São Paulo, 31 maio 1969, p. 4.

Piazza, Maria de Fátima F. *Os afrescos nos trópicos — Portinari e o mecenato Capanema*. Tese (doutorado em História Cultural) — Universidade Federal de Santa Catarina, Florianópolis, 2003.

Quilombhoje. *Reflexões sobre a literatura afro-brasileira*. São Paulo: Conselho de Participação e Desenvolvimento da Comunidade Negra, 1985.

Rodrigues, Jaime. "Ancestralidade na história e na música — O berimbau/urucungo nos séculos XIX e XX no Brasil e em Angola". *Almanack* [online], n. 24, 2020. Disponível em: https://www.scielo.br/j/alm/a/yZtmjgkphJ9Qp6YMmSpLwmm/?format=pdf&lang=pt. Acesso em: 4 set. 2024.

Santos Júnior, Paulo M. dos. "Das 'polacas' e 'francesinhas' às 'regateiras' e 'decantadas' — Crítica ao imaginário e historiografia da prostituição da Manaus da Borracha". *Revista Brasileira de História & Ciências Sociais*, Porto Alegre, v. 11, n. 22, p. 38-58, 2020. Disponível em: https://periodicos.furg.br/rbhcs/article/view/10851/pdf. Acesso em: 4 set. 2024.

Silva, Mário Augusto M. da. "Rastros do Cisne Preto — Lino Guedes, um escritor negro pelos jornais (1913-1969)". *Estudos Históricos*, Rio de Janeiro, v. 30, n. 62, p. 597-622, 2017.

Simson, Olga R. de Moraes von. *Carnaval em branco e negro — Carnaval popular paulistano (1914-1988)*. Campinas: Editora da Unicamp; São Paulo: Edusp/Imprensa Oficial, 2007.

Siqueira, Lucília. *Bens e costumes da Mantiqueira — O município de Socorro no prelúdio da cafeicultura paulista (1840-1895)*. São Paulo: CLA/Fapesp, 2005.

Tiede, Lívia Maria. *Sob suspeita — Negros, pretos e homens de cor em São Paulo no início do século XX*. Dissertação (mestrado em História) — Universidade Estadual de Campinas, Campinas, 2006.

Fontes documentais

A Gazeta. São Paulo, 4 maio 1917, p. 4.

Correio Paulistano. São Paulo, 5 out. 1917, p. 6.

______. São Paulo, 27 dez. 1913, p. 9.

______. São Paulo, 14 abr. 1914, p. 4.

______. São Paulo, 18 jun. 1915, p. 4.

______. São Paulo. "Livros Novos", 13 maio 1927, p. 4.

______. "Treze de Maio — As commemorações de hontem", 14 maio 1922, p. 4.

FOLHA DA MANHÃ. "Treze de Maio! — A desgraça findou de toda uma raça...", 13 maio 1926, p. 1.

O ESTADO DE SÃO PAULO. "Notícias do Interior", 12 set. 1919, p. 2.

O GETULINO. São Paulo, 13 maio 1926, p. 1.

O MALHO. Rio de Janeiro, 20 jul. 1907, n. 253, p. 22.

REVISTA HUMANITÁRIA. Santos, 1959, p. 13. Edição especial 80 anos. Hemeroteca Digital da Biblioteca Nacional.

Notas

1 "Pedro Cumba Junior (Santos) — Creia o senhor que vai melhor no papel de pensador ou *pensamenteiro* do que no de poeta. O pensamento é bom e fica aceito. Os versos, não. [...] Porque *seu* Pedro, isto de versos assim estropiados, *emite-os* o diabo às dúzias". *O Malho*, Rio de Janeiro, 20 jul. 1907, n. 253, p. 22.

2 "A Associação Feminina Santista, útil agremiação que mantém na vizinha cidade de Santos o Liceu Feminino, instituiu em 1914 um concurso literário anual entre os beletristas paulistas, a exemplo do que se faz em diversas cidades europeias [...]" "Jogos Florais". *Correio Paulistano*, São Paulo, 26 jul. 1916, p. 4. Cumba Junior também ganhou o mesmo concurso em 1916 com "Hino ao Brasil".

3 Disponível em: https://www.jusbrasil.com.br/diarios/2412262/pg-3-secao-1-diario-oficial-da-uniao-dou-de-16-02-1954. Acesso em: 23 abr. 2023.

4 Documento de aposentadoria de Lino Pinto Guedes, expedido pelo Instituto de Aposentadoria e Pensões dos Comerciários em 28 de dezembro de 1950, com data de nascimento. Fonte: Acervo familiar de J. R. Queiroz Guedes. Cessão: Marciano Ventura.

5 O lançamento de *O canto do cisne preto* também apareceu em jornais negros como *Clarim d'Alvorada* (São Paulo, 13 maio 1927) e *O Patrocínio* (Piracicaba, 7 set. 1928, n. 31).

6 "Luiz Gama — As comemorações do primeiro centenário do inolvidável abolicionista". *Folha da Manhã*, 22 jun. 1930, p. 3. O nome do poeta é, em verdade, Luiz Gonzaga Pinto da Gama.

7 "Frente Negra Brasileira". *Folha da Noite*, 6 abr. 1932, p. 3. O mesmo é anunciado em 13 de maio de 1933, nesse jornal, com a chamada "Como vai ser comemorada hoje e amanhã a data 13 de maio", p. 1.

8 "A representação dos jornalistas na Assembleia Legislativa". *Folha da Manhã*, 7 ago. 1935, p. 7. Guedes é um dos sócios signatários.

9 "José Guido Rosasco (1900-?). Desenhista e caricaturista. Estudou no Liceu de Artes e Ofícios de São Paulo e, no início da década de 1920, colaborou com caricaturas para vários periódicos: *Diário da Noite, O Combate, A Gazeta*, além de vinhetas e desenhos de humor para *A Cigarra, Revista de São Paulo* e *A vida moderna*" (Piazza, 2003, p. 320).

10 "Homenageando a memória de Castro Alves". *Folha da Manhã*, 16 mar. 1937, p. 1. A homenagem foi organizada e composta, em 14 de março, no Theatro Municipal de São Paulo. Justiniano Costa, Francisco Lucrécio e Lino Guedes representavam, entre outros, a Frente Negra.

11 "Os negros de S. Paulo homenagearam Marian Anderson". *Correio Paulistano*, 23 jun. 1937, p. 11. A mesma homenagem é noticiada pelo *Diário da Noite*, com o título "Marian Anderson, a extraordinária cantora negra foi homenageada pela Frente Negra" (23 jun. 1937, p. 5).

12 "Cinquentenário da Abolição". *Correio Paulistano*, 23 abr. 1938, p. 4. A mesma matéria foi reproduzida nos dias 26 e 28 de abril de 1938.

13 Sobre o caso de Jacinta Maria de Santana, a denominada "múmia Raimunda", os abusos sobre seu corpo e o professor da faculdade de direito da USP Amâncio de Carvalho, veja a entrevista da historiadora Lívia Maria Tiede em: https://ponte.org/memoria-de-jacinta-deve-se-sobrepor-a-de-amancio-diz-pesquisadora/. Acesso em: 5 set. 2024.

14 Informação obtida na certidão de óbito de Lino Guedes, lavrada no Cartório de Registro Civil do 21º Subdistrito da Saúde. Acervo da Família. Fonte: J. R. Queiroz e Marciano Ventura.

15 Centro de Memória da Câmara Municipal de São Paulo. Disponível em: https://www.saopaulo.sp.leg.br/iah/fulltext/leis/L4891.pdf Acesso em: 5 set. 2024. Note-se mais uma variação do ano de nascimento e a ausência de menção à sua atuação como raro poeta negro do começo do século XX. Lino Guedes também nomeia endereços nas cidades de Socorro e Campinas, importantes em sua trajetória inicial.

11 JOSÉ DE FARIAS E MANOEL ETELCIDES: JORNALISTAS NO RIO GRANDE DO SUL

ALINE SÔNEGO E HELEN DA SILVA SILVEIRA

O presente capítulo tem como objetivo refletir sobre as relações entre as trajetórias pessoais e de atuação de dois homens negros sul-rio-grandenses que, ao final da década de 1920, trabalharam como jornalistas para além de suas atribuições profissionais. Em 1927, José de Farias e Manoel Etelcides da Silva fundaram o periódico *O Astro*, que circulou sobretudo entre as comunidades negras dos municípios de Cachoeira (hoje Cachoeira do Sul) e Rio Pardo, região central do estado do Rio Grande do Sul. A atuação intelectual de José e Manoel é uma das diversas formas pelas quais o protagonismo negro se articulou — como o associativismo operário e o movimento esportivo e de lazer, entre outras —, estando presente nos municípios vizinhos de Venâncio Aires e Santa Cruz do Sul, que constituem a região conhecida como Vale do Rio Pardo.

Nesse sentido, é interessante analisar o excerto a seguir, retirado de um artigo publicado com o provocativo título de "O negro não chegou lá" no *Jornal do Povo*, de Cachoeira. Alusivo à Semana da Consciência Negra, o texto elencava as causas que justificariam o enfático título, relacionando as nefastas consequências da escravidão e do preconceito racial sofrido pela população negra. Ao mesmo tempo que o artigo tinha um tom de denúncia, percebe-se que o articulista (não identificado pelo jornal) esbarrou no próprio preconceito que pretendia denunciar:

> Uma pergunta: o negro de Cachoeira fracassou? A melhor definição do negro de Cachoeira ainda não chegou lá. Nossos negros permanecem um fracasso para o modelo capitalista de desenvolvimento. Não conseguiram sucesso profissional, não formaram uma camada com poder de consumo nem mesmo instituíram uma casta política com força suficiente para interferir na relação de forças do município. Mas o quadro pode melhorar graças à consciência da negritude mantida na cidade. (*Jornal do Povo*, 18 nov. 1998)

As demais passagens do artigo são tão ricas em significado que mereceriam uma análise à parte. Contudo, a fim de dar conta dos objetivos propostos neste capítulo, evidencia-se que essas ideias veiculadas na comunidade de Cachoeira no fim da década de 1990 são as mesmas presentes no discurso de degeneração sobre a população negra construído no decorrer dos anos do pós-abolição. Esse discurso rotulou essa população de "anômica", cujo caminho se resume apenas a sofrimento e conformismo.

Visões como essa escondem e silenciam as diversas vivências e trajetórias negras não apenas em Cachoeira, mas na história de diversas cidades, como tem demonstrado um rico panorama de pesquisas sobre pessoas negras e suas famílias na região Sul do Brasil. A pesquisadora Beatriz Loner (2012) foi pioneira nas investigações sobre a participação dos negros nos movimentos operários de Pelotas (RS) e na análise das trajetórias dos chamados "setores médios" negros da cidade. Ângela Balladares (2019) aprofundou-se na trajetória de Rodolpho Xavier, figura proeminente na imprensa negra de Pelotas e ativa no movimento operário. Várias pesquisas têm se debruçado sobre os fundadores d'*O Exemplo*, jornal editado em Porto Alegre, explorando os caminhos intelectuais na sua fundação, bem como as contribuições de homens negros no serviço público, com destaque para a trajetória de Aurélio Viríssimo Bitencourt (Perussatto, 2018; Moreira, 2009, 2014; Santos, 2011). No contexto do Paraná, a pesquisadora Pamela Fabris (2016) analisou a trajetória de Francisco Dias Bittencourt como representante afrodescendente da classe trabalhadora curitibana e sua militância durante a Primeira República. Essas pesquisas iluminam os caminhos percorridos no pós-abolição muito além das condições desumanizantes impostas pelo período da escravidão, percebidas na multiplicidade de experiências sociais de negros e negras, inclusive como livres e libertos ainda na vigência do regime escravista.[1]

No entanto, essa ideia de "fracasso dos negros" colocada pelo jornal não deriva de uma constatação empírica da realidade local, mas parte de uma visão preconcebida de que a população negra nunca se adaptou à vida em liberdade. O historiador George Andrews destaca que as ideias de um dos mais importantes pensadores brasileiros, Florestan Fernandes, ao criticar a narrativa da democracia racial evidenciada pelo escritor Gilberto Freyre, acabam por reforçar a percepção dessa "incapacidade" do povo negro:

> Longe de ter qualquer efeito potencialmente democratizante, a escravidão foi um sistema inerentemente autoritário que implantou o preconceito e um forte senso de superioridade racial nos corações dos brancos brasileiros. E, negando às suas vítimas os mais básicos direitos e liberdades humanos, e mantendo-as como trabalhadores analfabetos e não especializados que aprendiam, por sua própria experiência, a evitar o trabalho disciplinado onde e quando ele se apresentasse, a escravidão mutilou os afro-brasileiros como povo e os despojou completamente

> da capacidade de competir com os brancos na disputa do século XX por empregos, educação e sustento. Em consequência disso, longe de lhes dar o direito aos frutos decorrentes da sua participação como membros de uma democracia racial, após a emancipação o legado da escravidão continuaria a marginalizar e excluir os afro-brasileiros através dos fatores duais de sua própria incapacidade e da hostilidade e do preconceito dos brancos. (Andrews, 1998, p. 30)

Dessa forma, a sociologia brasileira da chamada Escola Sociológica Paulista, da qual Florestan Fernandes foi expoente, propagava que negros e negras não haviam sido capazes de se encaixar na sociedade de classes e ao trabalho assalariado do pós-abolição — esse é o recheio da ideia de anomia social. Assim, o jornal não está se indagando de fato sobre a situação em que vive a população negra local: ele usa da retórica de culpar os próprios negros por esse suposto fracasso. Essa perspectiva foi contraposta pelos trabalhos aqui apontados, que demonstram que no pós-abolição os negros não foram jogados à própria sorte como se costuma pensar, mas sempre estiveram no radar das autoridades, que buscaram criar políticas de controle social e ergueram diversas barreiras para dificultar a sua inserção social. De acordo com Loner (1999, p. 249),

> ao tentar integrar-se [à] sociedade capitalista pela via do trabalho assalariado, o negro operário tinha que vencer obstáculos maiores que aqueles colocados aos demais trabalhadores. O negro operário entrava na competição em desvantagem, pois sua anterior condição escrava parecia dar à elite política uma espécie de aval para que continuasse praticando contra ele todas as arbitrariedades possíveis.

Para a autora, as dificuldades estavam muito mais naquilo que foi criado pela elite e pelos empregadores do que na falta de vontade ou experiência do trabalhador negro. Por outro lado, temos a resistência e a ação desses sujeitos, de modo que uma importante face que se pode relacionar às intelectualidades e aos protagonismos negros está nas investigações sobre as organizações e entidades fundadas e coordenadas pela comunidade negra sul-rio-grandense. Cachoeira e as demais cidades que fazem parte da região conhecida como Vale do Rio Pardo foram palco de um efervescente contexto clubista negro. Pesquisas historiográficas recentes identificaram que, entre as últimas décadas do século XIX e a primeira metade do século XX, diversos clubes sociais foram fundados na região, entre eles: Clube Rio Branco, Clube 15 de Novembro, Sociedade Négo Football Club, Sport Club União, Guarani, Clube Operário, Sport Clube Brasil, Os Tupinambás, Independente, Sociedade Velha Guarda e Clube Recreativo Tabajara. Essas organizações, que se dedicavam a promover atividades como futebol, bailes, carnavais e encontros, foram fundadas por e para negros e negras em diversas cidades.

Apenas no munícipio de Santa Cruz do Sul — que construiu uma identidade cultural de ser de "origem alemã" —, verifica-se a existência de pelo menos cinco dessas agremiações no referido período (Silveira, 2021).

Tais entidades não apenas existiam isoladamente, mas se relacionavam com frequência, sobretudo por meio de bailes, almoços e campeonatos de futebol. Nesses espaços de convivência, seus integrantes trocavam informações e teciam laços pessoais e associativos. As relações entre as entidades eram muito bem articuladas e organizadas, dado que uma visita a outro clube era agendada com antecedência, com o envio e a divulgação de convites, publicados em veículos da imprensa negra da região.

Ao revisitar o texto do *Jornal do Povo* comentado no início deste capítulo, torna-se evidente o contraste com a iniciativa dos dois jovens negros José de Farias e Manoel Etelcides da Silva. Setenta anos antes da publicação do artigo, José e Manoel já estavam ativos na mobilização das comunidades de Cachoeira e Rio Pardo. Eles organizavam clubes sociais e esportivos e buscavam integrar-se ao "modelo capitalista de desenvolvimento" como funcionários públicos. Simultaneamente, exerciam influência política ao gerenciar um jornal dedicado à comunidade negra local, o qual não se limitava a relatar eventos sociais, mas também promovia reflexões sobre a importância da comunidade negra e as lutas contra o preconceito racial e pela cidadania plena (Sônego, 2022).

As dificuldades e oportunidades enfrentadas pela população negra durante a década de 1920 eram palpáveis em uma região imersa em uma era de prosperidade econômica, impulsionada principalmente pela rizicultura nas áreas alagáveis do rio Jacuí e no Vale do Rio Pardo. Ao mesmo tempo, as cidades dessa região também estavam em busca de uma modernidade expressa na transformação das praças e ruas, inspirada na estética europeia. A Belle Époque teve suas interpretações brasileiras, e as cidades mencionadas, dentro de suas possibilidades, não ficaram à margem desse processo de monumentalização.

Por outro lado, as oportunidades de emprego, tanto nas áreas rurais quanto urbanas, resultaram em migrações para as cidades. Em Cachoeira, por exemplo, houve um aumento de quase 30% na população em 20 anos.[2] Durante esse período, os espaços urbanos eram disputados, já que a elite local não se sentia confortável com a chegada de *outsiders* (Selbach, 2007). Em paralelo, em Cachoeira e nas outras cidades da região, determinada narrativa enfatizava que o desenvolvimento era resultado do trabalho dos colonos italianos e alemães. Essa narrativa também permeou as pesquisas históricas sobre esses municípios, destacando o progresso como uma conquista dos imigrantes europeus.[3] Aqueles que não se encaixavam nessa idealização eram ignorados, apesar de suas contribuições significativas para o contexto local.

O apagamento dos negros também foi um projeto elaborado pelas elites sul-rio-grandenses com a ajuda de intelectuais como escritores e jornalistas. Segundo o pesquisador Marcus Rosa (2019, p. 29-30),

> para [Rubens] Barcelos, aqueles "germanos louros" eram "persistentes e laboriosos", motivo pelo qual introduziram uma "nova fonte de riqueza" no Rio Grande do Sul. Tratava-se "de outra raça", de "gente diversa pelo sangue" e que levou para o sul do Brasil "a mentalidade europeia, forjada na escola do trabalho". Ao olhar para a história da província e sua ocupação, o escritor via "a Europa repetindo-se". O apagamento da presença não branca, sobretudo da africana, produzido por [Herbert H.] Smith e Barcelos em momentos muito distintos, denuncia a persistência de certas formas interpretativas que, se em algum momento integraram o senso comum, encontraram desdobramentos igualmente persistentes na historiografia.

Assim, formou-se a ideia de que o Rio Grande do Sul era uma terra construída pelo trabalho dos imigrantes em detrimento de outros grupos, como os africanos. Essas ideias foram propagadas por décadas e ainda encontram eco no senso comum, e fundamentaram a invisibilidade negra que essa população buscou construir. As organizações negras citadas anteriormente, por exemplo, por muito tempo não foram objeto de interesse das pesquisas históricas. As instituições que buscavam construir espaços de aceitação, sociabilidade e autoestima permitiam que negros e negras reivindicassem seu lugar na sociedade e, portanto, a sua visibilidade. Foi nessas organizações, como clubes e jornais, que diversos indivíduos conseguiram construir trajetórias de destaque.

Nesse sentido, entre as inúmeras trajetórias vivenciadas, interrompidas, adulteradas e superadas pelos negros e negras de Cachoeira, destacam-se as dos dois jovens negros José de Farias e Manoel Etelcides, que viveram esse momento da cidade e certamente percebiam o contexto social em que estavam inseridos, conscientes de como este interferia nas suas experiências sociais. Ambos eram funcionários públicos, o que no período garantia uma posição social e econômica diferenciada. José de Farias trabalhava no Banco do Brasil; Manoel Etelcides da Silva, na Agência de Correios e Telégrafos. Contudo, tais posições não impediram que eles participassem do debate e articulassem a fundação de um periódico para dar publicidade aos ideais e sociabilidades da sua comunidade (Sônego, 2022).

José Antonio dos Santos (2011) foi o primeiro historiador a estudar *O Astro* e a colocá-lo, juntamente com outros jornais fundados e idealizados por negros, no rol de uma imprensa negra sul-rio-grandense, considerando seus produtores pertencentes a uma intelectualidade negra. Nesse sentido, é interessante pensar no papel dos intelectuais negros, hoje entendidos como pessoas ligadas ao meio acadêmico e à produção científica formal, por uma perspectiva mais abrangente:

> A definição de Gramsci talvez seja a mais conhecida, pois refuta a existência de uma única camada de intelectuais, distinguindo dois grupos entre eles: o dos intelectuais tradicionais e dos intelectuais orgânicos. Esse segundo grupo, em sua concepção, articularia o político e o cultural. Para esse autor, os grupos sociais, nascendo no terreno originário de uma função essencial no mundo da produção econômica, criam para si, ao mesmo tempo de um modo orgânico, uma ou mais camadas de intelectuais que lhe dão homogeneidade e consciência da própria função, não apenas no campo econômico, mas também no social e no político. (Gomes, 2009, p. 425)

Em diálogo com Gramsci, Nilma Lino Gomes entende intelectuais negros como intelectuais orgânicos que articulam o político e o cultural para formar a sua consciência e a de seus pares. Em muitas situações, a ferramenta que esses pensadores tinham para organizar e divulgar suas demandas era a imprensa, que atuava em diversos âmbitos sociais. Ao estudar os intelectuais negros no século XX, Paulina Alberto (2017, p. 163) percebe a importância dos clubes e jornais negros, principalmente na era Vargas:

> Em São Paulo, cidade com uma grande maioria branca, uma minoria de "pretos" e muito poucos registrados nos censos como "pardos", e onde os afrodescendentes alfabetizados e economicamente estáveis fundaram jornais políticos independentes e clubes em torno de uma identidade especificamente negra, os ativistas e jornalistas negros aproveitaram as oportunidades políticas criadas no regime Vargas para fundar a instituição que se tornou o primeiro partido político negro do país, a Frente Negra Brasileira.

Pouco tempo após a fundação da Frente Negra, seus integrantes criariam *A Voz da Raça*, jornal que foi um dos primeiros a produzir tiragens em massa, o que mobilizou uma quantidade maior de pessoas para o movimento e para a discussão racial. Dessa forma, é possível notar que a relação entre a intelectualidade negra e a imprensa foi tecida ao longo de décadas no país, sendo decisiva em determinados momentos históricos.

Pensando nessa articulação entre intelectuais negros e imprensa negra, temos como exemplo a atuação de José de Farias e Manoel Etelcides da Silva na fundação de *O Astro*, ocorrida no final da década de 1920. O referido periódico insere-se em um contexto de busca de identidade nacional e das muitas tentativas dos negros e negras de se integrar à sociedade. Segundo Santos (2011, p. 118-119),

> ao contrário, a aposta dos donos e principais redatores do jornal *O Astro*, José de Farias e Manoel Etelcides da Silva, era que a experiência da "opressão" compartilhada na escravidão podia sedimentar forças para a construção de identidades alternativas depois da Abolição e superar os estereótipos atribuídos aos negros. A maioria deles ainda vivia relegada a uma "situação

humilde na comunhão nacional" quase quarenta anos depois da Abolição. As condições sociais não eram de pobreza para todos, muitos deles haviam conquistado educação e emprego e colocavam-se em posição de vanguarda ao perceber o preconceito racial como o obstáculo maior a ser superado. Eram essas lideranças que evocavam a tradição comum dos negros que haviam atravessado o Atlântico, passado pelo processo escravista e que buscavam organizar-se diante daquele mundo que parecia desestabilizar qualquer instância de igualdade.

Dessa forma, José e Etelcides, como redatores e intelectuais negros atuantes da imprensa, buscavam ir além das notícias sociais ao articular suas ideias em reflexões redigidas para o público. Com isso, procuravam de alguma forma pensar em como a "classe do elemento de cor" poderia reivindicar o seu lugar na sociedade pós-abolição. Os jornalistas se esforçavam para fazer o jornal circular o máximo possível, e assim tinham assinantes e correspondentes em outras cidades, algo que deve ter sido viável devido ao contexto associativo presente na região, como vimos.

A fim de compreender como suas trajetórias pessoais estão interligadas a esse contexto das primeiras décadas do pós-abolição e, portanto, à atuação deles como fundadores d'*O Astro*, recorremos primeiramente à pesquisa de fontes vitais sobre nossos biografados, sobretudo às habilitações de casamento de José de Farias e Manoel Etelcides da Silva (Apers, 1928, 1931, 1932) — que, relacionadas à consulta a outras fontes, viabilizaram a compreensão de aspectos importantes de suas trajetórias.

As trajetórias de José e Manoel a partir de seus documentos matrimoniais

As habilitações de casamento de José de Farias possibilitaram identificar informações importantes sobre ele e sua família. Em 16 de maio de 1928, José de Farias e Ondina Martins iniciaram os trâmites para o casamento, tendo de apresentar seus registros civis de nascimento. O documento de José, assinado por sua mãe, Carlota de Oliveira, indicava sua data de nascimento em 23 de setembro de 1907 e confirmava que ele era filho de Tertuliano Oliveira, já falecido. Já Ondina, cujos pais também eram falecidos, teve sua idade declarada pela Delegacia de Polícia de Cachoeira em 15 de maio de 1928, confirmando sua legitimidade como filha de João Felippe Martins e Estella Martins. Assim, sabe-se que José perdeu o pai aos 12 anos e que sua mãe, Carlota, precisou recorrer a um intermediário para assinar os documentos, demonstrando sua falta de acesso à escrita.

Após a morte de Ondina, em 1931[4], José recomeçou sua vida conjugal com Adyles Portilho Dias, iniciando um novo processo de habilitação de casamento em 1932 (Apers, 1932). Adyles, natural de Margem, 2º Distrito de Santo Amaro (localidade que hoje corresponde ao município de General Câmara, RS), tinha um registro de nascimento detalhado, o que indicava uma família com recursos culturais e financeiros mais significativos. O registro se deu apenas quatro dias após seu nascimento, o que mostra que a família de Adyles estava inserida em um contexto social de maiores recursos, fossem eles de acesso à cultura letrada ou financeiros — visto que, como revela o decreto de 1931 sobre a obrigatoriedade do registro civil[5], não era uma situação representativa da maior parte da população brasileira nas primeiras décadas do XX. A referida declaração contém a assinatura dos noivos, assim como a licença dos pais de Adyles para o casamento, em que também constam as suas assinaturas, demonstrando possibilidade de algum grau de familiaridade com a cultura letrada. Além disso, chamou a atenção o fato de que seus antecessores familiares foram praticamente todos indicados nesse registro civil. Assim como também o foi o registro da ocupação profissional do pai da noiva, Guilherme Teixeira Dias, como segundo sargento, o que também parece denotar um contexto familiar de relativo *status* social.

No entanto, para cumprir as exigências legais da segunda habilitação de casamento, José teve de solicitar seu registro civil de nascimento.[6] A certidão resultante omitiu a ascendência paterna de José, transformando-o de filho legítimo em ilegítimo. Isso reflete as complexidades das relações familiares e sociais da época. Para dar entrada nos trâmites do processo para a nova habilitação de casamento, José de Farias não pôde recorrer à declaração de sua mãe para atestar a data de seu nascimento e sua filiação, documento que outrora servira para comprovar suas origens. Na época, a legislação já exigia a declaração em cartório com duas testemunhas. E assim José o fez, solicitando o seu registro civil de nascimento, declarando ter nascido aos 23 dias do mês de setembro de 1907, da cor mista, filho ilegítimo de D. Carlota de Oliveira, profissão doméstica, sendo avós paternos e maternos ignorados. Serviram de testemunhas para o registro Manoel Navegantes e Marcimilo Navegantes Moser (Apers, 1932).

José de Farias, dessa forma, cumpriu a legislação vigente, mas recebeu uma certidão de nascimento que declarava apenas sua ascendência materna, ignorando-se a paterna. Assim, parte de sua história pessoal foi literalmente apagada diante, supostamente, da impossibilidade de comprovar os vínculos familiares entre sua mãe e seu pai. Pode-se pensar hipoteticamente nas circunstâncias que cercaram a declaração de Carlota no primeiro processo de habilitação de casamento de seu filho. A relação entre os pais de José poderia ser estável, porém não formalizada, ou Carlota declarara a legitimidade de José para lhe conferir *status* social, procurando protegê-lo de julgamentos advindos de um contexto de ilegitimidade parental.

Além disso, é interessante notar que a descrição da cor das pessoas envolvidas só apareceu no segundo processo de habilitação de casamento de José, indicando uma possível mudança nos procedimentos burocráticos ou nas percepções sociais em relação a raça e cor. É na habilitação de casamento de José e Adyles que pela primeira vez aparece a descrição da cor das pessoas relacionadas no processo. No entanto, essa informação consta apenas na certidão de óbito da primeira esposa de José, Ondina, que foi declarada da cor "mixta", e na certidão de nascimento de José, que consta como de cor "mista". Destaca-se que, nos processos de habilitação de casamento analisados, que indicaram cerca de 12 pessoas envolvidas diretamente com os eventos, apenas duas delas — José de Farias e sua primeira esposa, Ondina Martins — tiveram a cor referenciada na documentação.

Não há clareza sobre como se dava o processo de designação da cor nesse período: se ocorria pelo próprio indivíduo ou por familiar, ou ainda pela pessoa que realizava o registro notarial. Porém, é consenso na historiografia o silenciamento da cor nos documentos oficiais nas décadas posteriores ao pós-abolição. As análises sobre os sentidos dessa ausência perpassam a chamada ideologia de branqueamento, que interpretava a lacuna das acepções de cor como uma forma de apagar a presença da população negra no Brasil — fato que foi corroborado por dados analisados no prisma de um racismo científico que divulgava a ideia de que, quando analisados comparativamente os censos de 1872 e 1940, a população negra teria regredido (Domingues, 2002). Aliam-se a essa questão a política de branqueamento, levada a cabo por meio do incentivo da imigração europeia para o Brasil, e a idealização de uma nação em processo de mestiçagem. De acordo com o pesquisador Petrônio Domingues (2002, p. 568-569),

> em uma conjuntura na qual a classe dominante franqueou uma fé "religiosa" no branqueamento, o mestiço, dependendo do grau de pigmentação da pele, era classificado como quase-branco, semibranco ou sub-branco e tratado de forma diferenciada do negro retinto, porém não era considerado um quase-negro, seminegro ou subnegro. Em outras palavras, podemos afirmar que a mestiçagem era via de mão única. No cruzamento do branco com o negro, necessariamente, contava-se com o "clareamento" gradual e permanente da pessoa, mas jamais se cogitava a hipótese de que a mestiçagem gerava o "enegrecimento" da população.

Por sua vez, o racismo científico evidenciava, em suas análises sobre natalidade, mortalidade e doenças, informações sobre a cor dos indivíduos, justificando interpretações sobre a predisposição de determinadas populações a doenças e à mortalidade.[7] A historiadora e professora Hebe Mattos (2013) relacionou a designação da cor à posição social do indivíduo: ainda na vigência da escravidão, pessoas negras que fossem livres ou mais bem-sucedidas economicamente seriam descritas como pardas, em uma tentativa de deslocamento da cor em relação à sua posição social. O que se coloca, portanto, é que a cor "mista", utilizada para designar nos documentos os sujeitos desta pesquisa, deve ser historicamente contextualizada para dar vazão a significados que não se encerram tão facilmente.

O fato de a cor de José e de sua esposa ter sido referenciada pode ser um acaso. Porém, é importante destacar que a trajetória de José de Farias para ascender à posição de funcionário público pode ter sido bem mais difícil e, portanto, a pecha da cor ainda estava no seu encalço. Como negro, ele pode ter embranquecido aos olhos do escrivão, sendo designado como misto devido à sua posição social. Ao mesmo tempo, o fato de não ser filho legítimo pode ter levado ao registro notarial de sua cor como distintivo de uma posição social inferior. No caso de sua primeira esposa, é legítimo suscitar os mesmos polos de análise, já que ela pode ter sido apontada como mista pela condição de esposa de José — portanto, compartilhando sua posição social. Ou, de forma inversa, o fato de ter falecido por tuberculose pulmonar — doença que carregava um estigma também social (Domingues, 2002; Weber, 1997) — talvez tenha ocasionado tal registro distintivo.

Em 1931, ano que antecedeu o segundo casamento de José Farias, seu amigo e parceiro na criação d'*O Astro* Manoel Etelcides também deu entrada nos papéis para oficializar sua união com Maria Castanheiro. Nascido em Rio Pardo em 29 de maio de 1905, na época do casamento, ele tinha 26 anos e trabalhava como telegrafista federal. Manoel era filho legítimo de Alcides Eustaquio da Silva e Etelvina Mello da Silva; seus avós paternos eram Miguel Eustaquio da Silva e Paulina Alves da Silva; os registros só trazem o nome da avó materna, Aldina de Mello. A noiva, Maria Castanheiro, natural de Cachoeira, nascera em 1º de maio de 1911, tinha 20 anos, morava em Cachoeira e foi identificada na ocupação de doméstica. Ela era filha legítima de Valdomiro Martins Castanheiro, jornaleiro, e Minervina Barbosa Castanheiro, ambos naturais do estado e residentes em Cachoeira. Os avós paternos de Maria eram Antonio Martins Castanheiro (falecido) e dona Maria Felippa Machado; os registros só trazem o nome da avó materna, Cândida Barbosa.

Em virtude de a noiva ser menor de 21 anos, os pais deviam registrar na documentação para a habilitação a licença para o casamento, na qual consta a assinatura de Waldomiro e Minervina. Sobre os pais de Maria, destaca-se que seu pai não residia em Cachoeira, possivelmente, por sua ocupação profissional ser desempenhada no município de Santo Ângelo. Essa questão faz pensar sobre os deslocamentos realizados devido à atividade profissional do pai de Maria, designado na certidão de nascimento da filha como jornaleiro, mas nem 300 quilômetros de distância foram suficientes para desfazer os laços familiares. Os pais da noiva também assinam a declaração, demonstrando proximidade com o letramento.

O primeiro casamento de José de Farias ocorreu dois meses após a última edição d'*O Astro*, enquanto o enlace de Manoel se deu alguns anos após o final da empreitada jornalística. Ainda não há elementos que elucidem quando José e Manoel se encontraram, visto que residiam em municípios diferentes. A hipótese mais viável é que a atuação profissional de Manoel Etelcides pode ter ocorrido por determinado período no município de Cachoeira, o que possivelmente também propiciou o encontro dos dois, assim como o enlace matrimonial de Manoel com Maria.[8]

Manoel Etelcides foi admitido na Agência de Correios e Telégrafos em 1º de abril de 1922, então com 17 anos de idade, no cargo de mensageiro. Em 1926, foi nomeado auxiliar de estações, atividade que possivelmente favorecia deslocamentos entre os municípios, entre eles Cachoeira. Em 1929, foi admitido como praticante diplomado e, em 1936, como telegrafista adjunto (*Almanak do Pessoal dos Correios*, 1936).

Ao que tudo indica, Manoel teve uma vida comunitária atuante, visto que seu nome foi utilizado para nomear uma rua na cidade de Rio Pardo.[9] A trajetória de atuação comunitária possivelmente foi uma continuidade do engajamento de sua família, visto que seu pai, Alcides Eustaquio, mobilizou a comunidade para a construção da Igreja São João, em Rio Pardo (Burgos *et al.*, 2006). Corroborando as informações de sua participação comunitária, em 1934 o jornal *A Federação* noticiava alguns acontecimentos dos municípios do interior do estado, entre os quais uma nota sobre Rio Pardo que informava os eleitos para a diretoria da Liga Desportiva Riopardense para o período 1934-1935. O nome de Manoel Etelcides da Silva constava da lista, com o cargo de segundo secretário (*A Federação*, 1934, p. 8).

Anteriormente à empreitada jornalística realizada com José de Farias, Manoel Etelcides já tinha contatos com periódicos da imprensa negra, como assinante do jornal *O Vergalho*, que circulou no ano de 1925 em Rio Pardo.[10] Embora no periódico não esteja declarada a sua posição como representante da imprensa negra, há inúmeros elementos de diagramação e difusão que se aproximam das características dos jornais voltados para a comunidade negra. O pai de Manoel, Alcides Eustaquio, era assinante e correspondente de *O Exemplo*, periódico da imprensa negra de Porto Alegre. Portanto, tais contatos de Manoel e de seus familiares com outros periódicos da imprensa negra possivelmente inspiraram a iniciativa dos fundadores d'*O Astro* (Sônego, 2022).

José de Farias, por sua vez, também esteve envolvido na fundação do time de futebol do S. C. 15 de Novembro em Cachoeira, assim como na organização de eventos esportivos e na convivência com pessoas ligadas à imprensa negra sul-rio-grandense. Em notas esportivas d'*O Exemplo*, o nome de José de Farias aparecia relacionado a Carlos Alberto da Costa, Ulysses Álvaro de Barros e Manoel de Campos Pereira — representantes e agentes d'*O Exemplo* que, na década de 1920, participavam ativamente da organização dos eventos esportivos em Cachoeira (Santos, 2011). José Antônio dos Santos (2011) também aponta notícias n'*O Exemplo* que dão conta das excursões do time negro S. C. Bento Gonçalves para os jogos esportivos no interior do estado. Cachoeira recebeu o time no final do mês de julho de 1922 para o jogo com o S. C. 15 de Novembro. *O Sportmann*, folha esportiva de Cachoeira, também noticiou o evento:

> Bento Gonçalves de Porto Alegre *versus* 15 de Novembro daqui. Apesar de um pouco tarde, ainda diremos ainda alguma coisa sobre a excursão do Bento Gonçalves de P. Alegre à nossa terra. Os do 15 trataram seus coirmãos cavalheirescamente, oferecendo diversas festas. O *match* teve boa concorrência: apesar da [*sic*] atmosfera apresentar-se um tanto "escurecida", terminou com a vitória dos visitantes com o *score*: Visitantes: 2 gols. Locais: 1 gol. Na noite de domingo, no salão Esmeralda, fizeram-se danças que se prolongaram até as primeiras horas de segunda-feira, dia [em] que os porto-alegrenses regressaram no trem, às dez horas, para a capital. (*O Sportmann*, 1922, p. 2)

A nota, carregada de ironia, reflete a visão de uma sociedade marcada pela discriminação racial, em que a cor da pele é mais enfatizada do que o próprio evento, possivelmente incomodando aqueles retratados e impulsionando a criação posterior de um jornal dedicado a valorizar partidas dessa natureza sem ironias nem preconceitos. Um jornal focado nos eventos esportivos da comunidade negra, sem o viés racista presente nas notas de outros veículos de comunicação da época, se tornou realidade nas páginas d'*O Astro*.

Conclusão

José de Farias e Manoel Etelcides estavam inseridos em um contexto associativo maior, o que deve ter favorecido a idealização de um periódico voltado para o público negro de Cachoeira e Rio Pardo (Sônego, 2022). E, no dia 13 de maio de 1927[11], Manoel lançou a primeira edição d'*O Astro*, que foi apresentada com as seguintes palavras:

> O modesto jornalzinho, que hoje aparece, traz no cabeço o seu programa: crítico, humorístico e literário. A nós, proprietários e redatores, cabem, entretanto, algumas palavras de apresentação. *O Astro* surge como simples órgão social do elemento de cor desta cidade. Não traz arvorada a bandeira das reivindicações, nem aspira a glória de porta-voz e defensor da classe humilde, que, contudo, tem em si todos os requisitos e todas as qualidades para ser grande.
>
> Como jornal crítico, *O Astro* não descerá nunca à mordacidade e às ofensas pessoais; como humorístico, cingir-se-á às leis da convivência e do decoro; e, como literário, fará o possível que estiver no limite das forças dos seus colaboradores.
>
> Nós, quando fundamos *O Astro*, correspondemos a uma aspiração da nossa classe. Não vamos medir esforços para conservá-lo e desenvolvê-lo. A classe agora que nos ampare.

A partir da publicação dessa primeira edição e no decorrer do ano em que *O Astro* circulou, pode-se imaginar o esforço e a dedicação desses dois jovens que, para além de suas ocupações profissionais, dedicaram um tempo da vida em prol de refletir sobre e escrever para a comunidade negra. Procuramos encontrar elementos para compreender as experiências pessoais e sociais de José de Farias e Manoel Etelcides, e uma breve biografia dos fundadores d'*O Astro* foi o ponto de partida para essa reflexão.

Analisando as habilitações de casamento dos fundadores, foi possível acessar dados fundamentais para compor suas histórias de vida. A partir do cruzamento com outras fontes, conseguimos encaixar algumas peças das trajetórias investigadas. Porém, esses documentos sempre podem dizer muito mais. Notamos diferenças no que tange à legitimidade familiar e ao acesso à cultura letrada de suas famílias nas primeiras décadas do pós-abolição. Apesar disso, nossos biografados se uniram na concretização de um periódico da imprensa negra. Pelo menos nove décadas antes da reportagem publicada em 1998 e reproduzida no início deste capítulo, constatamos que "o negro não chegou lá", pois "sempre esteve lá", atuando, idealizando, refletindo e principalmente lutando — fosse de forma individual ou coletiva — por cidadania plena, apesar de todos os impedimentos impostos por uma sociedade racista e desigual.

Referências

Alberto, Paulina. *Termos de inclusão — Intelectuais negros brasileiros no século XX*. Campinas: Editora da Unicamp, 2017.

Andrews, George. *Negros e brancos em São Paulo (1888-1998)*. Bauru: Edusc, 1998.

Balladares, Ângela P. "Rodolpho Xavier — Trajetória intelectual na imprensa negra no pós-abolição". In: 9º Encontro Escravidão e Liberdade no Brasil Meridional, 2019. *Anais* [...]. Florianópolis: Universidade Federal de Santa Catarina (UFSC), 2019.

Burgos, Miria Suzana *et al.* "Jogos tradicionais e legado histórico dos descendentes portugueses em Rio Pardo, RS". In: Dacosta, Lamartine (org.). *Atlas do esporte no Brasil*. Rio de Janeiro: Confef, 2006.

Domingues, Petrônio José. "Negros de almas brancas? A ideologia do branqueamento no interior da comunidade negra em São Paulo, 1915-1930". *Estudos Afro-Asiáticos*, Rio de Janeiro, ano 24, n. 3, 2002.

Fabris, Pamela Beltramin. "Associativismo e experiência política em Francisco Dias Bittencourt (Curitiba, 1900-1925)". In: XV Encontro Regional de História, 2016. *Anais* [...]. Curitiba: Universidade Federal do Paraná (UFPR), 2016.

Gomes, Nilma L. "Intelectuais negros e produção do conhecimento — Algumas reflexões sobre a realidade brasileira". In: Sousa Santos, Boaventura; Meneses, Maria Paula (orgs.). *Epistemologias do Sul*. São Paulo: Cortez, 2009, p. 419-441.

Loner, Beatriz Ana. *Classe operária — Organização e mobilização em Pelotas, 1888-1937*. Tese (doutorado em História) — Universidade Federal do Rio Grande do Sul, Porto Alegre, 1999.

_______. "Trajetórias de 'setores médios' no pós-emancipação: Justo, Serafim e Juvenal". In: Xavier, Regina Célia Lima (org.). *Escravidão e liberdade — Temas, problemas e perspectivas de análise*. São Paulo: Alameda, 2012.

Mattos, Hebe. *Das cores do silêncio — Os significados da liberdade no Sudeste escravista (Brasil, século XIX)*. São Paulo: Editora da Unicamp, 2013.

Moreira, Paulo Roberto S. "Uma parda infância — Nascimento, primeiras letras e outras vivências de uma criança negra numa vila fronteiriça (Aurélio Viríssimo de Bittencourt / Jaguarão, século XIX)". In: 4º Encontro Escravidão e Liberdade no Brasil Meridional. *Anais [...]*. Curitiba: Universidade Federal do Paraná (UFPR), 2009.

_______. "O Aurélio era preto — Trabalho, associativismo e capital relacional na trajetória de um homem pardo no Brasil Imperial e Republicano". *Estudos Ibero-Americanos*, Porto Alegre, v. 40, n. 1, p. 85-127, jan.-jun. 2014.

Perussatto, Melina K. *Arautos da liberdade — Educação, trabalho e cidadania no pós-Abolição a partir do jornal O Exemplo de Porto Alegre (c. 1892-c. 1911)*. Tese (doutorado em História) — Universidade Federal do Rio Grande do Sul, Porto Alegre, 2018.

Pinto, Ana Flávia M. *De pele escura e tinta preta — A imprensa negra no século XIX (1833-1899)*. Dissertação (mestrado em História) — Universidade de Brasília, Brasília, 2006.

_______. *Fortes laços em linhas rotas — Literatos negros, racismo e cidadania na segunda metade do século XIX*. Tese (doutorado em História) — Universidade Estadual de Campinas, Campinas, 2014.

Porto, Aurélio. *O trabalho alemão no Rio Grande do Sul*. Porto Alegre: Martins, 1996.

Rosa, Marcus Vinicius Freitas da. *Além da invisibilidade — História social do racismo em Porto Alegre durante o pós-Abolição (1884-1918)*. Porto Alegre: EST, 2019.

Santos, José Antônio dos. *Prisioneiros da história — Trajetórias intelectuais na imprensa negra Meridional*. Tese (doutorado em História) — Pontifícia Universidade Católica do Rio Grande do Sul, Porto Alegre, 2011.

Selbach, Jeferson F. *Muito além da Praça José Bonifácio — As elites e os outsiders em Cachoeira do Sul pela voz do Jornal do Povo, 1930-1945*. Tese (doutorado em História) — Universidade do Vale do Rio dos Sinos, São Leopoldo, 2007.

SILVEIRA, Helen da Silva. *A força viva da cor preta — Associativismo negro como caminho no Vale do Rio Pardo/RS (1880-1940)*. Dissertação (mestrado em História) — Universidade Federal do Rio Grande do Sul, Porto Alegre, 2021.

SÔNEGO, Aline. *"Correspondemos a uma aspiração de nossa classe" — O pós-abolição a partir do jornal O Astro (Cachoeira e Rio Pardo, RS)*. Tese (doutorado em História) — Universidade Federal de Santa Maria, Santa Maria, 2022.

WEBER, Beatriz T. *As artes de curar — Medicina, religião, magia e positivismo na república Rio-Grandense, 1889/1928*. Tese (doutorado em História) — Universidade Estadual de Campinas, Campinas, 1997.

WERLANG, William. *História da Colônia Santo Ângelo*. Santa Maria: Palotti, 1995.

ZUBARAN, Maria Angélica. "Comemorações da liberdade — Lugares de memórias negras diaspóricas". *Anos 90*, Porto Alegre, v. 15, n. 27, jul. 2008.

Fontes documentais

ALMANAK DO PESSOAL DOS CORREIOS PARA 1936. Linhas e Estações. Rio de Janeiro: Officina dos Correios e Telegraphos, 1938. v. 2.

ARQUIVO PÚBLICO DO ESTADO DO RIO GRANDE DO SUL (APERS). Habilitação de casamento de Jose de Farias e Ondina Martins. Cachoeira, 16 de maio de 1928.

_______. Habilitação de casamento de Manoel Etelcides da Silva e Maria Castanheiro. Cachoeira, 4 de julho de 1931.

_______. Habilitação de casamento de José de Farias e Adyles Portilho Dias. Cachoeira, 31 de dezembro de 1932.

A FEDERAÇÃO, 20 de março de 1934. Porto Alegre, Rio Grande do Sul, ano LI, n. 65, p. 8. HDB. Disponível em: http://memoria.bn.br/DocReader/docreader.aspx?bib=388653&pasta=ano%20193&pesq=%22manoel%20etelcides%22&pagfis=75079. Acesso em: 6 set. 2024.

JORNAL DO POVO. Cachoeira do Sul, Rio Grande do Sul, ano 70, n. 119 (recorte), 18 nov. 1998. Museu Municipal de Cachoeira do Sul.

O ASTRO, 13 de maio de 1927. Cachoeira, Rio Grande do Sul, ano I, n. 1, p. 1. MMCS.

O SPORTMANN, 27 de julho de 1922. Cachoeira, Rio Grande do Sul, ano I, n. 4, p. 2. MMCS.

O VERGALHO. Rio Pardo, Rio Grande do Sul, ano I, n. 13, 26 abr. 1925. Disponível em: http://afro.culturadigital.br/item/o-vergalho/. Acesso em: 6 set. 2024.

Notas

1 Podemos citar como exemplo o trabalho da pesquisadora Ana Flávia Magalhães Pinto (2006), que recuperou a existência de uma imprensa negra já no início do século XIX e, em seguida, analisou o protagonismo negro dos intelectuais do período (Pinto, 2014).

2 Conforme censos demográficos do Rio Grande do Sul de 1940 e 1950. Fundo de Economia e Estatística. De Província de Rio Grande a Estado do Rio Grande do Sul — Censos 1803-1950. Porto Alegre, 1981, p. 109; p. 127.

3 Como exemplo, veja Porto (1996) e Werlang (1995).

4 Conforme atestado de óbito anexado à habilitação do segundo casamento de José de Farias. Ondina faleceu de tuberculose e deixou uma filha de 2 anos de idade de nome Maria Teresinha de Farias, fruto de seu casamento com José.

5 O Decreto n. 19.710, de 18 de fevereiro de 1931, obrigava ao registro sem multa, até 31 de dezembro de 1932, dos nascimentos ocorridos no território nacional de 1º de janeiro de 1889 até a publicação do decreto.

6 O decreto instruiu ainda que, no caso do registrando que já tinha atingido a maioridade legal, "fará ele mesmo as declarações relativas ao seu nascimento, perante duas testemunhas idôneas, que hajam conhecido os pais, ou parentes próximos do declarante". Disponível em: https://www2.camara.leg.br/legin/fed/decret/1930-1939/decreto-19710-18-fevereiro-1931-516306-republicacao-83165-pe.html. Acesso em: 5 set. 2024.

7 A título de exemplo de como o registro da cor estava vinculado às questões de saúde pública, o Posto de "Prophilaxia Rural" que atuou junto à população do município de Cachoeira do Sul no combate à uncinariose e a outras verminoses relatou que, de 1923 a 1925, 20.596 pessoas foram recenseadas, destacando que, em relação à cor, 17.859 eram brancas, 1.352, mulatas, 1.352, pretas e 33, caboclas (Relatório apresentado ao Conselho Municipal pelo vice-presidente em exercício Dr. João Neves da Fontoura, em sessão de 15 de outubro de 1925. Cachoeira: Officinas Typographicas d'O Commercio, 1925. Arquivo Histórico Municipal de Cachoeira do Sul).

8 Na edição n. 1 d'*O Astro*, Maria Barboza Castanheiro, futura esposa de Manoel Etelcides, foi saudada na coluna "Sociais" pela passagem de seu aniversário, ocorrido em 29 de abril daquele ano. Isso nos leva a supor que Maria e Manoel conviviam e partilhavam dos mesmos espaços de sociabilidade, o que teria favorecido o seu encontro. *O Astro*, 13 de maio de 1927. Cachoeira. Rio Grande do Sul. ano I, n. 1, p. 4. Museu Municipal de Cachoeira do Sul (MMCS).

9 Lei Municipal n. 66, de 1º de novembro de 1988. Disponível em: https://www.riopardo.rs.gov.br/publicos/lei66198894.pdf. Acesso em: 19 ago. 2019.

10 *O Vergalho*. Rio Pardo, Rio Grande do Sul, ano I, n. 13, 16 abr. 1925. Disponível em: http://afro.culturadigital.br/item/o-vergalho/. Acesso em: 6 set. 2024. Na seção "Novos Assinantes", de 16 de abril de 1925, p. 3, consta o nome Manoel E. da Silva.

11 Segundo a pesquisadora Maria Angélica Zubaran (2008, p. 162), as celebrações das datas de 28 de setembro (promulgação, em 1871, da Lei do Ventre Livre) e 13 de maio na imprensa negra são consideradas "espaços cruciais para a construção da memória coletiva negra e para fundamentar sentimentos de pertencimento".

12 PENSADORES DA CAPOEIRA: BIMBA, PASTINHA E BESOURO MANGANGÁ

ANTONIO LIBERAC CARDOSO SIMÕES PIRES

Costumo afirmar que a expressão cultural denominada capoeira é uma invenção dos africanos no Brasil, a qual se expressou de forma nítida na sociedade quando foi incluída no universo urbano das cidades portuárias brasileiras, no decorrer do século XIX. Essa invenção secular foi fruto da ação de diversos protagonistas, que a moldaram nas principais facetas que a compõem como fenômeno social: o jogo, os ritmos, os cantos, os instrumentos musicais, a indumentária e os movimentos de agilidade do corpo. Tais facetas sofreram modificações importantes no decorrer da história da capoeira. Neste capítulo, descreverei as ações de três importantes praticantes que estabeleceram modificações nas matrizes de uma capoeira contemporânea. São eles: Manoel Henrique Pereira, o "Besouro Mangangá" (1895-1924); Manoel dos Reis Machado, o "Mestre Bimba" (1899-1974); e Vicente Ferreira Pastinha, o "Mestre Pastinha", (1889-1981). Eles foram os principais representantes de diversas atribuições transformadoras da capoeira praticada no século XIX para a capoeira praticada no século XX.

Manoel Henrique Pereira, o Besouro Mangangá

Manoel Henrique Pereira nasceu em 1895 na cidade de Santo Amaro, Bahia, no bairro Trapiche de Baixo, área de concentração de descendentes de escravizados dos engenhos de cana-de-açúcar do Recôncavo Baiano.

Do ponto de vista histórico, os trapiches se inserem no contexto do Brasil Colônia, ou seja, entre os séculos XVI e XVII, período da instalação dos engenhos de açúcar mantidos por homens e mulheres escravizados no Brasil e, sobretudo, no Recôncavo Baiano. Os trapiches promoviam um apoio portuário de circulação, embarque e desembarque de produtos e alfandegagem, conjugado à função de armazenagem e proteção dos produtos. No caso do Recôncavo Baiano, a estrutura portuária destacou vários trapiches, entre eles o Barnabé, localizado na zona comercial de Salvador, que ainda mantém os traços da arquitetura da época colonial, indicando a preponderância das relações de comercialização dos produtos da cana-de-açúcar e da pesca desenvolvida no entorno da Baía de Todos os Santos. Ali se situa o Trapiche de Baixo, na atual cidade de Santo Amaro. O bairro foi fixado às margens do rio Subaé, pois no contexto colonial esse rio foi extremamente explorado para escoar mercadorias do Recôncavo para as Minas Gerais (Carvalho, 2023).

Trapiche de Baixo fica a cerca de 85 quilômetros da capital baiana, Salvador; trata-se de uma área localizada na cidade de Santo Amaro da Purificação, famosa porque seus habitantes desenvolveram a capoeira, o maculelê e o culto aos orixás, inquices e vodus. Inclusive, na contemporaneidade, localizamos nessa área um grupo intitulado "remanescente de quilombos da Cambuta" (Carvalho, 2023).

Na cidade de Santo Amaro da Purificação, pude coletar diversas informações com alguns de seus habitantes mais antigos. Eles souberam manter os mitos em torno de Besouro Mangangá, tornando-o um personagem ilustre na memória coletiva daquela cidade até os dias de hoje.

Acredito que, atualmente, não existam mais pessoas vivas que o conheceram, mas quando realizei as primeiras pesquisas, nas décadas de 1980 e 1990, ainda encontrei algumas dessas pessoas. Uma delas foi José Brígido Dorneles Antunes, o "seu Antunes", nascido em fevereiro de 1910. Por volta de 1923, seu Antunes teria deixado de "vadiar" e foi trabalhar no armazém do pai vendendo rapadura, feijão, arroz, cachaça e ferramentas de trabalho — tratava-se de um armazém de "secos e molhados". Foi trabalhando ali que seu Antunes teria conhecido Besouro Mangangá — também, segundo ele, conhecido por "Besouro Cordão de Ouro". Seu Antunes revelou vários nomes que fizeram parte do grupo de companheiros de capoeira de Besouro: Paulo Barroquinha, Boca de Siri, Doze Homens, Noca de Jacó e Canário Pardo, todos eles moradores do Trapiche de Baixo. Ele contou ainda que, nessa época, Besouro trabalhava como embarcadiço nos saveiros que circulavam entre Cachoeira, Maragogipe e Salvador.[1]

Outro importante informante que ainda pude encontrar vivo foi o já citado "Noca de Jacó"; seu nome era Ernesto Ferreira dos Santos. Nascido em 1899, ele trabalhava na Cooperativa Bahia, onde produzia cachaça. Informou ter aprendido capoeira com Besouro Mangangá, na área do Trapiche de Baixo, mesmo lugar de sua moradia. Segundo Noca de Jacó, Besouro teria servido o exército e, depois de retornar ao Recôncavo Baiano, foi trabalhar em um saveiro chamado "Deus Me Guie". Ele ainda revelou que os capoeiras de sua época treinavam os movimentos de agilidade e o uso da navalha:

> Jogava navalha, era minha profissão; para aprender se corta todo, tem que treinar com uma tora de bananeira. Ela belisca. Cordão de borracha amarrado no cós da calça [...] tem que esperar

ela se vestir. Ela vai lá, dá o recado, belisca; a bananeira tem noia, não dá para ficar engatada. E vem doida; cabe amansar, amansar, espera ela se vestir.[2]

Na citação reproduzida, constatam-se os traços culturais de uma capoeira do século XIX, praticada por membros das "maltas", termo utilizado pela polícia e pela imprensa para classificar os grupos de capoeira do século XIX e início do XX. A utilização da navalha, facas de ponta e outras armas foi uma das características da capoeira praticada nesse período, sendo uma das causas de sua proibição pelo art. 402 do Código Penal de 1890 — nunca aplicado na Bahia[3] (Pires, 2004).

Noca de Jacó revelou que Besouro Mangangá jogava outro jogo, e que depois foi se adaptando às novas tendências: as capoeiras denominadas "angola" e "regional". Assim, o grupo do Trapiche de Baixo vivenciou as transformações culturais na prática da capoeira na primeira metade do século XX, sendo precursor de uma nova modalidade, em que a ludicidade teve lugar de destaque. Isso permitiu que os praticantes na Bahia inventassem uma nova tradição, pautada em normas que a inseriram em concepções da modernidade. "Besouro jogava outro jogo, depois a gente foi falando assim, vamos jogar angola, outro jogo... jogava por esse mundo todo, quando era convidado a gente ia, tem berimbau, cavaquinho ou viola."[4]

Outra marca da trajetória de Besouro Mangangá que com certeza influenciou a invenção dessa nova tradição da capoeira foi sua passagem pelo exército, tendo servido no 31º Batalhão de Infantaria de Salvador. A análise documental indica que Besouro Mangangá foi importante na organização de um grupo de militares capoeiras, aliados nas ações nas ruas e no próprio quartel. Foi no dia 10 de setembro de 1918, na capital soteropolitana, em uma enfermaria da brigada policial situada na rua dos Barris, que foi interrogado um policial de nome Argeu Souza, jovem de 23 anos que sofreu ferimentos de sabre.

O próprio delegado conduziu o interrogatório sobre o acontecido e, junto com o escrivão, escutou:

> Domingo último, oito do corrente, cerca de três horas da tarde, achando-se de plantão no posto policial de São Caetano. Ali compareceu um indivíduo mal trajado, encostando-se à janela central do referido posto... o dito indivíduo, interpelando o respondente, pediu-lhe um berimbau que se achava exposto juntamente com armas apreendidas, tendo o correspondente declarado que não podia dar o berimbau sem ordem do subdelegado.[5]

Besouro de Mangangá era o sujeito "mal trajado", soldado da infantaria do exército brasileiro. Acompanhado de outros soldados — aparentemente sob seu comando, pois foi o primeiro a invadir a delegacia e agredir os policiais —, aproximou-se do sargento da polícia civil, chamado Paulo Clemente, "suspendeu-lhe o quepe e deu-lhe um cocorote", demonstrando sua superioridade. Estava em São Caetano, próximo à Lapinha, área que era considerada seu território, antro dos capoeiras de Salvador (Pires, 2002).

Nesse caso, Besouro Mangangá e mais três soldados do exército foram rechaçados pela força policial, apoiada por um grande número de populares, os quais a pedras e paus atacaram a guarnição militar.

Besouro não desistiu. Reuniu cerca de 30 praças e retornou à delegacia de São Caetano, naquele momento comandada por um segundo sargento. O grupo de Besouro, denominado "piquete militar", invadiu o posto policial aos gritos de "governo, sem custeia, sustentador de morcegos, sem compostura" (Pires, 2002, p. 26). A invasão do posto policial tomara um caráter político, demonstrando consciência dos conflitos entre exército e polícia civil, entre o governo do estado e o governo central. A crítica foi ferrenha. As coisas se complicaram para o lado de Besouro Mangangá, que acabou sendo expulso do exército e precisou retornar a sua cidade natal, no Recôncavo Baiano.

Pensei que não voltaria a escrever sobre Besouro Mangangá, pois me considero um escritor de "novidades", mas, com o convite para dissertar sobre o protagonismo de indivíduos na produção da capoeira contemporânea, incluí nosso grande ídolo. Ele não desapareceu: Besouro Mangangá, codinome de Manoel Henrique Pereira, retornou à cena principal do espetáculo cultural brasileiro, despontando em 2022 como tema do enredo da escola de samba Império Serrano, no carnaval oficial da cidade do Rio de Janeiro. A escola, aliás, se tornou campeã do Grupo Ouro com esse enredo. A escolha da diretoria da Império Serrano envolveu obrigatoriamente a capoeira, seus rituais e praticantes, aumentando a visibilidade social da prática cultural de forma positiva.

A grande novidade é que o local onde Besouro foi criado, o Trapiche de Baixo, abriga uma comunidade de remanescentes de quilombos, os da "Cambuta". Mais ainda, finalmente descobrimos uma hipótese plausível para o personagem ter ganhado tal apelido no passado; "sua voz era rouca como o voo emitido por um besouro-mangangá".[6]

O fato de o grupo do Trapiche de Baixo ter desenvolvido elementos culturais diferenciados na invenção dessa tradição, mantendo o costume de lutar das etnias africanas, aprimorando movimentos e estabelecendo vínculos organizativos da expressão cultural, o transformou em um dos principais grupos que pensaram a capoeira, vivenciando a transição de elementos culturais e ampliando suas formas práticas elementares. Besouro de Mangangá era "analfabeto", conforme consta em seus registros no processo policial. Não sabemos até que ponto ele dominava as informações letradas, mas o que importa para classificá-lo no campo dos intelectuais orgânicos é o seu protagonismo nas invenções culturais, na organização dos instrumentos que compõem a roda da capoeira, nos movimentos de agilidade, no desenvolvimento do caráter de luta marcial, na continuidade da produção dos cantos e, principalmente, na organização dos grupos de capoeira por áreas específicas da cidade. Quem pensa que, para fazer isso, não é necessária intelectualidade aprimorada que jogue a primeira pedra.

Em 2024, Besouro vem recebendo grandes homenagens pelos cem anos pós-morte. A construção da capoeira na atualidade o legou à imortalidade, atribuída por sua coragem e resistência ao viver num contexto extremamente adverso para os negros das classes trabalhadoras.

Manoel dos Reis Machado: Mestre Bimba

Manoel dos Reis Machado, o Mestre Bimba, nasceu em 23 de novembro de 1899, no bairro de Brotas, em Salvador. Ganhou seu apelido logo que nasceu, em virtude de uma aposta feita entre sua mãe e a parteira. Sua mãe apostou que nasceria um bebê do sexo feminino, e a parteira, do masculino; sua mãe perdeu, e assim ele ganhou o apelido "Bimba", nome popular do órgão masculino em crianças.

Bimba era filho de Maria Martinha do Bonfim e Luiz Candido Machado. Seu pai já era citado nas festas de largo como praticante do batuque. Bimba nasceu em um meio social que liderava as práticas culturais populares no início do século em Salvador. Aos 12 anos, foi iniciado na prática da capoeira por Bentinho, um africano que trabalhava na Companhia de Navegação Baiana. Isso ocorreu por volta de 1911, e Bimba dizia se lembrar desses tempos, deixando-nos um relato revelador das relações entre policiais e praticantes da capoeira:

> A polícia perseguia um capoeirista como se persegue um cão danado. Imagine só que um dos castigos que davam a capoeiristas que fossem presos brigando era amarrar um dos punhos num rabo de cavalo e outro em cavalo paralelo. O indivíduo não aguentava ser arrastado em velocidade pelo chão e morria antes de chegar ao seu destino: o quartel de polícia. (Pires, 2002, p. 37)

Em Salvador, os capoeiristas estiveram presentes em registros jornalísticos e policiais. Mestre Bimba travou contato com esses grupos de cultuadores da capoeira, mantendo-os na memória e, muitas vezes, citando-os em entrevistas jornalísticas. Ao tratarmos das invenções na prática da capoeira, Mestre Bimba representa uma ligação entre o presente e o passado, entre a antiga geração do século XIX e as transformações ocorridas no século XX.

Daniel Coutinho, apelidado Mestre Noronha, um dos principais praticantes da capoeira da época, revelou em seu depoimento que Mestre Bimba "todos os dias estava apreciando esta vadiação no comércio". Declarou que ele morava no Morro do Bogum e frequentava as rodas da capoeira angola e, depois, teria inventado uma capoeira denominada regional. O relato de Mestre Noronha deixa nítida a divisão da prática nessas duas principais vertentes. Ambas, a meu ver, são expressões culturais que fazem parte das invenções provenientes da ruptura com a capoeira desenvolvida pelas maltas do século XIX na Bahia, no Maranhão, em Belém, Recife, Santos e, principalmente, no Rio de Janeiro. Mestre Bimba foi um dos principais protagonistas dessas invenções culturais, que permitiram a construção da capoeira como símbolo da cultura afro-brasileira.

Mestre Bimba conseguiu organizar a prática da capoeira alçando-a a um patamar de esporte, luta marcial e arte, mantendo seu lado lúdico ao incluir pandeiros, berimbau e cantigas. Mas também participou de uma forma de praticar a capoeira em que os protagonistas incluíram armas como facas, pedras e paus. Segundo o Mestre Decânio, discípulo de Mestre Bimba, este "muitas vezes teria sido incumbido de carregá-las escondidas em seu balaio de pães, os quais vendia aos estivadores nas docas da Cidade Baixa, Pelourinho e Baixa dos Sapateiros" (Pires, 2002, p. 39).

Mestre Bimba teria sido um aprendiz de capoeira, um moleque nas ruas de Salvador. Vivia de biscates e mantinha relações com os capoeiras do famoso Cais Dourado da Velha Bahia. Em sua narrativa, resgata a tradição dos capoeiristas do século XIX, mas foi na ruptura com esses grupos que ele inventou uma nova tradição, renovando o costume secular de "jogar a capoeira".

Essa invenção de Mestre Bimba foi batizada de "capoeira regional", ganhando uma identidade vinculada às classes trabalhadoras e médias da sociedade brasileira. Segundo ele, a capoeira era prática de carroceiros, estivadores, trapicheiros, vendedores etc. Entre os praticantes havia tanto trabalhadores como "malandros". Ser malandro, na visão de Mestre Bimba, era ter passagem pelas "classes perigosas" — ladrões, prostitutas e jogadores, além de viver em cortiços. Portanto, um dos procedimentos de ruptura com a tradição passada é negar espaço ao "malandro"; assim, ele criticou as ações desses grupos e buscou desenvolver a capoeira em grupos de melhor *status* na hierarquia social.

Mestre Bimba entendeu o contexto de repressão à prática da capoeira e se colocou em defesa dela como símbolo cultural. Ele apreendeu os discursos da repressão, reconheceu existir, ou ter existido, um grupo "marginal" e, rompendo com esse grupo, voltou sua capoeira regional para trabalhadores e estudantes.

Mestre Bimba buscou utilizar as narrativas que colocaram a prática da capoeira no patamar dos esportes e da simbologia nacional. Ele entrou em contato com diversos intelectuais e líderes políticos, o que o alçou a uma posição de honra entre os capoeiristas brasileiros.

Transformações na capoeira na tradição regional

Mestre Bimba entendeu que a prática da capoeira da primeira década do século XX estava "defasada" em relação a outras lutas marciais, defasagem que os praticantes deveriam enfrentar para se colocarem no cenário nacional enquanto proposta esportiva.

Mestre Bimba tinha um corpo avantajado; era um homem de grande estatura e preparado para os embates corpo a corpo — o tipo perfeito para representar a capoeira nos confrontos entre as lutas marciais nos ringues de Salvador, em um momento em que esses espetáculos se tornaram comuns em todo o país.

Mestre Bimba retirou o lado lúdico da capoeira nos embates de ringue. Ele não recorria ao berimbau e ao pandeiro nas competições desportivas, e apontou para a necessidade de a polícia regulamentar as exibições de acordo com as regras de "Annibal Burlamaqui no seu trabalho *Ginástica nacional (capoeiragem metodizada e regrada)*, lançado em 1928, no Rio de Janeiro" (Pires, 2006). Porém, acabou não se utilizando de tais regras, que muito fugiam da realidade dos embates nos ringues.

O nosso ilustre biografado organizou uma série de propostas em relação à prática; ao separar seu lado desportivo da ludicidade, afirmava que a capoeira ganhava seu aspecto "sensacional". Agrupou um grande número de exímios lutadores e, com eles, tornou-se destaque no noticiário do jornal *A Tarde*, sendo denominado "o campeão da capoeira".

Mestre Bimba manteve a estratégia de fortalecer a capoeira entre as lutas marciais e desafiou lutadores de outras modalidades e os representantes da capoeira angola, os quais estiveram presentes nesse processo de construção de uma nova tradição para a modalidade. Essas lutas aconteciam no "Stadium Odeon", localizado na área da Cruz Caída, próximo à Praça da Sé, e foram notícias constantes nos jornais da cidade de Salvador (Pires, 2006, p. 41-45).

Mestre Bimba reconhece ter implementado modificações na prática da capoeira, principalmente diversos golpes de outras procedências que a distinguiam da antiga capoeira. Para ele, sua capoeira era regional porque somente poderia ser encontrada na Bahia, tendo sido criada no Recôncavo Baiano.

Mestre Bimba acabou retirando seus capoeiristas dos ringues por entender que a pratica cultural perdia sua eficiência ao ser acionada sob regras de outras lutas. No cenário das lutas marciais, ele defendeu a posição de ser impraticável o encontro entre lutas diferentes.

A indumentária também foi outro aspecto importante na invenção de uma nova tradição para a capoeira, assim como a renomeação dos movimentos de agilidade, dos golpes da luta e de uma demarcação da ginga do corpo, o que viria a caracterizar diferenças com outros estilos da modalidade que surgiriam no futuro.

Mestre Bimba foi o principal expoente da capoeira regional, tendo fundado, em 1918, a primeira academia de ensino da modalidade da Bahia. Ele criou um movimento de retirada da capoeira das ruas, levando-a para espaços fechados, sendo um dos primeiros denominado "Roça do Lobo". Isso possibilitou o surgimento das academias comerciais, forma organizativa predominante até os dias de hoje.

A primeira academia propriamente dita foi fundada em 1938, quando da fundação do "Clube de União em Apuros", para o ensino e a divulgação da capoeira. Seus discípulos, ou alunos, foram pessoas de grande importância para a constituição lúdica e desportiva da capoeira regional; entre eles se incluíam estudantes e profissionais das classes médias e trabalhadores em geral.

Mestre Bimba expandiu a capoeira por diversos locais do país. Nessas viagens, costumava deixar alguns de seus discípulos ministrando aulas. Ele aparecia constantemente nos eventos políticos, sobretudo a partir do Estado Novo. Em 1953, foi recebido pelo presidente Getúlio Vargas no palácio do governo, em Salvador. A capoeira, então, consolidou-se como expressão da cultura nacional e do folclore baiano. Dessa forma, os "estilos" de capoeira praticados na Bahia passaram a dominar as expressões dessa prática cultural.

Mestre Bimba acabou deixando a Bahia e se mudou para Goiânia com a família. Lá faleceu em fevereiro de 1973, deixando grande legado e sendo um intelectual protagonista de uma importante invenção da tradição da cultura afro-brasileira.

Mestre Vicente Ferreira Pastinha

Mestre Pastinha foi um dos grandes, senão o principal, inventores da tradição da capoeira angola. Esse "estilo", assim como a capoeira regional, também surgiu como uma ruptura com os praticantes da capoeira do século XIX, da chamada tradição das "maltas", divididas por bairros da cidade de Salvador.

Mestre Pastinha nasceu em 5 de abril de 1889, em Salvador. Foi iniciado na prática da capoeira aos 10 anos de idade, por um negro angolano chamado Benedito. Era filho de José Pastiña, um espanhol, com Raimunda dos Santos, uma negra.

Aos 12 anos de idade, Mestre Pastinha foi para a Escola de Marinheiros, em que recebeu o apelido de "110", seu número de registro na instituição. Ele saiu da Marinha com 20 anos. Além de trabalhar no jogo do bicho, vendia jornais, foi engraxate, garimpeiro e operário no cais do porto. Disse ter tido passagens pela polícia e vivenciado diversos conflitos nas ruas de Salvador; andava sempre armado de faca para se defender. Carregava a cultura das "maltas de capoeira" em sua formação. Mestre Pastinha também desenvolveu conhecimentos sobre artes plásticas, além de ser pintor, escritor e poeta.

Para Pastinha, a capoeira era uma luta de comunidades africanas e teria adquirido aspectos lúdicos no Brasil, onde precisou ser disfarçada com música e dança.

Na visão dele, a prática da capoeira do século XIX não apareceu como resistência, mas como algo que impedia a ascensão social dos capoeiristas. Assim, deveria ser modificada, modelada em uma proposta artística e desportiva. Esses foram alguns dos seus motivos para formular uma nova proposta para a prática da capoeira. Porém, mesmo com a elaboração de uma crítica ao passado, ele apontou referências de diversos praticantes da capoeira do século XIX, citando, entre outros, Chico Três Pedaços, Sete Mortes e Pedro Mineiro.

Mestre Pastinha passou a defender a capoeira como uma prática cultural que teria sido mal utilizada no passado. O problema não estava na capoeira, mas em determinados praticantes. Ele tomou para si o papel de representante máximo da capoeira angola a partir de 1941. No entanto, foi em décadas anteriores que vários praticantes iniciaram a invenção desse "estilo" de praticar a capoeira.

O Centro Esportivo de Capoeira Angola

Um dos locais em que teria nascido a tradição da capoeira angola foi o Centro Esportivo de Capoeira Angola, "na Ladeira da Pedra, no bairro negro da Liberdade, sendo Amorzinho, Daniel Coutinho, Totonho de Maré e Livino donos e proprietários" (Pires, 2004). Somente depois da morte de Amorzinho, um guarda civil, eles teriam entregado a direção do centro esportivo a Mestre Pastinha.

Esse centro também foi frequentado por diversos capoeiristas da época, como Onça Preta, Bigode de Seda, Bom Nome e Juvenal Engraxate, entre outros. Todos colaboraram com a criação dessa nova tradição da capoeira. Vários mestres da época deixaram discípulos, como Valdemar da Paixão, que dirigia uma roda de capoeira no Pero Vaz, no bairro da Liberdade. As rodas eram organizadas em um barracão e os capoeiristas ficavam em um cercado, separados da assistência; esse modelo arquitetônico antecedeu as academias de capoeira. As capoeiras angola e regional, como tradições culturais, foram iniciadas nesses barracões, semelhantes aos locais de culto dos candomblés de caboclos. Mestres Caiçara, Valdemar, Canjiquinha, Cobrinha Verde e outros inventores da capoeira angola não aparecem de forma minuciosa neste texto, pois sairiam dos limites desta abordagem.

Em 25 de março de 1936, no nosso conhecido "Stadium Odeon" — onde ocorriam as lutas entre as diversas modalidades de artes marciais —, a capoeira entrou em separado nos ringues: defrontaram-se os "angoleiros" Juvenal Nascimento e Francisco Salles; e, também, os "regionais" Manoel Rosendo e Francisco Teles. Ainda ocorreram confrontos entre Cicero Naval, vulgo Onça Preta, e Raimundo Argollo, vulgo Aberrê, quando o juiz foi Mestre Bimba. Os representantes da capoeira angola e regional se uniram na inserção da prática cultural entre as lutas marciais daquele período.

Outro aspecto importante na construção da capoeira angola foi a de que um grupo de intelectuais brasileiros a escolheu como a "verdadeira", "original", "pura" de "raiz africana". Assim, os "angoleiros" foram convidados a participar do 2º Congresso Afro-Brasileiro, realizado no ano de 1937 em Salvador. Edson Carneiro escreveu sobre a modalidade, e Jorge Amado escreveu sobre diversos de seus praticantes. Eles foram ativistas do movimento comunista brasileiro e importantes intelectuais no que se refere à transformação de símbolos étnicos em símbolos nacionais na primeira metade do século XX (Pires, 2006).

Na década de 1940, Mestre Pastinha passou por momentos difíceis para manter o Centro Esportivo de Capoeira Angola. Recorreu ao movimento operário e foi dar aulas no Centro Operário, onde permaneceu por algum tempo. Depois, passou a ministrar suas aulas no pátio de uma fábrica de sabonetes, onde trabalhava como vigia noturno. Mais tarde, o referido Centro Esportivo de Capoeira Angola foi transferido para a Cidade de Palha, atual Cidade Nova, bairro de Salvador; depois para o Bigode, para Brotas e, finalmente, para o Pelourinho.

Mestre Pastinha construiu a capoeira angola em oposição a outras lutas e à própria capoeira regional. Produziu a narrativa de que ela era trazida pelos africanos e não havia se misturado com outras lutas, sendo parte da experiência africana no Brasil. Mestre Pastinha buscou aspectos da capoeira nos rituais de caboclos e dos candomblés, e afirmava que tudo era parte da mesma "coisa": "Do índio, no quilombo dos Palmares, nas fazendas de café, a capoeira ganhou novos golpes". A capoeira teria nascido em Angola, mas ganharia a contribuição de congoleses, moçambicanos e indígenas. Ele ainda sistematizou os instrumentos musicais, os toques e ritmos do berimbau e os cantos (Pires, 2004).

Mestre Pastinha aprimorou suas invenções e propôs uma organização hierárquica para os praticantes da capoeira, apontando para a formação de especialistas em sua prática: mestres de canto, mestre de campo, mestre de bateria, mestre de treinos, mestre fiscal, contramestre e arquivista, que seria o responsável pelos registros e pela documentação do Centro Esportivo de Capoeira Angola.

Mestre Pastinha procurou transformar a cultura da capoeiragem em um modelo desportivo, introduzindo o uniforme preto e amarelo, representativo das cores do Ypiranga Futebol Clube, do qual foi torcedor. Também elaborou regras contendo proibições de golpes, como dedos nos olhos, cutilada no pescoço, duas meias-luas em um lugar só, virada de corpo com calcanhar, boca de calça e truques. A capoeira somente poderia ser apresentada com seus cantos, ritmos e instrumentos musicais. As divergências entre os capoeiristas "angoleiros" foram poucas e, em geral, se referiam a toques e movimentos de corpo.

Mestre Pastinha não foi o único praticante a elaborar métodos de ensino, regras de jogo e propostas de organização lúdica da capoeira. Como vimos, vários outros mestres participaram desse processo de invenção coletiva da capoeira angola. Mas Mestre Pastinha foi o principal expoente de uma proposta elaborada, definida, em relação às partes práticas que a compõem.

Em 1952, Mestre Pastinha e seus discípulos elaboraram o Estatuto do Centro Desportivo de Capoeira Angola. As premissas fundamentais estavam voltadas para a capoeira como prática educativa visando à solidariedade humana. A organização se deu aos moldes desportivos, com a definição de categorias de filiados, os quais poderiam ser "profissionais", "beneméritos", "honorários" e "remidos". Daí em diante, o Centro Desportivo receberia filiações de todo o país.

Conclusões

Obviamente, os limites deste capítulo não permitem uma descrição minuciosa de cada etapa da invenção das capoeiras angola e regional, tampouco da tradição da capoeira praticada no século XIX em todo o país. Porém, o que busco ressaltar é o protagonismo intelectual desses três grandes personagens da história da capoeira no Brasil, bem como algumas caracterizações que permitem identificá-los como "intelectuais orgânicos", responsáveis por pensar e colocar em prática as diversas formas da expressão cultural denominada capoeira.

O fato de Besouro Mangangá e Mestre Bimba terem sido pessoas não letradas, ao contrário de Mestre Pastinha, não determina diferenciações profundas nas formas como eles organizaram a capoeira. As construções ideológicas da capoeira como símbolo de nacionalidade, africanidade e identidade cultural relacionada à música, à dança, ao canto e aos movimentos de agilidade buscou seguir um padrão semelhante, apesar de apresentarem importantes diferenciações. Tudo isso confere imensa riqueza em invenções específicas referentes às partes que compõem a expressão cultural.

As tradições oral e corporal definem o sistema de transmissão de conhecimentos geracionais relativos à prática da capoeira, mas ela é permeada, constantemente, por questões elencadas no mundo das letras. Diversos intelectuais letrados trouxeram para si novos temas referentes à manipulação de símbolos étnicos em símbolos nacionais. Tanto Mestre Bimba como Mestre Pastinha foram pessoas cercadas de intelectuais das classes médias letradas da sociedade: estudantes, professores, artistas, literatos, políticos, profissionais da saúde e outros tornaram-se discípulos desses mestres. Talvez Besouro de Mangangá tenha sido aquele que obteve menor contato com as classes médias letradas, mas foi o grande destaque da tradição da capoeira do século XIX e da primeira metade do século XX na Bahia. Ele serviu como inspiração, contraponto e determinação filosófica da construção da capoeira como importante luta marcial.

Nesse sentido, o correto é relativizar essa forma letrada do intelectual e centrá-la em uma definição mais ampla, levando em conta a circulação do conhecimento letrado na sociedade. Quando tal conhecimento também atinge as tradições orais, podemos buscar novas formas de definir a intelectualidade, pois nossos pensadores da cultura popular são mais que letras — são, é verdade, fruto das narrativas adquiridas nos aspectos de circulação cultural e, principalmente, das experiências, das vivências, das relações com outros grupos sociais. Por isso esses três mestres da capoeira — Bimba, Pastinha e Besouro de Mangangá — se tornaram os principais protagonistas dessa história de invenções culturais no século XX, aparecendo como os grandes líderes de uma nova tradição que se espalhou por todo o Brasil e por diversos outros países.

Referências

CARVALHO, Gabriela Oliveira de. *Trapiche de Baixo — Fundamentos históricos da organização social do Quilombo da Cambuta, Santo Amaro, Cachoeira*. Dissertação (mestrado em História da África, da Diáspora e dos Povos Indígenas) — Universidade Federal do Recôncavo Baiano, Cachoeira, 2023.

PIRES, Antonio Liberac Cardoso Simões. *Bimba, Pastinha e Besouro Mangangá — Três personagens da capoeira baiana*. Palmas: Universidade Federal do Tocantins/Grafset, 2002.

______. *A capoeira na Bahia de Todos os Santos*. Palmas: Universidade Federal do Tocantins/Grafset, 2004.

______. "Política cultural no mundo das letras e conflitos simbólicos no Brasil". In: PIRES, Antonio Liberac Cardoso Simões; OLIVEIRA, Rosy de (orgs.). *Sociabilidades negras*. Belo Horizonte: Daliana, 2006, v. 1, p. 163-197.

Notas

1 Entrevista com José Brígido Dorneles Antunes. Santo Amaro da Purificação, fev. 1997.

2 Entrevista com Ernesto Ferreira da Silva. Santo Amaro da Purificação, out. 1997.

3 Não encontramos processos criminais referentes ao art. 402 do Código Penal de 1890 em todo o estado da Bahia, enquanto encontramos cerca de 560 processos criminais tipificados nesse artigo no estado do Rio de Janeiro.

4 Entrevista com Ernesto Ferreira da Silva. Santo Amaro da Purificação, out. 1997.

5 Arquivo Público do Estado da Bahia (Apeb). Processo Crime de Manoel Henrique Pereira (réu), 1918. Caixa 14. Doc. 18, p. 8.

6 Veja o documentário de Pedro Abib, intitulado *Memórias do Recôncavo: Besouro e outros capoeiras*, de 2008. Disponível em: https://www.youtube.com/watch?v=gvP42zM5axM. Acesso em: 6 set. 2024.

13 NASCIMENTO MORAES E JOÃO DO RIO: LITERATURA E TRAJETÓRIAS

DARVILLE LIZIS

Refletir sobre a vida, a obra e a trajetória intelectual de dois autores negros, José do Nascimento Moraes e Paulo Barreto, este conhecido por João do Rio, requer cautela. Retirá-los de suas circunstâncias existenciais é seccioná-los, procurando neles somente pistas, ou melhor, reflexos daquilo esperado. Olhamos o outro a partir de um lugar. Somos constituídos de variadas esferas seccionais (Collins, 2019). Quando produzimos um discurso, não estamos sozinhos. Por não sermos o ponto original de nenhum significado, nosso dizer traz consigo uma série de outras vozes. Nosso discurso é construído de partes de uma infinidade de outros discursos, quer consigamos identificá-los ou não (Bakhtin, 2011). De fragmentos de outros dizeres criamos coletivamente os nossos. O tempo e o espaço espraiam os significados. O fundamento dos sentidos dos nossos discursos, por mais que tenhamos um projeto de dizer estabelecido, escapa-nos inexoravelmente.

Nos meandros das trajetórias dos dois autores, busco o *modus faciendi* dos seus discursos literários em relação ao mundo, partindo dos seus lugares cambiantes na sociedade. Ambos nasceram sob a égide de um país escravista e experenciaram o cotidiano do pós-emancipação, o advento do golpe militar republicano, as instabilidades políticas e inúmeras reações populares. Por meio da vida dos dois escritores, podemos pensar as maneiras pelas quais raça, literatura e cotidiano se entrecruzavam.

Analisarei, brevemente, dois contos: "A preta Benedita", de Nascimento Moraes, e "A crise dos criados", de João do Rio, refletindo sobre a questão da raça e do trabalho no pós-emancipação. Utilizar a literatura como fonte nos permite acessar um painel diversificado, ainda que não cristalizado, pois, como todo discurso, os sentidos escorregadios alteram/são alterados ao sabor do tempo/espaço. Através de Nascimento Moraes e João do Rio, vamos tentar ouvir os ruídos dos seus discursos de homens negros, em dois espaços distintos e de lugares sociais diferentes, ainda que similares.

De São Luís ao Rio de Janeiro: duas trajetórias distantes e paralelas

O maranhense José do Nascimento Moraes nasceu em São Luís em 19 de março de 1882, em um período em que as marcas da riqueza ainda enfeitavam a cidade com seus grandes casarões e palacetes assobradados. Considerando o censo realizado nove anos antes do nascimento do autor, em 1872, os cativos perfaziam 20,9% da população do Maranhão, a terceira maior taxa do Império; mais da metade de população negra da província era cativa. Apenas em São Luís, a capital, cerca de 22% eram escravizados e, entre os negros(as)/pardos(as), 36% ainda eram cativos(as).

Em uma São Luís saudosa de um passado de pujança econômica e de maioria negra, fosse de brasileiros ou ainda de africanos — mais de 61% da população total da cidade era negra (na província o número salta para 68%) (Recenseamento do Brazil, 1872) —, Nascimento Moraes deu os seus primeiros passos. Ali, a vida de grande parte da população negra, assim como em outros lugares do Brasil, fundamentou-se em um resistir constante a um mundo cuja lei abarcava a escravidão. E, após a emancipação, toda a etiqueta social ainda seria por ela regida.

Em uma entrevista de 1954 ao jornal *O Globo* (MA), Nascimento Moraes comenta a sua vida. Deixemos, portanto, que ele fale. Ao passear por sua trajetória, lembra-se de acontecimentos curiosos. O repórter, apesar da importância do autor, sugere-nos que Moraes vivia humildemente, emoldurado com uma porta e janela acachapada e velha. Diz o escritor orgulhosamente nunca ter ido ao Palácio pedir emprego ou quaisquer outros favores a ninguém, e que "sempre combateu os tiranos com a arma de que dispunha: a pena".[1] Por isso, no fim da vida, segundo o repórter, o resultado é um "andar compassado, essa velhice quase desamparada, esse desprezo que lhe vota o Maranhão, esquecido de que ele existe, de que ele caminha para a morte a passos largos".[2]

Sua produção jornalística, iniciada aos 16 anos, andava *pari passu* com a verve literária. Entre centenas de crônicas e contos sob pseudônimos diversos, dispersos em variados jornais, lançou, ainda em vida, *Puxos e repuxos* (1910) e *Neurose do medo* (1923), ambos um misto de crônicas jornalísticas e políticas. Lançou ainda o importante, mas infelizmente pouco conhecido, *Vencidos e degenerados* (1915), romance no qual o autor descortina as expectativas e aspirações do pós-abolição e os impactos causados pelo 13 de Maio no cotidiano da cidade. No livro, entre os opulentos sobrados entrevemos os conflitos e as aspirações do povo ludovicense, destacando-se os humilhados e ofendidos. Sem nenhum receio, *Vencidos e degenerados* é um dos romances mais significativos e importantes do e sobre o período. Lamentavelmente, o livro permanece desconhecido/ignorado pela maior parte dos leitores do país.

Nascimento Moraes ocupava as cadeiras de geografia, cosmografia e corografia no prestigioso Liceu Maranhense, aprovado em primeiro lugar em um concurso público. Gerações inteiras de intelectuais, políticos e importantes nomes do Maranhão passaram por suas aulas. Trabalhador incansável da imprensa, para ele a morte lhe viria "na redação do jornal, lendo como extrema-unção a liturgia dos prelos e os salmos dos linotipos".[3]

A vida de Nascimento Moraes era um verdadeiro campo de batalha. Nunca negou nem dissimulou sua origem. Conta ao repórter que o pai, Manoel do Nascimento Moraes, era sapateiro, e a mãe, Catarina Maria Vitória, "uma preta legítima". Sua avó paterna, Lourença, era indígena, e seu avô, um português dono de armazém. Ele mesmo arroga ter no sangue a "flor das três raças" e sentir orgulho disso. As fotografias da reportagem mostram um homem negro, idoso, de cabelos brancos e olhar firme, cercado de livros e fumando. Nascimento Moraes faleceu em 1958, aos 76 anos.

Agora, desceremos um pouco no mapa, rumo ao Rio de Janeiro, a capital do Império, em 1881, ano do nascimento de João Paulo Emílio Cristóvão dos Santos Coelho Barreto, conhecido por João do Rio. Um país ainda escravista, em uma cidade de aparência colonial que, em poucos anos, conheceria uma vertigem de mudanças arquitetônicas e sociais. Em breve, o Rio de Janeiro seria outro, mais ainda afrancesado, com largas avenidas, a população se proletarizando cada vez mais e os subúrbios se expandindo.

Dez anos antes do nascimento de João do Rio, segundo o Censo de 1872, 17,8% da população total do Rio de Janeiro era cativa, ou seja, de todos os negros e negras na Corte, 40% deles eram escravizados. Os negros e negras libertos ou livres perfaziam 44,4% de todos os habitantes da cidade. Muito provavelmente, o número deve ter se modificado, ainda que ligeiramente. João do Rio nasceu na capital do Império com uma população negra expressiva, composta de naturais do Brasil e da África.

Nosso biografado nasceu na movimentada rua do Hospício, no centro da cidade. Era filho de um pobre professor de matemática positivista e de uma dona de casa, Florência. Os avós maternos do nosso escritor — Joaquim Cristóvão, branco e médico, e Gabriela Amália Caldeira, gaúcha e negra — nunca se casaram. Ao que tudo indica, a avó materna de João do Rio vivia no limite da pobreza, vendendo comida para fora. Nunca tivera casa própria e, segundo consta, contribuía com seus poucos recursos para alforriar escravizados (Rodrigues, 2010).

De origem humilde, não tivera ampla educação formal. Era leitor assíduo. Admirava Artur Azevedo, Aluísio Azevedo e Adolfo Caminha. Fecundo escritor, contribuiu com vários jornais, quase sempre lançando mão de pseudônimos. Por indicação de Nilo Peçanha, então deputado pelo estado do Rio de Janeiro, tornou-se editor da *Gazeta de Notícias*. A partir daí, a vida de João correu em vertigem.

Ao longo de 1904, lançou uma série de reportagens sobre as crenças religiosas no Rio de Janeiro que, mais tarde, seriam lançadas em livro, *As religiões no Rio*. Utilizou o nome João do Rio, alcunha que o marcaria para sempre. Alguns anos depois, em 1910, outro sucesso: *A alma encantadora das ruas*, sucesso de vendas e até hoje continuamente reeditado. Paulo se tornou conhecido no meio intelectual carioca e posteriormente europeu também como um *flâneur*, um dândi. Conferencista respeitável, autor de dois romances e de inúmeras peças de teatro e contos, não havia área que não se atrevesse a comentar, nem sempre de modo gentil.

Imerso em um meio social adverso, em que o arrivismo e as conexões pessoais ditavam, muitas das vezes, as regras, João do Rio não prescindiu de apoios ao longo da vida. Ele mesmo participou do círculo eterno de troca de favores e do circuito intelectual-literário-jornalístico da época, sendo, por exemplo, eleito para a Academia Brasileira de Letras em 1910, na terceira tentativa. Sua obra tem qualidade irregular, como a de todos os autores. Talvez depois do estouro de obras marcantes como *As religiões do Rio* e *A alma encantadora das ruas*, aumentassem as expectativas da sua produção. O autor não se furtou a escrever sobre eventos, em uma espécie de coluna social, a "Pall-Mall-Rio", sob o pseudônimo de José Antônio José. Isso permitiu que ele circulasse em diversos ambientes e fosse cada vez mais benquisto, mas nem tanto, nos meios sociais.

Não apenas no e sobre o Brasil João do Rio escreveu. Em viagem à Europa, algumas vezes entrevistou diversas personalidades. Sua vida foi cercada de polêmicas, ataques e pressões de toda a sorte. Sua cor sempre fora motivo de discussões. Tomemos como parâmetro somente a autoimagem do autor e as retocadas fotos em preto e branco.

> O filho de Dona Florência não se considerava negro, nem o era pelo condescendente conceito brasileiro. Em *As religiões do Rio*, ele só se refere aos afro-brasileiros na terceira pessoa. O conceito de mestiço não era muito alto, nem mesmo para os intelectuais de primeiro time [...]. Assim, se vez por outra encontramos em sua obra expressões pejorativas como "pretos ululantes abrindo muito as mandíbulas" ou "negros degenerados, mulatos com contrações de símios", existem também elogios a um "negro muito amável, muito simpático" ou à lindíssima bailarina jamaicana Verônica. (Rodrigues, 2010, p. 151-152)

Alguns pontos devem ser problematizados. Entram em cena conceitos que hoje utilizamos, mas não o fazíamos à época — identidades e colorismo —, além de demarcações de classe social. João do Rio não gozava de uma vida de extrema privação e pobreza, pois foi acionista e sócio de vários jornais. Sem dúvida, a pele de João do Rio se diferenciava, por exemplo, da de Nascimento Moraes. Se pensarmos o estereótipo como uma redução que essencializa e fixa a diferença, reduzindo o outro (Hall, 2016),

João do Rio quebrou paradigmas no sentido de uma invenção total e absoluta de si mesmo, por mais que projetemos nossas expectativas sobre o ser negro.

Se nos detivermos nas contendas entre João do Rio e seus pares, a despeito da opinião do autor da biografia sobre o "condescendente conceito brasileiro" não o considerar negro, algumas palavras, sempre na intenção de desaboná-lo, são dignas de nota. É o caso de "mulato". O termo sempre surge em situações de conflito, como um fantasma, uma acusação. Para citarmos somente dois casos de uma série deles: em uma apresentação da peça *O simpático Jeremias*, de Gastão Tojeiro, referem-se de improviso a João do Rio como "mulato pachola" — ou seja, a ofensa não estava no texto (Rodrigues, 2010, p. 228); o maranhense Humberto de Campos, por ocasião de um imbróglio envolvendo pescadores estrangeiros, chama João do Rio de "balaio de toucinho podre, indivíduo cujo coração é odre hereditário de banha rançosa [...] que se diz fidalgo apesar da sua beiçorra etiópica" (Rodrigues, 2010, p. 259).

Não apenas os detratores — muitos, aliás — escrutinavam a cor de João do Rio. Pedro Nava dizia ser ele um "mulato indisfarçável", e Gilberto Amado o considerava "muito moreno" (Rodrigues, 2010, p. 41). De qualquer maneira, fosse nas situações de conflito, em que a afabilidade e a boa sociabilidade falhavam, fosse em espaços de camaradagem, a cor de João do Rio sempre esteve à prova. Devemos, portanto, nos perguntar: a) existe medida correta para a negritude, ainda mais de personagens mortos?; b) havia necessidade de João do Rio deixar registrado que era negro ou pardo, ainda que de pele clara?; c) na ausência de evidências que constatassem a autoafirmação do escritor, não deveríamos considerá-lo negro?

A morte prematura de João do Rio, dentro de um táxi, a caminho de sua casa em Ipanema, comoveu o Rio de Janeiro. O comércio da cidade parou. Estima-se que mais de 100 mil pessoas tenham comparecido ao seu enterro. Na imprensa, crônicas emocionadas multiplicavam-se. Celso Vieira, na *Revista da Semana*, afirmou ser João do Rio filho da *urbs* cuja morte fora um esplendor.[4] As referências *post mortem* sobejaram nos jornais. Paulo Barreto, considerado negro, homossexual e obeso, parou a cidade do Rio de Janeiro e inventou uma personagem literária, afixando-a indelevelmente no seu ser. Poderíamos considerar a vida de João do Rio apenas uma possibilidade de existência de um corpo negro entre as inúmeras, ressalvado o colorismo?

"A preta Benedita", de Nascimento Moraes

No conto "A preta Benedita", a história se desenrola do ponto de vista de uma personagem externa à trama. O autor secciona a temporalidade do enredo, começando a história no momento em que o narrador estudava com Joaquim Alves Leitão, ambos alunos do Liceu Maranhense. Ao frequentar a casa do colega de classe, ele depara com a preta Benedita, cuja presença o intrigava. Chamava atenção maneira pela qual Joaquim e seus irmãos e irmãs obedeciam a Benedita e, além disso, a forte intimidade entre a dona da casa, Francília, e a criada, tratando a primeira "a preta como se fora uma de suas melhores amigas" (Nascimento Moraes, 1982b, p. 207). O inusitado da situação leva o rapaz a comentar com a mãe sobre a preta Benedita. Do diálogo entre mãe, pai e narrador, o leitor conhece a história da família Alves Leitão.

Os pais de dona Francília, outrora ricos, empobreceram repentinamente. Ela, por sua vez, se casou com o coronel Leitão, comprador mercenário do sobrado onde a viúva Alves morava. Todos os bens da família foram vendidos para que as dívidas fossem saldadas, menos um deles, ignorado pelos credores: a escravizada Benedita.

O coronel Leitão entrega-se ao jogo e, com o passar dos anos, sua fortuna acaba. A falência chega *pari passu* com a desonra, levando-o ao suicídio. A viúva fica, então, à mercê. Do marido herda somente dívidas. Nesse ponto do conto, acontece o 13 de Maio.

Após o advento da Abolição, o narrador reproduz, indiretamente, o diálogo entre ele o pai. Com a libertação dos cativos, segundo eles, "senhores que eram carrascos foram humilhados [...] muitos feitores perversos foram surrados e esbofeteados pelos escravos [...] em São Luís bandos de escravos percorriam as ruas gritando a esmo ou cantado estrofes de cativeiro" (p. 208-209). Ou seja, houve, uma verdadeira catarse dos libertos pelas ruas da capital do Maranhão, como se ao fim jurídico do cativeiro se libertassem também, de certa maneira, as fronteiras imaginadas da submissão aos códigos sociais impostos pelos senhores.

No conto, a reação dos outrora escravizados é acompanhada pela desorganização econômica, sobretudo das famílias pertencentes aos estratos baixos e medianos da sociedade, pois "muitas famílias pobres ficaram em uma má situação, porque os poucos escravos que haviam conseguido comprar a custo de muitos sacrifícios e privações deixaram-nas sem se despedirem" (p. 209). A maior parte deles era ao ganho; os homens trabalhavam em pequenos expedientes, pagando a semana aos senhores — leia-se escravizadores —, de maneira que a liberdade dos cativos e das cativas os deixava "desassistidos".

Eis o "problema do trabalho". Com o fim legal da escravidão, trabalhar significava vender a própria força de trabalho, fazer do corpo a sua indústria de sobrevivência — nada mais desabonador para um meio no qual escravizados existiam para isso. Assim, o contrário da escravidão talvez não fosse a liberdade jurídica somente, mas ter escravizados, ou seja, quem trabalhasse para si (Mattos, 2013).

O narrador, após a explicação do pai, conclui que "[...] a escravidão, nas cidades, torna-se um vício social. O não ter escravos era um indício de pobreza e desprestigio nas famílias" (Rodrigues, 1982b, p. 209). Mesmo as mais pobres delas, na primeira oportunidade, compravam escravizados para trabalharem para si. No conto, a Abolição desorganiza a ordem do trabalho, ainda mais em uma cidade com sérios problemas econômicos: "São Luís durante alguns anos depois da abolição apresentou um espetáculo sombrio" (p. 209), sobretudo naquelas famílias cuja maior parte dos bens era constituída de escravizados e, na falta desses, passaram a vender a própria força de trabalho. No cenário criado pela narrativa, desceram degraus na escala social.

Voltemos à personagem principal: a preta Benedita. Para ela, não houve abolição. Permaneceu junto a dona Francília. Seu leite a amamentou, seus braços a acalentaram. Benedita foi mucama de quem seria, um dia, sua proprietária. Apesar do fim da escravidão, ela ficara ao lado de uma falida ex-proprietária, viúva e com uma considerável prole para criar. Consonante à maioria das mulheres da época, Francília, de poucas letras, "mal sabia ler e escrever [...] muito menos trabalhar. Só a preta Benedita sabia trabalhar" (p. 209). Recai sobre ela, agora livre (?), a responsabilidade de sustentar a família toda com o seu trabalho, fabricando doces das mais variadas qualidades e vendendo-os em um tabuleiro pelas ruas de São Luís.

A luta pela sobrevivência cabia à preta Benedita, que dia a dia cozinhava e vendia os seus quitutes e fornecia almoço e jantar para os funcionários encarregados da venda de carvão. Coube à preta livre trabalhar em público, um *modus vivendi* legado de um mundo ainda tão próximo ao da escravidão que perdurou no pós-emancipação, quando trabalhar não cabia à boa sociedade. Um mundo que precisaria/precisa ainda ser desfeito.

À preta Benedita coube ensinar a ex-senhora/ex-proprietária a disciplina do trabalho. Mesmo livre, decidiu permanecer ao lado da família que ajudara a criar. O desaparecimento da escravidão através de uma lei em nada modificara a vida da madrinha dos filhos de dona Francília. Ao fim do conto, Joaquim mostra ao narrador uma corrente de ouro com uma fotografia de Benedita: "Ela estava com o seu cabeção de mangas curtas, muito justo ao pescoço. A cabeça branca contrastava com a pele negra" (p. 211). Ao contemplar o retrato, as palavras de Joaquim, em um misto de culpa e saudade, oferecem ao leitor, em poucas palavras, uma sinopse da vida de Benedita: "Minha mãe Benedita! Minha mãe e minha avó, porque foi também a mãe de minha mãe! Bebemos o teu leite, bebemos o teu sangue, arruinamos as tuas energias e escravizamos a tua alma! Que nos poderia dar mais?" (p. 211).

Ao longo do conto, o estranhamento do narrador o faz inquirir os pais sobre o passado da família de seu colega de liceu. A pergunta implícita — como poderia uma preta gozar de tanta intimidade de sua patroa? — desencadeia o enredo. Por detrás das aparências de uma família mediana, cuja chefe aparentava ser a viúva, existia uma história de exploração em que a raça delimitava lugares sociais, ainda que constantemente borrados. Poderíamos, nesse sentido, fazer um exercício: considerar a trajetória de Benedita uma metonímia, se não absoluta, pelo menos genérica. A liberdade para ela significou somente trabalho; não criou, em grande escala, mudança no *habitus* senhorial, tomando de empréstimo o conceito de Bourdieu (2007).

Se para os escravizados a liberdade significava mobilidade e a possibilidade de trabalhar para si próprio, a história de Benedita nos abre um leque de possibilidades interpretativas. A grande maioria dos libertos permaneceu restrita sobretudo às profissões braçais e de menor remuneração, passando a trabalhar para si como a personagem Benedita, sustentando a engrenagem de uma sociedade cada vez mais racializada que, criativamente, perpetuava mecanismos de segregação.

Desenham-se, no conto, as tensões raciais no pós-emancipação, em que uma ex-escravizada tem a autodeterminação posta à prova. Benedita permanece cumprindo o mesmo papel de quando cativa. As palavras de Joaquim ao fim do conto ilustram, malgrado a culpa, o *modus operandi* das relações de trabalho que ainda perduram. Não sabemos se Benedita teve companheiro, filhos, parentes, relações de amizade. Ela é definida por sua utilidade à família. Seus movimentos na narrativa se definem por seu trabalho e pela lembrança de Joaquim — não sem razão, repleta de culpa.

"A crise dos criados", de João do Rio

O conto lançado na *Gazeta de Notícias* em pouco tempo integrou a coletânea *A vida vertiginosa*, lançada em 1911. Nele se esquadrinham as relações de trabalho, as negociações encetadas pelos criados, as estratégias dos patrões e as situações quase rocambolescas nas quais as personagens se envolvem, causando "dor de cabeça" à jovem dona de casa. As reflexões da narradora sobre a crise dos criados nos descortinam mundividências imaginadas da alta sociedade sobre um período no qual, com o fim da escravidão e o incremento da imigração, as relações de trabalho precisavam, a cada dia, ser negociadas.

Trata-se de uma carta recebida por uma interlocutora, Baby. Um bilhete acompanha a missiva: "Lê estas linhas trágicas. Elas resumem o maior tormento contemporâneo das donas de casa e consequentemente dos pobres maridos das donas de casa" (João do Rio, 2006b, p. 91). Logo nas primeiras linhas, descobrirmos tratar-se de uma família rica, bem situada socialmente. O grande problema da aflita dona de casa é apenas um: os criados. A dificuldade de encontrá-los a contento desorientava a "pobre" senhora.

O mote inicial enquadra uma cena burlesca: a aflição de uma família por não ter cozinheira. O marido, que detestava a comida gordurosa dos estabelecimentos, sujava as mãos na cozinha; a esposa, inquieta, reclamava. A causa do grande conflito: a copeira e a cozinheira haviam resolvido sair juntas após o almoço e ainda não haviam regressado. Segundo a dona de casa: "[...] como negar qualquer coisa às criadas?" (p. 94). A partir do conflito inicial, há um desfiar das desventuras à procura de um criado. Em menos de um ano, 96 passaram por sua casa e abandonaram o serviço pelos mais variados motivos.

Uma série de pequenos conflitos resulta na alta rotatividade dos empregados. Os motivos? A alemã obrigava o filho a comer demais; a portuguesa arrebentava com tudo e cozinhava muito mal. Uma miríade de nacionalidades e cores passa pela casa da família: "Italianas, espanholas, húngaras, inglesas, francesas, mulatas, pretas, brancas, todo o mundo. E nenhuma fica!" (p. 94).

A única criada nomeada chama-se Miquelina, "preta, magra, óssea, feia" (p. 95). Sem saber cozinhar direito, escolhe o salário e propõe condições, como sair às seis horas da tarde. A patroa concorda imediatamente. No primeiro dia de trabalho, ainda pela madrugada, chega bêbada ao serviço, precisando ser retirada da casa com a ajuda da polícia. Trazida por um terceiro, a sucessora de Miquelina era da roça e, usando de artifícios, abandona a residência duas horas depois.

A narradora se aflige, pois, "para quem precisa manter uma certa linha social na residência" (p. 97), a crise dos criados é deveras grave. De maneira nenhuma poder-se-ia colocar a mão na massa, ainda mais em um trabalho manual, até pouco tempo exercido, nas casas mais ricas, por escravizadas. A descrição feita pela narradora, uma espécie de balanço geral dos trabalhadores, indica-nos pontos interessantes. Eles são bêbados, gatunos, ladrões, denunciadores, vulgares, ignorantes do ofício e têm todo tipo de vício.

Em determinado momento, a dona de casa transcreve um diálogo com outro personagem, no qual diz-se que, na Europa "todos os criados são baratos e bons, de toda a confiança. Aqui, já houve tempo" (p. 98). Talvez a abertura das possibilidades de empregos urbanos devido ao crescimento das cidades — com a crescente, ainda que incipiente, industrialização — tenha aumentado o salário da criadagem, levando-a a uma rotatividade maior e causando um desarranjo nas relações sociais e uma percepção de mobilidade social ainda não experenciada. Diferentemente do continente europeu, onde o criado é sempre criado (p. 102).

A imigração, segundo a personagem, não nos trouxe benefícios. No fértil Brasil, "a fúria ambiciosa dos imigrantes" encontrou terreno. Eles eram "bárbaros, rurais, ávidos de dinheiro, de gozo, satisfações pessoais, ignorantes e querendo ganhar. Não faziam questão de profissão" (p. 100). Quaisquer expedientes de trabalho lhes serviam, desde que não fossem trabalhar na roça, ou seja, retroagir às suas posições nos seus respectivos países. Com o passar do tempo, os imigrantes pobres fatalmente enriqueciam. Em um dia eram pobres; no outro, milionários. O engraxate transforma-se em um grande e riquíssimo bicheiro; um copeiro, em um construtor de sucesso. A personagem-narradora se queixa do arrivismo social e do esmaecimento das fronteiras sociais — na opinião dela, há pouco tempo tão bem delimitadas.

Só há um responsável pela crise dos criados: o fim da escravidão. Outrora, o criado "tinha por ideal agradar e acabar fazendo parte da família, sem vencimentos" (p. 100). Com o advento do 13 de Maio, eles custavam baratíssimo devido ao aumento da oferta de mão de obra, ou seja, um número considerável passou a engrossar a classe de trabalhadores. Até que a imigração desencadeou a crise, tudo devido à falta de aptidão dos ex-escravizados, já que eles "não sabiam o que fazer" (p. 100). Ou seja, de uma hora para a outra os criados, até então cativos, desaprenderam a trabalhar. Ironicamente, pela lógica da narradora do conto, a liberdade e o salário fixo desnorteavam quem, até então, trabalhava sem nada receber.

O progresso vertiginoso resultante de uma sociedade que procurava se modernizar produziu

> [...] de um lado, os criados negros que a abolição estragou dando-lhes a liberdade. Inferiores, alcoólicos, sem ambição num país onde não é preciso trabalhar para viver, são torpemente carne para prostíbulos, manicômios, sarjetas, são o bagaço da canalha. De outro, os imigrantes, raças fortes [...]. (p. 101)

A imaginada inaptidão para o trabalho livre por parte dos libertos atravessou as décadas no pós-emancipação. Kowarick (2019) explica que existia uma considerável população livre que prestava serviços ocasionais. Ora, em uma sociedade na qual as relações de trabalho até pouco tempo obedeciam a uma lógica do trabalho cativo, nada mais compreensível que a população livre, ainda mais após o fim jurídico da escravidão, considerasse o trabalho sistematizado para outrem, sobretudo o doméstico, um meio de sobrevivência pouco prestigioso. De maneira que, com o advento da imigração, à mão de obra nacional coube ocupar postos de trabalho somente em regiões com a economia estagnada, o que não era o caso da capital, o Rio de Janeiro.

A proximidade temporal da escravidão, uma sombra na reescrita dos códigos sociais, encaminharia as modificações: "A dependência doméstica humilha os servos modernos" (p. 103). Além disso, outro grande problema: "Os servos limitam-se estritamente às suas funções" (p. 104). Eis a aflição da dona de casa desesperada! De qualquer maneira, a crise dos criados coroaria a modernização do país, na qual todos almejavam mobilidade social, reflexo da "alma imperialista e bárbara do futuro brasileiro, que em todas as coisas quer ser chefe" (p. 105). Dessa maneira, novas formas das relações de trabalho emergiram, nas quais direitos e deveres precisavam, apesar da fragilidade legal, ser minuciosamente negociados; caso contrário, a porta da rua era a serventia da casa, ou melhor, dos criados.

Conclusão

João do Rio e Nascimento Moraes têm as existências cruzadas, próximas no tempo, distantes no espaço. Um viveu em uma cidade vertiginosa, onde o crescimento era um espetáculo constante; o outro, na província, onde a bela cidade parecia em segredo lamentar as ruínas dos seus belos sobrados e casarões ladrilhados com azulejos portugueses: Rio de Janeiro e São Luís. A primeira, a corte, a capital; a segunda, uma pacata e longínqua cidade de uma província, mais tarde estado. No entanto, ambas se assemelham muito: são cidades pretas cuja presença afro-brasileira ressoava e ainda ressoa, vívida, nas ruas.

Nascimento Moraes e João do Rio nasceram em um país escravista. Viveram, após uma série de pressões dos movimentos abolicionistas e uma constante luta negra, o fim legal do cativeiro no 13 de Maio. Se a cor da pele impedia que um se camuflasse, o outro, tacitamente, evitava falar no assunto. Mas em momentos de confronto e crise, a mesma sociedade que não considerava João do Rio negro o lembrava do seu "mulatismo". A palavra "mulato" ressoava em cada conflito, acusavam-no de ser "mulato"; acusavam-no de ser simplesmente o que era: um pardo sujeito a diversos matizes, a depender das interpretações.

Em São Luís do Maranhão, não havia como disfarçar e muito menos necessidade de aventar suspeitas. José do Nascimento Moraes trazia na cor da pele a sua origem. Sua obra magna, *Vencidos e degenerados*, lançada em 1915, é um libelo, um grande lembrete de que a abolição modificou apenas juridicamente a situação dos libertos. De nada adiantava mudar as leis se as coisas continuavam as mesmas. Se os arranjos sociais, por séculos cultivados, não se modificariam, perdurando ainda hoje, de quase nada valia mudar o estatuto das coisas.

Intelectuais negros, cada um viveu à sua maneira, procurando organizar a vida conforme as conveniências do tempo e do espaço. Mergulhados em circunstâncias adversas, fizeram de si mesmos um monumento vivo de resistência, marcado em seu corpo, cada um à sua maneira. Embora os autores tenham bustos em suas respectivas cidades, deem nome a escolas e logradouros públicos, em uma dimensão nacional há um desnível notável. Enquanto João do Rio é celebrado, lido e relido, editado e (re) editado ininterruptamente, Nascimento Moraes foi nacionalmente esquecido por conveniências literárias, não obstante ter escrito um romance essencial e necessário na literatura brasileira e ter presença constante de produção cronística.

Referências

BAKHTIN, Mikhail. *Estética da criação verbal.* Tradução de Paulo Bezerra. 6. ed. São Paulo: WMF Martins Fontes, 2011.

BOURDIEU, Pierre. *A economia das trocas simbólicas.* São Paulo: Perspectiva, 2007.

COLLINS, Patricia Hill. *Pensamento feminista negro.* São Paulo: Boitempo, 2019.

HALL, Stuart. *Cultura e representação.* Rio de Janeiro: Ed. PUC-Rio; Apicuri, 2016.

JOÃO DO RIO. *As religiões do Rio.* Rio de Janeiro: José Olympio, 2006a.

_______. *A vida vertiginosa.* São Paulo: Martins Fontes, 2006b.

_______. *A alma encantadora das ruas.* Belo Horizonte: Crisálida, 2007.

KOWARICK, Lúcio. *Trabalho e vadiagem — A origem do trabalho no Brasil.* São Paulo: 34, 2019.

MASSON, Nonato. "Nascimento Moraes escalou as janelas do quartel de polícia, pela madrugada, e trouxe as provas do crime". *O Globo*, 9 jun. 1954, p. 1 e 4.

MATTOS, Hebe. *Das cores do silêncio — Os significados da liberdade no Sudeste escravista (Brasil, século XIX).* 3. ed. Campinas: Editora da Unicamp, 2013.

NASCIMENTO MORAES, José do. *Neurose do medo e 100 artigos.* Rio de Janeiro; São Luís: Secma; Rio de Janeiro, Civilização Brasileira, 1982a.

_______. *Vencidos e degenerados & Contos de Valério Santiago.* São Luís: Secma; Sioge, 1982b.

RECENSEAMENTO DO BRAZIL EM 1872 — MARANHÃO. Disponível em: . Acesso em: 9 set. 2024.

RODRIGUES, João Carlos. *João do Rio — Vida, paixão e obra.* Rio de Janeiro: Civilização Brasileira, 2010.

VIEIRA, Celso. "O chronista e a cidade". *Revista da Semana*, n. 28, p. 1-2, 9 jul. 1921.

Notas

1 Disponível em: http://memoria.bn.br/DocReader/DocReader.aspx?bib=123846&Pesq=%22nascimento%20moraes%22&pagfis=4189. Acesso em: 9 set. 2024.

2 Idem.

3 Disponível em: http://memoria.bn.br/DocReader/DocReader.aspx?bib=123846&pesq=%22nascimento%20moraes%22&hf=memoria.bn.br&pagfis=4197. Acesso em: 11 set. 2024.

4 Disponível em: http://memoria.bn.br/DocReader/DocReader.aspx?bib=025909_02&pesq=%22jo%C3%A3o%20do%20rio%22&pasta=ano%20192&hf=memoria.bn.br&pagfis=974. Acesso em: 9 set. 2024.

14 ANTONIO AMARO FERREIRA: ENFERMAGEM E SAÚDE NO MATO GROSSO

VALDECI SILVA MENDES

A biografia de Antonio Amaro Ferreira apresentada nestas páginas acompanha outras importantes histórias que compõem este livro. Juntas, retratam heroínas e heróis afro-brasileiros que vinham sendo esquecidos e silenciados pela historiografia oficial brasileira, em um processo de genocídio histórico. Trata-se de personalidades históricas negras que, em virtude de suas ações, merecem se tornar referências regionais e/ou nacionais no tempo presente.

Todavia, devido às circunstâncias do racismo, que historicamente serviu como instrumento de sustentação da escravidão negra no Brasil e no mundo, muitos registros detalhados foram reduzidos a vestígios. Em diversos casos, esses vestígios, aliados à tradição oral (quando ainda é possível), são os únicos recursos para resgatar as histórias de homens e mulheres negros, permitindo-nos conhecer suas trajetórias de vida e, assim, biografá-los. Tais leituras são necessárias, pois reverberam um sentimento positivo de representatividade.

Ocupar-se de rastros de vidas negras remete-nos ao zelo cuidadoso. O objetivo é extrair elementos significativos para repensarmos o passado, buscando reconstruir cenários fiéis, antes negligenciados, e melhor referenciar o presente e prever perspectivas positivas de futuro, sobretudo em uma sociedade estruturada pela mentalidade racista.

Esse declínio necessário do pensamento dominante tem favorecido o acesso a outros personagens históricos que compõem um grande mosaico de gente preta — mulheres e homens negros fundamentais para a formação da nossa identidade. Nesse movimento de revisão de mentalidade, há de se considerar que, se tratando de personagens negras, é também recente, nos espaços acadêmicos e intelectuais, o olhar direcionado à visão teórico-conceitual que visa conceber vidas negras do passado como sujeitos históricos.

Para compor a biografia de Antonio Amaro Ferreira assumindo uma perspectiva educativa antirracista, ancorei-me em alguns autores negros de notoriedade também recente, ainda que suas teorias e conceitos sejam de longa data.

De Guerreiro Ramos (1981, 1995), por exemplo, emprestei o conceito de negro--vida[1] para analisar diversas fontes que registraram a vida e o trabalho do enfermeiro Antonio Amaro. Aqui, ele deixa de ser visto unicamente como objeto de pesquisa. Também utilizo as ideias do filósofo africano Achille Mbembe (2019), usando o termo "raça" como categoria de interpretação histórica, em uma perspectiva decolonial. Assim, recuso o termo "negro" como alguém relegado à condição de colonizado e desprovido de vontades próprias, visto que isso destoa diametralmente da vida do nosso biografado.

Amparado pelas lentes desses dois intelectuais negros, fui capaz de localizar fragmentos de registros de vida e trabalho do negro enfermeiro, nascido em fins do século XIX, logo após a abolição da escravatura no Brasil.

Ao seguir por esse caminho teórico-conceitual — consultando registros oficiais de instituições, documentos pessoais, imagens fotográficas e citações em jornais da época —, utilizei também a história oral, sobretudo uma entrevista em áudio do próprio Antonio Amaro Ferreira, cedida ao Núcleo de Documentação e Informação Histórica Regional da Universidade Federal de Mato Grosso em 1981[2].

Em minha tese de doutorado (Mendes, 2021), descrevi como Antonio Amaro Ferreira circulou na sociedade brasileira logo após a abolição, sendo ele um dos primeiros de sua família a conviver em um regime institucional considerado de liberdade (embora não menos hostil do que no período escravocrata). É fundamental que essa vida negra, que parecia estar distante ou até mesmo invisibilizada, seja reconhecida hoje.

Do nascimento aos desencontros de suas origens raciais e familiares

Antonio Amaro Ferreira, como identificado em seu registro de identidade e em outros documentos, e confirmado pelo próprio na entrevista concedida em 1981, nasceu em 13 de junho de 1897, em Cuiabá, capital de Mato Grosso, em uma região conhecida à época como Cachoeirinha.

O nascimento de Antonio Amaro, ou Totó, como ficou conhecido pelos mais íntimos, ocorreu nove anos após a abolição oficial da escravidão no Brasil. Sua mãe, Josefa Blandina Ferreira, muito provavelmente sofreu as agruras desse período, sendo ela uma mulher negra escravizada submetida a todas as violências daqueles tempos.

A ausência do nome do pai de Antonio Amaro no registro de identidade, verificada também em sua carteira de trabalho, nos leva a crer que ele não conheceu o pai nem conviveu com ele. É possível que só tenha tido acesso a informações paternas pelas histórias contadas pela própria mãe.

Figura 1 — Documento de identificação de Antonio Amaro Ferreira — 18 de maio de 1964

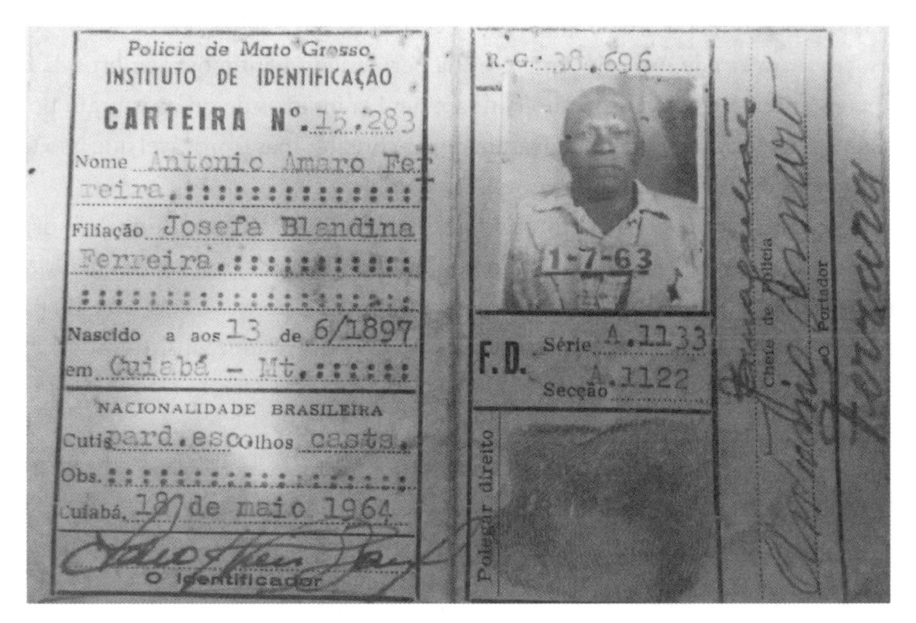

Polícia de Mato Grosso
INSTITUTO DE IDENTIFICAÇÃO
CARTEIRA Nº 15.283
Nome Antonio Amaro Ferreira
Filiação Josefa Blandina Ferreira
Nascido a aos 13 de 6/1897
em Cuiabá - Mt.
NACIONALIDADE BRASILEIRA
Cutis pard.esc Olhos casts.
Obs.
Cuiabá, 18 de maio 1964
O Identificador

R.G. 38.696
1-7-63
F.D. Série A.1133
Secção A.1122
Polegar direito
Chefe de Polícia
O Portador

Fonte: Arquivo familiar de Antonio Amaro Ferreira.

No registro de identificação de Antonio, observa-se uma fotografia 3 × 4 em preto e branco, na qual consta como data de emissão "1-7-63". Seus cabelos são crespos, aparados e curtos, e se revelam grisalhos na parte mais frontal, confirmando o início de sua maturidade. Identifica-se ainda seu nome datilografado e sua assinatura à mão, o que comprova que ele sabia escrever.

Embora no campo "cútis" conste que sua pele é parda escura, na fotografia se nota que a cor de Antonio Amaro é diferente: ele é um homem negro, com a pele retinta. Essa informação foi também confirmada por testemunhas (Mendes, 2021, p. 120-121):

> Eu fui assistido [cuidado] por ele. O Antonio Amaro era um senhor preto, negro. (Testemunha 11)

> Um negão, pretão, [...] pelo seu jeito de tratar as pessoas, era uma admiração, que todos admiravam. (Testemunha 13)

Essa diferença entre a realidade e a informação sobre a cor impressa no documento corresponde ao processo de branqueamento de indivíduos negros no Brasil em diversos momentos da nossa história. Esse processo foi observado também no estudo de Petrônio Domingues (2004) sobre a história não contada de negros e negras. O autor evidencia, no período próximo da pós-abolição, práticas de racismo institucional no processo de branqueamento de indivíduos negros em São Paulo.

Sobre a origem de Antonio Amaro e sua permanência entre os membros da família, aparentemente ele vivia sozinho com a mãe. Há indícios de que passaram poucos anos juntos; não se sabe quando deixaram de ter contato, mas é provável que isso tenha acontecido bem antes de Antonio completar 21 anos.

Na entrevista, ele cita ter morado com uma madrinha, a qual tinha filhos; um deles se formou médico e era conhecido por dr. Epaminondas. Em 1918, a madrinha e o irmão de consideração de Antonio Amaro foram os responsáveis por sua ida para a Santa Casa de Misericórdia de Cuiabá (SCMC) — à época, a única instituição de saúde da cidade.

> Eu fui para lá [SCMC] e quem me levou foi dr. Epaminondas. Porque a mãe [...] do dr. Epaminondas, já falecida, era minha madrinha. Então achou que eu devia dedicar para a Santa Casa, por causa do dr. Epaminondas, que ele era o médico de lá. E eu então fui obrigado a obedecer a minha madrinha [...]. E fui pra lá, para a Santa Casa, e até hoje estou.

Nesse depoimento, parece que a madrinha de Antonio Amaro tinha alguma autoridade sobre ele. Isso indica tempo considerável de convivência entre ambos, e gera algumas perguntas: que tipo de relação havia entre ele, a madrinha e o irmão de consideração? Que motivos fizeram que Antonio Amaro, sem formação específica na área, fosse intimado a trabalhar com Epaminondas na SCMC?

Teria a infância de ambos sido igual? Se sim, por que somente um se formou médico e, assim que concluiu a diplomação, não só foi trabalhar na SCMC como também levou, com o consentimento da mãe, o irmão de consideração para realizar um trabalho socialmente distinto do dele?

Em 1918, quando Antonio Amaro começou a trabalhar na SCMC, o trabalho de assistência à saúde era visto como fruto de um dom divino, capaz de minimizar o sofrimento das pessoas acometidas por doenças. Ao responder à pergunta "Como você se preparou para exercer o *sacerdócio* da enfermagem?", nosso biografado joga por terra essa ideia de dom divino: ele foi levado à profissão por influência de pessoas do seu convívio.

No entanto, no trabalho na SCMC, suas habilidades facilitaram o convívio com os que já trabalhavam na instituição. Ao conviver com os pacientes, ele foi aprendendo e desenvolvendo técnicas. Nesse sentido, Antonio Amaro teve um aprendizado prático semelhante àqueles pelos quais passavam os primeiros estudantes de enfermagem brasileiros.

A Escola de Enfermagem Alfredo Pinto, a primeira do Brasil, foi fundada em 1890 no Rio de Janeiro. Segundo Soares (2014), os negros recém-libertos, ainda que tivessem experiência em saúde e enfermagem — já que eram as pessoas escravizadas que realizavam algumas das atividades de assistência nessas instituições —, eram proibidos de estudar ali.

Trabalho, moradia, formação e novos arranjos familiares e sociais: o título de enfermeiro

Há pouquíssima informação sobre Antonio Amaro antes de sua ida para a SCMC, em 1918. Teria ele alguma escolarização formal prévia? Sua assinatura no registro de identidade demonstra que ele tinha domínio de escrita. Observa-se no documento uma escrita legível e bem composta.

Nem mesmo as 15 testemunhas entrevistadas souberam informar o nível de instrução de Antonio Amaro. Um de seus netos ressalta:

> Não sei [...] se ele sabia ler direito. Devia saber, porque ele lia os prontuários, essas coisas lá [na SCMC]. Aonde que ele aprendeu? Na escola? Aonde que ele fez isso, aquilo, eu não sei. Ele deve ter feito alguns cursos lá [SCMC] (Testemunha 2). (Mendes, 2021, p. 129)

Logo que começou a trabalhar na SCMC, Antonio Amaro passou a residir na instituição. Isso perdurou até 1938, quando, já no cargo oficial de enfermeiro, se casou e constituiu família. Segundo testemunhas, ele se uniu a uma viúva, que já tinha filhos e filhas.

Na visão de alguns dos membros familiares, o que os diferenciava de Antonio Amaro era a cor da pele, que destoava da dos demais descendentes.

> Isso, inclusive a gente, toda a vida, eu pelo menos, na minha cabeça de criança, toda a vida, eu achava que ele era pai da minha mãe. Mesmo ele sendo negro e a gente sendo todo mundo [mais] claro. Eu nunca imaginei que ele não era pai da minha mãe. Aí, quando eu já estava com uns 15 anos, mais ou menos, uma amiga [...] me perguntou: "Mas seu Amaro é seu avô"? Eu falei: "É, é pai da minha mãe!" Aí ela perguntou: "Mas ele é preto, como que vocês tudo são branco?" E eu nunca tinha nem reparado que ele era preto [...]. Nem reparava que ele era preto. Aí eu fui e perguntei para mamãe, e mamãe falou: "Não, ele não é meu pai, ele é meu padrasto". Eu já estava mocinha, aí que nós fomos saber que ele era padrasto, mas para nós, toda a vida o chamava de vovô Amaro. [...] Certeza que nesse período de [19]38 ele já era da Santa Casa. Porque ele conheceu vovó nesses ambientes aí, que ele fazia a prática de en-

> fermagem. [...] vovó, ela trabalhava no garimpo, nos bares [...]. Porque vovó era cozinheira, [...] lavadeira, e vovô, ele fazia esses atendimentos nesses espaços (Testemunha 3). (Mendes, 2021, p. 134-135)

As primeiras funções de Antonio Amaro na SCMC estavam vinculadas aos serviços gerais; à medida que ele passou a conviver com a rotina hospitalar, entre uma atividade e outra, começou a desenvolver tarefas diretamente relacionadas aos pacientes, tanto os internados quanto os que chegavam em situações de emergência.

Ao responder à pergunta "O que o senhor fazia no início, quando começou a trabalhar [na SCMC]?", Antonio Amaro diz: "Bom, no início não fazia nada. Era só varrer, varrer, passar pano e acompanhar os curativos, até que eu depois me dediquei ao serviço".

Diante da pergunta "Como o senhor começou a fazer os primeiros curativos?", ele explica que os médicos, sem compromisso com a aprendizagem, lhe designavam tarefas a ser executadas. Estas eram prontamente assimiladas e reproduzidas por ele, em um processo diário.

Nesse período, as condições de trabalho na SCMC eram difíceis, devido à insuficiência de recursos humanos e materiais: havia pouquíssimos enfermeiros diplomados e poucos médicos no corpo clínico da instituição. Segundo Antonio Amaro, as condições de assistência eram precárias, o que dificultava sobremaneira o seu trabalho:

> O médico de hoje é outra coisa, naquele tempo era no bruto [...]. Bom, naquele tempo [na SCMC], pelo menos até quando eu que fazia as coisas para eles [práticas de assistência em saúde e de cuidados de enfermagem], ah, era uma esculhambação.

Na ausência de assistência pelos médicos diplomados, as intervenções de socorro a pacientes eram realizadas por Antonio Amaro — tanto no período diurno quanto no noturno, já que ele residia na instituição. Nessas condições de trabalho, seria ele mão de obra explorada, utilizada para fazer o serviço crítico na SCMC? Vejamos o que diz uma testemunha:

> Ele era enfermeiro, e um dos enfermeiros que comandavam o processo. Ele levava para o centro cirúrgico, colocava nas macas, as emergências e etc. Sempre prestativo. Eu acho que ele trabalhava quase 24 horas por dia, porque [...] os médicos mesmo solicitavam, porque ele já tinha muita experiência em transporte de doente, até ajudar na cirurgia, então era uma pessoa altamente capacitada (Testemunha 11). (Mendes, 2021, p. 133)

Nos casos de emergência noturnas com pacientes acometidos de doenças contagiosas, era Antonio Amaro quem prontamente se prontificava a intervir, e havia doentes que eram a ele unicamente direcionados.

Ora, se por um lado esse tipo de exploração ocorria, por outro ele o transformou em uma oportunidade de aprendizado, dominando saberes e práticas de saúde úteis à população em diversos contextos; ao mesmo tempo, atendia à demanda de seu local de trabalho, em um movimento de aprender fazendo.

Na ausência de melhores condições de trabalho e de recursos materiais, o número de mortes na SCMC era alto, a ponto de surgirem rumores de que, ali, algumas das mortes eram deliberadamente provocadas. À pergunta "É verdade que para doentes incuráveis era dado o tradicional chá de meia-noite?", Antonio Amaro responde: "Não, isso não. Isso é mentira!"

> Isso é conversa, conversa fiada. Tinha nada de chá de meia-noite, coisa nenhuma, não. Ele [o paciente] morria mesmo esfaqueado porque [havia] falta de recurso. [Pensa] pô, ele [paciente] chegava de noite esfaqueado, médico nenhum ia montar no cavalo para vim para a Santa Casa, só podia [...]! Não tinha luz na rua, não tinha nada.

Nessas declarações, Antonio Amaro oferece memórias de uma Cuiabá do início do século XX, marcada pela ausência de meios de transporte movidos a motor e pelo fato de a locomoção se dar pelo uso de animais. Era através desse tipo de transporte que os médicos se deslocavam até a SCMC, assistindo os pacientes somente no período diurno. Já à noite, como vimos, era Antonio Amaro quem prestava os primeiros socorros aos feridos, aos doentes internados e àqueles cuja gravidade da doença exigia intervenções rápidas.

Nos diálogos mantidos com a entrevistadora, observa-se que Antonio Amaro, depois de aprender pela experiência, atuava no mesmo campo profissional da enfermagem e do médico responsável pela sua ida à SCMC.

Conforme ele mesmo explica:

> Chegou um esfaqueado, essa coisa, isso aqui, [eu] resolvia! E quando dava no dia seguinte, no dia seguinte não, na mesma hora, eu telefonava para o doutor Epaminondas.
>
> — E ele dava instrução?
>
> — Ele dava. [...]. [Dizia] faça isso assim, assim e assim assado. E dê uma ampola de óleo canforado, um [...] não sei o que lá mais, não me lembro mais.

Antonio Amaro realizava todo tipo de assistência. Pacientes graves e aqueles acometidos por doenças contagiosas eram casos difíceis de relembrar. "[...] Ah, nem gosto de lembrar, uma miséria dessa que eu vi passar, ave-maria. Naquela ocasião, eu achava que tudo estava certo, hoje eu vejo [diferente]". Esses casos críticos provavelmente não constituíam um fenômeno isolado: eram rotineiros, o que exigia, além de recursos materiais e humanos, habilidades de assistência de saúde e proteção diante do perigo de contágio.

Conforme o relatório de 1925 da SCMC, havia a ideia de se criar na instituição um espaço específico para tratar pacientes com doenças contagiosas. Isso indica que era elevado o número de ocorrências desse tipo em Cuiabá naquela época. Nesse sentido, Antonio Amaro se recorda especificamente de assistências realizadas a duas irmãs salesianas contaminadas por varíola, doença também conhecida como bexiga.

Ele afirma:

> Duas irmãs de caridade [salesianas foram acometidas] com a bexiga e a madre [a diretora] não queria que outras irmãs se aproximassem para não... porque aquilo pegava né? — transmitia a doença. Aí [elas] vieram para a Santa Casa, [...] Então, a diretora delas pôs eu para cuidar das irmãs.

Observa-se que, apesar de a instituição se valer do signo religioso caritativo, as irmãs salesianas que a administravam, munidas do poder que detinham, praticavam o cerceamento e a exploração dos corpos negros nos espaços de trabalho, expondo-os inclusive aos perigos da contaminação. A postura de resguardar pessoas do seu grupo religioso do risco de se contaminar e atribuir a função somente a Antonio Amaro revela quanto esse ambiente, assim como a sociedade da época, era permeado por relações raciais desiguais.

Observa-se ainda que, embora os valores preconizados no atendimento oferecido pela SCMC se ancorassem na ideia de caridade religiosa, aqueles que realizavam os serviços de assistência, na prática, não eram levados em conta.

Em resposta à pergunta: "Como era o tratamento dos pacientes com doenças contagiosas?", Antonio Amaro responde:

> Era [...] coisa danada! Precisava trocar aquelas roupas delas. [Daí tinha] que pôr elas nuas!
>
> — E o senhor mesmo fazia isso?
>
> — E olha, eu que... é!
>
> — E a bexiga estava no corpo todo?

— Ora, duas irmãs! Mas também, Deus ajudou que logo melhorou, ficaram boas! — Quais outras epidemias o senhor viu em Cuiabá?

— Ah! Vinha [com] aquele feixe de coisa, [folhas] de bananeira para forrar a cama

— Folha de bananeira?

— É.. e passava vaselina. Essas coisas, o óleo, para elas ficarem deitadas. Para não pega [grudar] nas cacundas [costas] delas e aqui em cima colocava...

Percebe-se que Antonio Amaro recorria a recursos naturais, como folhas de bananeira, para minimizar as lesões na pele. Era preciso que o paciente permanecesse nu, embebido em óleo sobre essas folhas. Segundo uma das testemunhas: "Ah, [Antonio Amaro] fazia de tudo. A higienização dos pacientes, ele devia cuidar de tudo, das necessidades..." (Testemunha 5) (Mendes, 2021, p. 161).

Naquela época, homens e mulheres recebiam cuidados em estruturas físicas separadas. Segundo Padilha (1998, p. 198), em relação às irmãs religiosas da Santa Casa de Misericórdia do Rio de Janeiro (SCMRJ), as restrições eram ainda maiores por conta da religiosidade, de modo que não era permitido tocar as partes íntimas da paciente para a higienização: "É importante ressaltar que os enfermeiros prestavam cuidados nas enfermarias masculinas e as enfermeiras nas femininas, mas não constam relatos de que as irmãs de caridade prestassem cuidados íntimos, mesmo nas enfermarias femininas".

O fato de se atribuir a Antonio Amaro a responsabilidade pelo cuidado e assistência das religiosas do sexo feminino que padeciam de doenças infectocontagiosas rompe com tais restrições sociais e estruturais, e certamente estava relacionado à necessidade de resguardar a saúde das demais integrantes do grupo religioso.

Além disso, os médicos que compunham o corpo clínico da SCMC também evitavam o contato com pacientes acometidos por doenças contagiosas. Era Antonio Amaro que administrava a medicação, além de promover outros cuidados de enfermagem de que os pacientes precisavam.

Segundo ele, "Qual é o médico que ia lutar com a bexiga? [breve silêncio] Qual é? Eu ainda ia, fazia uma injeção. Tudo Deus, Deus que me ajudou. Não tive nada! [breve silêncio]. Não tive nada [breve silêncio]. Que eu fui duro... duro!"

Nessas mesmas condições, Antonio Amaro igualmente intervinha nos partos. Em resposta à pergunta "cortou muito umbigo"?, ele responde ironicamente: "Ora", uma expressão que revela terem sido muitos os procedimentos de nascimento de crianças, a ponto de não conseguir contabilizar quantos foram. Ainda assim, perante a insistência em reforço à pergunta, "mais de quantos?", Antonio Amaro responde: "Eu não vou lembrar disso mais [pequeno silêncio]. Não tinha maternidade, não tinha nada disso. [O parto] era [realizado] lá mesmo".

Em sua prática profissional, além de garantir um lugar no mercado de trabalho, Antonio Amaro foi conquistando a confiança daqueles que com ele trabalhavam.

> Parece que ele sabia até mais que muitos médicos. Os médicos antigos, daquela época dele, tem pouco vivos aí. Saberiam falar bem melhor, mas não sei se já morreram. A maioria já morreu. Bem difícil de achar [um deles vivo] (Testemunha 2, 2018). (Mendes, 2021, p. 165)

A imagem a seguir mostra quatro pessoas; a da direita é Antonio Amaro nos primeiros anos de trabalho na SCMC, por volta de 1920.

Figura 2 — Antonio Amaro Ferreira à direita, em companhia de médicos da Santa Casa de Misericórdia de Cuiabá (SCMC), em período posterior a 1918

Fonte: Arquivo familiar de Antonio Amaro Ferreira.

Segundo uma das testemunhas, essa imagem faz parte de uma série de fotografias que, por determinado período, esteve exposta no corredor principal da instituição, a fim de dar visibilidade às personalidades médicas que haviam trabalhado na SCMC.

Passadas as duas primeiras décadas do século XX, no ano de 1929, a SCMC contava com uma estrutura física melhorada e ampliada, como se percebe na imagem a seguir. Observa-se uma organização impecável. O ambiente se mostrava ventilado, limpíssimo e aberto à entrada de raios solares.

Além dos pacientes sentados nos leitos, uma única pessoa aparece em pé, em posição altiva, de cabeça erguida: Antonio Amaro. Nesse período, ele já era referência de assistência em saúde e enfermagem, e já demonstrava condições de ser contratado como enfermeiro. A imagem a seguir corresponde à primeira página do livro de registro de funcionários da SCMC, sem especificar a data. Trata-se de um documento oficial que afirma que Antonio Amaro só foi registrado na instituição em 1932.

Figura 3 — Antonio Amaro Ferreira na Santa Casa de Misericórdia de Cuiabá, em 1929

Fonte: Relatório da Sociedade Beneficente da Santa Casa de Misericórdia de Cuiabá (1929, p. 4).

Nesse registro, além de informações pessoais e contratuais de trabalho, observa-se uma fotografia em 3 × 4 de Antonio Amaro em preto e branco, datada de "1-3-1959". Aparecem preenchidos a mão o nome de Antonio Amaro, o número do registro, a série da carteira profissional e demais dados. Entre as informações, há inclusive a de que ele receberia vencimentos no valor de Cr$ 120,00 (cento e vinte cruzeiros) para trabalhar das sete às onze horas, sem informar em quais dias da semana.

Figura 4 — Registro de emprego do enfermeiro Antonio Amaro Ferreira em 1932

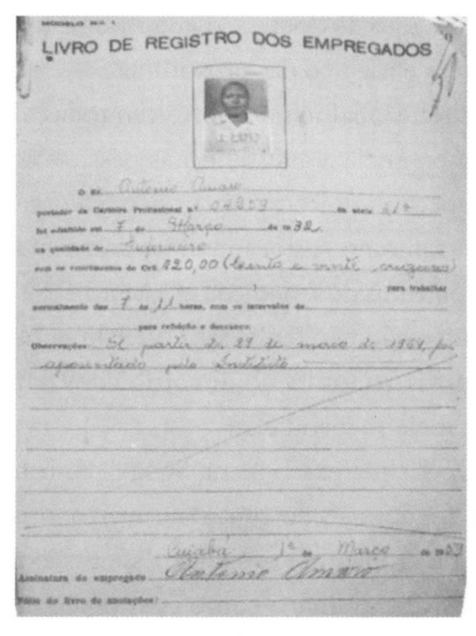

LIVRO DE REGISTRO DOS EMPREGADOS

O sr.

portador da Carteira Profissional nº ... da série

foi admitido em ... de Março de 32

na qualidade de

com os vencimentos de Cr$ 120,00 (cento e vinte cruzeiros) para trabalhar

normalmente das 7 às 11 horas, com os intervalos de

para refeição e descanso

Observações

Cuiabá 1º de Março de 19

Assinatura do empregado

Fôlio do livro de anotações

Fonte: Arquivo da Santa Casa de Misericórdia de Cuiabá (SCMC).

Essa contratação se deu em virtude de sua capacidade, de seu domínio de saberes e práticas de saúde aprendidos pela experiência. Tudo isso, posteriormente, foi amparado pelo Decreto n. 23.774, de 22 de janeiro de 1934. O referido decreto, em seu artigo primeiro, define que

> os enfermeiros que apresentarem atestados firmados por diretores de hospitais provando ter *mais de cinco anos de prática efetiva de enfermagem*, até a data da publicação do presente decreto, serão inscritos como "enfermeiros práticos" no Departamento Nacional de Saúde Pública, quando tiverem trabalhado no Distrito Federal, e nos serviços Sanitários Estaduais, quando tiverem trabalhado nos Estados. (Brasil, 1934, p. 1, grifos meus)

Ou seja, o título de enfermeiro e/ou o reconhecimento por meio desse decreto seria útil a Antonio Amaro não apenas no âmbito da SCMC, mas em qualquer outra instituição de assistência de saúde e enfermagem em nível nacional.

Além do trabalho desenvolvido na SCMC, Antonio Amaro, até mesmo antes de obter o título de enfermeiro, atendia em domicílio, chegando a receber pacientes mais humildes em sua casa. Com isso, ele foi criando e estreitando relações de trabalho.

Durante as primeiras décadas do século XX, o número de casos de infecções sexualmente transmissíveis era elevado em todo o país, inclusive em Mato Grosso. Em Cuiabá, conforme os relatórios da SCMC do ano de 1929 a respeito dos diagnósticos ali realizados, havia inúmeros caso de sífilis e gonorreia, entre outras ISTs. Em virtude da assistência prestada por Antonio Amaro — nessa instituição e também fora dela — às pessoas acometidas por esse tipo de doença, o enfermeiro foi reconhecido como especialista em doenças venéreas e médico das prostitutas.

Em consequência de seu trabalho na SCMC, em todas as especialidades da época — do atendimento na emergência à assistência às pessoas com doenças contagiosas, nos partos, na atuação impecável no centro cirúrgico, na organização do ambiente, no auxílio nas cirurgias, bem como no deslocamento e preparo do paciente —, cogitou-se nomear Antonio Amaro patrono dos médicos em Mato Grosso. Ainda que essa elevada — e merecida — consideração não tenha sido oficialmente concretizada, por razões supostamente racistas, outros títulos lhe foram atribuídos em vida pelas pessoas que o conheciam e/ou foram por ele socorridas.

Antes de sua morte, ocorrida em 1982 na SCMC, Antonio Amaro Ferreira já era considerado socialmente o guardião do centro cirúrgico, uma vez que detinha domínios em diversas funções no ambiente hospitalar. Esse título também indicava a forma empática, acolhedora, sensível e humana como lidava com os pacientes, inclusive dando atenção especial aos que precisavam de intervenções cirúrgicas.

Em sua vida de trabalho, Antonio Amaro Ferreira dedicou-se à assistência em saúde, sendo um típico símbolo de resistência e de avanços nessa área. Soube, como poucos, transitar entre o conhecimento considerado intelectual e as práticas populares, aprendidas ao longo de sua trajetória. Sua biografia é educativa para o tempo presente, e se contrapõe diametralmente à história oficial e eurocêntrica da saúde e da enfermagem brasileira, esta última reconhecida forçadamente como uma prática feminina e exercida sobretudo por mulheres brancas.

Nesse contexto de resgate do protagonismo negro, a história de Antonio Amaro Ferreira impõe significativas revisões, recompondo uma parte essencial da história da saúde, da enfermagem e do Brasil negro, que vinha sendo forçadamente esquecida e relegada à invisibilidade, em uma tentativa de silenciamento.

Referências

Brasil. Decreto n. 20.931, de 11 de janeiro de 1932. Regula e fiscaliza o exercício da medicina, da odontologia, da medicina veterinária e das profissões de farmacêutico, parteira e enfermeira no Brasil, e estabelece penas. *Diário Oficial da União*, Rio de Janeiro, 1932. Disponível em: http://www.planalto.gov.br/ccivil_03/decreto/1930-1949/D20931.htm. Acesso em: 10 set. 2024.

______. Decreto n. 23.774, de 22 de janeiro de 1934. Torna extensiva aos enfermeiros práticos as regalias concedidas aos farmacêuticos e dentistas práticos quanto ao exercício de suas respectivas funções. *Diário Oficial da União*, Rio de Janeiro, 1934. Disponível em: https://www2.camara.leg.br/legin/fed/decret/1930-1939/decreto-23774-22-janeiro-1934-508239-publicacaooriginal-1-pe.html. Acesso em: 18 jul. 2024.

Domingues, Petrônio José. "Uma história não contada — Negro, racismo e branqueamento em São Paulo no pós-abolição". São Paulo: Ed. Senac. São Paulo, 2004.

Guerreiro Ramos, Alberto. "Patologia social do 'branco' brasileiro". In: *Introdução crítica à sociologia brasileira*. Rio de Janeiro: Editora UFRJ, 1957.

______. "O problema do negro na sociologia brasileira". In: Schwartzman, Simon (org.). *O pensamento nacionalista e os "Cadernos de Nosso Tempo"*. Biblioteca do Pensamento Político e Republicano. Câmara dos deputados. Brasília: Ed. UnB, 1981, p. 39-69.

______. *Introdução crítica à sociologia brasileira*. Rio de Janeiro: Ed. da UFRJ, 1995.

Mbembe, Achille. *Crítica da razão negra*. Tradução de Sebastião Nascimento. 3. ed. São Paulo: n-1, 2019.

Mendes, Valdeci Silva. *Antonio Amaro Ferreira, negro enfermeiro no século XX em Cuiabá, MT — Contribuições para educação das relações étnico-raciais*. Tese (doutorado em Educação) — Universidade Federal de Mato Grosso, Cuiabá, 2021.

Padilha, Itayra C. de Souza. *A mística do silêncio — A enfermagem na Santa Casa de Misericórdia do Rio de Janeiro no século XIX*. Pelotas: Ed. da UFPel, 1998.

Soares, Júlio Cesar Condaque. *História da formação da arte do saber cuidar africano no Rio de Janeiro (1870-1920) — A origem dos primeiros trabalhadores da educação profissional e da saúde pública no brasil*. Rio de Janeiro: Freitas Bastos, 2014.

Notas

1 Segundo Guerreiro Ramos (1995, p. 172), "há o tema do negro e há a vida do negro. [...] O negro-tema é uma coisa examinada, olhada, vista, ora como ser mumificado, ora como ser curioso, ou de qualquer modo como um risco, um traço da realidade nacional que chama a atenção. O negro-vida é, entretanto, algo que não se deixa imobilizar; é despistador, proteico, multiforme, do qual na verdade não se pode dar a versão definitiva, pois é hoje o que não era ontem e será amanhã o que não é hoje".

2 Todas as falas de Antonio Amaro reproduzidas neste capítulo foram retiradas dessa entrevista de 1981.

15 BIOGRAFIAS INVISÍVEIS E PROSOPOGRAFIAS POSSÍVEIS: TRAJETÓRIAS NEGRAS

IAMARA VIANA E FLÁVIO GOMES

História e historiadores combinam artes. De silenciar, de lembrar, de resgatar e até mesmo de esquecer. Fatos, domínios, indivíduos e processos são misturados. Dizer isso não significa desconsiderar relações de poder na produção da história, muito menos cair na tentação de uma meta-história com invólucro sedutor. Identificamos narrativas ou a ausência delas — hierarquicamente com base racial — que produziram (ainda o fazem) o apagamento de grupos, ações, experimentos e pessoas.

Não é nosso objetivo organizar denúncias, mas reflexões sobre exercícios históricos, dos não eventos às memórias sacralizadas. Considerando experiências centenárias da escravidão atlântica e nos séculos incompletos de pós-emancipação, como definir biografias ou perfis de biografados? Aqueles redimensionados pelos fatos escolhidos? Alguns tiveram o privilégio de ofícios notáveis ou prestigiosos, outros o controle básico — nem sempre fácil de alcançar — da leitura e da escrita.

Em 1982, Haroldo Costa (com a pesquisa importante de Milton Souza "Cobrinha") fez uma proposta original de apresentar biografias negras a partir de entrevistas de personagens anônimos e outros tantos de referência. Em 1986, Oswaldo de Camargo publicou *A razão da chama — Antologia de poetas negros brasileiros*, e dois anos depois Emanoel Araujo organizou uma coletânea com perfis de artistas afrodescendentes. Em 1998, Eduardo de Oliveira editou *Quem é quem na negritude brasileira*, oferecendo um conjunto de biografias de personagens negros do período colonial até o século XX. Mais recentemente, os destaques são as obras de Nei Lopes com pesquisas sistemáticas sobre biografias de perfis negros e negras.

Na perspectiva historiográfica, nas últimas décadas têm aparecido diversas obras com biografias de escravizados, libertos e intelectuais negros da escravidão ao imediatamente pós-abolição.[1] Também houve esforços importantes e atualizados de apresentar um conjunto ampliado de pensadores e personagens negros (Chalhoub e Pinto, 2016; Duarte, 2014). Outros postos de observação sugerem mais horizontes, indicando novos focos, desconstruindo cronologias e criticando visões naturalizadas sobre *continuidades* e *sujeitos*. Entre trajetos negros e trajetórias negras, é possível avaliar vidas anônimas. Enfim, pedaços de biografias podem ser juntados, reconhecendo-se ocultações (Gomes, Laureano e Schwarcz, 2022). Como matizar e/ou graduar fatos e personagens? Há episódios que escondem intenções e gestos, em especial indivíduos com rostos, suor, corpos, corações e mentes, mas também memórias reinscritas em projetos de diáspora.

Instituições e projetos

Biografias e prosopografia fazem emergir itinerários e percursos coletivos. Nunca um destino manifesto, mas direções autorais, mesmo que sob escombros de dada memória ou ruínas de certa história.[2] Vejamos. Conhecemos quase nada sobre os libertos Cristóvão Pinto e Joaquim Francisco. Mas o conflito em que se envolveram revela muito sobre *cidades negras*, espaços nos quais africanos e seus descendentes não só inventaram diferenças — no mercado de trabalho e nas dimensões de gênero — como descobriram mecanismos para se reorganizar em termos étnicos. As irmandades registravam nos seus compromissos de fundação a preferência, ou até mesmo a proibição, da participação desse ou daquele grupo segundo suas origens. Em 1813, o Intendente-Geral de Polícia da Corte, Paulo Fernandes Viana, tentou interferir em um conflito não só entre esses dois africanos, mas entre suas "nações", que ritualizavam identidades, reis, territórios, rainhas e tambores. Os "pretos da nação Cassange" tinham "eleito para seu Rei o preto liberto Joaquim Francisco", mas o liberto africano Cristóvão se recusava a aceitar a posse e a entregar os "bens" — compostos por livros, tambores e outros apetrechos — da irmandade. Com isso, os africanos daquela "nação" não conseguiam realizar os "brinquedos em tranquilidade e sem desunião"; afinal, já haviam obtido autorização para realizar, no Campo de Santana, os "brinquedos conhecidos no país com o nome de Bangalez". A permissão aconteceu depois da representação da "rainha" da irmandade, que parecia ser o pomo da discórdia, pois o confronto havia sido "fomentado pela negra Rainha por se não dar bem com o negro Rei Cristóvão". Como esses africanos e os nascidos no Brasil criaram e projetaram suas irmandades organizando a morte, a festa, a escravidão e a liberdade? Boa parte dos estudos sobre as irmandades só olhou para elas como invenções africanas de coesão étnica. Mas pouco sabemos sobre elas nas décadas derradeiras da escravidão, nos primeiros tempos da pós-abolição e, mais ainda, das gerações e gerações de população livre negra que as sonhou como forma de obter prestígio, cuidados com a morte, reconhecimento social e educação formal, além de apoio financeiro.

Para além de irmandades, identidades e projetos emergiam de outras vocações. Na corte imperial, Miguel Dias se reunia com outros africanos a fim de organizar, nos moldes mutualistas, a Sociedade Beneficente da Nação Conga. Em 1861, solicitaram ao Conselho de Estado do Império a aprovação dos estatutos. Houve imediata negativa diante do critério dessa agremiação de só aceitar pessoas com o "predomínio da Costa e da cor" — qual seja, africanos e seus descendentes. O texto da rejeição destacou que os dirigentes dela deveriam rever o estatuto e "alterar essas expressões e limitações, porque a humanidade não se compõe só da cor preta". Anos depois, em 1872, Modesto Cruz e outros africanos fizeram proposta semelhante, apresentando os estatutos para a criação de outra Sociedade de Beneficência de Nação Conga. O Conselho de Estado deu novo parecer negativo. Se, na primeira tentativa, alegavam que seria uma agremiação somente para aqueles da "cor preta" da "nação Conga" e seus descendentes, todos livres, na segunda vez o problema era que, além de africanos admitiam também "escravos, o que é contrário às leis".[3] As expectativas desses africanos na urbe carioca ao criarem uma *sociedade beneficente* que poderia apoiar escolas iluminam as percepções coletivas sobre aprender a ler e a escrever, alcançando assim o letramento. Afinal, fazer uso da leitura e da escrita e envolver-se nas práticas sociais possibilitaria apreender normas sociais, leis, usos e costumes e atuar a partir deles, intervindo em sua própria condição e modificando-a (Soares, 2016).

A questão certamente não era só a participação de africanos ou de escravizados. Vejamos o episódio de José Luiz Gomes, homem negro letrado, provavelmente filho de mulher liberta, que subscreveu um requerimento para a criação da Associação Beneficente Socorro Mútuo dos Homens de Cor. Em setembro de 1874, o documento seguiu para aprovação do Conselho de Estado do Império. Sob a presidência de Gomes, ela foi criada em outubro de 1873, sendo sediada no nº 6 da ladeira do Senado, no bairro de Paula Matos. Rezava o estatuto que o seu fim era "promover tudo quanto estiver ao seu alcance em favor de seus membros", que deveriam ter idade mínima de 14 anos, "bom procedimento" e "ser livre[s], liberto[s], ou mesmo sujeito[s] de cor preta, de um ou outro sexo". No parecer, os conselheiros Visconde de Souza Franco, Marquês de Sapucaí e Visconde de Bom Retiro argumentaram: "Os homens de cor, livres, são no Império cidadãos que não formam classe separada, e quando escravos não têm direito a associar-se"; assim, consideraram que tal "sociedade especial é, pois, dispensável e pode trazer os inconvenientes da criação do antagonismo social e político". É interessante pensar como se reconhecia a possibilidade de haver "antagonismos" — nos quais classe e raça se juntariam —, embora sempre se pretendesse inventar um equilíbrio entre eles.

A despeito das recusas em legitimar essas associações, os subtextos dos seus diferentes estatutos revelam projetos políticos, fossem por parte dos escravizados e libertos, fossem de setores africanos ou dos nascidos no Brasil. Quem eram essas pessoas? Negras, com sobrenome, africanos ou não, filhos de ambos, muitos já letrados e com anseios associativistas. Por enquanto temos escassez de indícios, mas abundância de curiosidade e de dúvidas.

O ritmo solo em harmonias coletivas

Até mesmo indivíduos letrados e autores de obras são remetidos a uma retumbante mudez historiográfica, embora não faltem registros de sua existência. E os caminhos de Philippe José Alberto Junior? Vale destacar as investigações e o livro de Heloisa Villela (2012) que fizeram emergir ilustre personagem. Trata-se de um educador negro nascido em 1824, em Salvador, tendo iniciado escolarização na Escola Normal da Bahia. Ganhando prestígio como aluno, assumiu posteriormente o cargo de professor, destaque que talvez tenha ajudado a patrocinar vindas ao Rio de Janeiro, onde participou de palestras. Philippe José acabou se transferindo em definitivo para a Corte na década de 1850. Ali desenvolveu métodos de alfabetização nas escolas primárias e secundárias no Mosteiro da Ordem de São Bento, onde atuou entre 1859 e 1869. Certamente, na escola dos monges beneditinos havia libertos e quiçá escravizados, pois existia número considerável de trabalhadores negros ali, tanto para os serviços domésticos do mosteiro, como na lavanderia, na cozinha e no guindaste, sem contar um ancoradouro pelo qual os beneditinos faziam escoar mercadorias produzidas em suas fazendas escravistas localizadas na Ilha do Governador, em Maricá, Vargem Grande, Iguaçu e Vargem Pequena. Em 1861, contava-se na escola beneditina mais de 200 alunos matriculados, com grande sucesso na alfabetização. Philippe já começara a fazer uso de um manual de gramática — de título "Bom Homem Ricardo" —, de autoria própria. Ele também atuou na Escola Normal do Rio de Janeiro, transformando-se, na década de 1870, em uma liderança educacional no Instituto Pedagógico.

Cabe destacar a atuação do professor Philippe na luta abolicionista, influenciando a criação de agremiações e fomentando a mobilização. Nesse período, surgiram inúmeras propostas e iniciativas para estabelecer escolas voltadas para os libertos e os filhos dos escravizados. Tentando escapar de estigmas, críticas e polêmicas, Philippe organizou uma escola em sua própria casa, no Ingá, em Niterói, atuando com sua esposa, Maria Augusta Jardim Alberto. Continuou lecionando em Niterói e, em 1883, deu aulas em uma escola em São Domingos que contava com mais de 50 alunos. Faleceu em 1887, deixando, entre outras obras, *Gramática eclético rudimentar da língua portuguesa* e *Archaismo e neologismos na língua portuguesa*. O que fazer com a biografia de Philippe José? Quais são os seus sentidos? O que há para esconder e revelar? Não há necessidade de heróis ou vítimas, mas é preciso ouvir o silêncio das vozes e visualizar as lutas contra tentativas de apagamento. Silêncios proclamados pelos arquivistas, pelos arquivos e também por historiadores. Afinal, a quem cabe o poder de selecionar documentos que devem ser arquivados ou memórias a serem lembradas? Quais seriam os sujeitos detentores de alfabetização — e mais, de letramento — capazes de registrar suas memórias, sua economia política cotidiana, suas histórias, realizar seu inventário de práticas/ pensamentos (Cunha, 2005)?

É fundamental também recuperar o papel da imprensa e as interconexões com a sociedade escravista no Brasil ao longo do século XIX. Conteúdos editoriais e, sobretudo, textos de correspondentes regionais e internacionais circulavam e produziam percepções. Precisamos conhecer mais sobre os jornais, seus redatores, a circulação de ideias, a formação da opinião pública e a percepção política da população pobre, incluindo letrados, negros livres, libertos e até mesmo escravizados (Godoi, 2014; Pinto, 2010, 2018). A própria cobertura jornalística — com repercussão em províncias de norte a sul — dos debates parlamentares e aqueles das ruas e das sociedades emancipacionistas a respeito da abolição podia ser acompanhada pelos escravizados.[4] Circulavam ideias que apareciam nos jornais e reverberavam numa explosão pública. Os escravizados tomavam conhecimento delas e as avaliavam politicamente. Em 1877, em Campos dos Goitacases, norte-fluminense, investigações descobriram planos de uma insurreição, indicando que o líder seria um cativo nascido no Brasil e alfabetizado que ia à cidade comprar o "monitor e outras folhas incendiárias". Lia e transmitia aos outros escravizados as notícias relacionadas às discussões publicadas em torno da emancipação. Bem antes, na década de 1830, jornais publicavam notícias internacionais sobre a emancipação no Caribe inglês e rumores de revoltas (Machado e Gomes, 2017). As autoridades temiam que os cativos soubessem disso. Nos anos 1860, em Minas Gerais e no Maranhão, tanto nas senzalas como nos quilombos eram comentados as insurreições em Cuba, os desdobramentos da guerra civil nos Estados Unidos e até mesmo da Guerra do Paraguai (Mota, 2020, 2021, 2022). Para os anos 1880, sabemos que as notícias sobre a abolição da escravidão no Ceará e no Amazonas (1884) chegaram aos jornais da Corte do Rio de Janeiro, havendo comícios abolicionistas e repercussão junto à população negra (Costa, 2014; França, 2013).

Emancipando as memórias

E as memórias dos ex-escravizados? Desapareceram com eles? Quando e como? No início de 1929, o periódico carioca *O Jornal* apresentava Hipólito Xavier como uma "preciosidade suburbana".[5] Dizia mais: Hipólito, de 114 anos, era "um preto alto, espadaúdo, ainda com esforço consegue se empertigar com entusiasmo". O noticioso o descrevia ainda como um "preto velho, curvado sobre um cacete... tipo impressionante", considerado raro de se "ver em nossa capital", no caso, o Rio de Janeiro. Morando no morro da Cachoeirinha, na Serra dos Pretos Forros (na zona norte do Rio de Janeiro), Hipólito procurou a redação do jornal a fim de pedir ajuda para comprar uma passagem para Barra do Piraí, onde visitaria seu neto. Diante da curiosidade dos jornalistas, decidiu contar a eles histórias do cativeiro. Puxando pela memória, revelou que tinha nascido em Minas Gerais, em São João del-Rei, "quando ainda estava no Brasil o senhor D. João, pai do primeiro imperador".[6] Quando era pequeno, Hipólito pertencia ao capitão Manoel Lopes de Siqueira. Já adulto, com 25 anos, foi vendido e passou a trabalhar na fazenda da Cachoeira, em Paraíba do Sul, propriedade do coronel Ignácio Pereira Nunes. Hipólito certamente viu de perto a chegada massiva de africanos naquele mar de colinas de cafezais. Ele se lembrava, ainda, de quando estourou a Revolução de 1842. Além de lavrador, Hipólito trabalhou por anos como tropeiro, apoiando as tropas de mulas que cruzavam o Vale do Paraíba despejando sacos de café no porto do Rio de Janeiro.[7]

A liberdade de Hipólito veio com a guerra. Sua memória retinha o episódio da Guerra do Paraguai (1864-1870), da qual participou:

> Quando o Imperador mandou chamar os moços brancos para servir na tropa de linha, nunca vi tanto rancho em biboca da serra, tanto rapaz fino barbudo que nem bicho escondido no mato... O recrutamento esquentou a cada fazendeiro. Para segurar o filho, agarrando a saia da mamãe, entregava os escravos. Entregava chorando porque um negro naquele tempo dava dinheiro.

Hipólito marcava, assim, o momento da sua liberdade, por volta de 1867 ou 1868, quando garantiu: "Eu fui num corpo de voluntários quase no fim da guerra, mas ainda entrei em combate em Mato Grosso". Liberto, Hipólito foi dispensado do Exército e pode ter optado por permanecer na zona rural, talvez temendo ir para as cidades e ser reescravizado. Pode ter testemunhado a irritação dos fazendeiros diante dos debates sobre a emancipação. E se lembrava da Abolição, nunca se esquecendo dos festejos do dia 13 de maio de 1888: "Um batuque barulhento sapateado de pé no chão, um cateretê daqueles, correu de dia e de noite". Contando suas memórias, Hipólito foi definido como alguém que "fala com pausa, como a inquirir o pensamento". Aliás, ele rapidamente percebeu que havia reunido uma plateia na redação de *O Jornal* e logo avisou: "Se eu fosse contar tudo o que sei... não acabava hoje". Mas logo pediu ajuda para comprar a passagem, pois "o tempo de hoje está pior do que no tempo do imposto do vintém" e "a pé não chego lá, de trem não posso ir". Tendo alcançado seu objetivo, foi embora. O relato de Hipólito Xavier Ribeiro, registrado mais de 40 anos após a assinatura da Lei Áurea, pode ser tomado como símbolos (no plural) das memórias construídas em torno da luta abolicionista e depois da abolição. No discurso das elites, a escravidão deveria aparecer como resquício de um passado a ser esquecido. Um passado, se não exótico, quase surreal. Certamente, Hipólito não era uma exceção. Até meados do século XX, havia centenas de homens e mulheres, negras e negros, morando nas áreas rurais e também naquelas urbanas, que começavam a ficar cada vez mais apertadas.[8]

Ao longo do século XX — e até mesmo atravessando o XXI — havia ainda pessoas negras que conheceram a escravidão por meio das memórias de seus antepassados diretos.[9] Enfim, a geração de pardos e pretos mais idosa, alcançada hoje nos censos abrangentes do IBGE, pode ser bisneta de ex-escravizados do 13 de maio de 1888.

Intenções e gestos

No pós-abolição, as ausências não são menores. Analisam-se fatos cristalizados — como a suposta migração compulsória campo-cidade, a natural pauperização das condições de trabalho e a invisível segregação espacial —, mas quase nada sobre seus protagonistas, atores e intérpretes. No campo da mobilização antirracista, muito se fala da *imprensa negra*, majoritariamente em São Paulo (mais propriamente no interior). Porém, temos no Rio Grande do Sul a mais importante experiência de criação de um periódico negro: o jornal *O Exemplo*, fundado ainda no século XIX. Além do mais, até mesmo no caso paulista, as análises costumam se concentrar nas narrativas desses jornais, sem identificar nomes, perfis, personagens e trajetórias de seus fundadores e articulistas (Santos, 2003). Vejamos o periódico *O Exemplo*: fundado em dezembro de 1892, funcionou, com alguns intervalos, até 1930 (Perussatto, 2018). Há indícios de que sua criação tenha ocorrido em meio às reuniões promovidas na rua dos Andradas, em Porto Alegre. Dela participavam nomes como Arthur Ferreira Andrade (1871-1925), Florêncio Calisto Felizardo da Silva (1863-?), Arthur Pinto da Gama (1864-1922), Alfredo Cândido de Souza (1866-1934), Esperidião Calisto Felizardo da Silva (1864-?), Marcílio Francisco da Costa Freitas (1876-1928) a Sérgio Aurélio de Bittencourt (1869-1904), este último filho do destacado jornalista e escritor Aurélio Veríssimo de Bittencourt (1874-1910). Aí estaria reunido o "grupo de abnegados jovens", homens de cor que fundariam *O Exemplo*. Embora com trajetórias próprias e únicas, os fundadores tinham algo em comum. Com exceção de Marcílio Freitas, todos os demais haviam nascido entre 1863 e meados de 1871. Eram, portanto, homens negros livres, e não filhos de mulheres escravizadas. Nasceram numa sociedade urbana onde cor e origem eram ingredientes da escravidão ou da liberdade, e geravam estigmas, preconceitos e interdições sociais.

Além de terem nascido na década de 1860 — plena de debates sobre a emancipação —, os fundadores de *O Exemplo* tinham em comum o fato de terem frequentado escolas públicas e participado de agremiações mutualistas, tornando-se funcionários públicos concursados. Alguns deles conheceram maneiras não formalizadas de escolarização, alfabetizando-se e se formando com aulas particulares. É possível inferir que compunham setores médios, muitos com reconhecimento social local, como as patentes da Guarda Nacional. Com a escolarização e o domínio da língua, muitos atuaram como jornalistas, conhecendo alguma ascensão social. Com uma narrativa que procurava rechaçar os estereótipos dos jornais de maior circulação sobre a população negra, *O Exemplo* cumpriria papel importante para essa comunidade até a sua extinção. Eis aqui exemplos de possíveis e necessárias prosopografias. Afinal, sendo mais relevante entender o conjunto, o perfil coletivo do grupo de atores, a biografia coletiva nos possibilita compreender a força coesiva de grupos, bem como as peculiaridades em referência aos demais, os outros. E aqui falamos de um coletivo de jornalistas negros observando, refletindo, pensando e escrevendo sobre e para a população negra. Complexos e instigantes, tais coletivos não podem ser vistos como simples somatórios de indivíduos que compõem uma sociedade em determinado tempo histórico. Trata-se de pessoas que interagiram por meio de suas redes de sociabilidade, de seus ofícios, pensamentos e visões de mundo (Charle, 2006).

A literatura histórica já sabe muito sobre coletivos prisionais e condenados negros nos registros policiais. Talvez os leitores de uma renovada historiografia queiram ser conduzidos a outras unidades de observação, análises e conhecimentos da história — inclusive sem as portas de fundo da festa e do carnaval. Que tal pensar o público leitor feminino da chamada *imprensa negra*? As pesquisas de Giovana Xavier (2012) nos deslindaram Angelina Pinto, Leopoldina, Ignez do Amaral, Paulina da Rocha e Dona Emília Cardozo. Via de regra, o protagonismo negro da primeira década do século XX, sobretudo expresso em periódicos que se concentraram em Porto Alegre, Pelotas, Campinas e São Paulo, foi abordado a partir da exclusiva presença masculina e letrada. Sempre reinou o silêncio sobre as mulheres.[10]

O assim chamado "leitor negro", para o qual estes jornais se dirigiam, era mais amplo do que se imaginava. Ou seja, vários periódicos procuraram estimular a publicação de matérias que contemplassem uma autovalorização da população negra, que atentassem para suas visões de mundo e formas políticas, culturais e religiosas de organização. Embora ausentes como redatoras as mulheres negras não raro apareciam como tema em muitos desses jornais. Em geral, a "mulher negra" era associada à figura de "mãe" e "esposa". Predominava um discurso conservador que as afastava de hábitos, comportamentos, ambientes e sociabilidades considerados masculinos, como a rua e os bailes. Elas deveriam ser, ao mesmo tempo, o patrimônio da "raça negra" e as "mantenedoras" da família.

Assim, em vários desses periódicos, as mulheres escritoras ficaram escondidas. No máximo apareciam como participantes dos concursos de beleza. Especialmente no periódico *O Menelik* fica patente a ausência e a presença das mulheres negras. *O Menelik* surge em São Paulo no ano de 1915, ganhando esse nome por conta do rei Menelik da Etiópia, falecido em 1913. No seu primeiro número, o subtítulo "órgão mensal, noticioso, crítico e literário dedicado aos homens de cor" é explicado, bem como se garante a periodicidade. Seriam destacados, também, os nomes do presidente do periódico, Reginaldo Máximo Gonçalves, e do secretário Octaviano Ferraz (1867-1949). O jornal propriamente dito tinha como redatores os poetas Deocleciano Nascimento e Geraldino do Amaral, além dos repórteres Theophilo Gonçalves de Freitas, José Luiz Sampaio e José Paulino, e os representantes Avelino Paiva, Marcelino Cruz, Cabo Manoel Domingos e José Felipe. Na reunião da fundação ainda estiveram presentes Juvenal de Pádua Mello, João Benedita e Aristides Alves da Costa.

Se todos os personagens são hoje anônimos, percebe-se que da lista constam apenas homens; nada de nomes femininos. *O Menelik* logo procurou se diferenciar dos demais jornais operários, que propunham "combate". Ele e outros periódicos das primeiras décadas do século XX queriam ser instrumentos de educação e formação. Havia desde a primeira edição um espaço com o título "Leitoras". Sugeria-se que estas enviassem textos, poesias, sonetos e contos. Quase invisíveis e aparecendo com as definições genéricas de "mães", "leitoras", "candidatas", "senhoritas", "senhoras" ou "dona", Leopoldina, Ignez do Amaral, Paulina da Rocha, Angelina Pinto e Emília Cardozo podem ter sido potenciais escritoras, além de divulgadoras e leitoras da *imprensa negra* que ainda precisam ser reveladas por mais pesquisas.

Para finalizar, precisamos gritar o nome de Jayme Aguiar. De forma pioneira, na década de 1940, ele vislumbrou a necessidade de biografias ou prosopografias — chamando-as de *antologias de negros modernos*. Filho de libertos egressos da abolição, Jayme Aguiar nasceu e cresceu em São Paulo, tendo atuado em associações, entidades e jornais negros entre as décadas de 1920 e 1960. Em 1924, ao lado de José Correia Leite (1900-1989), fundou *O Clarim* (Lopes, 2019). Jayme Aguiar assinava seus textos usando pseudônimos — inclusive femininos, como "Maria Rosa ou Ana Maria". Numa entrevista dada a Clovis Moura (1925-2003) em 1975, ele disse: "A redação de *O Clarim* era na minha casa, na rua Ruy Barbosa. Nós publicávamos o jornal com o pseudônimo Jim de Araguary e Leite. Foi uma espécie de hieróglifo que formamos para não aparecermos como jornalistas". Na segunda fase, já como *O Clarim da Alvorada*, o editor principal era Jayme, sendo o "redator secretário" José Correia Leite.

Havia ainda Luiz de Souza como gerente e Urcino dos Santos e João Sóter da Silva como diretores.

Aguiar teve uma formação escolar básica: formou-se em contabilidade e se tornou funcionário público. Ele inclusive influenciou a formação educacional de Correia Leite. Em 1929, Aguiar deixou a direção do jornal, mas manteria seu apoio às entidades associativas. Também foi diretor de *Evolução* (1933) e colaborador de *Alvorada* (1936), *Patrocínio* (1928) e *Senzala* (1946). Com outros jornalistas e tipógrafos, como Henrique Cunha, Gervásio de Morais, Raul Joviano (1914-1988) e Jaime Aguiar, sempre se manteve próximo da Frente Negra Brasileira e de outras entidades vigentes nos anos 1930 (Ferreira, 2010).

No final da década de 1930, encontramos correspondências entre Jayme Aguiar e Arthur Ramos (1903-1949). Elogiando os escritos de Ramos (sobretudo o artigo "O espírito associativo do negro", de 1938, e as demais edições de seus livros), foi Aguiar quem o alertou sobre a importância da história do "movimento negro dentro de São Paulo, de uns passados anos até aos nossos dias". Sugeriu a possibilidade de que fosse produzida uma "antologia dos negros modernos", diante da quantidade de associações e de intelectuais nas décadas de 1910 a 1930. Aguiar, numa longa carta, repassaria uma série de informações que Ramos transcreveu em seus estudos, ainda nos anos de 1940 e 1950. Segundo Aguiar, havia em São Paulo, vários *clubs* de "outras épocas", como "Kosmos, Elites da Liberdade, Pendão Brasileiro, Paraíso, Club 13 de Maio, São Paulo, Smart, 28 de Setembro e outras" (Gomes, 2022).

Na carta generosa — quase um relatório de pesquisa —, Aguiar menciona o nome de lideranças negras: Jayme de Camargo, presidente da Federação Negra; oradores conhecidos, como Antonio Euzébio de Assumpção, apelidado "Catimbão", José Maria Monteiro, vulgo "Cambará", José de Mello e João Marinheiro; e Salvador de Paula, fundador da "Associação dos Amigos da Pátria". Aguiar destaca outras lideranças: Vicente Ferreira, Benedicto Florêncio, Abílio Rodrigues, Alberto Orlando, Álvaro de Campos, Benedicto de Andrade, Benedicto Ribeiro, Benedicto Vaz Costa, Diocleciano Nascimento, Euclides de Oliveira, J. Augusto Marques, João Theodoro, José A. de Oliveira, Luiz de Souza, Manoel dos Santos, Pirajá Cardoso, Salatiel de Campos, Sebastião Schifini, Tobias de Oliveira, Vaz Costa, Zeno de Oliveira, Argentino Celso Wanderley, Henrique Cunha, Lino Guedes (c.1897-1951) e outros. Quase como um projeto, Jayme Aguiar organizou os primeiros registros da memória das associações e dos intelectuais negros do século XX.[11]

Considerações finais

Indagamos acerca das memórias de africanos e africanas — e seus descendentes — diante de diásporas compulsórias, as mesmas que inventaram Áfricas e Américas desde o século XVI. No século XIX, surge a ideia de nacionalidade, com símbolos, quadros e heróis reverberando *eventos*. Nascia a/uma *memória* de Brasil. Mas onde e como localizar aí pessoas, protagonistas e indivíduos negros e negras (Jesus, 2013; Alberto, 2018)? Em muitas abordagens sobre as lutas negras salta-se dos mocambos de Palmares, no século XVII, para as insurreições islâmicas na Bahia Oitocentista, indo até a chamada *imprensa negra* dos anos 1920 e a Frente Negra Brasileira, criada em 1931, depois novamente pulando para o Teatro Experimental do Negro, de 1944, e se chegando ao Movimento Negro Unificado, de 1978. Só isso?

As escolhas estão inseridas em memórias individuais e também nas coletivas. Memórias também silenciam, escondem e deixam de contar. No caso dos personagens negros e suas biografias ou prosoprografias, podemos também pensar as recordações e sua estreita relação com a identidade, se memória individual, ou as identidades, se coletiva.[12] Não sem tensões, pois a construção de identidade social está diretamente se constituindo em oposição ao *outro*. As diferenças culturais, étnicas, de origem, de língua, de condição jurídica e de marcas raciais (fenótipos) certamente embasaram construções identitárias e de memórias na (sobre a) sociedade escravista e a pós-emancipação dos séculos XX e XXI. Disputas invisíveis e nítidas entre narrativas, hierarquias, silêncios e sons.

Referências

ALBERTO, Paulina. *Termos de inclusão — Intelectuais negros brasileiros no século XX*. Campinas: Ed. da Unicamp, 2018.

ALBUQUERQUE, Wlamyra Ribeiro de. *O jogo da dissimulação — Abolição e cidadania negra no Brasil*. São Paulo: Companhia das Letras, 2009.

______. "Teodoro Sampaio: 'eminência parda' e 'cor não luzidia' — Negócios da liberdade e racialização no tempo da abolição". In: SAMPAIO, Gabriela; LIMA, Ivana Stolze; BALABAN, Marcelo (orgs.). Marcadores da diferença — Raça e racismo na história do Brasil. Salvador: Ed. da UFBA, 2018, pp. 76-99.

ALONSO, Angela. *Flores, votos e balas — O movimento abolicionista brasileiro (1868-88)*. São Paulo: Companhia das Letras, 2015.

ANTUNES, Lívia de Lauro. Sob a guarda negra — Abolição, raça e cidadania no imediato pós-abolição. Tese (doutorado em História) — Universidade Federal Fluminense, Niterói, 2019.

ARAUJO, Emanoel (org.). *A mão afro-brasileira — Significado da contribuição artística e histórica*. São Paulo: Tenenge, 1988.

CAMARGO, Oswaldo de. *A razão da chama — Antologia de poetas negros brasileiros*. São Paulo: GRD, 1986.

CASTILLO, Lisa Earl. "Bamboxê Obitikô e a expansão do culto aos orixás (século XIX) — Uma rede religiosa afroatlântica". *Tempo*, Niterói, v. 22, p. 126-153, 2016.

CASTILLO, Lisa Earl; PARÉS, Luis Nicolau. "Marcelina da Silva e seu mundo — Novos dados para uma historiografia do candomblé Ketu". *Afro-Ásia*, Salvador, n. 36, p. 111-151, 2007.

CHALHOUB, Sidney. *Machado de Assis, historiador*. São Paulo: Companhia das Letras, 2003.

CHALHOUB, Sidney; PINTO, Ana Flávia Magalhães (orgs.). *Pensadores negros, pensadoras negras — Brasil, séculos XIX e XX*. Belo Horizonte: Fino Traço, 2016.

CHARLE, Christophe. "A prosopografia ou biografia coletiva — Balanço e perspectivas". In: HEINZ, Flávio M. (org.). *Por outra história das elites*. Rio de Janeiro: Ed. da FGV, 2006.

COSTA, Haroldo. *Fala, crioulo — O que é ser negro no Brasil*. Rio de Janeiro: Record/Nova Fronteira, 1982.

COSTA, Rafael M. de Carvalho. *Escravizados na liberdade — Abolição, classe e cidadania na corte imperial*. Rio de Janeiro: Arquivo Geral da Cidade do Rio de Janeiro, 2014.

CUNHA, Olívia Maria Gomes da. "Do ponto de vista de quem? Diálogos, olhares e etnografias dos/nos arquivos". *Estudos Históricos*, Rio de Janeiro, v. 36, p. 7-32, 2005.

DOMINGUES, Petrônio. "Frentenegrinas — Notas de um capítulo da participação feminina na luta antirracista no Brasil". *Cadernos Pagu*, Campinas, v. 28, p. 346-374, 2007.

DUARTE, Eduardo Assis. *Literatura afro-brasileira — 100 autores do século XVIII ao XXI*. Rio de Janeiro: Pallas, 2014. v. 1.

FARIAS, Tom. *Cruz e Sousa — Dante negro do Brasil*. Rio de Janeiro: Pallas, 2008.

_______. *José do Patrocínio — A imorredoura cor do bronze*. Rio de Janeiro: Garamond, 2009.

FERRARA, Miriam Nicolau. *A imprensa negra paulista (1915-1963)*. São Paulo: FFLCH-USP, 1986.

FERREIRA, Ligia Fonseca. *Com a palavra, Luiz Gama — Poemas, artigos, cartas, máximas*. São Paulo: Imprensa Oficial do Estado de São Paulo, 2011

FERREIRA, Maria Claudia Cardoso. "Espaços de sociabilidade e ações antirracismo no cotidiano das elites negras na cidade de São Paulo — Busca por projeção individual e legitimidade de grupo (1900-1940)". *Mosaico*, Rio de Janeiro, v. 3, p. 1-10, 2010.

FRANÇA, Lusirene C. *Nas asas da imprensa — A repercussão da abolição da escravatura na província do Ceará nos periódicos do Rio de Janeiro (1884-1885)*. Rio de Janeiro: Multifoco, 2013.

FRANK, Zephyr. *Entre ricos e pobres — O mundo de Antônio José Dutra no Rio de Janeiro oitocentista*. São Paulo: Annablume, 2012

Furtado, Junia Ferreira. *Chica da Silva e o contratador de diamantes — O outro lado do mito*. São Paulo: Companhia das Letras, 2003.

Godoi, Rodrigo Camargo de. *Um editor no Império — Francisco de Paula Brito (1809-1861)*. Campinas: Ed. da Unicamp, 2014.

Gomes, Flávio dos Santos. *Negros e política* (1888-1937). Rio de Janeiro: Zahar, 2005.

______. "Dos 'negros modernos' — Sobre personagens, debates e experiências ausentes, c. 1920, São Paulo". In: Ferreira, Marieta de Moraes (org.). *1922 — O passado no presente — Permanências e transformações*. Rio de Janeiro: Ed. da FGV, 2022, p. 183-206.

Gomes, Flávio dos Santos; Laureano, Jaime; Schwarcz, Lilia Moritz. *Enciclopédia negra*. São Paulo: Companhia das Letras, 2022.

Graham, Sandra Lauderdale. *Caetana diz não — Histórias de mulheres da sociedade escravista brasileira*. São Paulo: Companhia das Letras, 2005.

Grinberg, Keila. *Liberata, a lei da ambiguidade — As ações da liberdade da Corte de Apelação do Rio de Janeiro no século XIX*. Rio de Janeiro, Relume-Dumará, 1994.

Jesus, Matheus Gato. *Intelectuais negros maranhenses na formação do Brasil moderno (1870-1939)*. Tese (doutorado em Sociologia) — Universidade de São Paulo, São Paulo, 2013.

Lacombe, Américo Jacobina; Barbosa, Francisco de Assis; Silva, Eduardo. *Rui Barbosa e a queima dos arquivos*. Brasília: Ministério da Justiça; Rio de Janeiro: Fundação Casa de Rui Barbosa, 1988.

Lima, Bruno Rodrigues de. *Luiz Gama contra o Império — A luta pelo direito no Brasil da escravidão*. São Paulo: Contracorrente, 2024.

Lopes, João Paulo. *História negra, nação para quem? A narrativa histórica como repertório e pedagogia na imprensa afro-paulistana (1924-1940)*. Tese (doutorado em História) — Universidade do Estado do Rio de Janeiro, Rio de Janeiro, 2019.

Lopes, Nei. *Dicionário literário afro-brasileiro*. Rio de Janeiro: Pallas, 2007.

______. *Enciclopédia brasileira da diáspora africana*. 4. ed. rev. ampl. São Paulo: Selo Negro, 2011.

______. Afro-Brasil reluzente — 100 personalidades notáveis do século XX. Rio de Janeiro: Nova Fronteira, 2019.

Machado, Humberto Fernandes. "Encontros e desencontros em José do Patrocínio — A luta contra a indenização". In: Ribeiro, Gladys Sabino; Ferreira, Tânia Maria T. B. da Cruz (orgs.). *Linguagens e práticas da cidadania no século XIX*. São Paulo: Alameda, 2010, p. 295-319.

Machado, Maria Helena; Gomes, Flávio dos Santos. "Da abolição ao pós-emancipação — Ensaiando alguns caminhos para outros percursos". In: Castilho, Celso; Machado, Maria Helena (orgs.). *Tornando-se livre — Agentes históricos e lutas sociais no processo de abolição*. São Paulo: Edusp, 2015, p. 19-42.

Machado, Maria Helena; Gomes, Flávio dos Santos. "Eles ficaram 'embatucados': seus escravos sabiam ler — Abolicionistas, senhores e cativos no alvorecer da liberdade". In: Mac Cord, Marcelo; Araújo, Carlos Eduardo M. de; Gomes, Flávio dos Santos (orgs.). *Rascunhos cativos — Educação, escolas e ensino no Brasil escravista*. Rio de Janeiro: 7Letras, 2017, p. 253-283.

Maestri Filho, Mário José. *Depoimentos de escravos brasileiros*. São Paulo: Ícone, 1988 (Coleção Malungo).

Martins, Robson Luis Machado. "Memórias do cativeiro". In: Schwarcz, Lilia Moritz; Gomes, Flávio dos Santos (orgs.). *Dicionário da escravidão e liberdade*. São Paulo: Companhia das Letras, 2018.

______. *No tempo dos antigos — Escravidão, família e liberdade no sul do Espírito Santo, séc. XIX-séc. XX*. Tese (doutorado em História Comparada) — Universidade Federal do Rio de Janeiro, Rio de Janeiro, 2021.

Mattos, Marcelo Badaró. *Escravizados e livres — Experiências comuns na formação da classe trabalhadora carioca*. Rio de Janeiro: Bom Texto, 2008.

Morel, Marco. *As transformações dos espaços públicos — Imprensa, atores políticos e sociabilidades na cidade imperial (1820-1840)*. Jundiaí: Paco, 2016.

Mota, Isadora. "Other geographies of struggle — Afro-Brazilians and the American Civil War." *Hispanic American Historical Review*, v. 100, n. 1, p. 35-36, 2020.

______. "Escravos abolicionistas nas terras diamantinas (Minas Gerais, 1864)". In: Reis, João José; Gomes, Flávio dos Santos (orgs.). *Revoltas escravas no Brasil*. São Paulo: Companhia das Letras, 2021, p. 325-363.

______. "On the verge of war — Black insurgency, the 'Christie affair,' and British antislavery in Brazil". *Slavery & Abolition*, v. 43, n. 1, p. 120-139, 2022.

Mott, Luiz. *Rosa Egipcíaca — Uma santa africana no Brasil*. Rio de Janeiro: Bertrand Brasil, 1993.

Oliveira, Eduardo (org.). *Quem é quem na negritude brasileira*. São Paulo: Congresso Nacional Afro-Brasileiro; Brasília: Secretaria Nacional de Direitos Humanos do Ministério da Justiça, 1998.

Oliveira, Vinicius Pereira de. *De Manoel Congo a Manoel de Paula — Um africano ladino em terras meridionais*. Porto Alegre: EST, 2006.

Parés, Luis Nicolau. *Joaquim de Almeida — A história do africano traficado que se tornou traficante de africanos*. São Paulo: Companhia das Letras, 2024.

Perussatto, Melina K. *Arautos da liberdade — Educação, trabalho e cidadania no pós-abolição a partir do jornal O Exemplo de Porto Alegre (c. 1892-c. 1911)*. Tese (doutorado em História) — Universidade Federal do Rio Grande do Sul, Porto Alegre, 2018.

PINTO, Ana Flávia Magalhães. Imprensa negra no Brasil do século XIX. São Paulo: Selo Negro, 2010.

______. *Escritos de liberdade — Literatos negros, racismo e cidadania no Brasil oitocentista*. Campinas: Ed. da Unicamp, 2018.

PIRES, Antonio Liberac Cardoso Simões. *Bimba, Pastinha e Besouro de Mangangá — Três personagens da capoeira baiana*. Goiânia, Ed. da UFT / Grafset, 2002.

REIS, João José. *Domingos Sodré, um sacerdote africano — Escravidão, liberdade e candomblé na Bahia do século XIX*. São Paulo: Companhia das Letras, 2008.

______. "De escravo rico a liberto — A história do africano Manoel Joaquim Ricardo na Bahia oitocentista". *Revista de História*, São Paulo, v. 174, p. 15-68, 2016.

REIS, João José; CARVALHO, Marcus Joaquim Maciel; GOMES, Flávio dos Santos. *O alufá Rufino — Tráfico, escravidão e liberdade no Atlântico negro (c. 1823-c. 1853)*. São Paulo: Companhia das Letras, 2010.

RIOS, Ana Maria Lugão; MATTOS, Hebe. *Memórias do cativeiro — Família, trabalho e cidadania no pós-abolição*. Rio de Janeiro: Civilização Brasileira, 2005.

SAMPAIO, Gabriela dos Reis. *Juca Rosa — Um pai de santo na corte imperial*. Rio de Janeiro: Arquivo Nacional, 2009.

SANTOS, Claudia. *Disputas políticas pela abolição no Brasil*. Petrópolis: Vozes, 2023.

SANTOS, José Antônio. *Raiou "A Alvorada" — Intelectuais negros e imprensa*. Pelotas: Ed. da Ufpel, 2003.

SCHWARCZ, Lilia Moritz. *Lima Barreto — Triste visionário*. São Paulo: Companhia das Letras, 2017.

SILVA, Eduardo. *Dom Obá II d'África, o príncipe do povo — Vida, tempo e pensamento de um homem livre de cor*. São Paulo: Companhia da Letras, 1997.

SOARES, Magda. *Letramento — Um tema em três gêneros*. Belo Horizonte: Autêntica, 2016.

SOARES, Mariza de Carvalho. *Diálogos Makii de Francisco Alves de Souza — Manuscrito de uma congregação católica de africanos mina, 1786*. São Paulo: Chão, 2019.

SWEET, James H. *Domingos Álvares, African healing, and the intellectual history of the Atlantic World*. Chapel Hill: The University of North Carolina Press, 2011.

VILLELA, Heloisa Santos. "A trajetória de um professor negro no Brasil escravocrata". In: OLIVEIRA, Iolanda de (org.). *Relações raciais no contexto social, na educação e na saúde — Brasil, Cuba, Colômbia e África do Sul*. Rio de Janeiro: Quartet, 2012, p. 153-180.

XAVIER, Giovana. "'Leitoras' — Gênero, raça, imagem e discurso em O Menelik (São Paulo, 1915-1916)". *Afro-Ásia*, Salvador, n. 46, p. 163-191, 2012.

XAVIER, Regina Célia Lima. *Religiosidade e escravidão no século XIX — Mestre Tito*. Porto Alegre: Ed. da UFRGS, 2008.

Notas

1 Para conhecer mais a fundo essa vasta produção bibliográfica, veja: Farias (2008, 2009); Ferreira (2011); Frank (2012); Furtado (2003); Graham (2005); Grinberg (1994); Lima (2024); Mott (1993); Oliveira (2006); Parés (2024); Pires (2002); Reis (2008); Reis, Carvalho e Gomes (2010); Sampaio (2009); Schwarcz (2017); Silva (1997); Soares (2019); Sweet (2011); e Xavier (2008).

2 Agradecemos a Claudio Pinheiro pelas conversas e sugestões sobre as dimensões, as diferenças e as escolhas metodológicas — às vezes entre oposições hierárquicas — entre biografias e prosopografia.

3 Esses episódios aparecem pioneiramente em Chalhoub (2003); Gomes (2005); e Mattos (2008).

4 Para pensar a imprensa também da perspectiva dos leitores e dos espaços públicos, veja Morel (2016).

5 Essa matéria jornalística foi uma indicação de Bert Barickman (1958-2016) no ano de 2012.

6 Sobre os usos de memórias, veja Maestri Filho (1988); Martins (2018, 2021); e Rios e Mattos (2005).

7 Veja também o importante registro de Antonio José Espírito Santo. "Entrevista com Maria Teresa, ex-escrava, em 1973". *Geledés*, 30 dez. 2014. Disponível em https://www.geledes.org.br/entrevista-com-maria-teresa-ex-escrava-em-1973/ Acesso em: 11 set. 2024.

8 Ainda precisamos conhecer melhor os debates sobre a indenização pretendida pelos fazendeiros e a queima dos documentos de posse dos escravizados. Para maior aprofundamento, veja: Albuquerque (2009); Antunes (2019); Lacombe, Barbosa e Silva (1988); e Machado (2010).

9 Para visões diferentes sobre processo popular abolicionista, veja Alonso (2015) e Santos (2023). Para uma resenha crítica historiográfica sobre abolicionismo e abolição, veja Machado e Gomes (2015).

10 Sobre a presença de mulheres na Frente Negra Brasileira, veja Domingues (2007).

11 Jayme de Aguiar também foi entrevistado por Miriam Ferrara (1986), que, em meados da década de 1970, deu início à pesquisa e à sistematização dos dados acerca da imprensa negra.

12 Para estudos mais atuais que analisam biografias, veja: Albuquerque (2018); Castillo e Parés (2007); Castillo (2016); Ferreira (2011); e Reis (2016).

AS AUTORAS E OS AUTORES

Aline Sônego

Doutora em História pela Universidade Federal de Santa Maria (UFSM), mestre em História pela Universidade de Passo Fundo (UPF), especialista em História do Brasil (2005) e graduada em História (2002) pela UFSM. Servidora pública, atua no Centro de Artes e Letras da Universidade Federal de Santa Maria. Também é integrante do Grupo de Estudos sobre Pós-Abolição (Gepa/UFSM). Áreas de pesquisa: escravidão e liberdade no século XIX, imprensa negra e protagonismos negros no pós-abolição.

Antonio Carlos Higino da Silva

Doutor em História Comparada pela Universidade Federal do Rio de Janeiro (UFRJ). Estagiou na Rice University (Estados Unidos). Realizou intercâmbio pelo Programa Erasmus+, compondo o Laboratório do Centre de la Méditerranée Moderne et Contemporaine da Université Nice Sophia, atual Université Côte d'Azur. Participação no projeto Narrativas do Rio, da plataforma ImagineRio. Pós-doutor pelo Programa de Pós-graduação de História da Universidade Federal do Ceará (UFC). Atualmente, integra a formação básica em Psicanálise do Corpo Freudiano Escola de Psicanálise, seção Fortaleza.

Antonio Liberac Cardoso Simões Pires

Graduado em História pela Universidade Federal do Rio de Janeiro (UFRJ), mestre em História pela Universidade Estadual de Campinas (Unicamp) e doutor em História pela mesma instituição. Foi professor adjunto da Fundação Universidade Federal do Tocantins (Unitins). Professor titular de História da Universidade Federal do Recôncavo da Bahia (UFRB) e professor permanente no Mestrado Profissional em História da África, da Diáspora e dos Povos Indígenas da UFRB. Pesquisador da Capes (projeto de internacionalização do Arquivo Brasil-Moçambique). Tem experiência na área de história, com ênfase em história do Brasil República, pesquisando sobretudo os seguintes temas: cultura negra, cultura popular, capoeira, campesinato negro e história social. Desenvolve pesquisas sobre imigrantes brasileiros — capoeiras e artistas da cultura afro-brasileira — na Europa na segunda metade do século XX.

Bárbara Canedo Ruiz Martins
Bacharel e licenciada pela Universidade Federal do Rio de Janeiro (UFRJ) e mestre em História Comparada pela mesma instituição. Doutora em Educação pela Universidade Federal Fluminense (UFF). Historiadora especializada em história da escravidão no século XIX. Atualmente, investiga os sentidos e significados da instrução de trabalhadores, no pós-abolição, no Rio de Janeiro. Integra o projeto "Escrita, escolarização, cor e letrados no Brasil da escravidão e da pós-emancipação (1860-1908) — As experiências de escravizados, libertandos, libertos e seus descendentes", coordenado pelos profs. drs. Iamara Viana e Flávio dos Santos Gomes.

Bruno Rodrigues de Lima
Autor de *Luiz Gama contra o Império — A luta pelo direito no Brasil da escravidão*, organizou os 11 volumes das *Obras completas de Luiz Gama*. É advogado e historiador do direito, graduado em Direito pela Universidade do Estado da Bahia (Uneb), mestre em Direito, Estado e Constituição pela Universidade de Brasília (UnB) e doutor em História do Direito pela Universidade de Frankfurt (Alemanha), com tese sobre a obra jurídica de Luiz Gama. Em 2022, ganhou o prêmio Walter Kolb de melhor tese da Universidade de Frankfurt e, em 2023, a medalha Otto Hahn da Sociedade Max Planck.

Darville Lizis
Doutorando em História Comparada pela Universidade Federal do Rio de Janeiro (UFRJ) e em Estudos Literários pela Universidade do Estado do Rio de Janeiro (Uerj). Mestre em Letras Vernáculas pela UFRJ e especialista em Língua Portuguesa, Literatura Brasileira e Literaturas Portuguesa e Africanas pela mesma instituição. Especialista em Língua Portuguesa pela Uerj. Bacharel e licenciado em Letras e em História pela UFRJ. Atualmente, é professor da rede pública do município de Queimados, no Rio de Janeiro.

Flávio Gomes
Professor associado da Universidade Federal do Rio de Janeiro (UFRJ). Tem publicado livros, coletâneas e artigos desenvolvendo pesquisas em história comparada, cultura material, demografia, escravidão, cartografia e pós-emancipação nas Américas, especialmente Venezuela, Colômbia, Guiana Francesa e Cuba. Coordena o Laboratório de História Atlântica (Leha) do Instituto de História da UFRJ.

Helen da Silva Silveira
Bacharel e licenciada em História pela Universidade Federal de Santa Maria (UFSM). Mestra em História pela Universidade Federal do Rio Grande do Sul (UFRGS) e doutoranda em História pela Universidade Federal do Rio de Janeiro (UFRJ). Membro do Grupo de Estudos sobre Pós-Abolição (Gepa) da UFSM. Áreas de interesse: história social da escravidão, pós-abolição e educação para as relações étnico-raciais.

Higor Ferreira
Bacharel e licenciado em História pela Universidade Federal do Rio de Janeiro (UFRJ). Doutor em História Comparada pela UFRJ e mestre em Educação na linha de Currículo e Linguagem pela mesma instituição. Participante de projetos de pesquisa do CNPq pela UFRJ e pela Fundação Oswaldo Cruz (Fiocruz), além de exercer a função de pesquisador visitante na Rice University (Estados Unidos). É professor no Colégio Pedro II, lecionando em turmas de ensino médio e na especialização em Ensino de História da África. Produz pesquisas com ênfase nas experiências de instrução letrada voltadas para negros livres, libertos e escravizados na corte imperial, evocando os sentidos de liberdade obtidos por meio da alfabetização e do letramento. Criador de conteúdo audiovisual destinado a públicos acadêmicos e não acadêmicos nas mídias digitais.

Iamara Viana
Pós-doutora em História Comparada pela Universidade Federal do Rio de Janeiro (UFRJ), doutora e mestre em História pela mesma instituição, onde atua como professora na graduação e no mestrado profissional em Ensino de História. Professora no Programa de Pós-Graduação em História Comparada da UFRJ; líder do Núcleo de Pesquisas Educação, Corpos, Histórias e Memórias Negra da Uerj; Jovem Cientista do Nosso Estado/Faperj. Suas pesquisas enfocam o corpo africano escravizado, mulheres negras na escravidão e no pós-emancipação, medicina e pensamento médico no século XIX, história das doenças e da saúde na escravidão, letramento e escolarização negra na escravidão e no pós-emancipação, ensino de história.

Marcus Vinicius Fonseca
Graduado em Filosofia pela Pontifícia Universidade Católica de Minas Gerais (PUC-MG), mestre em Educação pela Universidade Federal de Minas Gerais (UFMG) e doutor em Educação pela Universidade de São Paulo (USP). É professor associado do Departamento de Educação da Universidade Federal de Ouro Preto (Ufop). Autor de *A educação dos negros — Uma nova face do processo de abolição do trabalho escravo no Brasil* e *População negra e educação — O perfil racial das escolas mineiras no século XIX*, é um dos

organizadores de *Educação e relações étnico-raciais no Brasil* e *A história da educação dos negros no Brasil*.

Maria Helena P. T. Machado
Professora titular do Departamento de História da Universidade de São Paulo e pesquisadora do CNPQ. Atuando há décadas na área da história social da escravidão e do pós-emancipação, é autora de artigos, capítulos de livros e livros, dos quais se destaca o livro em coautoria com Antônio Alexandre Cardoso: *Geminiana e seus filhos — Uma história de escravidão e morte, maternidade e infância*. Atualmente, se dedica ao campo da história da escravidão, maternidade e gênero, participando e coordenando grupos de pesquisa dedicados a essa temática. Sublinhem-se suas publicações a respeito da vida e da obra da escritora Maria Firmina dos Reis, tais como estabelecimento de texto e ensaio inicial do livro de Maria Firmina dos Reis, *Úrsula*; artigo "Maria Firmina dos Reis e a escrita íntima do si mesmo"; e capítulo de livro "Maria Firmina dos Reis, nineteenth-century, Maranhão (Brasil)".

Mário Medeiros
Professor livre docente do Departamento de Sociologia da Universidade Estadual de Campinas (Unicamp) e diretor do Arquivo Edgard Leuenroth (AEL). Pesquisador dos seguintes temas: pensamento social brasileiro, literatura e sociedade, intelectuais negros, memória social. Autor dos livros *Os escritores da guerrilha urbana — Literatura de testemunho, ambivalência e transição política (1977-1984)* e *A descoberta do insólito — Literatura negra e literatura marginal no Brasil (1960-2020)*. Co-organizador das obras *Polifonias marginais* (2015) e *Rumos do Sul — Periferia e pensamento social*.

Mayara Santos
Formada em História pela Universidade Federal da Bahia (UFBA), tem mestrado pela mesma instituição, onde desenvolveu a dissertação intitulada *Maria Odília Teixeira — A primeira médica negra da Bahia (1884-1937)*, que foi recentemente adaptada para o cinema através do documentário *Quem é essa mulher? A história da primeira médica negra do Brasil*. É doutoranda na Universidade Estadual de Campinas (Unicamp), onde pesquisa a presença negra na Faculdade de Medicina da Bahia. É professora substituta de Teoria da História da Universidade Estadual da Bahia (Uneb).

Noemi Santos da Silva
Doutora em História Social pela Universidade Estadual de Campinas (Unicamp). Graduada e mestre em História pela Universidade Federal do Paraná (UFP). Desenvolveu

pesquisa sobre a construção popular do direito à educação, com ênfase nas populações negras, entre o século XIX e XX. Tem experiência na área na história social da escravidão, emancipações, abolicionismo, pós-abolição, história da educação e história do trabalho. Compõe a coordenação da setorial sul e setorial Paraná do GT Emancipações Pós-Abolição (Anpuh). Atualmente é professora colaboradora da Universidade Estadual de Ponta Grossa (UEPG).

Silvio Cezar de Souza Lima
Bacharel e licenciado em História pela Universidade do Estado do Rio de Janeiro (Uerj). mestre em História das Ciências e da Saúde pela Fundação Oswaldo Cruz (Fiocruz). Doutor em História das Ciências e da Saúde pela Fiocruz. Professor adjunto na Universidade Federal Fluminense (UFF), docente do quadro permanente do Programa de Pós-Graduação em Ensino da UFF e diretor do Instituto do Noroeste Fluminense de Educação Superior da mesma instituição. Estuda os seguintes temas: medicina e escravidão; teorias raciais; intelectuais negros; educação e relações étnico-raciais. É pesquisador do Laboratório de Pesquisa e Ensino em História da UFF e suas pesquisas principais pesquisas abarcam raça, ciência e sociedade no brasil oitocentista e medicina e escravidão: corpo, saúde e doença dos escravizados nos discursos e práticas médicas do século XIX (1830-1889).

Valdeci Silva Mendes
Doutor e mestre em Educação, com especialização em Docência do Ensino Superior e Gestão em Saúde Pública. Graduado em Enfermagem e Pedagogia. É técnico administrativo em Educação da Universidade Federal de Rondonópolis (UFR) e membro do Núcleo de Estudos e Pesquisas sobre Relações Raciais e Educação da Universidade Federal de Mato Grosso (UFMT). Tem experiência na área de educação, atuando principalmente nos seguintes temas: relações raciais, formação em saúde/enfermagem e história do ensino de saúde/enfermagem no Brasil a partir de uma abordagem étnico-racial. Tem interesse na história de saúde da população negra no Brasil, em diálogo com a implementação da Política Nacional de Saúde Integral da População Negra do Ministério da Saúde e das Leis n. 10.639/2003 e 11.645/2008. É autor de *Ensinar a cuidar em enfermagem — Uma abordagem étnico-racial, histórica e contemporânea.*

Grupo Summus
www.gruposummus.com.br
www.gruposummus.com.br
Acesse, conheça o nosso catálogo e cadastre-se para receber informações sobre os lançamentos.

www.gruposummus.com.br